Bauwelt Fundamente 151

Herausgegeben von

Elisabeth Blum
Jesko Fezer
Günther Fischer
Angelika Schnell

Harald Kegler

Resilienz
Strategien und Perspektiven
für die widerstandsfähige
und lernende Stadt

2. Auflage

Bauverlag
Gütersloh · Berlin

Birkhäuser
Basel

Die Reihe Bauwelt Fundamente wurde von Ulrich Conrads 1963 gegründet und seit Anfang der 1980er Jahre gemeinsam mit Peter Neitzke herausgegeben.
Verantwortlicher Herausgeber für diesen Band:
Günther Fischer

Gestaltung der Reihe seit 2017: Matthias Görlich

Vordere Umschlagseite: Ferropolis – Ort resilienzorientierter Transformation, Foto: Harald Kegler (2020)
Hintere Umschlagseite: Schema zu Resilienz, Empfindlichkeit und Anpassung von urbanen Systemen in Zeit und Ausmaß, nach: Kundak, S. (2011): *Cascading and unpreccedented effects of disasters in urban systems,* Insanbul, Fig. 1, S. 3. Grafik: Christin Schmitt.

Library of Congress Control Number: 2021948584

Bibliografische Information der Deutschen Nationalbibliothek
Die Deutsche Nationalbibliothek verzeichnet diese Publikation in der Deutschen Nationalbibliografie; detaillierte bibliografische Daten sind im Internet über http://dnb.dnb.de abrufbar.

Dieses Buch ist auch als E-Book (ISBN 978-3-0356-2423-6) erschienen.

Der Vertrieb über den Buchhandel erfolgt ausschließlich über den Birkhäuser Verlag.
© 2022 Birkhäuser Verlag GmbH, Basel, Postfach 44, 4009 Basel, Schweiz, ein Unternehmen von Walter de Gruyter GmbH, Berlin/Boston; und Bauverlag BV GmbH, Gütersloh, Berlin

bau verlag

Gedruckt auf säurefreiem Papier, hergestellt aus chlorfrei gebleichtem Zellstoff. TCF ∞

Printed in Germany

ISBN 978-3-0356-2422-9

9 8 7 6 5 4 3 2 1
www.birkhauser.com

Inhalt

Vorwort zur zweiten Auflage

Die überarbeitete Auflage des Buches von 2014 erweitert das Thema Resilienz und knüpft dabei an neue Erkenntnisse auf diesem Gebiet an. Seit der ersten Auflage sind die Fragen nach resilienten Entwicklungen drängender geworden, was die positive Resonanz auf die erste Auflage des Buches zu bestätigen scheint. Deswegen soll mit der nun vorliegenden Überarbeitung ein Beitrag geleistet werden, die Diskussion um jene aktuellen Entwicklungen zu ergänzen und weiterzuführen. In der Zwischenzeit ist die Welt an Krisen nicht ärmer geworden. Dabei offenbarte sich, dass es weiterhin einen Mangel an Strategie- und Lernfähigkeit gibt. Das betrifft Infrastrukturen und Organisationsformen ebenso wie die Daseinsvorsorge, also die Vorsorgefähigkeit des Staates, der Städte und Regionen, der Gesellschaften generell. Die Abhängigkeiten erreichten existenzielle Dimensionen und reduzierten den Staat beziehungsweise die Stadt auf die Nachsorge, auf das Reagieren. Das Effizienzdogma hat in die globalisierte Abhängigkeits- und Profitabilitätsfalle geführt. Ist das der Abschied vom Wachstum? Gibt es andererseits einen Neubeginn als „Abschied vom Abstieg"[1]? Die zweite Auflage des Buches will aber auch punktuell weitergehen: So wird der Blick auf das Lernen geschärft, und zwei neue Kategorien der Resilienz werden eingeführt, *Retro-Resilienz* und *Forward-Resilienz*. Auf diese Weise wird zwischen einer eher restaurativen und technokratischen *Retro-Resilienz,* auf die sich vielfach die Kritik an der Verwendung des Resilienzbegriffes bezog[2], und einer evolutionären und damit perspektivisch offenen *Forward-Resilienz* unterschieden. Das im vorliegenden Buch unterbreitete Angebot für eine „Lernende Stadt" interpretiert Resilienz in letzterem Sinne. Zudem wird das grundlegende Modell der *Panarchie*[3] für einen lernenden, heuristischen Ansatz in der Stadtplanung fruchtbar gemacht. In beiden Fällen rücken grundlegende Fragen wie der fortschreitende Klimawandel in den Fokus. In diesem Sinne werden im vorliegenden Buch die theoretischen Grundlagen der Resilienz erweitert und präzisiert, außerdem werden Fallbespiele und das

Handlungsprogramm für eine resiliente Zukunft ergänzt. Schließlich wird *Planungskunst* als Begriff, in dem sich Strategien und Perspektiven für *resiliente* Stadt-Regionen vereinen, weiter gefasst.

April 2021, Harald Kegler

Geleitwort zur ersten Auflage

Unter einem weit gefassten Begriff von Resilienz entfaltet Harald Kegler ein breites Panorama einer umfassend verantwortungsvollen Haltung zur Stadt und ihrer Entwicklung unter den Bedingungen, dass diese Entwicklung weder auf Kosten der Erde noch zukünftiger Generationen ablaufen darf. Er zeichnet die reiche Ideengeschichte nach, auf die diese Haltung sich stützt, eine Haltung, die nicht verkürzt ist auf eine technisch-materielle Dimension, sondern die der Geschichte, dem Ort und der Zukunft gleichermaßen zugewandt ist.

Diese Haltung spricht nicht von entsagendem Puritanismus, sondern von einer neuen Opulenz der Stadt an räumlicher Vielfalt, Kultur und Lebensweisen. Das Buch ist getragen von einem leidenschaftlichen, wenn auch skeptischen, illusionslosen Glauben an die Stadt. Diesen Glauben und den damit verbundenen Optimismus teile ich. Ich habe mich nach der Lektüre gefragt, was ich an Erkenntnissen aus diesem Buch hervorheben würde, um die öffentliche politische Diskussion der Stadtentwicklung, um die es zurzeit nicht gut bestellt ist, anzuregen. Ich will mich auf drei Begriffe beschränken: Unbestimmtheit, Lernen und Experiment, verbunden durch einen vierten Begriff, den der *Planungskunst*.

Bei allen Fortschritten der Wissenschaften, die hier referiert werden, wird deutlich, dass mit diesen Fortschritten die Unbestimmtheit nicht abnimmt, sondern eher noch zunimmt. Diese Erkenntnis darf uns nun nicht lähmen, im Gegenteil, sie sollte als Freiheit zum Experimentieren und zum Lernen begriffen werden. Sie sollte ermutigen, unterschiedliche Wege des Stadtbaus, des Wirtschaftens und der Lebensweisen zu realisieren, zu erkunden und daraus systematisch zu lernen.

Die Planungskunst, von der Harald Kegler spricht, besteht darin, die „Hardware" des stabilen topografischen und historisch-räumlichen Gerüsts in einem beweglichen Gleichgewicht mit Entwicklungsreserven und veränderlichen Elementen, mit neuen Wirtschafts- und Lebensweisen zu entwickeln.

Dabei muss die Bevölkerung ermutigt werden, auch eigene Wege in Lebens-, Arbeits- und Stadtbau-Experimenten auszuprobieren, die ihrer inneren Ausdifferenzierung in unterschiedliche Formen des Zusammenlebens und -arbeitens entsprechen. Die Bevölkerung sollte auf ihre Mitwirkung stolz sein! Das deutsche Grundgesetz gewährt Städten und Gemeinden große eigene Gestaltungsspielräume. Diese werden viel zu selten für eine eigenständige, kreative Entwicklungspolitik eingesetzt. Städte und Gemeinden sollten ermutigt werden, im Zusammenwirken mit Bund und Ländern kraftvoll neue Wege zu erkunden, mit denen sie in einem friedlichen Wettbewerb ihre jeweilige Eigenart, ihren besonderen Charakter stärken können. Wir brauchen mehr Vielfalt in der Stadtentwicklung, um unserer sich ausdifferenzierenden Gesellschaft zu entsprechen. Wir brauchen mehr Beweglichkeit in der Stadtentwicklung, um auf Unvorhergesehenes, Überraschendes angemessen antworten zu können. Wir brauchen eine Haltung gegenüber der Stadt, die von ihrer wechselvollen Geschichte weiß und sich bewusst ist, dass es gute Gründe gibt, in Zukunft wieder mit großen Belastungen und Umwälzungen zu rechnen, die unsere Städte treffen können. Wir müssen die Städte auf den Weg der Resilienz bringen!

Februar 2014, Thomas Sieverts

Vorbemerkungen der ersten Auflage

„Mitten im Winter habe ich schließlich gelernt, dass es in mir einen unbesiegbaren Sommer gibt." Albert Camus[4]

Die Geschichte begann im Frühsommer 2009 in Denver, Colorado (USA). Es war die Wiederentdeckung einer Stadt, die ich zehn Jahre zuvor, 1998, schon einmal in Augenschein genommen hatte. Beide Male waren Städtebaukongresse der Anlass. Damals lagen noch deutlich die Schatten des Endes der Ölboomjahre und der Rezession aus den 1980er-Jahren über der Stadt. Die Krise war zwar schon überwunden, doch der beginnende Aufschwung hatte das Stadtbild nur unwesentlich erreicht. Die Deindustrialisierungsfolgen waren ungeschminkt sichtbar, aber auch noch die Hinterlassenschaften der „fetten Jahre"[5]. Jetzt, eine Dekade später, tritt dem Gast ein erneuertes Denver gegenüber. Längst ist nicht alles positiv zu bewerten, doch augenfällig ist der Wandel an vielen Orten erkennbar. Erneuerung allenthalben, umgenutzte Industriebauten, ein nachgenutzter Flughafen, eine neue Wasserfront, markante Infrastrukturbauten, extravagante Kultur- und Kunsttempel und moderner Wohnungsbau in Zentrumsnähe. Der Stadtumbau hat gegriffen – mit all seinen Facetten und auch Widersprüchlichkeiten.

Die Stadt scheint sich auf ihre Schönheit besinnen zu wollen, vielleicht an die Tradition des „City Beautiful Movement" von 1900 anknüpfend?[6] Doch hatte das Ganze auch etwas Irritierendes. Wie kam es zum Erneuerungsschub? Es hatte keine bemerkenswerten Großinvestitionen gegeben, keine externen Kräfte hatten einen Anstoß gegeben, und vom Staat kam ohnehin nichts. Die Mittelschicht war offenbar gewachsen, doch genügt dies für den Umbau? Handelt es sich wirklich „nur" um Erneuerung und das *Repairing the American Metropolis*[7]? Wie lässt sich dies alles noch anders als pragmatisch deuten? Es war eine Wiederbegegnung mit der Stadt, die weiterführende Anstöße gab, aber auch Zweifel auslöste. Ein gerade erschienenes Buch und Gespräche mit australischen Kollegen lenkten die Aufmerksamkeit auf das

Resilienzthema. Letztlich gab eine abendliche Debatte mit dem neuen Planungsdirektor von Denver eine weitere Anregung zu der Annahme, dass es eine Allianz von Kräften unterschiedlichster Art gegeben hatte, die Kapazitäten schufen, um den Umbau zu ermöglichen. Verbirgt sich dahinter etwas Neues? Oder ist es nur eine neue Deutung von Bekanntem? Überdeckt die Stadterneuerung womöglich einen anderen Vorgang, der unmerklich das ganze Stadtsystem ändert?

Die entscheidende Neuerung bestand nicht in Resultaten oder in Prozessen, die zu diesen Ergebnissen geführt hatten, sie sind aus Europa längst bekannt. Die Erkenntnis, dass dahinter ein Perspektivwechsel verborgen war, gewann an Bedeutung. Die Stadt hatte – indirekt – das Ölzeitalter hinter sich gelassen und war in den Zustand einer Transformation übergegangen, die ohne externe Impulsgeber auskommen musste. Eine Zeit gravierender Störungen hatte zwischen 1980 und 1990 eingesetzt, Störungen, denen die Stadt zu begegnen suchte. Kultur spielte dabei eine wichtige Rolle. Inzwischen steht Denver auf der Liste der „Transition Towns"[8]. Doch die Frage, ob diese Lesart der realen Entwicklung in Denver entsprach, war schließlich sekundär geworden – eine Anregung für neue Überlegungen war geboren. Eine der *Resilient Citlies*[9] hatte – im übertragenen Sinne – ein Gesicht erhalten und war über den Buchdeckel des gerade erschienenen Buches hinausgewachsen. Ein Zweifel war gesetzt. [...]

Das vorliegende Buch will der Katastrophenliteratur keine weitere Facette hinzufügen. Es will aber auch alles andere als Zweckoptimismus verbreiten im Sinne selbstberuhigender Tröstungen nach dem Typus, dass sich schon eine Lösung finden werde, dass es derlei immer schon gegeben habe und es immer Kräfte geben werde, die es schon richten würden. Vielmehr soll nach einem neuen Ansatz Ausschau gehalten werden, der reale Möglichkeiten der Gestaltung übergreifender Prozesse in Stadtregionen eröffnen könnte zwischen Fatalismus und Euphemismus. Dieser Ansatz wird in der Resilienz gesehen.[10] Der Wortsinn leitet sich aus dem lateinischen Begriff „resilire" ab und bedeutet „zurückspringen"[11]. Das klingt wenig ambitioniert und eher nach „durchwursteln" als nach Strategie. Es geht tatsächlich um wesentlich mehr als eine Rückkehr, aber auch nicht nur um Widerstand („Resistenz").

Zum Aufbau des Buches

Nach der einführenden Erörterung der begrifflich-theoretischen Zusammenhänge von Resilienz, Nachhaltigkeit und Transformation sowie einem Blick auf die Genese der Resilienzdebatte (Kapitel 1) stehen im Kapitel 2 internationale Trends im Mittelpunkt. Exkurse werfen dabei einen Blick auf Brennpunkte der Resilienz: Los Angeles gilt als Beispiel für eine seit zwei Jahrzehnten laufende Selbsterneuerung nach den sozialen Unruhen von 1992. Istanbul und Shanghai sollen demgegenüber als riskante Orte behandelt werden, welche vielleicht an der Schwelle zu einer Suche nach urbanistischer Resilienz stehen. Neu sind Miami und Kuba als Orte hinzugekommen, die im Transformationszwang des Klimawandels stehen. Insgesamt geht es um Transformationsräume, die in das postindustrielle Zeitalter hineinreichen und von verschiedenen Störungen geprägt waren. In den Kapiteln 3 und 4 stehen maßgebliche Bestandteile resilienten Handelns im Vordergrund: Erkunden und Experimentieren. Die dafür ausgewählten Orte veranschaulichen prägnant Merkmale einer Bereitschaft zu resilientem Stadtdenken. Sie sind nicht als „best-practice"-Beispiele aufgeführt (auch wenn sie dies sind), sondern eher markante Beispiele, deren Eigenschaften auch andernorts gefunden werden könnten. Zugleich wird die Grenze zur Kunst überschritten. Durch einen Gastbeitrag von der Universität Kassel wird der Bestand an

Erfahrungen und wissenschaftlichen Erkenntnissen zur Transformation des Stadt-Land-Verhältnisses aus ökonomischer Sicht beleuchtet.[12]

Orte rücken in den Mittelpunkt, die das kulturgeprägte Mensch-Natur-Verhältnis reflektieren, die der Zweite Weltkrieg massiv „gestört" hat und die sich ganz unterschiedlich selbst erneuert haben, wobei Kultur eine strategische Rolle spielte. Die Schauplätze werden als Repräsentanten von beginnender Resilienzbereitschaft und Perspektivwechsel diskutiert. Auf sie soll exemplarisch der „Resilienz-Blick" aus methodischen Gründen gerichtet werden, letztlich, um Bausteine für eine Planung und eine Politik für resiliente Stadtregionen umreißen zu können. Solche Bausteine bedürfen der Einordnung in übergreifende Betrachtungen zu sozial-kulturellen Werten. Resilienz lässt sich nicht als technischer Vorgang isolieren. Vielmehr lenkt der Begriff die Aufmerksamkeit auf die gesellschaftliche Transformation und deren Spannungsfeld zwischen Gegenwart und Zukunft mit einem erweiterten Planungsverständnis (Kapitel 5 und 6).

So entsteht ein erstes Inventar des Narrativs für Raum und Resilienz, in dem ein Schlüssel für die Zukunftsgestaltung von in Transformation befindlichen urbanisierten Gesellschaften gesucht werden kann. Dabei sollen keine Illusionen entstehen. Nach der Lektüre liegt kein universell passender Schlüssel vor, der alle Türen in die Zukunft einer resilienten Stadt zu öffnen vermag. Selbstverständlich folgen Vorschläge zum Operationalisieren von Resilienz in der Kommunalplanung, womit auch Handlungsmodalitäten und Lernangebote für Strategien und neue Perspektiven für eine widerstandsfähige, sich selbst erneuernde Stadtregion in den Vordergrund dieses abschließenden Kapitels rücken.

Das Buch lädt aber auch ein, Zweifel zu wecken. Schließlich findet die Diskussion um urbane Resilienz noch immer in einem fachlichen Frühstadium statt. So gesehen, erweist sich die Transformation globaler Gesellschaften als zu fundamental, als dass sie mit einem auch noch so plausibel erscheinenden Begriff und dem daraus abgeleiteten Vorgehen leicht gelenkt werden könnte. Diese Einladung zur Debatte unterschiedlicher Sichten ist durchaus ernstgemeint. Das theoretische Fundament ist noch nicht vollkommen, die praktischen Ableitungen bedürfen noch weiterer Ausarbeitung. Aber der Diskurs um ein stadtbezogenes Zukunftsdenken in der von Zweifeln behafteten Umbruchsituation einer gesellschaftlichen Modernisierung erhält mit dem Resilienzbezug einen neuen Impuls, weswegen es ein Verdienst des Verlages und des Herausgebers ist, das Thema aufzugreifen und dieses Buch zu ermöglichen. Dafür sei an dieser Stelle auch dem engagierten Lektorat des Buchprojekts durch Peter Neitzke (1. Auflage) und Günther Fischer (2. Auflage) sowie der grafischen Unterstützung durch Christin Schmitt und Emily Georg, aber auch den Fachkollegen an der Universität Kassel für kritische Hinweise sowie meiner Familie für ihre Hilfe herzlich gedankt.

Zugleich verbirgt sich mit dem Buch durchaus ein Wagnis, aber ein unumgängliches angesichts der von den Umwelt-, Wirtschafts- und Sozialwissenschaften attestierten Herausforderungen, denen sich Stadtgesellschaften unterschiedlicher Verfasstheit heute gegenübergestellt sehen. Der vorgelegte Beitrag soll deswegen nicht nur zum Weiterarbeiten anregen. Er soll auch eine kommunikative Brücke zu einer Generation ermöglichen, die die heute absehbaren Folgen des demografischen oder des klimatischen Wandels deutlicher zu spüren bekommen wird und lernen muss, mit beidem in neuer Weise umzugehen.[13]

Die Stadt- und Transformationsgeschichte erlangen eine tragende Rolle in der hier vorgelegten Untersuchung. Als ein historischer Bezugspunkt und Gegenstand von Resilienzbetrachtungen fungiert der Stadtgrundriss.[14] In diesem bildet sich ein gewachsener kommunikativer „Code" ab, der einen Zugang zur städtischen Resilienz ermöglicht. Weder die Geschichte noch sozialräumliche Strukturen spielen in der beginnenden Resilienzforschung bislang eine ausgeprägte Rolle.[15] Über sie soll auch eine Brücke zu den Adressaten des Buches geschlagen werden, die von Forschern über Studierende bis zu Praktikern reicht, Adressaten, die in Raumplanung, Architektur, Umwelt- und Kommunalpolitik oder lokaler Erneuerungsbewegung tätig sind. Alle eint der räumliche Bezug. Es können jedoch nicht alle relevant erscheinenden Fragen, etwa wie die der Infrastruktur, detailliert behandelt werden. Strategisches Denken und die Perspektiven der Stadtregion stehen im Vordergrund. Der Blick, den die vorliegende Publikation vorschlägt, konzentriert sich auf die Stadt, auf die handelnden Akteure und auf die Beziehungen im Raum- und

Zeitgefüge der Stadtregion, auf Instrumente und Denkweisen und erlaubt so Zugänge für eine räumliche Planung der Selbsterneuerung. Letztlich bahnt sich ein Lernvorgang auf globaler wie lokaler Ebene und in säkularer Dimension an. Im vorliegenden Buch soll diesem Lernvorgang in einem Versuch nachgegangen werden, der theoretische „Modellzugänge" und „anekdotische Evidenz" mit Experimentalorten verknüpft.[16] Dafür wird das Bild der Reise gewählt entlang eines imaginären „Resilienz-Äquators" zwischen Elbe und Ruhr. Die gewählten „Reallabore"[17] illustrieren zentrale Marksteine (Lernen und Experiment) auf dem Erkundungsweg zur Resilienz. Die neuralgischen städtebaulich-landschaftlichen Orte lokalisieren sich in Zentren und an Rändern. Die gewählten Regionen waren im 20. Jahrhundert die bedeutendsten und dynamischsten Industriegebiete mit europäischer Ausstrahlung: der Raum um Halle und Leipzig sowie das Ruhrgebiet. Sie sind zugleich die wesentlichen Transformationsräume am Ende des 20. und des beginnenden 21. Jahrhunderts – prädestiniert, unter dem Gesichtspunkt „Resilienz" befragt zu werden, da sie auch zu den von demografischen Veränderungen besonders betroffenen Gebieten zählen.[18] Zugleich zählen sie zu denjenigen, die in den nächsten Jahren wahrscheinlich einen gravierenden klimatisch bedingten Wandel erfahren könnten. Prognosen sagen voraus, dass sich der Raum um den Harz bis etwa 2050 um mindestens 1,5 Grad erwärmt.[19] Dies würde dem heutigen Temperaturniveau der Toskana entsprechen ...

Anmerkungen

1 Münkler et al. 2019, 22 ff.

2 Vogt, Schneider 2016, 184.

3 Holling, Gunderson 2002 .

4 Zitiert nach Zander 2011, 9. Aus Anlass seines 100.
Geburtstages 2013 – einem großen Erzähler, Exis-
tentialisten und skeptischen Zuversichtsgeist gewidmet.

5 Ballast 1995, 188–190.

6 Wilson 1994, 168–189.

7 Kelbraught 2002.

8 Hopkins 2009, 137.

9 Newman et al. 2009.

10 DIFU 2013, 7.

11 http://www.duden.de/rechtschreibung/Resilienz
(26.10.2013); vgl. auch Sieverts 2013, 22.

12 Der Beitrag stammt von Ulf Hahne, em. Professor
für Regionalökonomie an der Universität Kassel.

13 http://www.uni-weimar.de/projekte/irur/. Diese
2009 vom Autor an der Bauhaus-Universität Weimar
ins Leben gerufene Gruppe („Initiative für Raum und
Resilienz") experimentierte mit einem neuen Lehr-
format, dem „forschenden Lernen", jenseits von
Credits und Noten. Daraus entstanden erste Publikationen in Fachzeitschriften. Der studentische
Kreis gab sich den Namen „Randgruppe – Raum und
Resilienz". Ihr gehörten bis zu 20 Mitglieder unterschiedlicher Jahrgänge an. Ein Teil von ihnen wirkte
an der vorliegenden Publikation mit. Dieses Format
eines „Forschenden Lernens" zur Resilienz wird vom
Autor seit 2013 an der Universität Kassel weitergeführt. Hier rückte Resilienz in den Mittelpunkt der
Lehre, insbesondere im Masterlabor 4621.

14 Aus architektonischer und stadtplanerischer Sicht:
Delfante 1999, 257 ff., Jonas 2009, 17 ff., oder aus
dem Bereich der Stadtarchäologie Dally et al. 2009,
14 ff. In diesen Veröffentlichungen wird zwar kein
Zusammenhang mit Resilienz hergestellt, aber die
wachsende Bedeutung des historischen Stadtgrundrisses und der Stadträume für Planung und
Politik herausgearbeitet.

15 Walker, Salt 2012, 197.

16 Schneidewind, Singer-Brodowski 2013, 125. Die
Begriffe „Modellzugänge" und „anekdotische
Evidenz" sowie „Reallabor" gehen auf die beiden
Autoren zurück und stehen im Zusammenhang mit
der „transformativen Wissenschaft", die im ersten
Kapitel behandelt wird.

17 Schneidewind, Singer-Brodowski 2013, 126.

18 Berlin-Institut 2004, 17–18.

19 Gerstengarbe, Welzer 2013, 192–198.

1 Begriffliche Grundlagen einer resilienten Stadt-Region

„Ein Gespenst geht um … Nein, diesmal ist es nicht das ‚K-Wort‘. Diesmal ist es ein ‚Re-Wort‘. Wie wir erfahren haben, ist seit 1975 das Zeitalter des ‚Re‘ angebrochen. Es revitalisiert, rekultiviert, urban re-newed und eben jüngst ‚re-siliert‘.[1] Mit der „Zeitenwende" von 1975 diagnostizierte der Philosoph Wilhelm Schmid den Übergang von einem durch ungestümen Fortschrittsglauben gekennzeichneten „Progress" zu einer den (baulichen) Bestand in der Gesellschaft reaktivierenden Reflexion.[2] Diese Einschätzung, die wenigstens für den mittel- und westeuropäischen Raum zutrifft, bewahrt einen vor einer vorschnellen Zuweisung des Resilienzbegriffs als simplem Modewort. Der Begriff wird zum einen übersetzt als Widerstandskraft gegenüber Störungen, um diese unbeschadet überstehen, also zurückspringen zu können.[3] Zum anderen gilt es, den Unterschied zum Begriff der Resistenz zu betonen, der aus dem Spätlateinischen stammt und Immunität, Härte oder Abwehrkraft bedeutet.[4] Beide Wörter sind artverwandt. Die Differenz liegt im Ziel ihres Gebrauchs. Resilienz ist auf die Wiederherstellung gerichtet, Resistenz nur auf das Widerstehen. Resilienz, die als Elastizität und Qualitätsänderung zu begreifen ist[5], schließt Widerstand ein. Somit handelt es sich nicht um einen weiteren „rückwärtsgewandten" Begriff aus dem „Re"-Arsenal, sondern um eine zukunftsorientierte Wortwahl, die den Rückblick einschließt.

Seit Ende der 1990er-Jahre kann eine rasante Zunahme an Literatur zu urbaner Resilienzforschung konstatiert werden, wobei seit 2013 noch einmal eine deutliche Steigerung festzustellen ist.[6] Darin wird, generell gesagt, deutlich, dass Städte (Regionen) eine Schlüsselstellung in einer Anpassungs- und Transformationspolitik spielen. Das scheint kein Zufall zu sein, treten diese doch bei Katastrophen stets in den Mittelpunkt der Aufmerksamkeit – New Orleans war zum Zeitpunkt der Veröffentlichung dieser Aufzählung im Jahr 2009 noch in lebendiger Erinnerung. Zugleich sind Städte jene hochkomplexen Orte an der Nahtstelle zwischen Mensch und Umwelt, die zugleich nur träge auf Änderungen reagieren können, was ihre Bedeutung für langfristige Prozesse hebt.[7]

Nun beginnt auch dieser Re-Begriff, eine Karriere in der Stadt- und Raumplanung anzustreben, wie es der Nachhaltigkeit bereits gelungen ist.[8] Ob diesem das gleiche Schicksal bevorsteht und dieser Begriff tendenziell ausgelaugt wird oder zumindest an Schlagkraft verliert, sei dahingestellt. Der Konjunktur eines Fachbegriffs haftet stets auch der Beigeschmack des Vergänglichen an. Offenbar verringert sich die Halbwertzeit von Worten im Zuge ihrer medialen und kommunikativen Nutzung. Gilt es etwa schon jetzt, Ausschau zu halten nach dem Folgebegriff, der „Resilienz" ablösen könnte? Das mag verfrüht sein. Es bleibt aber die Warnung vor allzu schneller semantischer Konjunktur in verschiedenen Zusammenhängen, bevor nicht die Bedeutung des Begriffs ausgelotet und die Verwendbarkeit geprüft ist. Daran soll im Folgenden gearbeitet werden. Und noch etwas sei angemerkt: „Resilienz" ist auf den ersten Blick begrifflich wertneutral. Dieser Begriff kann folglich in verschiedene Wertebezüge gesetzt werden. Er ist insofern auch kritisch zu sehen und in seiner Zukunftstauglichkeit hinsichtlich übergreifender Ziele zu erörtern.[9] Eine weitgehende systematische Reflexion der „Resilienten Stadt" nimmt Kuhlicke 2018 vor, indem er eine systematische Typologisierung der in der Literatur anzutreffenden Resilienzzugänge zusammenstellt und darüber hinaus auch eine nachvollziehbare Kritik am Resilienzansatz unterbreitet.[10] Die Warnung gilt dabei einer Simplifizierung des Resilienzbegriffes und dessen Trennung von Gesellschaftsbezügen. Das betrifft vor allem die Reduzierung von Resilienz auf Widerstandsfähigkeit, wohingegen der Bezug auf einen Paradigmenwechsel in der Planung mit Hinweis auf „Planungs*kunst*" betont wird.[11]

Aus diesen Gründen sollen drei Feststellungen am Anfang stehen:

1. Resilienz ist kein neues Etikett, das auf einen vorhandenen Inhalt geheftet wird, etwa nach der Maßgabe, Nachhaltigkeit sei kommunikativ verbraucht, nehmen wir Resilienz.

2. Resilienz ist nicht einfach ein weiterer Schritt in der begrifflichen Folge von Leitbildern: … „Autogerechte Stadt" – „Behutsame Stadterneuerung" – „integrierte Stadtentwicklung" – „Inkrementalismus" – „resilient city" …

3. Resilienz ist keine Resignation vor der Gestaltungsmöglichkeit und der Notwendigkeit, dem fortschreitenden Klimawandel oder anderen fundamentalen sozialen, wirtschaftlichen oder politischen Herausforderungen entgegenzuwirken, sondern eine Reaktion auf den Umstand, dass die Majorität der Folgen gravierender Störungen (klimatischer, demografischer,

sozialer und ähnlicher Art) in einer weitgehend bebauten urbanisierten
Welt anzutreffen ist und dementsprechend dort sozial-räumliche Strate-
giewechsel anstehen, um – grundsätzlich gesprochen – ein Überleben zu
gewährleisten. Es geht hier nicht um ein „Fit-Machen" für den Erhalt des
Status quo, zum Beispiel des neoliberalen Gegenwartskapitalismus.

Es bleibt die Frage, ob Resilienz nun eine neue Planungstheorie ist beziehungsweise eine Theorie, welche die Planung bestimmt, oder eine Theorie,
die lediglich inhaltliche Aspekte zur Planung beisteuert.[12] Die internationale
wissenschaftliche Gemeinschaft ordnet Resilienz in den Kontext der Systemtheorie ein.[13] Hier fällt auf, jedenfalls aus Sicht der Stadtplanung, dass es sich
um ein Verständnis der Systemtheorie handelt, das an alltäglichen urbanen
Prozessen orientiert ist. Die aktuelle Krise in vielen Stadtregionen steht Pate
bei der Debatte um neue Zugänge zu möglichen Lösungen. Diese tritt nicht
mehr als das außergewöhnliche Ereignis in Erscheinung, sondern als „Nor-
malität" des Stadtalltags.
Resilienz würde demnach, planungsgeschichtlich betrachtet, in die „dritte
Generation" von Planungstheorien einzuordnen sein: Die erste Generation
wird als die der „rationalen Planung" bezeichnet, die etwa die Zeit zwischen 1950 und 1970 bestimmte. Ihr war ein eher positivistisches Weltbild

eigen, das die Entwicklung mit rationalen, linear gedachten Planungen lenken sollte. Die Unvollkommenheit dieses Ansatzes führte zu einer ersten Revision dieses Modells, woraus die „zweite Generation" der Planungstheorie entstand. Sie kehrte die Argumentation um, indem die sogenannten „bösen Probleme" in den Mittelpunkt planerischen Handelns gerückt wurden. Der Vollkommenheitsanspruch der Planung, welche „gute" Lösungen schaffen sollte, wurde ersetzt durch eine Planung entlang der Probleme, die nicht mehr nur als lösbar angesehen wurden, sondern im Diskurs als milderbar zu betrachten sind. Hier ließe sich auch die frühe Stadterneuerungsdiskussion einordnen. Erst in einer „dritten Generation" des Planungsdenkens traten verstärkt systemische und evolutionäre Modelle auf. Sie gründen sich auf bereits latent vorhandene Arbeiten, die jedoch vornehmlich im theoretischen Diskurs beheimatet waren. Ihre Anfänge reichen bis in die 1960-Jahre zurück, begannen sich aber erst später langsam zu entfalten. Dabei übernahm das „System-Umwelt-Paradigma" eine maßgebliche Rolle, in welchem räumliche Planung Teil der Alltagswelt mit ihren politischen, ökonomischen, sozialen und ökologischen Zusammenhängen, Widersprüchen und Unbestimmtheiten ist.[14]

Selbstverständlich bildet ein solches Triadenmodell nicht die Verschränktheit der einzelnen Phasen ab und kann auch nicht die vielfältigen Ausdifferenzierungen und inneren Widersprüche detailliert vermitteln. Es hilft aber an dieser Stelle, den Ansatz der Resilienz nicht nur zeitlich, sondern auch inhaltlich zu verorten. Das verstärkte Auftreten dieses Begriffs in der Fachöffentlichkeit legt ein wachsendes Interesse nahe. Dabei zeichnet sich ein paradigmatisches Verständnis ab, das auf eine grundlegende Transformation und nicht nur auf Wiederherstellung zielt.[15] Ob der Begriff damit bereits an der Schwelle zu einer neuen, „vierten Generation" steht, soll am Ende des Buches noch einmal aufgegriffen werden. Nachhaltigkeit als normatives Projekt hingegen kann an der Grenze zwischen der „zweiten" und der „dritten" Generation" dieses Modells angesiedelt werden. Das Verhältnis der Begriffe Resilienz und Nachhaltigkeit wird für die Stadt- und Regionalplanung bedeutsam werden. Deswegen sollen auch die begrifflichen Elemente der Nachhaltigkeit, ihre Grenzen und Perspektiven ausgelotet werden. An dieser Stelle mag die schlaglichtartige Einordnung der Resilienzthematik in den theoretischen Planungsdiskurs genügen.

Zum Begriff der Resilienz

Resilienz bezeichnet auf den ersten Blick einen reaktiven Vorgang und etwas Strukturkonservatives – das „Zurückschnellen" eines Systems, einer technischen Struktur, eines Organismus oder einer Stadt in den ursprünglichen Zustand, nachdem eine Zustandsstörung stattgefunden hat, und ohne dass dabei die Basiselemente existenziell verändert werden.[16] Kann es gelingen, ein System wiederherzustellen, nachdem es gestört worden ist, ohne dass dabei seine Grundfunktionen und Strukturen aufgegeben werden?[17] Diese Frage mündet in die Grunddefinition: Resilienz ist „die Fähigkeit von Gesellschaften/von Ökosystemen, auf Störungen bzw. Schocks zu reagieren und entscheidende Systemfunktionen aufrechtzuhalten"[18] – was die Erneuerung der Systemfunktionen einschließt. Der Begriff entspringt der Ökologie, der Soziologie und vor allem der Psychologie, welche darin Widerstand und Lernfähigkeit verknüpfen.[19] Seine sprunghafte Karriere im letzten Jahrzehnt ist für deutschsprachige Rezipienten überraschend; in der internationalen Auseinandersetzung um eine Neuausrichtung von Umweltpolitik trifft dies nicht in gleicher Weise zu. In den USA oder Australien hatten die Debatten dazu bereits intensiver und früher begonnen.

In der Psychologie, der eigentlichen Quelle des Begriffs, hat Resilienz eine lange Tradition. Dieser ist untrennbar verbunden mit der Entdeckung des Phänomens „Stress"[20]. Er wurde 1936 von Hans Selye in die wissenschaftliche Diskussion eingeführt und hat bis heute seinen festen Platz in der alltäglichen sozialen Praxis behauptet. Er besagt, dass bei einer (plötzlich) steigenden Anforderung außergewöhnliche Kräfte mobilisiert werden, um dieser genügen zu können. Es handelt sich um eine Mobilisierung zur reaktiven Höchstleistung. Dies ist biologisch ein normaler Vorgang. Das Problem beginnt erst nach dem Abschwellen dieser Anspannung in Erscheinung zu treten. Wenn Stress zum Dauersymptom wird und keine Rückführung in den

Normalzustand – was dieser auch immer sei – mehr stattfindet, wird das System überlastet und kann kollabieren. Wenn es also nicht zum „Abebben" der durch Stress ausgelösten Höchstleistung kommt, entstehen existenzielle Gefahren.[21] Stress ist aber nicht per se negativ. Er mobilisiert Kräfte im Fall besonderer Herausforderungen und ist damit ebenso existenziell notwendig. Ein Problem entsteht erst, wenn durch dessen Dauererscheinung Gefahren entstehen. Neben der Rückführung in einen Normalzustand gewinnt die Widerstandsfähigkeit gegenüber zu großem Stress eine gleichbedeutende Rolle beim Austarieren eines Systems diesseits der Kollapsgrenze.[22] Bei alledem handelt es sich um relative Begriffe; es gibt kein absolutes Maß der Bewertung von Stress. Wenn hier auf biologische Analogie zurückgegriffen wird, dann nicht, um daraus ein mechanisches Modell für die Stadtplanung zu generieren. Vielmehr handelt es sich um das Nachvollziehen einer Adaptationsgenese, aus der Anregungen für die Planung abgeleitet werden können. Dieses Aufgreifen und Integrieren von Erkenntnissen anderer Fachgebiete ist ein normaler Vorgang in der Wissenschaft und treibt diese selbst voran. Der Begriff „Resilienz" hat in den Natur- und Sozialwissenschaften eine Metamorphose durchlebt, die dieses Fachwort letztlich aus der Welt der Beobachtungsbegriffe heraus in die Kategorie der Theoriebegriffe führte.[23]

So geht der Resilienzbegriff auf die US-amerikanische Psychologin Emmy Werner zurück, die mit ihrer 1958 erschienenen Studie über die Entwicklung von Kindern auf der Insel Kauai (Hawaii) Pionierarbeit leistete.[24] Trotz mancher Kritik an ihrer Sicht hat sie die Tür geöffnet für einen neuen Zugang zum Problem der differenzierten sozial-psychischen Reaktion auf ungünstige Ausgangs- oder Rahmenbedingungen für die individuelle (oder auch soziale) Entwicklung von Menschen – ausgehend von Kindern. Mit Beginn der 1980er- und besonders der 1990er-Jahre verdichteten sich die Forschungen und Publikationen zur Resilienz, die ihren theoretischen Charakter herausarbeiteten.[25]

In jüngster Vergangenheit erhielten Forschungen zur Resilienz vor allem im Bereich der Erziehungswissenschaften Auftrieb, was auch mit der Zunahme von gesellschaftlich bedingten Störungen und Stress zu tun hat.[26] Insbesondere seit etwa 1990 begann auch die Adaptation oder Neuentdeckung des Begriffs in anderen Fachgebieten. Die Umweltwissenschaften trugen seit den

1990er-Jahren durch ihre Forschungen zu seiner Verbreitung bei.[27] Dabei standen komplexe Ökosysteme und die Untersuchung von resilienten Eigenschaften im Vordergrund. Dies kann als erste Stufe einer Adaptation des Begriffs angesehen werden. Schließlich diffundierte der Begriff etwa vom Jahr 2000 an in das Vokabular der Stadtforschung, die sich aus der Perspektive sozial-ökologischer Systeme und der Nachhaltigkeit mit Fragen der Urbanisierung beschäftigte.[28] Hier spielen die Themen Klimawandel, biologische Vielfalt, Anpassung und – insbesondere – Vulnerabilität (Empfindlichkeit eines Systems) eine wichtige Rolle. Resilienz erwies sich beim Suchen nach einem integrativen wie erklärenden Begriff, der zugleich Antworten auf diese Herausforderungen ermöglicht, offenbar als vielversprechend. Im zurückliegenden Jahrzehnt begann der Begriff auch die Wirtschafts- und Managementwissenschaften zu erobern.

In diesen wird er unter anderem wie folgt definiert: „Unternehmerische Resilienz ist die Eigenschaft eines Unternehmens, externe Schocks oder Verwerfungen der sozialen, wirtschaftlichen oder politischen Rahmenbedingungen auszuhalten und sich an die neuen Bedingungen anzupassen." Weiter heißt es hier: „Resilienz eines Ökosystems: Fähigkeit, trotz Einwirkungen von außen die Stabilität des Systems zu gewährleisten. Für Unternehmen bedeutet Resilienz gegenüber dem Klimawandel die Fähigkeit, trotz Extremwetterereignissen und veränderten durchschnittlichen Klimabedingungen langfristig am Markt zu bestehen."[29] Für die Regionalplanung und Resilienz stellt Priebs fest, dass die über Klimaschutz und Demografieanpassung „hinausgehenden, auf andere Gefährdungen und Risiken abzielenden Instrumente [...] derzeit noch Gegenstand interdisziplinärer Forschungen"[30] seien.

Eine andere Anwendung kristallisiert sich aus der inzwischen fast unüberschaubaren Literatur heraus, welche die wirtschaftlichen Verwertungsmöglichkeiten der Resilienz andeutet. Es handelt sich vorrangig um Anwendungen im Personalmanagement und bei der Beratung für individuelle Umgangsweisen mit Stresssituationen im Berufsleben. Resilienz dient dabei dazu, das sogenannte Humankapital widerstandsfähiger zu machen, um besser mit den wachsenden Leistungsanforderungen in den Unternehmen umgehen zu können, die sich aus der weiteren Flexibilisierung, dem Outsourcing, der Effizienzsteigerung oder ähnlichen neoliberalen Anforderungen ergeben.[31] Dennoch darf die Beratungsliteratur für den Aufbau „innerer Stärke" nicht nur per se als Symptomheilungsmittel gebrandmarkt werden, das die Bekämpfung der gesellschaftlichen Ursachen individueller Schwächungen und Störungen aus dem Blick verdrängt. Derartige Einwände sind berechtigt. Jedoch können durchaus auch Anregungen für die Diskussion zur Resilienz auf den Feldern der Sicherung des individuellen und Gemeinwohls aufgenommen werden.[32]

Auf der anderen Seite füllen sich die Regale mit Literatur zur individuellen Resilienzsteigerung, um die eigene Widerstandsfähigkeit und das Überwinden persönlicher Krisen besser bewältigen zu können. Die Seriosität dieser Veröffentlichungen oder Angebote soll hier nicht weiter erörtert werden. Demnach wäre es wohl an der Zeit, dass sich nun auch die Stadtplanung diesem Thema zuwendet. Für die räumliche Planung fand, und das ist das Argument gegen eine modische Attitüde, eine eigenständige Aneignung dieses Begriffs statt, die bereits vor dem in jüngster Zeit konstatierbaren Höhenflug des Resilienzthemas begann.

Dafür steht die Initiative des Massachusetts Institute of Technology (MIT) in Cambridge (Boston), USA, aus den Jahren 2001 und 2002. In einer Folge von Kolloquien, die dem Thema „The Resilient City: Trauma, Recovery, and Remembrance" gewidmet waren, wurde das Thema umfassend ausgelotet, wobei der Terrorakt von „9/11" keine initiierende, aber eine befördernde Rolle spielte.[33] Aus dieser Reihe von Veranstaltungen ging ein Buch hervor, das als Markstein in der Resilienzdiskussion zum Themenfeld „Stadt" gelten kann: *The Resilient City – How Modern Cities Recover from Disaster.* Lawrence Vale und Thomas Campanella fungieren als Herausgeber und zugleich als „spiritus rectores" eines Autorenkreises, der sich als „Who is Who" der Resilienzforschung liest.[34] Entlang von 14 Fallstudien (von Oklahoma City über die kriegszerstörten Städte Warschau oder Guernica sowie das soziale Kollabieren von Los Angeles reicht die Skala bis zur Zerstörung städtischer Strukturen in der digitalen Ära, die nach drei Typologien gruppiert sind) wird der Frage nachgegangen, wie sich Städte nach einem Desaster wieder aufgerichtet haben. Die drei Typen bilden einen Rahmen, in welchem die Diskussionen einzuordnen wären und aus dem sich zugleich eine Struktur für eine „Proto-theorie" urbaner Resilienz ableiten ließe. Die Konturen einer solchen Theorie umreißen die Herausgeber am Ende des Buches: 1. das Narrativ der Resilienz, 2. die symbolische Dimension von Trauma und Wiederentdeckung sowie 3. die Politik der Rekonstruktion.[35] Die Geschichte der Städte (ihre historischen Wurzeln) und die Geschichten (das Narrativ) der Erneuerung gewinnen aus der Sicht der Autoren dieses Sammelbandes eine herausragende Bedeutung für eine Resilienzstrategie. Sie betonen damit die sozial-kulturellen Dimensionen einer solchen Strategie.[36] Insbesondere an diese Diskussion knüpfen der Autor des vorliegenden Buches und die von ihm begründete Forschungsgruppe in der 2009 gestarteten Erkundung zum Resilienzthema an.

Damit können zwei wissenschaftliche Gemeinschaften unterschieden wer-den, welche Forschung und Kommunikation zur Resilienz betreiben: die naturwissenschaftlich geprägte Forschergemeinschaft (von Psychologen bis Ökologen reichend) sowie ein Segment von Stadtforschern, Geografen und Planern, die sich, von der Katastrophenforschung angeregt, der Stadt-entwicklung von der Warte einer Reaktion auf Desastereignisse zuwand-ten. In jüngster Zeit deuten sich Verflechtungen und Transformationsbezüge an.[37]

Aus der Sicht der Planungsforschung, die einen grundsätzlichen Ansatz zur Resilienz urbaner Systeme vertritt und dabei die Ergebnisse aus den Berei-chen der Psychologie und Ökologie aufgreift, wird folgende Definition vorge-schlagen: „Resilienz bedeutet, Maßnahmen zu ergreifen, welche die Krisenfes-tigkeit von Metropolregionen, Städten, Gemeinden, ländlichen Räumen oder Wirtschaftsgebieten vorbeugend erhöhen [...], vorausschauende Maßnahmen, die städtebauliche, infrastrukturelle oder landschaftlich-ökologische Robust-heit beinhalten und somit die Verletzlichkeit unserer Städte minimieren bezie-hungsweise zu ihrer strukturellen Stärke" beitragen; diese Definition „bündelt unmittelbare Daseinsvorsorge mit langfristiger Robustheit gegenüber Ent-wicklungen, die längerfristig wirksam werden, aber heute unbedingt einge-leitet werden müssen"[38]. Die erwartbare Zukunft wird anders ausfallen als es heute annehmbar ist, und gerade deswegen sollen heute Maßnahmen ergrif-fen werden, um nicht blindlings in Ungewissheiten zu steuern.

Zusammengefasst kann eine Tendenz in der Ausprägung des Resilienzbegriffs ausgemacht werden[39]: Standen zunächst einzeldisziplinäre Sichten auf Resilienz im Vordergrund (Psychologie) folgten ökologische und vermehrt technische Nutzbarmachung des Begriffs, wobei jeweils spezifische Systeme betrachtet wurden. Letztlich folgte eine system- und vor allem evolutionstheoretische Sicht auf die Rolle von Resilienz. Daran soll angeknüpft werden.

Zu Deutungen der Resilienz

Eine Definition der Resilienz muss die verschiedenen Herkunftsbereiche dieses Begriffs respektieren.[40] Resilienz kann als „physische Fähigkeit" angesehen werden, „nach einer signifikanten Störung zurückzuspringen in einen Zustand, der vor dieser Störung bestand"[41]. Andere Autoren definieren Resilienz schlichter als „Fähigkeit, Bedrohungen abzuwenden und Schaden zu lindern bzw. zu vermeiden"[42]. Dabei wird auch der Unterschied hervorgehoben, den ein Ball (symbolisch gemeint), der seine Form beim Rückprall wiederfindet, gegenüber einem System wie der Stadt ausmacht.[43] Es handelt sich bei der Stadt also nicht nur um technische Systeme, die nach einer Störung in ihre ursprüngliche Form und Funktion im weiteren Sinne zu bringen sind. Es geht um systemisch angelegte sozialpsychologische, politische, wirtschaftliche und materiell-technische Strukturen sowie um Quellen und Ziele für das „Wiederentstehen" nach einer Störung beziehungsweise einem Desaster. Hier eröffnen gesammelte Erfahrungen und deren Nutzung praktische Möglichkeiten für den Umgang mit Änderungen und die Stabilisierung des jeweiligen Systems und für eine Gestaltung des „Neuaufbaus"[44]. Damit rückt das vorausschauende Lernen stärker in den Mittelpunkt der Betrachtung als das Reagieren. Resilienz ist demnach kein Zustand, den es einmal zu erreichen gilt, sondern ein Vorgang des Suchens, des Lernens und der Innovation, also des Gewinns von Widerstand und Selbsterneuerung.[45] Wenn nun dieser komplexere Ansatz für die begriffliche Deutung von Resilienz herangezogen wird, liegt es nahe, von einer „Kunst" des Lösens von Problemen mit unvollständigem Wissen und nur begrenzt Vorhersagbarem, also von Heuristik[46] zu sprechen. Das heuristische Denken kommt dem in der Planung, Architektur oder Kommunalpolitik nahe, sind doch diese Berufsgruppen mit dem Treffen von alltäglichen Entscheidungen in der Stadtentwicklung auf der Grundlage von stets mehr oder weniger unvollständigem Wissen konfrontiert. Dies betrifft sowohl das Erkunden von Entwicklungsprozessen (phänomenologisch, historisch, typologisch) als auch das normative Planen im Sinne des Antizipierens sozial-räumlicher Veränderungen (gesellschaftspolitisch, transformativ, grenzüberschreitend).[47] Hier setzt Planungs*kunst* an.

Die Definition von Resilienz bei Walker und Salt und anderen zielt aber gerade auf die komplexen sozialökologischen Grenzsysteme. Dabei offerieren die Autoren eine Art Minimaldefinition. Das ist klug gewählt. Sie lassen sich nicht verleiten, eine normative oder Zieldefinition zu geben, sondern formulieren Elementaransprüche an ein resilientes System. Resilienz liegt demnach dann vor, wenn ein System mindestens in der Lage ist, Störungen abzufangen und dabei die eigenen Funktionen und Strukturen nicht verliert. Die Autoren argumentieren systemtheoretisch, wonach Resilienz ein treffenderer Weg wäre zur Erkundung und zum Verstehen der biotischen (und damit auch menschlichen) Welt als bisherige Ansätze.[48] Dieser Interpretation folgen Newman et al. und nehmen die Definition von Resilienz zum Ausgangspunkt für ihre Untersuchungen und Handlungskonzepte zu resilienten Städten.[49]

Mit dieser begrifflichen Deutung verlassen sie die eng gefasste Position eines „Zurückspringens" des Systems nach einer Störung und leiten über zur Selbsterneuerung und zum sozialen Lernen. Nunmehr rückt eine erweiterte Fähigkeit des Systems Stadt in den Vordergrund. Was bei bestimmten technischen Teilsystemen als plausibel erscheinen mag, kann bei hochkomplexen gesellschaftlich-räumlichen und dynamischen Systemen wie denen einer Stadtregion nicht nur komplizierter sein, sondern ist vor allem direkt abhängig vom betroffenen Subjekt, den Menschen und der Stadtgesellschaft als ganzer. Keine zerstörte Stadt ist nach einem Wiederaufbau die gleiche wie vorher, selbst bei vermeintlichen Rekonstruktionen.[50]

Wo bleibt nun das Visionäre, die Zukunftsaussicht für die Stadt bei dieser eher reaktiv wirkenden Definition? Wegen eines solchen vermeintlichen Defizits soll an dieser Stelle der Begriff der (lernenden) „Selbsterneuerung" in die Debatte um die Interpretation von Resilienz eingebracht werden. Damit würden systemtheoretische Momente der Selbstorganisation, aber auch die begriffliche wie planungskulturelle Tradition der Stadterneuerung mit dem semantischen Gehalt der Resilienz in Verbindung gebracht werden.[51] Systeme wie die Stadt sind nach einer Störung in gewissem Grade „neu", mindestens aber mit partiellen neuen Eigenschaften versehen. Nach einem Waldbrand, um ein simples Bild zu gebrauchen, ist der wieder gewachsene Wald zwar ein Wald, aber er ist auch neu, zumindest in Teilen seines Bestandes verjüngt und mit manchen neuen Spezies ausgestattet. Die Zerstörung von Warschau im Zweiten Weltkrieg war verheerend. Nach dem Wiederaufbau der Altstadt entsprach diese natürlich nicht der Stadt vor deren Auslöschung; der Wiederaufbau hat den Grundriss aufgegriffen und die Raumstrukturen, die Fassaden neu interpretierend nachgebildet, nicht aber die Gebäude insgesamt rekonstruiert.[52] Diese „Selbsterneuerungsformel" soll im Folgenden die – durchaus diskutable – Grundlage für das Resilienzverständnis bilden.

Ist das mit einem Abschied von Visionen gleichzusetzen? Liegt dieser Frage nicht, so ist zu ermitteln, eine einseitige Vorstellung von Vision zugrunde, die an jene Stadtvisionen der kruden, illusionären oder auch reaktionären Moderne erinnert, welche die Stadt gerade erst so anfällig gemacht hat gegenüber Störungen?[53] Visionen der autogerechten Stadt gehören dazu, die unterkomplexe, anfällige und kaum reparierbare Strukturen der Städte erzeugten. Sie hinterließen auf geringe Spielräume ausgelegte Infrastrukturen und waren letztlich nur auf Effizienz ausgerichtete Formen, die selbst wenig funktionsoffen sind.[54] Hieran hat sich in den letzten Jahrzehnten eine massive Kritik festgemacht, die nicht weiter referiert werden soll, jedoch fundamentale Zweifel an dieser Art von Visionen hinterlassen hat.[55] Demnach würde Resilienz eine neue Art von Vision bedeuten: die eines gegenüber zu erwartenden Entwicklungen demütigen und reflektierenden, aber zu konkreten Schritten verpflichteten Verhaltens.[56]

Ein solches Verständnis ermöglicht den Zugang zu gestaltendem und planerischem Handeln und beschränkt sich nicht auf Reagieren im Falle einer Störung.[57] In diesem Sinne argumentiert nun gerade die neuere Literatur, die sich mit der Frage der Zukunft der Städte und Regionen aus Resilienzperspektive beschäftigt.[58] Die eher naturwissenschaftlich geprägte Diskussion vertieft das Verständnis von Resilienz mit Bezügen zur Stadt-Land-Region als besonderem Lern- und Handlungsraum.[59] Diese inhaltlichen Stränge finden eine Verankerung einmal in der Metabolismustheorie[60], die die Relationen und Schnittstellen zwischen den Umweltsystemen und den sozialen Systemen (Stadtregion) übergreifend behandelt. Zum anderen eröffnen sich Bezüge zur „Actor-Network-Theorie" (ANT), die mit „ihrem relationalen und handlungsorientierten Verständnis von sozialen und sonstigen Akteuren"[61] für die räumliche Erneuerungs- und Lerndimension von Resilienz Orientierungsmarken gesetzt hat. Hier geht es insbesondere um das Ausloten von Handlungsmöglichkeiten für Kommunen im Zeitalter gravierender Transformationen.[62]

Dafür sind zwei strukturelle Unterscheidungen hilfreich: Der Psychologie folgend, kann zum einen von einer „konstitutiven Resilienz", also einer „gegebenen" oder „angeborenen", und zum anderen von einer „erworbenen" (erlernten) Resilienz oder von „Resilienzentwicklung" gesprochen werden.[63] Diese Unterscheidung fußt auf genetischen Konstitutionen eines Menschen, welche resilienten Eigenschaften „vorgeprägt" haben; Letztere zeigen die Fähigkeit an, diese Eigenschaften zu erlernen und sich in der Auseinandersetzung mit der Umwelt diese anzueignen, auch wenn die genetischen Konstitutionen nicht unbedingt fördernd wirken. Diese Unterscheidung aufgreifend, erlangt Resilienz für die Stadtplanung eine Bedeutung, können doch „Gewordenes" und das zu „Erlernende" (Erworbene)[64] in eine Handlungsbeziehung gesetzt werden. Lernen ist demnach sowohl auf das Erkennen des Gewordenen einer Stadt als auch auf das eintretende Ereignis beziehungsweise kommende Ereignisse gerichtet, welche eine Stadt betreffen können. Diese Ereignisse sind dann im Kontext übergreifender Transformationen zu sehen. Das bedeutet für die Planung mehr als ein reaktives, emergent-adaptives Verhalten.[65] So dürfte die Auseinandersetzung mit dem Stadtgrundriss als (planvoll) „Gewordenem" wichtige Aussagen zur konstitutiven Resilienz eröffnen. Die planerischen Handlungen für eine Selbsterneuerung hingegen bedeuten, Fähigkeiten zu erwerben, um eine zukünftig resiliente Entwicklung der Stadtregion zu ermöglichen. Diese beiden

Resilienzebenen verknüpfen das Bewahren mit dem Erneuern als Kern für eine Strategie der Stadtregion. Darüber hinaus muss eine weitere Unterscheidung eingeführt werden. Sie betrifft eine Differenzierung zwischen der „spezifischen" und der „allgemeinen" Resilienz: Die „spezifische" Resilienz ist auf Teile eines Systems ausgerichtet und bezieht sich auf kurzfristige Störungen.[66] Möglichkeiten der spezifischen Resilienz lassen sich in Maßnahmen der Anpassung an eingetretene oder absehbare Folgen überschaubarer „kleiner" (begrenzter) Katastrophen „einbauen". Sie gehören zum schrittweise erfolgenden und alltäglichen Integrieren von Resilienz in gesellschaftliche Planungs- und Bauprozesse, vor allem Infrastrukturen betreffend. Auf lange Sicht genügen diese Einzelmaßnahmen oder auf Teilsysteme ausgerichteten Anpassungen nicht. Sie sind notwendig, müssen jedoch als Teil eines übergreifenden gesellschaftlichen Resilienzansatzes gesehen werden, der auf die Ebene der Strategie, auf das strategische Planen zielt. Ein solches betrifft das System als Ganzes, die Wechselwirkungen der einzelnen Teile, und ist auf die Transformation der Stadtgesellschaft im Kontext übergreifender Änderungen, zum Beispiel den demografischen oder den klimatischen Wandel, ausgerichtet. Dieser strategische Transformationsbezug wird als „allgemeine Resilienz" bezeichnet.[67] Beide Formen der Resilienz müssen in Planungs- und Umbauprozessen berücksichtigt werden, wobei hier vor allem die „allgemeine" Resilienz mit ihrem gesellschaftlichen Bezug im Vordergrund stehen soll. Eine Begriffsmatrix zeigt die Stufungen und Übergänge zwischen „konstitutiver" sowie „erworbener" und „spezifischer" sowie „allgemeiner" Resilienz, wobei die besondere Betonung auf die strategischen Felder der „erworbenen" und „allgemeinen" Resilienz gelegt wird.

Die „konstitutive" und die „erworbene" Resilienz beziehen sich sowohl auf die „spezifische" als auch auf die „allgemeine" Resilienz. Jede Maßnahme, die spezifische Resilienz befördert, ist zugleich hinsichtlich ihrer Bedeutung für die allgemeine Resilienz abzuschätzen. Es bestehen Wechselwirkungen zwischen allen vier Ausprägungen, wobei letztlich die „allgemeine" Resilienz und die durch Lernen der Stadtgesellschaft im Umgang mit Störungen erworbenen resilienten Fähigkeiten für den Erfolg einer auf Erneuerung in

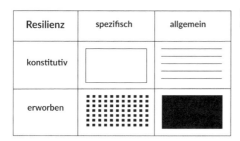

Resilienz	spezifisch	allgemein	Prinzip-Matrix zu Resilienztypen
konstitutiv			
erworben			

Systemgrenzen ausgerichteten Transformation der Gesellschaft ausschlaggebend sein dürften.

Von diesen eher strukturellen Zuordnungen im Begriffsapparat führen nun zehn abstrakte Leitbegriffe[68] zur inhaltlichen Erschließung der Resilienzthematik:

1. *Selbstorganisation.* Resilienzdenken und -handeln müssen berücksichtigen, dass es sich um sehr komplexe, dynamische, letztlich selbstorganisierte („dissipative")[69] Systeme und irreversible Prozesse mit Ungewissheiten und Zufällen handelt.

2. *Schwellen.* Wenn über Wandlungen und Störungen gesprochen wird, dann spielen Schwellenwerte eine nicht nur quantitativ bestimmende Rolle. Es stellt sich die Frage, ab wann – zeitlich, räumlich, qualitativ – sich ein System zu ändern beginnt, ob schleichend oder abrupt.

3. *Vernetzte Herkünfte (Domänen oder Bausteine).* Die Domänen von Akteuren, oder die Struktureinheiten eines Systems wie der Stadtgesellschaft, müssen in ihren Vernetzungen und modularisierten Eigenschaftenn gesehen werden. Keine lässt sich isoliert betrachten. Zudem spielt die Vielfalt der Domänen eine entscheidende Rolle. Je geringer die Vielfalt, desto anfälliger ist das Gesamtsystem.

4. *Adaptive Zyklen.* Rückkopplungsschleifen gehören zu den Kernmomenten resilienter Systeme. Sie bestehen in der Regel aus vier Stufen, die sich in einer Vor- und Rückschleife wiederfinden: Aufbau – Wachstum – Konservierung/Rückwärts – Auflösen – Reorganisieren, wonach der Zyklus – auf einer anderen Ebene – erneut beginnt. Möglichst kurze, aber nicht zu kurze Rückkopplungen müssen gefunden werden. Diese Rückkopplungen

spielen insbesondere in der Planung eine prekäre Rolle, lassen sie sich doch nur schwer vorhersagen.

5. *Verbundene Skalen.* Die Selbstorganisation erfolgt auf den Ebenen von Raum und Zeit sowie in Zyklen. Diese ermöglichen das Verstehen resilienter Wirkungen in konkreten Räumen und Zeitabschnitten.

6. *Differenzierte Betrachtungsebenen (spezielle/allgemeine; erworbene/konstitutive Resilienz).* Diese Unterscheidung hilft, Teilsysteme von übergreifenden Systemen zu unterscheiden, die kurzfristige oder langfristige Transformationen tragen.

7. *Adaptation und Transformation.* Der Aufbau von Kapazitäten (im Sinne von Fähigkeiten) zur Gestaltung von Anpassungen (laufend) und Transformationen (strategisch) gehört zu den Schlüsselvoraussetzungen der Resilienz.

8. *Kosten der Resilienz.* Resilienz spart ein, doch sie kostet auch. Sie ist nicht auf Effizienzsteigerung fixiert. Sie ist in alle Maßnahmen zu integrieren, und das kostet etwas, bewirkt aber durch existenzsichernde Wirkungen erhebliche Ersparnisse.

9. *Nicht alles ist wichtig.* Resilienz ist ein heuristischer Ansatz – es geht nicht um die Suche nach der letzten und umfassendsten Erkenntnis, nach möglichst viel Wissen über die Systeme. Dieser Ansatz zielt auf das Gewinnen angemessener (handhabbarer) Kenntnisse, in erster Linie auf die Erkenntnis resilienter Gesamtzusammenhänge und das Finden von Lösungen für eine letztlich nachhaltige Orientierung. Hier setzt die Planungs*kunst* an.

10. *Es geht nicht um Nicht-Änderung.* Resilienz bedeutet nicht, alles nur zu erhalten. Es ist wichtig zu bedenken, dass Selbsterneuerung den Erhalt, aber zugleich Änderungen einschließt, um gewappnet zu sein gegen Störungen, die eventuell das System insgesamt zerstören können.

Diese begriffliche, durchaus noch ausbaubare Welt verschafft eine Perspektive für das planerische Denken jenseits der tradierten Begriffe der gängigen Planungsroutinen. Damit ist jedoch das übergreifende Ziel resilienten Handelns noch nicht ausreichend bestimmbar.

Die Aktualität der Resilienz

„Bei der Euro-Krise stehen noch viele Entscheidungen an, doch die demographische Krise ist gelaufen, da kann die Politik nichts mehr machen. Zur Abwendung dieser Krise hätten die grundlegenden Entscheidungen in den achtziger Jahren getroffen werden müssen, als Wissenschaftler bereits eindringlich vor dieser gefährlichen Entwicklung gewarnt haben. Heute ist es zu spät. Wir sind jetzt 30 Jahre weiter und haben die vergangenen 30 Jahre verschlafen. Beim demographischen Wandel geht es um ganz langfristige Entwicklungen."[70] Diese Worte wählte der Ökonom Hans-Werner Sinn in einem unter dem Titel „Es wird knirschen im Gebälk" veröffentlichten Interview. Sicher, das ist kein Beweis für eine wirklich eintretende Entwicklung, doch korrespondiert diese mit den Analysen des Berlin-Instituts zur demografischen Zukunft Deutschlands und anderer frühindustrialisierter Länder in der nördlichen Hemisphäre.[71] Der Abschied vom Wachstum ist vorgezeichnet, wenngleich es immer wieder als Universalmittel zur Lösung aller Probleme beschworen wird.[72] Dabei fällt auf, dass die Aufwendungen zum Aufrechterhalten eines im Zuge des Wachstums immer komplexer und zugleich riskanter werdenden Systems (Wirtschaft, Gesellschaft, Stadt) zunehmend steigen. Es handelt sich um ein statisches Gleichgewicht auf hohem Niveau, das permanente (und wachsende) Zufuhr (Kosten, Ressourcen, Management) erfordert, um stabil zu bleiben und Risiken abzuwenden. Dagegen steht ein System „optimaler" Größe, das ein dynamisches Gleichgewicht enthält, auf einem eher niedrigen Niveau, das weit weniger Aufwendungen benötigt und einfacher zu unterhalten ist und tendenziell weniger Risiken, also mit mehr Sicherheiten versehen, ausgesetzt ist. Das ist ein resilientes System.[73]

Dies unterstreichend, verweist Sinn in jenem Interview auf die gewachsene Empfindlichkeit der Gesellschaft gegenüber im letzten Jahrzehnt eingetretenen Veränderungen mit ihren wachsenden Anfälligkeiten in den verschiedenen Sektoren, insbesondere in den Städten und im ländlichen Raum. Es dominiert offenbar nicht mehr eine hoffnungsfrohe Zuversicht. Diese ist einer bestimmten Nachdenklichkeit gewichen, jedenfalls tendenziell, bei gleichzeitig wachsender Skepsis. So konstatieren Gerstengarbe und Welzer: „Zu berücksichtigen ist auch, dass der Klimawandel in Deutschland im Jahr 2040 nicht bei zwei Grad plus haltmachen wird. Dies ist lediglich die Entwicklung, die aufgrund der bisherigen Emissionen mehr oder weniger vorgezeichnet und nicht mehr abzuwenden ist.[74] Doch vor allem offenbart sich eines: Es ist eben nicht einfach „gelaufen", weder mit dem demografischen Wandel noch mit anderen Umbrüchen, wozu auch die Energiethematik oder die Migration gehören, trotz oder gerade wegen der in Deutschland eingeleiteten Energiewende und einer wachsenden Flüchtlingsbewegung aus den Krisenregionen der Welt: „Vieles, was sich in den nächsten zwei Jahrhunderten ereignen wird, ist durch physikalische Gesetze und die menschliche Natur so eingeschränkt, dass es praktisch als vorgegeben anzusehen ist. Selbst wenn die Menschen feierlich schwören, sich nicht darum zu bemühen, ihr Leben zu verbessern, *werden sie es trotzdem tun* [Hervorhebung HK] [...]."[75] Der demografische Wandel wird weitergehen, wenngleich modifiziert. Die Ressourcenverschwendung oder die Nutzung nichterneuerbarer Energien werden ebenso fortgesetzt, und zugleich beginnt der Wandel – unbewusst oder bewusst forciert, wie dies am Beispiel der Energiewende in Deutschland sichtbar ist. Für einen absehbaren Zeitraum haben wir es mit einem Konflikt zu tun, der fundamental ist. Mehr noch, es kann von einem dramatischen „Notfall" globalen Ausmaßes gesprochen werden.[76] Dieser ist nicht einfach als „gut" oder „böse" zu bewerten. Die Sicherung oder das Erreichen eines bestimmten Wohlstandes bleibt ein Ziel, ein „Naturgesetz", das unübersehbar in eine gravierende Konfliktzone geführt hat, obwohl die „Alarmglocken" schrillen, wie Hamilton bemerkt.[77]

„Alle wissenschaftlichen Erkenntnisse laufen auf eine unumstößliche Tatsache hinaus: Wir stecken in Schwierigkeiten. In ernsthaften Schwierigkeiten. Noch dazu steuern wir gerade auf völlig unbekanntes Terrain zu: Wir wissen nicht, was passieren wird, wenn wir erst einmal zehn Milliarden sind."[78] Die Problem- und Erkenntnislagen zu globalen Entwicklungen nähern sich einander an. Darin kann nun ein Fatalismus begründet sein: „Wir sind nicht mehr zu retten."[79] So klar und wenig beschönigend diese nachvollziehbare Einsicht sein mag, die Erkenntnisoffenheit der Situation beim Steuern in diesem „unbekannten Terrain" der auf die Menschheit zukommenden

Schwierigkeiten lässt auch eine andere Möglichkeit zu: Die Suche nach grundsätzlichen, erneuerten Lebensperspektiven der urban geprägten Gesellschaften – jenseits vom jetzigen Status quo. Sie leitet das aktuelle Interesse an der Resilienzthematik und bedeutet nicht mehr und nicht weniger als das Ende einer „Alternativlosigkeit".

Die von Hans-Werner Sinn oder dem Nobelpreisträger Robert Laughlin vertretenen und hier stellvertretend zitierten Thesen ließen sich auf den Ressourcenverbrauch, das Finanzsystem, den Stand der Bildung, auf Umweltqualitäten oder auch auf die soziale Lage in Stadt und Region übertragen. Alles oder fast alles scheint „gelaufen" zu sein, ob in schrumpfenden oder wachsenden Regionen. Zu beobachten ist eine durch Aktionismus überdeckte Ratlosigkeit – so könnte, zugespitzt, die öffentliche Reflexion der jüngeren Entwicklungen, so zum Beispiel auch in der Corona-Pandemie, in den relevanten gesellschaftlichen Bereichen charakterisiert werden. Es mag als überzogen angesehen werden, wenn alles als „gelaufen" dargestellt wird. Das käme einer vereinfachten Darstellung gleich, die ja nicht gemeint sein kann. Doch sprechen einige Indizien dafür, dass tatsächlich manche der Wandlungen „gelaufen" sind oder ein weit fortgeschrittenes Stadium erreicht haben. Die Steuerungsfähigkeit der Entscheidungsträger in Kommunen, Regionen oder auf staatlicher Ebene, selbst in Unternehmen und großen Organisationen, scheint eingeschränkt. Doch lassen sich zugleich viele Aktivitäten beobachten, die sich in diese Entwicklung steuernd einzubringen suchen, um ihr eine zivilisationserhaltende Richtung zu geben. Denn die Konsequenzen wären nicht absehbar, wenn man vor den Verhältnissen einfach schulterzuckend kapitulierte. Dass sie, wie beim Klimawandel zu vermuten ist, mit erheblichen Beeinträchtigungen der Lebensumstände einhergehen werden, lässt viele Aktivitäten als sehr sinnvoll, ja notwendig erscheinen. Einer der Mitgründer des „Worldwatch Institute" in Washington und Vordenker der globalen Umweltbewegung hat diesen Bestrebungen in seinem Buch *Plan B 2.0 – Mobilmachung zur Rettung der Zivilisation* einen Namen gegeben und in einem Programm zusammengefasst.[80] Der englische Originaltitel ist weniger „weltuntergangsorientiert" als vielmehr auf Übergangsprozesse ausgerichtet: *Plan B 2.0 Rescuing Planet under Stress and a Civilization in Trouble*[81]. Hier sind es die leitenden Begriffe

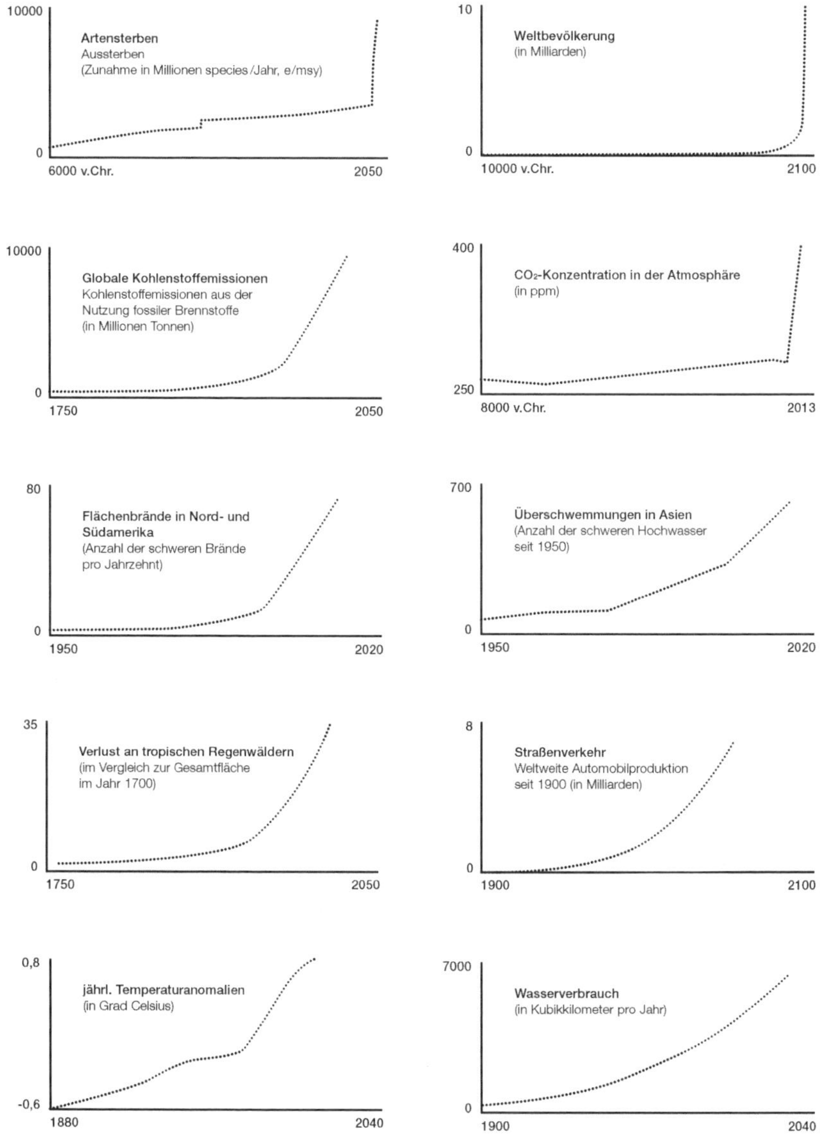
10000
Artensterben
Aussterben
(Zunahme in Millionen species/Jahr, e/msy)
0
6000 v.Chr.
2050
10
Weltbevölkerung
(in Milliarden)
0
10000 v.Chr.
2100
10000
Globale Kohlenstoffemissionen
Kohlenstoffemissionen aus der
Nutzung fossiler Brennstoffe
(in Millionen Tonnen)
0
1750
2050
400
CO_2-Konzentration in der Atmosphäre
(in ppm)
250
8000 v.Chr.
2013
80
Flächenbrände in Nord- und
Südamerika
(Anzahl der schweren Brände
pro Jahrzehnt)
0
1950
2020
700
Überschwemmungen in Asien
(Anzahl der schweren Hochwasser
seit 1950)
0
1950
2020
35
Verlust an tropischen Regenwäldern
(im Vergleich zur Gesamtfläche
im Jahr 1700)
0
1750
2050
8
Straßenverkehr
Weltweite Automobilproduktion
seit 1900 (in Milliarden)
0
1900
2100
0,8
jährl. Temperaturanomalien
(in Grad Celsius)
-0,6
1880
2040
7000
Wasserverbrauch
(in Kubikkilometer pro Jahr)
0
1900
2040

Globale Wachstums-Trends (Grafikfolge nach Emmott)

„Stress" und „Trouble", die im weiteren als „Störung" wieder auftauchen. Resilienz fungiert nunmehr als eine „Antwort" auf Störungen.

Von einer anderen Warte aus betrachtet, erhärtet sich die Frage nach dem Charakter von Störungen: Reiner Klingholz entwirft in seinem Szenario für die Zukunft der Weltbevölkerung ein grundsätzlich optimistisches Bild – für das 22. Jahrhundert.[82] Er geht, wie Emmott, von einem Anwachsen der Bevölkerung bis etwa 2050 auf über 9 Milliarden Menschen auf der Welt aus, was eine große Belastungsprobe für die ökosozialen Systeme bedeutet. Dabei ist nicht auszuschließen, ohne in banale Untergangsstimmung zu verfallen, dass ein Kollaps von Teilen oder des gesamten Systems erfolgen kann. Spätestens ab 2050 folgt ein Rückgang der Erdbevölkerung – regional sehr unterschiedlich ausgeprägt und nicht einem „Masterplan" folgend, sondern von ökologischen und ökonomischen Zwängen einer gespaltenen Welt diktiert. Dies kann in einem für Menschen überlebensfähigen (letztlich nachhaltigen) globalen System münden.[83] Aber: „Der Weg ins Paradies der Nachhaltigkeit wird […] mit Sicherheit durch eine Reihe von ökologischen und demographischen Krisen führen […]"[84] – wenn überhaupt von einem „Paradies" gesprochen werden kann. Die hier angezeigten Krisen bedeuten für Städte und Regionen enorme Belastungen, Stress, der auch zu Überlastungen führen kann. Das Wachsen und die sich daran anschließende Schrumpfung stellen die urbanen Systeme vor enorme Probleme. Das 21. Jahrhundert dürfte – regional sehr differenziert – das Jahrhundert des Wachstumsstresses werden. Um den Expansions- und Kontraktionsdruck zu bewältigen und dabei nicht zu kollabieren, müssen Städte und Regionen Stabilisierungs- und Erneuerungsmöglichkeiten erschließen. Obgleich erste Erfahrungen beim Umgang mit Schrumpfung vorliegen (z.B. in Ostdeutschland oder im Ruhrgebiet), stellt die Umstellung von Wachstum auf Schrumpfung oder Balance jenes „unbekannte Terrain" dar. Resilienz wird, so die nun vertretene These, zu einer unabdingbaren Notwendigkeit in diesem Umstellungsvorgang, um letztlich ein menschenwürdiges Dasein zu gewährleisten.

Dieses Umstellungsansinnen trifft jedoch auf den sogenannten „Red-Queen"-Effekt. Um jenen Status quo der Wachstumsgesellschaft industriell-kapitalistischer Prägung zu erhalten, muss, so die Metapher, gehandelt werden wie im Reich der „Red Queen", einer Figur aus dem Buch „Alice hinter den Spiegeln" von Carroll. Die „Rote Königin" herrscht über ein Reich, in dem jeder so schnell rennen muss, wie er kann, wenn er bleiben will, wo er ist. Genauso war es bei den Römern. Auch sie unternahmen enorme Anstrengungen, um ihre Positionen zu halten, und vermieden dabei jedwede Veränderung in der politischen und wirtschaftlichen Struktur ihres Reiches. Für das Römische Reich war es ein aussichtsloses Rennen. Die natürlichen Ressourcen, die das imperiale System aufrechterhalten hatten, gingen zur Neige [...]."[85] In gewisser Weise ist dies mit der gegenwärtigen Weltlage vergleichbar. Ein Verlangsamen des Wettlaufs, wie er zum Beispiel durch die Pandemie erzwungen worden war, lässt zwar Rufe nach Abkehr, nach wirklicher Nachhaltigkeit entstehen, die dominanten Stimmen jedoch verlangen nach Rückkehr zum beschleunigten Weitermachen, so jedenfalls der Eindruck.

Dies führt unweigerlich zur „Seneca-Klippe"[86], einem Effekt, der bei einem System eintritt, wenn eine Überbeanspruchung in jenem Wettlauf erfolgt und es zum Absturz von der „Klippe" kommt, also zum vollständigen Kollaps. Das Bild leitet sich aus dem Kurvenverlauf, wonach der Anstieg allmählich erfolgt, der Niedergang nach dem Kipppunkt ist plötzlich steil. Es kann aber hilfreich sein, bevor es zum Absturz kommt, Teilstrukturen kollabieren zu lassen, damit es nicht zum gänzlichen Kollaps kommt. In diesem Spannungsfeld ist Resilienz angesiedelt.

Damit drängen sich aber auch Zweifel auf: Handelt es sich beim Resilienzbegriff um das resignierende Eingeständnis von Fehlplanungen? Gehört Resilienz in die Kategorie der Modewörter, die vom Eigentlichen ablenken? Spiegelt der Rückgriff auf diesen Begriff lediglich den Zeitgeist im Zusammenhang mit den allgegenwärtigen Krisen wider? Und was bliebe von einer Resilienzdebatte, falls diese Krisen dereinst durch die „alten Rezepte" tatsächlich überwunden wären? Bliebe der Begriff dann mehr als eine Sternschnuppe am akademischen Himmel? Behandelt Resilienz andererseits nur Verhinderung von Krise, statt auch Gestaltung von Zukunft?

Die Erfahrungen mit wissenschaftlichen Begriffen aus der jüngeren Vergangenheit lassen tatsächlich Zweifel berechtigt erscheinen. Wird heute noch von der Risikogesellschaft gesprochen, die um 1990 Konjunktur hatte?[87] Sie hat sich inhaltlich keineswegs überlebt, doch das Wort ist aus dem Vokabular weitgehend verschwunden. Und was ist mit den „Agenda 21-Prozessen", dem operationalen Arm der Nachhaltigkeit? So wertvoll sie sind, ihren Höhepunkt haben sie wohl hinter sich, und das ist kaum ein Jahrzehnt her. Und dann natürlich der Nachhaltigkeitsbegriff selbst. Seit 1987 als „Sustainability" zu einem weltweiten Leitbegriff aufgestiegen[88], war ein geradezu epochaler Begriff geprägt worden, der inzwischen auf eine lange Tradition zurückblicken kann.[89] Seine Bedeutung kann nicht hoch genug geschätzt werden. Und dennoch unterliegt auch dieser Begriff deutlichen Verschleißerscheinungen. Er erodiert und zeigt alle Seiten einer Entleerung, wie sie schneller kaum stattfinden kann.[90] Sarkastisch ist bereits von „Dampfplauderei" die Rede.[91] Seine übergreifende inhaltliche Relevanz hat der Begriff nicht verloren, wie ein Blick in die aktuelle Literatur belegt, im Gegenteil.[92]

Ein Zwischenfazit – Retro- und Forward-Resilienz

Kann gerade dieser globale Begriff von Resilienz in der Lage sein, die erkennbaren Veränderungen, deren die globale Gemeinschaft gewahr wird, angemessen und zukunftsorientiert zu spiegeln? Ist Resilienz so etwas wie die „Rettung der Weltrettung durch ‚Nachhaltigkeit'"?[93] Oder anders formuliert: „Jetzt auch noch resilient?", wie es das Deutsche Institut für Urbanistik einst formulierte.[94] Offenbar ist es wieder an der Zeit, „Benennungen" vorzunehmen und über die Deutung neuer Begriffe einen Schritt weiterzukommen in der Diskussion um die Zukunft von Stadt und Gesellschaft. Dafür soll mit den folgenden Kapiteln ein Angebot unterbreitet werden. Doch das ist selbst nicht ohne Risiko. Resilienz ist zunächst ein wertneutraler Begriff, der eine Systemeigenschaft natürlicher Prozesse charakterisiert. Damit entsteht die gesellschaftsrelevante Frage nach einer Richtung von Resilienz, das heißt, wohin soll/kann transformiert, erneuert oder zurückgesprungen werden?[95] Somit wäre zu unterscheiden zwischen einer *Retro-Resilienz* und einer *Forward-Resilienz*. So zielt Erstere darauf ab, Vergangenes als Heilsversprechen für eine Zukunft auszugeben, vergleichbar mit „Retrotopia" von Bauman.[96]

Demgegenüber speist sich eine *Forward-Resilienz* aus einer „noch ausstehenden und deshalb inexistenten Zukunft"[97], die stets neu und – im besten Fall – im demokratischen Diskurs errungen werden muss. Wenn nun weiter von Resilienz gesprochen wird, dann ist *Forward-Resilienz* gemeint. Damit kann aber keine simple Polarisierung gemeint sein etwa in „Böse" und „Gut". Resilienz bedeutet in jedem Fall, Integration von Vergangenem in die Suche nach Neuem als Bestandteil von Freiheit: „Es geht darum, dass die Idee der Freiheit und die tatsächliche Erfahrung eines Neuanfangs innerhalb des historischen Kontinuums in eins fallen sollten."[98] Die Maßstäbe dafür sind je – demokratisch – zu erringen und geben die „Richtung" an, die dann *Forward-Resilienz* ausmacht. Die Wissenschaft und Kunst – später wird Planungs*kunst* eingeführt – sind Teil dieses Ringens. *Retro-Resilienz* bedeutet den Ersatz dieses Ringens durch Setzung von Vergangenem als alleinigem Neuen, in welcher Variation auch immer. Darin liegt eine Gratwanderung. Um diese plausibler zu gestalten, sind Kriterien, Diskursfähigkeit, Versuche und Lernen notwendig.

Die Grundsatzfrage: Vulnerabilität, Resilienz und Nachhaltigkeit

Es gehört zu den entscheidenden Fragen bei der Betrachtung von Resilienz, wie sich die Relation zur Nachhaltigkeit gestaltet. Sieverts unterbreitet dafür einen ersten Vorschlag: „Resilienz in der Raumplanung könnte man vielleicht auch umschreiben mit ‚Nachhaltigkeit mit stabilem Charakter'."[99] Damit erschöpft sich noch nicht die Antwort auf die Frage nach jenem Verhältnis, nach den innewohnenden Wertvorstellungen und nach dem Handlungsmodus, der für das Erreichen einer Nachhaltigkeit notwendig ist.

Die ursprüngliche Definition der Nachhaltigkeit geht bekanntlich auf den Passus 27 im Brundtland-Bericht von 1987 zurück und lautet: „Die Menschheit ist in der Lage, die Entwicklung stabil zu gestalten – eine Entwicklung, in der die Bedürfnisse der Gegenwart befriedigt werden, ohne dabei künftigen Generationen die Möglichkeit zur Befriedigung ihrer eigenen Bedürfnisse zu nehmen. Das Konzept der *stabilen Entwicklung* [Hervorhebung HK] schließt Grenzen ein – doch das sind keine absoluten Grenzen, sondern nur Einschränkungen, die der derzeitige Stand der Technik und gesellschaftlichen Organisation für die Umweltressourcen und die Fähigkeit der Biosphäre, Auswirkungen menschlicher Aktivitäten aufzunehmen, bedingt."[100] Dieses Axiom der Nachhaltigkeit ist in einem langen, 1987 in Oslo zu einem Ende gekommenen Prozess der Suche nach einem globalen Ansatz für das harmonische Ausbalancieren divergierender wirtschaftlicher und sozialer Pole in der Gesellschaft und mit der Umwelt gereift. Nachhaltigkeit steht für diesen Harmonieansatz. Sie formuliert damit letztlich eine übergreifende Utopie, die wichtig ist, aber so kaum erreichbar sein dürfte. Die ursprüngliche Definition dessen, was später, mit dem Rio-Prozess ab 1992, als Nachhaltigkeit bezeichnet wurde, lautete also „stabile Entwicklung" (als eine deutsche Übersetzung von „Sustainability").[101] Diese kann – im Nachgang gesehen – als eine Brücke für die heutige Resilienzdiskussion betrachtet werden. Dabei wird die Fähigkeit in den Mittelpunkt gerückt, etwas zu erhalten, tragfähig zu gestalten, etwas an Ressourcen übrig zu lassen für die, die in den nächsten Generationen auch noch daran teilhaben.[102] Obgleich eine solche Deutung wenig ambitioniert klingt, öffnete sie – vielleicht erstmalig – die reale Utopie eines dauerhaften, angemessenen Wohlstands, der über Generationen hinweg und für alle Menschen erreicht werden könnte. Die bekannte und etwas schlicht klingende Ausgewogenheitsformel zwischen Sozialem, Ökonomischem und Ökologischem enthält jedoch jene passiv erscheinende Aussage, nach der die heutigen Generationen die Befriedigung der Bedürfnisse zukünftiger Generationen nicht unmöglich machen dürfen.[103] Was moralisch gerechtfertigt ist und unumgänglich sein dürfte, kann praktisch kaum erreicht werden. Das „Nicht-Identität-Problem", die Unmöglichkeit der Einflussnahme künftiger Generationen auf die heutigen Weichenstellungen, welche ihre zukünftige Lebenswelt dennoch nicht unwesentlich prägen werden, steht dem entgegen.[104]

Trotzdem darf die moralische Wirkung von Debatten über die Generationengerechtigkeit heute nicht unterschätzt werden. Sie gehört zu einem wichtigen und auch motivierenden Moment der Nachhaltigkeit jenseits von technisch-normativen Werten. So ist auch Resilienz letztlich ohne die ethische Dimension, wie sie im Nachgang zum Rio-Prozess in der „Erd-Charta" von 2000 mit dem Grundsatz von der „Ehrfurcht vor dem Leben", auf Albert Schweitzer Bezug nehmend, formuliert worden war, nur schwer denkbar.[105] Damit wären auch, um ein Bild des streitbaren Philosophen Paul Feyerabend von 1977 aufzugreifen, zwei Seiten eines „Geländers" gemeint, „das die Leute davor bewahrt, in einen Abgrund zu fallen, ohne deshalb irgendeinen ideologischen Druck auf sie auszuüben"[106]. *Resilienz* und *Ehrfurcht vor dem Leben* könnten die beiden Seiten des Geländers auf dem Weg in eine zu findende Zukunft sein.

Es verwundert demnach nicht, dass eine Nachhaltigkeit, die dieser Sinngebung beraubt ist, zur platten Attitüde oder zum technokratischen Akt schrumpft und in die Kritik gerät. Diese Kritikpunkte an der Nachhaltigkeit sind Bestandteil interner Diskussionen der Wissenschaftlergemeinde geworden und haben ihre Spuren in der Praxis hinterlassen. Deshalb haben eine Schärfung und Überprüfung des Begriffes und die Suche nach neuen Deutungen begonnen, die auch die Brücke zur Resilienz schlagen. Einen Schritt unternahmen Kurt und Wagner, indem sie die Nachhaltigkeitstriade um die „Kultur als quer liegende Dimension"[107] erweiterten. Grunwald, ein Nestor der Nachhaltigkeitsforschung in Deutschland, fasst darüber hinaus vier wesentliche Kritikpunkte zusammen:

- „Nachhaltige Entwicklung als inhaltsleere Hülle;
- Nachhaltige Entwicklung als ideologische Täuschung;
- Nachhaltige Entwicklung als Illusion;
- Nachhaltige Entwicklung als Bauchladen."[108]

Zu Recht aber konstatiert er, dass die Nachhaltigkeit – bei aller Kritik – nicht als „tot" erklärt werden kann und sollte: „Die persistente Diagnose ist es, die die erwähnte Kritik am Nachhaltigkeitsbegriff als im Detail zwar durchaus bedenkenswert anerkennt, sie aber nicht als Fundamentalkritik begreifen lässt."[109] Das ist weit mehr als eine Ehrenrettung und hilft zugleich, eine Weiterentwicklung des Begriffs als übergreifendes Ziel zu betreiben. Letztlich ist Nachhaltigkeit in der öffentlichen Debatte in die „Vereindeutigungsfalle" getappt, unterlag also einem Verlust an Vieldeutigkeit, was zu normativer

Verengung und Linearität im Anwendungsmodus führte, also einer „Ambiguitätsintoleranz".[110] Auch die (moderne) Planung beziehungsweise Raumordnung ist gegen eine solche Verengung nicht gefeit.[111]

Wenn nun resümierend Resilienz und Nachhaltigkeit in ein Verhältnis zu setzen sind, dann könnte Nachhaltigkeit als jenes „Utopia" fungieren, das es anzustreben, zu kommunizieren, weiter im Diskurs zu erörtern und als Ziel globaler Anstrengungen zu sichern gilt. Dieses sollte davor bewahrt werden, als simple Allzweckwaffe im täglichen Gebrauch weiter verschlissen zu werden. Damit kann hier ein Ziel vorgeschlagen werden unter der Maßgabe, dass ein „Paradies der Nachhaltigkeit" zwar nicht (absehbar) erreicht werden wird, die gesellschaftliche Entwicklung im Sinne einer Asymptote diesem Maßstab jedoch anzunähern sei. Gleichwohl bedarf dabei auch die Nachhaltigkeit selbst einer Weiterentwicklung und kritisch begleitenden Lesart, wofür es lebhafte Anzeichen gibt: „Während Nachhaltigkeit bedeutet, die heute vorhandenen Naturressourcen für die Zukunft zu erhalten, geht es bei der Anpassung darum, bereits heute Veränderungen in die Wege zu leiten, die zukünftig zu erwartenden Entwicklungen vorwegnehmen. Es geht also nicht nur, wie bei der Nachhaltigkeit [bisher HK], um eine bessere Abstimmung auf eine Natur, wie sie voraussichtlich in Zukunft sein wird."[112]

Zudem hatte bereits um 2007 eine prä-resiliente Debatte in Deutschland begonnen, die der Nachhaltigkeit „Zukunftsfestigkeit" zuschrieb – eine Diskussion, welche gerade in der Architektur und Stadtplanung geführt wurde.[113] Ein besonderer Ausdruck dessen sind die *Nationale Stadtentwicklungspolitik* oder die *Deutsche Anpassungsstrategie an den Klimawandel* (2008) beziehungsweise der *Aktionsplan Anpassung* (2011) der damaligen deutschen Bundesregierung.[114] Diese leitete zudem eine *Initiative zur Stärkung der Zukunftsfähigkeit deutscher Städte* ein, die mit der vorausgegangenen *Leipzig-Charta zur nachhaltigen Entwicklung* diesen Ansatz zugleich auf die europäische Ebene transportierte, was mit der „Neuen Leipzig-Charta" von 2020 fortgeführt wurde.[115] So begrüßenswert all diese Aktivitäten sind, so können sie doch nicht darüber hinwegtäuschen, dass sie letztlich nur begrenzt wirksam werden. Zweifel sind angebracht, ob Zukunftsfestigkeit über die Summe der durchaus betonenswerten Maßnahmen in all diesen Programmen erreichbar sein wird. Sie mögen für die spezielle Resilienz Wirkung erzielen können, wenn beispielsweise Vorhaben des präventiven Flächenmanagements oder der Stärkung des öffentlichen Nahverkehrs realisiert werden[116], bleiben aber letztlich in ihrer Gesamtwirkung begrenzt, ohne unterschätzen zu wollen, dass schrittweises Vorgehen zur Erreichung übergreifender Ziele ein redliches Ansinnen ist.

Es bleibt nun die Frage, in welchem Kontext Resilienz selbst zur Nachhaltigkeit steht. Die Vereinten Nationen haben mit der Verabschiedung der SDG, der Strategischen Nachhaltigkeitsziele, 2017 explizit eine Verbindung zwischen Resilienz und Nachhaltigkeit für die Stadtentwicklung hergestellt – Goal 11: „Make cities and human settlements inclusive, safe, resilient and sustainable."[117] Inhaltlich bedeutet dies, Risiken zu minimieren, Beteiligung zu fördern, den Verkehr anzupassen und die Siedlungen menschenwürdig zu gestalten. Das sind natürlich auf den ersten Blick Formeln. Sie stellen aber Beziehungen zwischen Resilienz und Nachhaltigkeit her, die es zu deuten, auszugestalten und weiterzudenken gilt. Das kann durchaus als ein Zugewinn für die internationale Debatte angesehen werden.

Für die Verknüpfung der beiden Begriffe unterbreiten Walker und Salt ein heuristisches Angebot. Sie bringen diese in einem „mind space" in einen systemtheoretischen Kontext, der lineares Denken im Mensch-Natur-Verhältnis überwindet. Resilientes Denken sehen die Autoren als Voraussetzung für Nachhaltigkeit an.[118] Das korrespondiert auch mit aktuellen Überlegungen zur Modifikation der Nachhaltigkeitskriterien in Richtung eines systemischen Ansatzes der regionalen Nachhaltigkeit.[119] Eine prinzipiell neue Sichtweise öffnet also den Zugang für ein adäquateres Herangehen an eine Zukunftsgestaltung, als dies mit der einfachen Deutung der Nachhaltigkeit als Zukunftsfestigkeit gelingen kann. Jener allgemeine systemtheoretische Denkrahmen ist nicht neu und bereits Bestandteil eines planungstheoretischen Diskurses.[120] Neu ist hingegen die Relation zwischen Nachhaltigkeit und Resilienz als Ansatz für die stadtplanende Tätigkeit. Damit muss nun die Ebene der mit Nachhaltigkeit in Verbindung stehenden Begrifflichkeiten in ihre Bestandteile zerlegt werden, um die strategische Bedeutung der Resilienz für die räumliche Planung zu suchen. Das Geflecht der Begriffe im Umfeld der

Nachhaltigkeit kann dabei in den vergangenen beiden Dekaden nach zwei zeitlich gestaffelten Phasen unterschieden werden: Die in den 1990er-Jahren, der frühen Nachhaltigkeitsära, geprägten Begrifflichkeiten widmeten sich der operationalen Seite der Nachhaltigkeit und dem Wachstumsdenken.[121] Sie haben grundsätzlich nichts an ihrer Aktualität verloren und gehören zum unverzichtbaren kognitiv-begrifflichen Grundlagenapparat einer Zukunftsdebatte. Im Jahrzehnt seit 2000 traten dann Begriffe auf die Tagesordnung, die Fragen der Anpassung (Adaptation) oder Empfindlichkeit (Vulnerabilität) verstärkt betonten. Zugleich erlangten Grundsatzfragen gesellschaftlicher Transformation, aber auch kritische Auseinandersetzungen um die Nachhaltigkeit selbst größere Bedeutung im Zuge von Klimadebatte, Terrorgefahren oder multiplen Krisen, wie Wolfrum exemplarisch fragt: „Und geraten die letzten Inseln des Wohlstands spätestens dann in Gefahr, wenn, wie prognostiziert, im Jahr 2050 sich allein 200 Millionen Klimaflüchtlinge auf den Weg machen?"[122] Damit avanciert die Vulnerabilität zu einem besonderen Merkmal des Menschenzeitalters, des Anthropozäns.[123]

Bevor Resilienz weiter operationalisiert werden kann, bedarf es einer Klärung: Es geht um das Schlüsselverhältnis von Störanfälligkeit, Vulnerabilität und Resilienz als Erneuerungsfähigkeit. Wenn davon ausgegangen werden muss, dass es sich bei natürlichen Systemen, zu denen letztlich auch die menschlichen Gesellschaften und ihre räumliche Daseinsweise, die urbanen Systeme, zählen, dann handelt es sich um „stabile Ungleichgewichte"[124], die ständig im Zustand existieren, Risiken ausgesetzt zu sein, unerwartete Störungen zu erfahren, Dynamiken zu unterliegen, die nicht oder kaum linear vorausbestimmbar sind und die sich in veränderbaren Zyklen erneuern. Das klingt chaotisch, bedeutet aber lediglich, dass Gesellschaften in einem permanenten Konfliktverhältnis agieren, das sich in drei Typen[125] des Umgangs mit den Störungen (die eigentlich keine Störungen sind, sondern Normalzustände, aber als solche empfunden werden, da eine Störungsfreiheit als normal angesehen wird):

- *Resistenz: Widerstand gegen Gefahren beziehungsweise Abwendung von Störungen;*
- *Resilienz: Anpassung und Erneuerung im Kontext von Vulnerabilität;*

- *Persistenz: Sicherung stabilen Fortbestehens auch unter Konfliktbedingungen.*

Resilienz erhält demnach im Rahmen der Bewältigung von Konflikten, die sich aus Störanfälligkeiten ableiten, eine gestaltende Funktion als Lern- und Entwicklungszyklus nach Gunderson und Holling[126]. Bevor dies weiter verfolgt werden kann, sind Exkurse notwendig:

Die normativen Säulen: Effizienz – Konsistenz – Suffizienz

Auf der Umsetzungsebene treten drei normativ ausgerichtete Begriffe im Zusammenhang mit der Nachhaltigkeit auf die Tagesordnung, die jenseits der (bereits überholten) Dimensionen[127] der Nachhaltigkeitstriade, also des Ökonomischen, Ökologischen und Sozialen, angesiedelt sind: „Die Effizienz-Strategie zielt im Sinne des ‚wirtschaftlichen Prinzips' auf eine Minimierung des Material- und Energieeinsatzes pro Produktionseinheit."[128] Diese Strategie bezeichnet die Entkopplung von wirtschaftlicher Entwicklung und Belastungen der Umwelt. Damit ist die ökonomische Grundlage der Nachhaltigkeit angesprochen. In diesem Bereich sind in Deutschland durchaus Fortschritte erzielt worden – im globalen Maßstab sieht es jedoch anders aus.[129]

„Bei der Konsistenz-Strategie stehen nicht quantitative, sondern qualitative Aspekte des Umweltverbrauchs im Vordergrund. Sie zielt auf die Anpassung der durch menschliches Wirtschaften erzeugten Stoffströme an die natürlichen Stoffwechselprozesse", insbesondere stoffliche Substitutionen.[130] Darin manifestiert sich eine ökologische Seite der Umsetzung von Nachhaltigkeitszielen.

„Demgegenüber halten die Vertreter einer Suffizienz-Strategie die Erreichung von Nachhaltigkeitszielen allein durch Effizienz- und Konsistenzansätze für nicht möglich. Sie stellen die nicht-intendierten Folgen des Technikeinsatzes, die (Über)Kompensation erzielter Effizienzgewinne durch Konsumverhalten und die zumindest längerfristig existierenden naturwissenschaftlich-technischen Grenzen von Effizienzsteigerungen in den Mittelpunkt."[131]

Die letztgenannte Strategie zielt auf Lebensstilfragen, den „ökologischen Fußabdruck"[132], die Abkehr vom Wachstumsdogma und orientiert auf – nicht trivial – verstandene Selbstgenügsamkeit. Es handelt sich um eine sozial-kulturelle Dimension der Nachhaltigkeit. Das Kernvokabular der Diskussion aus der ersten Reflexionsphase zur Nachhaltigkeit ist damit zusammengefasst und für die weitere Aufbereitung in der nunmehr neu akzentuierten Diskussion bereitgestellt. Diese drei Begriffe/Säulen sind durchaus nicht per se veraltet.

Es geht um den Wandel: Panarchie – Adaptation – Mitigation – Transformation

Inzwischen gewinnen übergreifende Begriffe an Boden, die sich nicht mehr einzelnen Nachhaltigkeitszielen zuordnen lassen. Diese charakterisieren die Debatten der zurückliegenden Dekade seit etwa 2000. Sie beziehen ihre Bedeutung aus den fundamentalen Themen des Klimawandels, aber auch aus Problemen demografischer, sozialer, digital-medialer oder finanzökonomischer Änderungen auf der globalen Agenda. So rückten im letzten Jahrzehnt die Begriffe Adaptation, Mitigation und Transformation zunehmend in den Vordergrund einer im weitesten Sinne sozial-wirtschaftlichen Umweltpolitik.[133] Eine Bindegliedfunktion zwischen diesen Begriffen erlangte die Vulnerabilität, eine Empfindsamkeitsbetrachtung, die am Beginn einer Einschätzung von Systemen steht, zunehmend auch in den Kontext von Resilienz gebracht wird[134] und fast schon Standardcharakter in der technischen Planung gewonnen hat. So haben einzelne Bundesländer in Deutschland Klimaempfindlichkeitsstudien erarbeitet und entsprechende Kartendokumente sowie Handlungskataloge erstellt.[135]

Mit Adaptation wird die grundsätzliche Anpassung an die Folgen der klimatischen oder auch anderer Wandlungen durch die Gesellschaft bezeichnet. Sie erlangt in dem Maße eine kardinale Bedeutung für die Zukunft, in dem die Folgen auf unterschiedlichen Gebieten offenkundiger werden und Reaktionsformen zwingende Ausmaße erlangen. Die Hochwasserereignisse in Deutschland vom Sommer 2013 sind dafür ein aktuelles und beredtes Beispiel. Weit dramatischere wären mit Blick auf die südliche Hemisphäre zu nennen. Die Flüchtlingsbewegungen von 2015 gaben einen Einblick in die dramatische Lage in den großen Konfliktgebieten dieser Welt, die auch Abbild des Anthropozäns sind.[136] Die Anpassung rückt zunehmend in den Vordergrund von Planung und erlangt grundsätzliche Bedeutung in der Gestalt, dass sie die strategische Planung zu dominieren beginnt, tendenziell sogar durch eine reaktive Planung ersetzt, die absehbaren Ereignissen folgt. Adaptation ist, das darf oder sollte nicht vergessen werden, eine notwendige Form der Auseinandersetzung mit den Wandlungen der Umwelt; sie beinhaltet einen Lernvorgang, der elementar ist für jedwede Zukunftsgestaltung. Für den demografischen Wandel entstehen in Deutschland derartige Anpassungsprogramme, die der Sicherung der Daseinsvorsorge dienen sollen.[137] Sie sind ein wichtiger Indikator für das Diffundieren der Erkenntnisse zur Anpassungsnotwendigkeit und erste Anzeichen für einen Wandel in den Disziplinen der räumlichen Planung sowie in der kommunalen Planungspolitik. Auch wenn diese Anpassungen oft additiv und sektoral beziehungsweise administrativ begrenzt erscheinen, sollten sie in ihrer möglichen Wirkung für einen Übergang zu einer resilienzbasierten Daseinsvorsorge nicht unterschätzt werden.

Dem Begriff Adaptation wird in der Resilienzliteratur eine gewisse Schlüsselstellung zugeschrieben.[138] Der darin vertretene evolutionstheoretische Ansatz mit „adaptiven Zyklen"[139] speist sich aus empirischen Analysen natürlicher Prozesse und der Übertragung auf andere Systeme. Er wird als „Panarchie"[140] bezeichnet. Dieses Modell hat fundamentale Bedeutung und wird im weiteren Verlauf der Argumentation weiter differenziert. Das Modell gründet sich auf vier Phasen eines adaptiven Prozesses: Der Zyklus ist einem sogenannten Möbius-Band entlehnt und besteht aus: *α: Akkumulation/Aufbau, K: Erhaltung, Ω: Freisetzung/Zerstörung, r: Reorganisation.*[141] Damit wird Resilienz nicht als ein linearer oder statischer Vorgang behandelbar, sondern durchläuft Phasen, die wiederum auf unterschiedlichen und miteinander verbundenen Ebenen angesiedelt sind – die Relation von spezieller und allgemeiner Resilienz wird damit dynamisiert. Somit handelt es sich nicht um hierarchische Verhältnisse, sondern um „panarchische" und skalenversetzte, die miteinander verknüpft sind. An jeder Stelle des Zyklus

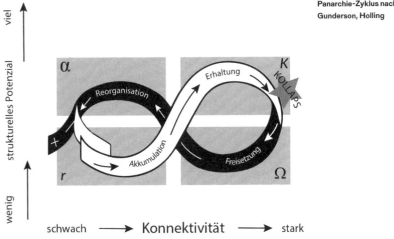

können Störungen auftreten, die den Verlauf modifizieren und einen Ebenensprung auslösen können und zu neuen Verbindungen führen. Dieses Modell vermag den Kern eines Verständnisses von der „lernenden Stadt" als resilientes System zu bilden. Hier öffnet sich ein Diskussionsfeld für die Analyse und Anwendung in der strategischen räumlichen Planung, was in den folgenden Kapiteln weiter behandelt werden wird.[142]

Etwas im Schatten der Anpassung steht die Mitigation. Beide Begriffe gehören zusammen. Adaptation ist dabei die reaktive, zyklisch verlaufende Komponente, Mitigation die aktive, präventive Einflussnahme. Letztere kann als vorbeugende Linderung der akuten wie der zukünftigen Folgen von heutigen wirtschaftlichen oder sozialen Aktivitäten sowie von Naturereignissen umrissen werden.[143] Mitigation wird aber vorrangig auf den Klimaschutz bezogen, „also auf technische und politische Maßnahmen zur Reduktion der Treibhausgasemissionen, um den anthropogenen Klimawandel abzumildern"[144]. Natürlich sind auch Linderungen vergangener Prozesse eingeschlossen, doch diese Reaktionen darauf fallen eher unter Anpassung. Hier liegt also durchaus ein Grenzbereich zwischen diesen beiden Handlungsweisen vor. In Zukunft jedoch erhält die Mitigation einen bedeutenderen Stellenwert, da absehbar ist, dass die Folgen aktueller (also zukünftig vergangener) Industrialisierung und Urbanisierung gravierende globale Auswirkungen hinsichtlich der klimatischen Folgen haben werden. Deren Auswirkungen zu lindern, ist deshalb ein heutiges Gebot, wohl wissend, dass nicht detailliert vorausgesagt werden kann, welche Folgen heutiges Handeln haben wird, und dass lindernde Maßnahmen in jedem Fall wirken werden. Bei der Mitigation käme eine Generationengerechtigkeit zum Ausdruck, die nicht von Begrenzungen der Ressourcennutzung im Sinne einer Rücklagenbildung für eine zukünftige Inanspruchnahme zu befriedigender Bedürfnisse ausgeht, sondern die Folgen heutigen Tuns minimieren will. Mit diesen Unsicherheiten zu leben und zu agieren gehört zur heuristischen „Kunst der Resilienz" in Planung und Politik.

Standen mit Effizienz, Konsistenz und Suffizienz, ungeachtet der internen Kontroversen ihrer jeweiligen Protagonisten, gestaltende Absichten im Mittelpunkt einer Nachhaltigkeitspolitik, so gehen die Adaptations- und Mitigationsmaßnahmen von „gelaufenen" Prozessen aus, die es in ihren Wirkungen zu mildern beziehungsweise auf die es sich permanent einzustellen gilt. Ob aber diese Maßnahmen in ihrer Gesamtwirkung einen zukunftsweisenden Beitrag zu leisten vermögen, bedarf einer kritischen Wertung. Adaptation und Mitigation haftet letztlich, wie Kaltenbrunner treffend formuliert, ein Hauch von Positivismus an, der letztlich eine Lösbarkeit von Problemen suggeriert.[145] Daran ist zu zweifeln. Zudem ist es fragwürdig, ob der übergreifende Kontext dieser „gelaufenen" beziehungsweise „laufenden" Vorgänge (klimatischer oder demografischer und anderer Prozesse) auf globaler wie regionaler Ebene damit ausreichend in den Blick genommen werden kann.

Hier kann sich der Begriff der Transformation als hilfreich erweisen. Er betrifft die Fähigkeit von Stadtgesellschaften, eine Transformation (Umformung) ihrer Daseinsbedingungen aktiv zu gestalten und dabei nicht nur nach einem Wettbewerbsvorteil gegenüber anderen Stadtgesellschaften zu streben, sondern eine transformative Kapazität aufzubauen, um einen resilienten Charakter der Stadt zu erreichen (allgemeine Resilienz). Diese Fähigkeit dürfte sich als Voraussetzung für das Gestalten der Handlungsspielräume in der „großen Transformation"[146] erweisen.

Transformation ist inzwischen selbst ein Wort geworden, das vor einer großen Karriere zu stehen scheint. Die Transformationsforschung gewinnt zunehmend an Boden und beginnt, die der Nachhaltigkeit zu „überrunden", mindestens aber diese in neuem Licht erscheinen zu lassen.[147] Sofern Maßnahmen einer Adaptation und Mitigation begrenzte Wirkung im Zusammenhang einer in der Dynamik und dem Ausmaß nicht adäquat beinflussbaren Transformation entfalten, müssen die institutionellen, wissenschaftlichen oder politischen Strukturen so ausgelegt werden, dass sie einen Spielraum[148] für die jeweils vorzunehmenden transformativen Anpassungen ermöglichen. Das klingt nach der Quadratur des Kreises. Diese kann nur aufgelöst werden, wenn es Stadtgesellschaften gelingt, eine Vorstellung von jenen Spielräumen zu gewinnen, die für sie daseinssichernd und nachhaltig sein können. Dabei müssen gesellschaftliche Möglichkeitsräume zur strategischen Transformation erschlossen werden.

Darin ist, wie Schneidewind und Singer-Brodowski feststellen, ein Gerechtigkeitsansatz eingewoben, der nicht durch inkrementalistische Positionen erreicht werden kann, so wichtig schrittweises Vorgehen auch ist. Es bedarf einer „umfassenden gesellschaftlichen Transformation"[149], die in globalen Prozessen bereits eingeschrieben ist. Diesen Prozessen gemäße Strategien zu entwickeln bedarf nicht nur einer bedachten Transformationspolitik, sondern auch einer „transformativen Wissenschaft" und, das sei angefügt, einer transformativen räumlichen Planung, die selbst eine Erkenntnisvorleistung für diese Umformung erbringen muss.[150]

Was heißt Transformation in Bezug auf Resilienz? Transformation ist der Basisprozess, der sich in einer Verschiebung im Gesellschafts-Natur-Verhältnis abbildet. Dieser Prozess ist die zentrale Herausforderung für Wissenschaft, Planung, Wirtschaft und Politik. Für die Wissenschaft steht, ebenso wie für die Planung, eine Neuformierung an, um den Anforderungen als „transdisziplinäre Transformationsforschung"[151] gerecht werden zu können, die als Voraussetzung für eine entsprechende Umgestaltung der vorbereitenden Institutionen fungiert. Ein Beispiel dieser Neuformierung in der Wissenschaftslandschaft ist das „Institute for Advanced Sustainability Studies" in Potsdam.[152] Auf der planerischen Ebene können die Bildung regionaler

„Verantwortungsgemeinschaften"[153] oder regionale Kooperationsverbünde exemplarisch sein. Der fundamentale Vorgang einer Neujustierung des Gesellschafts-Natur-Verhältnisses wird aus der Sicht des „Wissenschaftlichen Beirats für Globale Umweltveränderungen" (WBGU) in einem „Gesellschaftsvertrag für die Große Transformation"[154] (strategische Transformation) mit einem weit gefassten Horizont zu verbinden sein.[155] Argumentative Schwergewichte wie die eines „Gesellschaftsvertrags" zeigen an, dass es sich nicht um Maßnahmen handelt, die es nur temporär zu vereinbaren gilt, sondern um Überlegungen zu einer Gesellschaft, die säkularen Herausforderungen langfristig gewachsen ist. Der Tenor in der Forschung besagt, dass es um mehr als nur die Reaktion auf Krisen oder die Prävention gegenüber Katastrophen geht. Dies beträfe dann auch nur die spezielle Resilienz (technische Robustheit).[156] Katastrophen können als Formen von Störungen angesehen werden und bilden insofern eine besondere Phase in der „Dauerstörung" oder auch der „großen Störung", welche die Grundlage für die allgemeine Resilienz bildet.[157]

Zur Debatte steht ein säkularer Vorgang, den Rifkin mit einem formativen Umbau der Gesellschaft als die „Dritte Industrielle Revolution" (DIR) umrissen hat.[158] Die hier aus ökonomischer Sicht entworfene Perspektive des gesellschaftlichen Umbaus ist in einer solchen Weise radikal, dass sie den Begriff der Transformation grundsätzlich rechtfertigt, allerdings (nicht) ohne den Beigeschmack eines positivistischen Grundtenors. Wegen des ihm innewohnenden grundsätzlichen Potenzials soll dieser – durchaus diskussionswürdige – Ansatz als Bezug für transformative Zusammenhänge herangezogen werden. Es umfasst nicht nur Aussagen zur Richtung einer denkbaren Transformation, sondern auch zur Vision der Nachhaltigkeit als ein „Utopia".[159] Aber nicht nur inhaltliche Überlegungen begründen einen Gesellschaftsentwurf, den Rifkin als „Biosphärengemeinschaft" bezeichnet.[160] Das Modell bildet auch einen methodischen Denkrahmen für die visionäre Seite der Resilienz in Gestalt eines Möglichkeitsraumes. Dieser kann durchaus von einem anderen abgelöst werden und soll lediglich die Notwendigkeit zur Charakterisierung von Richtung und Ziel im Diskurs der Resilienz hervorheben.

Rifkins Modell geht von einer Aufeinanderfolge industrieller Revolutionen in den vergangenen drei Jahrhunderten aus. Er folgt ökonomischen

„Stufentheorien", komprimiert sie aber und entwirft eine Vision für die Transformation der industriell geprägten Weltgesellschaft im 21. Jahrhundert, die er nicht als triviale Technologieutopie sieht, sondern als ein komplexes Bild dieses gesellschaftlichen Umformungsprozesses entwickelt.[161] Selbstverständlich treiben Entwicklungen auf dem technologischen Sektor die gesellschaftlichen Veränderungen voran, zugleich aber produzieren sie die Folgen, die als Erblast in der „Dritten Industriellen Revolution" als Dauerstörung erscheinen. Mit der Dampfmaschine und mit der Eisenbahn wurde das Zeitalter der Ersten Industriellen Revolution eingeläutet und die Gesellschaft industrialisiert. Die „Zweite Industrielle Revolution" wird mit dem technologischen Schub durch die Elektroenergie und die Kohlenstoffchemie am Beginn des 20. Jahrhunderts angesetzt, dessen beginnendes Ende mit dem Kulminationspunkt der Atomindustrie datiert. Die Suburbanisierung kann als räumlicher Ausdruck dieser Ära angesehen werden. Und dennoch sind es nicht nur die Technologien, die das Wesen dieser Epochen ausmachen, sondern vor allem Organisations- und Denkweisen, Lebensstile, Zukunftshaltungen, Forschungsprogramme und Planungskulturen, die in ihnen entstanden und bis heute nachwirken. Auf einen Nenner gebracht, handelte es sich bei den ersten beiden Industriellen Revolutionen um eine fortschrittsoptimistische lineare Denkweise, die, entkoppelt von den Zusammenhängen der Natursysteme, das ökonomische und gesellschaftliche Handeln entscheidend prägte. Folglich hatte die Planung räumliche Konflikte durch weitgehend linear angelegte Raumordnung zu vermeiden (versucht), was allerdings im transformativen Sinn als unzureichend erscheint.[162]

Wenn wir dem Modell folgen, stehen die Weltgesellschaft und damit auch deren Regionen und Städte an der Schwelle zur „Dritten Industriellen Revolution"[163]. Technologisch prägen diese Phase die Kommunikationsmedien und der Übergang zu den erneuerbaren Energien. Doch nicht nur diese Techniksäulen markieren die sich abzeichnende Ära. Rifkin zählt entscheidende Merkmale dieser gesellschaftlichen Änderungen auf: Laterale Macht- und Beteiligungsstrukturen, neue Dezentralisierung auf unterschiedlichen Ebenen, „Biosphärengemeinschaft" als Lern- und Handlungsraum, Neudefinition von Arbeit oder der Übergang zur „kollaborativen Wirtschaft".[164] Diese

Charakteristika ließen sich auch als eine Modernisierung verstehen, die in vergleichbarer Dreistufigkeit angesetzt wird.[165] Ob sich die Annahme bewahrheitet, der zufolge eine „Dritte Industrielle Revolution" diese Eigenschaften haben wird, wissen wir heute nicht. Wenn im historischen Rückblick die Industrialisierung um 1900 die Großstadt mit gewaltigen Verwerfungen hervorbrachte, dann erscheint es absehbar, dass es sich bei dem unter unseren Augen sich entwickelnden Prozess um einen enorm konflikthaften Vorgang handeln dürfte. Er betrifft das Absterben der alten Industrien in den frühindustrialisierten Ländern. Zeitgleich und global vernetzt setzt sich die Industrialisierung des Musters aus der „Zweiten Industriellen Revolution" in den Schwellenländern fort. Beide Prozesse lassen das Konfliktpotenzial wachsen und erhöhen Aufwendungen für die notwendigen Anpassungen sowie Transformationen in den jeweiligen Gesellschaften. Begleitet wird dieser Umbau durch Brüche im Denken und in den kulturellen Strukturen der sich transformierenden, industriell geprägten Gesellschaften.[166]

Zwei grundlegende Brüche mit den bisherigen Epochen wirtschaftlicher Entwicklung rücken in den Mittelpunkt der Aufmerksamkeit: Die Transformation beim Übergang zur sogenannten DIR-Ökonomie wird sich von linearen zu nichtlinearen[167] Denk- und Handlungsweisen entwickeln, und es wird eine „Wiedereinbindung unserer Spezies ins größere Gefüge der Lebensgemeinschaften" vonstattengehen.[168] Das mutet nicht eben ökonomisch an. Rifkin rechnet gründlich mit der klassischen Ökonomie ab. Er kommt jenseits tradierter politischer oder ökonomischer Denkweisen zu neuen Perspektiven.[169]

Nun stellt sich die Frage nach den Zusammenhängen mit der Resilienz. Innerhalb der Nachhaltigkeitstriade von Effizienz, Suffizienz und Konsistenz bezieht sich Letztere auf die „Anpassung der durch menschliches Wirtschaften erzeugten Stoffwechselströme an die natürlichen Stoffwechselprozesse"[170]. Damit wird die in der Vorstellung einer „Dritten Industriellen Revolution" angezeigte Umformung der Wirtschaft in Richtung Anpassung an natürliche Prozesse zu einer Möglichkeit der inhaltlichen Ausgestaltung von Transformation und Nachhaltigkeit im 21. Jahrhundert. Das Verbindungsglied zwischen diesen beiden Diskussionssträngen liegt in der Resilienz. Das Denken und Handeln in Resilienzkategorien ermöglicht diese gesellschaftliche Umstellung – jedoch nicht im Sinne einer kausalen Handlungskette, sondern als konfliktbelasteter Austausch.

Diese prekäre Funktion des Resilienzbegriffs veranschaulicht jene Basisdefinition von Walker und Salt, die als Fähigkeit dargestellt wird, Störungen aufzufangen und dabei die Eigenschaften des Systems (Stadt) nicht nur nicht zu beeinträchtigen (oder gar zu zerstören), sondern dabei letztlich auch neue Qualitäten zu generieren, die zugleich die Resilienz (der Stadt-Region) befördern.[171] Damit gewinnt die „Störung" eine ganz andere Bedeutung, als sie landläufig verstanden wird. Es handelt sich um eine transformative Störung von grundsätzlicher gesellschaftlicher wie globaler Dimension, wie sie in der Abfolge der epochalen Wandlungen in den industriellen Revolutionen ablesbar ist. Dieser Umbruch von der Kultur der „Zweiten" zur „Dritten Industriellen Revolution" – oder einer „modernisierten Moderne"[172] als „Biosphärengemeinschaft" – stellt die Gesellschaften in Regionen und Städten vor hochkomplexe Aufgaben. Das bisher umrissene Begriffsgefüge öffnet den Zugang zu den Zielen (Nachhaltigkeit) oder den Prozessen (Umgangsformen mit den Begleiterscheinungen des Übergangs nach der „Zweiten Industriellen Revolution") für ein „Re-Design" von Planung, Politik, Innovation und Experimenten unter der Maßgabe der Resilienz.[173] Somit kann der Resilienzansatz bedeuten, „die Stadt [nach einer Störung HK] etwas widerstandsfähiger wiederherzustellen. Es sollte aber nicht nur darum gehen, etwas wiederherzustellen, sondern die Bedingungen des Klimawandels mit seinen extremen Wetterereignissen ernst zu nehmen und die Stadtstrukturen neu zu überdenken. Auch in Europa müssen wir ein neues Verhältnis von gebauter Stadt und Natur entwickeln."[174]

Als ein Fazit für die Bezüge zwischen den Kernfaktoren Mitigation, Vulnerabilität, Adaptation und Resilienz kann eine skalierte Abfolge dienen. Das Panarchie-Modell – Ergebnis von empirischen Forschungen – zeigt eine Relation zwischen diesen Begriffen hinsichtlich ihrer gesellschaftlichen Relevanz in zeitlicher Folge wie in quantitativem Ausmaß und verweist auf die jeweiligen Rückkopplungen. Diese Kette der Begrifflichkeiten kann auch als Abbild eines Erkenntnisweges gesehen werden, der sich auf die schrittweise erfolgende Bildung von (gesellschaftlichen) Kapazitäten zur Transformation von Störungen („losses") in Möglichkeiten („opportunities") bezieht. Eine resilienzorientierte Transformation beinhaltet ein Ensemble der Kernfaktoren und normativen Säulen.

Ein Lernzyklus: Störung, Krise, Widerstand – dreifache Transformation

Wenn eine Störung nicht als singuläres Ereignis betrachtet wird, sondern als ein übergreifendes, tendenziell dauerhaftes Thema, so erhält Resilienz eine grundlegende Bedeutung. Das führt zu einer erweiterten Definition des Resilienzbegriffs, welche Wandlung einschließt und Widerstand als Teil dieser Wandlung begreift: „Die Menge (der Grad) an Wandlung, die ein System durchmachen kann (die Fähigkeit, Störungen zu absorbieren) und dabei innerhalb eines Zustandes (‚Regime') zu bleiben, insbesondere den Erhalt der Funktion, der Struktur und der Rückkopplungen betreffend."[175] Auf den ersten Blick heißt dies: Resilienz ist eine Eigenschaft, Wandlungsdruck zu widerstehen und ein System zu erhalten, insbesondere positiven Rückkopplungen (das meint zerstörerische Wirkungen) gegenüber, und würde Unverwüstlichkeit bedeuten, ein strukturkonservativer Aspekt. Die Grenze der Unverwüstlichkeit kann jederzeit erreicht werden. Allerdings genügt es nicht, einer Entwicklung stets adaptierend „hinterherzuhinken", um laufenden Transformationen dauerhaft gewachsen zu sein.

Am Beispiel der Abhängigkeit von fast nur einer Energiequelle, dem Erdöl, wird schnell deutlich, welche Transformation der Stadt bevorstehen dürfte, die kaum absehbare Folgen zeigt.[176] Hinter dieser Erscheinung verbirgt sich aber ein viel weitergehender Vorgang. Die industriellen Gesellschaften stehen an einem Scheidepunkt, dessen Indiz diese Anhängigkeit ist. Die Gesellschaft hat mit der universellen Energiequelle Erdöl eine Komplexität ihrer Entwicklung erreicht, die kaum noch zu erweitern ist. Vielmehr kann erwartet werden, dass die aufgebauten Entwicklungsmöglichkeiten nun in Abhängigkeit von der Energiequelle treten und damit an Komplexität, also auch Anpassungsfähigkeit, verlieren.[177] In dieser Logik gewinnt Resilienz eine entscheidende Rolle, um Städten und Regionen in der Transformation Komplexitätsgrade zu erhalten und neue Möglichkeiten jenseits der Abhängigkeiten zu erschließen.[178] Bisher wurden Verluste hauptsächlich durch die – auch in bester sozialer und wirtschaftlicher Absicht erfolgte – Schaffung einer Abhängigkeit von der Ressource Kohlenstoff bewerkstelligt. Damit haben die Städte (tendenziell) Fähigkeiten verloren, sich beim Eintritt zu erwartender Krisen nach Störungen wieder selbst zu erneuern, ist doch die Energieversorgung eine elementare Grundlage für die Stadt. Auf der anderen Seite bedarf es der Herstellung von Resilienz, die auf den aktuell erkennbaren Transformationsbedarf von eingeschlagenen Entwicklungspfaden ausgerichtet ist.[179] An dieser Stelle soll darauf hingewiesen werden, dass all der Bezug auf die Stadt nicht als Eingrenzung verstanden werden soll, welche zum Beispiel das Dorf ausschließt, im Gegenteil: Das *Dorf* ist zwar nicht expliziter Gegenstand der Ausführungen, doch bezieht sich die Diskussion auch auf diese Siedlungseinheit, die eine große Bedeutung für das Siedlungssystem und die räumliche Daseinsweise der Gesellschaft besitzt. Es wird angenommen, dass die Resilienzthematik für das Dorf in ähnlicher Weise zutrifft.[180]

Es können drei Transformationsebenen unterschieden werden: Zum ersten die *laufende allgemeine Transformation* der Gesellschaft, die durch Klima- und Demografiewandel, aber auch durch Ölabhängigkeit, Wirtschaftswachstum, Suburbanisierung und vergleichbare Vorgänge, vor allem durch die industrie-kapitalistische Marktdominanz gekennzeichnet ist, Entwicklungen, die im Wesentlichen im 19. Jahrhundert in Europa und Nordamerika begonnen haben, um dann ihren Siegeszug in der Welt anzutreten. Diese Transformation geht auf die grundlegende Schrift von Karl Polanyi zurück und fundamentale Widersprüche in der marktdominierten gesellschaftlichen Entwicklung herausarbeitete, die bis heute wirken.[181]

Zum zweiten die *Transformation des Urbanismus* in einer seit über 100 Jahren anhaltenden Dynamik des Umbaus der Stadt-Regionen. Und zum dritten schließlich die *Transformation der räumlichen Planung* selbst, die sich im Zuge der Wissenschaftstransformation und der Veränderung einer gesellschaftlichen Stellung von Planung wandelt.

Die *erste Transformation* brachte breiten Bevölkerungsschichten auch einen relativen Wohlstand, zugleich aber wurde die Erosion gesellschaftlicher Gemeinschaften forciert. Nun droht diese Entwicklung gänzlich in eine Sackgasse zu laufen, befeuert durch die nachholende, kapitalistische Industrialisierung des südlichen und östlichen Teils der Weltgemeinschaft. Ohne dass ein Zusammenbruch insgesamt unmittelbar bevorstehen würde, treten Symptome auf, die einem gesellschaftlichen „Burn-out" gleichkommen.[182] Die Stadtgesellschaften verzehren sich durch die zunehmende Dynamik ihrer wirtschaftlichen und baulichen Wandlungen zunehmender Entropie.[183] Diese reale oder erste, weiter während Transformation wird hier als *Ist-Transformation* bezeichnet. Durch auf Nachhaltigkeit gerichtete Anstrengungen ist sie in der Amplitude und Frequenz ihrer Erscheinungen zu beeinflussen, wenn auch die nachhaltige Stadtzukunft aus heutiger Sicht vielleicht nicht mehr oder nur bedingt erreichbar erscheint. Von einem „Utopia der Nachhaltigkeit" als *Ziel-* oder *Soll-Transformation* wäre dann noch nicht zu sprechen. Doch das „Gebot zur Utopie im Zeitalter der Katastrophen"[184] besteht dennoch. Den Folgen einer als gravierende Störung zu diagnostizierenden Entwicklung der *Ist-Transformation* kann, gemessen an einer strategischen oder *Soll-Transformation,* durch eine Erhöhung von Widerstandskräften, durch robustere Strukturen und lokale Initiativen in Städten und Landschaften, insbesondere im Bereich der Infrastrukturen, partiell begegnet werden, also mit reaktiven Maßnahmen im Bereich der speziellen Resilienz. Reicht dies – langfristig gesehen – aus, um diese erste *Ist-Transformation* in einen Prozess zu verwandeln, der in Richtung Nachhaltigkeit weist? All diese Maßnahmen können in die Falle der Anfälligkeit noch so robuster Strukturen gegenüber unerkannten kleinen Störungen tappen, die das gesamte System kollabieren lassen, was als „robust yet fragile" (RYF) oder „Antifragilität" bezeichnet wird.[185] Für diese Herausforderungen liegen bereits vielfältige Kenntnisse und Erfahrungen vor, die verstärkt mobilisiert werden müssen, um die Folgen der ersten Transformation abmildern zu können.[186]

Damit verbunden ist die mit der Industrialisierung einhergehende Erosion von Resilienzfähigkeiten (Kapazitäten), eine *zweite Transformation.* Sie besitzt für die Stadtregion als Basisraum menschlicher Existenz eine besondere

Bedeutung. Positive, also selbstbeschädigende Rückkopplungen durch von Menschen geschaffene, pfadabhängige Prozesse, wie beispielsweise die anhaltende Suburbanisierung, ein zerstörerischer Hyperurbanismus oder der sorglose Ressourcenverbrauch (Energieverschwendung, Flächenversiegelung, Abhängigkeit vom Auto, soziale Spaltung und Entmischung oder Monofunktionalität), haben das System Stadt insgesamt anfälliger gemacht.[187] Die sich heute als Suburban Sprawl (Zersiedlung) zeigende und damit transformierte dezentrale Besiedlung galt noch vor hundert Jahren als Garant für die zukunftsfähigste Siedlungsweise.

Diese Umwandlung kann als ein wichtiger Indikator für eine die Planung, die Wissenschaft, die Wirtschaft und die Politik betreffende „große Transformation"[188] angesehen werden. In dem Maße, wie Planung oder Wissenschaft die Umformung der gesellschaftlichen Strukturen sowohl reagierend als auch proaktiv und resilienzfördernd bewerkstelligen zu können glauben, tragen sie zu einer *dritten Transformation* bei, die wissenschaftlich, planerisch oder kulturell auf eine Gesellschaft der lernenden „Biosphärengemeinschaft" mit Klimaneutralität, Ressourcenkreisläufen und sozial-kultureller, dynamischer, selbstorganisierender Balance zielt.[189] Wenn sie dies nicht anpeilen, dann befördern sie die *Ist-Transformation*.[190] Entscheidend ist dabei, nicht nur die Ziele und Indikatoren[191] einer *Soll-Transformation* für Nachhaltigkeit zu erlernen, sondern den komplizierten Prozess zur Annäherung dahin auf der Ebene allgemeiner Resilienz zu gestalten. Diese Zwischenebene wäre als „transformative Forschung"[192] oder transformative Planung zu bezeichnen. Sie gewinnt in dem Maße an Bedeutung, wie sich die Kluft zwischen der laufenden Umformung der Gesellschaft und einer als notwendig erkannten strategischen Transformation weitet. Hier liegt der eigentliche Lernvorgang für die Akteure in Politik, Planungsfächern und Forschung. Hier scheint nun ein zentraler Konflikt auf zwischen dem als notwendig erkannten Ziel einer (relativen) Nachhaltigkeit und einem teleologischen Heilsversprechen absoluter Nachhaltigkeit zu liegen. Es gab in der Geschichte schon viele Heilsversprechen, ja eine geradezu grassierende Abhängigkeit davon, ob religiös oder ideologisch fundiert. Die Folgen waren zum einen nicht selten verheerend, bildeten aber auch Ausgangspunkte für neue Versuche, zur

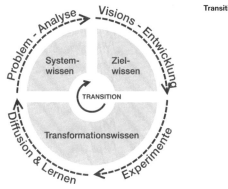

Lösung von konstatierten Grundproblemen.[193] Ein Zyklus folgt demnach dem nächsten. Um diese aber nicht in Selbstzerstörung münden zu lassen, bedarf es strategischen Lernens.

Für diesen schlagen die Autoren Schneidewind und Singer-Borodowski ein allgemeines *Modell des Lernens* vor, das eine zyklische Transformation der fachlichen Inhalte und Institutionen beinhaltet.[194] Dieser Vorgang wird als „Transitions-Zyklus" bezeichnet. Er umfasst drei Wissenselemente: Das Systemwissen der jeweiligen Disziplin bildet den Ausgangspunkt (1). Dies ist auf ein Zielwissen gerichtet (2). Die dritte Stufe, das Generieren von Transformationswissen, bildet den abstrakten Rahmen im „Transitions-Zyklus" (3). Im Grunde bildet sich in dieser Folge auch die Dreistufigkeit des gesellschaftlichen Transformationsmodells ab. Diese Stufen sind von vier Handlungsebenen getragen. Der bestehende Kern des Fachgebietes (Systemwissen) wird reflektiert (Problemanalyse) und steht am Beginn der Wandlungen. Der Entwurf von Visionen zukünftiger Entwicklungen umreißt das zu avisierende Ziel. Durch Experimente werden diese Entwicklungen überprüft und korrigiert. Der sich anschließende Vorgang des Lernens und der Diffusion von Gelerntem beziehungsweise Erkundetem in die Forschung und die Planungspraxis bietet die größte Herausforderung. Auf einer neuen Stufe wird dann das Systemwissen angeregt oder geändert.[195] Dieser Zyklus überrascht auf den ersten Blick nicht. Forschung folgt im Allgemeinen einem vergleichbaren Prozess. Der entscheidende Punkt jedoch ist das sonst meist wenig berücksichtigte Lernen der gesellschaftlichen Akteure. Hier wird strategisches Transformationswissen aus dem Experiment in die Realität überführt. Was in dem Modell linear anmutet, ist im Grunde ein komplexer und nicht-linearer, emergenter Vorgang. Die Komponenten „Lernen und Diffusion" sowie „Experiment" in diesem Zyklus bilden, auf den Gegenstand der Stadt-Land-Region angewandt, das methodische Rückgrat der empirischen Untersuchungen, wie sie (dann) im Kapitel 3 beziehungsweise 4 des vorliegenden Buches exemplarisch herausgearbeitet werden.

Resilienz-Spielräume und Kipppunkte: die begrifflichen Pole

Diese dreifache Transformation verlangt von der räumlichen Planung (und nicht nur von dieser), in einem widersprüchlichen und in vielen Bereichen „unbekannten Terrain" zu agieren. Um nun dem Lernvorgang das notwendige Rüstzeug zu geben, müssen dafür Begriffe bereitgestellt werden, die dem unbekannten Feld entsprechen können. Das Arsenal, das diesem Vorgehen am ehesten entspräche, setzt sich aus gegensätzlichen Begriffspaaren zusammen. Der Hintergrund dieser Darstellung lässt sich aus dem auf Resilienz gerichteten Planungsverständnis ableiten, welches die Ära des linear angelegten Verständnisses „klassischer" Raumplanung im Sinne der Konfliktvermeidung[196] oder Konfliktbewältigung verlässt. So können die Spielräume für Resilienz terminologisch angemessener – weil eher auf Widersprüche eingehend – abgebildet werden, als es durch eindeutige Zuweisungen möglich wäre. Die Begriffe dienen dann als Grundlage für die Bewertung empirischer Daten oder von Zielen und öffnen der Planung Lern- und Handlungsräume. Zugleich kann damit vermieden werden, teleologisch zu agieren, sich also auf einen linearen Pfad zu begeben, der problemverstärkend und nicht transformatorisch wirken kann.

Robustheit und Fragilität sowie *Kompaktheit und Dezentralität* sind die vorrangig mit Raumbezug ausgestatteten Begriffspaare. Demgegenüber sind *Autarkie und Austausch, Stabilität und Flexibilität, Redundanz und Vielfalt, Modularität und Komplexität* asymmetrische Paare, die Möglichkeiten eröffnen, sowohl Funktionalitätsbezüge als auch Spielräume (Relationen) des Handelns im stadtregionalen Resilienz-Lern-Raum auszuloten.[197] Gewissermaßen zwischen diesen Polen sind Kipppunkte in den Relationen angesiedelt, die zu einem Umschlagen des Systems führen können. Sie sollen nun als nächste Begriffsebene auf dem Wege zum Resilienzverständnis umrissen werden:

Robustheit und Fragilität: Diese beiden Kriterien sind die wohl prägnantesten Charakteristika eines resilienten Systems. Gemeinhin wird Robustheit als maßgeblich für die Widerstandsfähigkeit eines Systems angesehen. Doch neben dem „heavy urbanism" sind auch „light urbanism"-Strukturen erforderlich, um Veränderbarkeit innerhalb robuster Strukturen zu ermöglich.[198] Dies ist aber zunächst weniger eine Frage der urbanen Strukturen, der Baulichkeiten oder Netze. Zunächst bildet diese Betrachtungsweise einen Erkenntnisansatz. Mit robusten Strukturen kann auf absehbare Ereignisse vorsorgend agiert werden. Deiche gehören bekanntlich dazu, aber auch weitläufige Retentionsflächen. Nachdem innerhalb eines Jahrzehnts zwei „Jahrhundertfluten" in Deutschland aufgetreten sind, die sich jeweils übertrafen, dürfen die Vorhersehbarkeit solcher Ereignisse und die darauf bezogene Bemessung technischer Systeme angezweifelt werden. Folglich bleibt die robuste Vorsorge begrenzt möglich, ohne infrage zu stellen, dass derartige (meist technische) Lösungen notwendig sind. Sie bleiben aber in ihrer Wirkung begrenzt. Robuste Lösungen müssen auch großzügig, ja sogar überdimensioniert sein, damit sie überhaupt reaktionsfähig sein können. Auf der anderen Seite gehören zu einem erfolgreichen System auch „zerbrechliche" Elemente, beispielsweise intelligent gewählte „Sollbruchstellen", um im Bild des Hochwassers zu bleiben. Vor allem jedoch sind Zweifel an der Verlässlichkeit robuster Strukturen angebracht.[199] Die Folgerungen für die räumliche Planung liegen bei technischen Systemen auf der Hand. Bezogen auf die Planung (als lernendem Prozess) und den Grundriss einer Stadt heißt dies, das im Laufe der Geschichte ausdifferenzierte System der Haupt- und Nebenräume genau zu betrachten und behutsam einzurichten.

Kompaktheit und Dezentralität: Eine kompakte und kleinteilige Organisation und Raumstruktur gelten gemeinhin als nachhaltig. Das Vorbild dafür wird in der „Europäischen Stadt" ausgemacht.[200] Die Dezentralität erlangt, obwohl sie zu den fundamentalen Kennzeichen stabiler Systeme gerechnet wird, zumeist den Charakter eines „Abfallprodukts". Suburbanisierung ist konsequente Dezentralisierung: Alles, was sich nicht anders unterbringen lässt, wandert „nach draußen". „Während Kompaktheit auf der einen Seite für kurze Wege sorgt und somit die Effizienz erhöht, können hier Systeme am empfindlichsten getroffen werden. Dezentralität sorgt dafür, dass Ressourcen optimal verteilt sind und die Versorgung nicht gefährdet wird. Komplexe Systeme lassen sich nicht nur aus zentraler Sicht als Ursache-Wirkung-Kausalitäten analysieren. Zu beachten ist die Dynamik: Während zentral eine Lösung erstellt wird, hat sich das Problem bereits verändert."[201] Dezentralität ist innerhalb des Begriffspaars Kompaktheit – Dezentralität der entscheidende, wenngleich nicht alleinige Aspekt. Sie bestimmt, mit welchem Maß und in welcher Weise die Stadtentwicklung, die Anpassung des Systems Stadt-Land an die *Soll-Transformation* erfolgt, wie Resilienz aufgebaut werden kann. Damit ist auch der kognitive Kern planender Tätigkeit, ja des Fachgebietes insgesamt angesprochen. Darauf wird noch einmal extra eingegangen.

Autarkie und Austausch: Um nicht auf Ressourcen auf globaler Ebene angewiesen und von globalen Einflüssen abhängig zu sein, sind Selbstgenügsamkeit und Selbstständigkeit von Städten und Dörfern von hohem Rang. Eine reine Selbstbezogenheit wäre jedoch fatal; durch fehlenden Austausch können Bedrohungen leicht übersehen und bei einer Krise Hilfe durch andere nicht gewährleistet werden. Der Austausch von Gütern sollte vornehmlich auf lokaler Ebene stattfinden, bezogen auf Nachbarstädte und Dörfer in regionaler Nähe. Die Basis dafür ist ein gut funktionierender Kontakt- und Informationsaustausch als kooperierende Gemeinschaft. Das Augenmerk liegt nicht auf der Globalisierungsdynamik, sondern auf mehrfach funktional verflochtenen Umlandkommunen. Die Institutionalisierung regionaler Kooperation ist wichtig, um sich auf regionale Strukturen stützen zu können. Und dennoch darf die globale Entwicklung nicht außer Acht gelassen werden und muss ins Kalkül der regionalen Akteure einfließen. Andernfalls könnte die *Soll-Transformation* kaum die angemessene lokale Form gewinnen.

Redundanz und Vielfalt: Während redundante Systeme zur Funktionsstabilität und Sicherung von Ressourcen bei einer Störung (Veränderung) beitragen, muss auch ein vielfältiges Angebot vorhanden sein, damit es Auswahlmöglichkeiten gibt und Ausweglosigkeit nicht vorgezeichnet ist. Kulturell gesehen, kann bei geringer Vielfalt ein Mangel an Identität mit dem Ort entstehen (Monokultur). Eine Vielfalt in unterschiedlichsten Bereichen – wirtschaftlichen Zweigen, biologischen Arten, Informationsquellen, Vernetzungen, Menschen mit unterschiedlichen Fähigkeiten, Institutionen und Ähnlichem mehr – ermöglicht schnellere Reaktionsfähigkeit, Kapazitätsbildung und Anpassbarkeit. Kurze Rückkopplungen zwischen den einzelnen Elementen verhindern funktionale Brüche. Redundanzen und Vielfalt bedeuten großzügige und diverse Ausstattungen der Stadt-Land-Räume.

Stabilität und Flexibilität: Die Anpassungsfähigkeit eines Systems an wechselnde Umstände lässt dessen Basisstruktur und Funktion weiterbestehen. Eine flexible Struktur hält das System elastisch, das heißt, Infrastrukturen oder Planungsprozesse müssen in ihrer Form vielfältig und damit auch flexibel sein. Starre Formen wären hinderlich. Stabilität hingegen ermöglicht es, überlegt zu handeln, und sorgt für eine langfristige und vorausschauende Vorsorgepolitik.[202] Lang- und Kurzfristigkeit im planerischen Denken verschränken sich in diesen beiden Begriffen.

Modularität und Komplexität: Modularität beschreibt, wie einzelne Komponenten zu einem System verknüpft sind. Der Grad der Modularität erlaubt es Teilen, sich zu erhalten, während andere unter bestimmten Bedingungen versagen können, das gesamte System aber erhalten bleibt.[203] Dabei stellt sich aber zugleich der notwendige Anspruch, Modularität als Prinzip eines ganzheitlichen, komplex angelegten oder gedachten Systems zu verstehen.[204] Ohne Komplexität erscheinen Modularitäten nur als additive Elemente. Die Geschichte der modernen Stadt im vergangenen halben Jahrhundert liefert ein Lehrbeispiel für mangelnde Komplexität, bei gleichzeitigem Vollendungsanspruch.[205] Denn *Komplexität* und eine *Unvollkommenheit*, gepaart mit *Bedeutungsüberschuss* charakterisieren letztlich eine resiliente Stadt.[206] Mit den oben diskutierten Begriffspaaren wird an die allgemeinen Resilienzcharakteristika von Walker und Salt angeknüpft und zugleich deren unmittelbarere

Anschlussfähigkeit über die Ambiguität, die diese Begriffe eröffnen, an die Planung gezeigt. Deren kognitiver Kern verbindet sich mit der Dezentralisierungsfrage.

Die (neue) Dezentralisierung: Paradigmenwechsel

In zwei Komponenten, die für die Leitvorstellungen der Stadtplanung (der räumlichen Planung generell) maßgeblich sind, spiegeln sich die genannten Resilienzformen: konstitutive (gegebene) Resilienz – der Stadtgrundriss (gleichermaßen gültig für Dorf, Region oder Metropole) und erworbene Resilienz – (lernende) Planung für die strategische Transformation. Beide sind historisch eng mit der räumlichen Frage von Zentralisation (räumliche Kompaktheit und Komplexität) versus Dezentralisierung der räumlichen Organisation der Gesellschaft und ihrer funktionalen, energetischen und gestalterischen Grundlagen verbunden.[207] Damit ist der kognitive Kern des Fachgebiets berührt, das Paradigma der Stadt- und Regionalplanung.

Jede fachliche Disziplin zeichnet sich durch zwei grundlegende Eigenschaften aus: eine Community (wissenschaftliche Gemeinschaft) zu sein, in welcher sich Wissenschaftler und Praktiker zusammenfinden, um an einem gemeinsamen Gegenstand forschend oder gestaltend zu wirken. Die Community wird durch eine gemeinsam getragene, entwickelte und kommunizierte Leitidee, das Paradigma, für bestimmte Zeiträume zusammengehalten. Beide Elemente sind konstituierend für die Fachwelt und bestimmen den Fortgang wissenschaftlicher und praktischer Erkenntnisse beziehungsweise deren Anwendung.[208]

Soweit erschließt sich die Theorie der Bewegung wissenschaftlicher Disziplinen den Rezipienten, wie sie seit Kuhns bahnbrechender Erkenntnis zum festen Bestandteil der Debatten um die Entwicklung wissenschaftlich basierter Fachgebiete geworden ist.[209] Diese Feststellung, gewonnen aus der Untersuchung verschiedener Wissenschaftsgebiete (Natur-, Sozial- und angewandte Wissenschaften), lässt sich auch auf die räumliche Planung übertragen. Es konnte nachgewiesen werden, dass sich die Stadtplanung um 1910 (in Deutschland und zeitversetzt in den meisten Industrieländern) als Disziplin zu etablieren begann.[210] Ein ausgeprägtes System von Institutionen (von eigenständiger Fachliteratur bis zu Lehrstühlen an den Hochschulen) war entstanden. Vor allem aber bildete sich ein Netz von Fachleuten, die eine explizit oder implizit getragene Leitvorstellung über die Entwicklung von Städten umzusetzen begannen: Das Paradigma der Disziplin war zum anerkannten „Bindemittel" der Gemeinschaft geworden. Dies hieß für die Planung der im Zuge der „Zweiten Industriellen Revolution" massiv wachsenden Städte, dass eine Dezentralisierung oder satellitäre Entwicklung (der Städte und Regionen) zum Grundmodell wurde. Dabei ging die dezentrale Entwicklung stets von einem „Zentralgestirn" aus, das als Stadt mit aller Vielfalt und Komplexität fungierte, während die Satelliten jeweils auch komplex waren, nur eine Skalengröße geringer. Spätestens jedoch nach 1945 reduzierte sich im Zuge der Automobilisierung – getrieben vom billigen Öl – und einer forcierten Ausweitung des Einfamilienhausbaus oder der Großwohnsiedlung der Kern des Paradigmas. Statt komplexer Stadtgefüge begannen der monofunktionale, suburbane Sprawl (räumlich horizontal oder vertikal) und eine Entwertung überkommener urbaner Baubestände das Planungsverständnis zu dominieren.[211] Suburban Sprawl (Zersiedlung) tritt als Addition von funktionalen Einzelelementen (Wohnen, Shopping, Dienstleistungen) in Erscheinung, dem so gut wie jedwede Komplexität eines Lebensraumes fehlt. Komplexität ist es aber, die ein resilientes System in hohem Maße prägt.

In den hundert Jahren seit der „Großen Städtebauausstellung" in Berlin (1910), als das Satelliten-Paradigma manifest wurde und so einen institutionellen Ausdruck fand, hat sich dieses in eine Form gewandelt, die kaum mehr an die Ursprünge erinnert – die Dezentralisierung ist in den Sprawl, aber auch in die „Zentrale-Orte-Konzeption" übergegangen.[212] Anfang der 1970er-Jahre begann schrittweise eine Hinwendung zur überlieferten Stadt mit ihrem Bestand – ein Paradigmenwechsel deutete sich an.[213] Nunmehr rückte die Stadt, wie sie in Europa seit ca. 1000 Jahren durchgängig existierte und eine Überlebensfähigkeit bewiesen hat, in den Blickpunkt des disziplinären Interesses. Noch war nicht die Rede von Resilienz, doch die Wertschätzung der alten Stadt – vom mittelalterlichen Kern bis zu den Arbeitersiedlungen am Beginn des 20. Jahrhunderts reichend – begann die disziplinären Diskurse zunehmend zu beeinflussen. Zum Synonym dafür avancierte der Begriff der „Europäischen Stadt": „Als Leitbild beinhaltete die Europäische Stadt damit einen Paradigmenwechsel hin zu nutzungsgemischten Quartieren, Bestands- und Erhaltungsorientierung, Innenentwicklung und Baulückenschließung, dichten, kompakten Stadtstrukturen, der Stadt der kurzen Wege und kleinteiligen, partizipativen Verfahren der Stadtentwicklung."[214] Damit kam der Sprawl nicht zum Erliegen, erhielt aber mit der „Europäischen Stadt" ein konzeptionelles Gegengewicht. Mit den Debatten zur „Zwischenstadt" wurden die Entwicklungen des Sprawl in ein Verhältnis zum Bestand gebracht und als neue Herausforderungen definiert.[215] Der sich abzeichnende Paradigmenwechsel der räumlichen Planung verlief jedoch über einen längeren Zeitraum, bedingt durch deren Einbindung in die reale Stadtentwicklung.[216] Bestärkt wurde er durch den Brundtlandreport von 1987, bei dem unter Punkt 74 eine Neubestimmung der Dezentralisierung für eine nachhaltigen Stadtentwicklung gefordert wird: „Eine gute Verwaltung der Städte setzt eine Dezentralisierung der finanziellen Mittel, der politischen Macht und des Personals zugunsten der örtlichen Behörden voraus, die am besten in der Lage sind, lokale Bedürfnisse einzuschätzen und zu verwalten."[217]

Der Inhalt der Dezentralisierungsidee hatte sich gewandelt: Die Stadt- und Landesplanung hatte vor hundert Jahren für die wachsende Stadt ein adäquates räumliches Modell entwickelt, welches bereits 1923 in Richtung Suburbanisierung gewendet wurde.[218] Seit etwa 1975 zeichnet sich also ein erneuter Paradigmenwechsel in der räumlichen Planung ab, zunächst eher pragmatisch getrieben vom Widerstand gegen Flächenabriss und Monofunktionalität am Stadtrand. Bedeutete der Wechsel um 1910 den Übergang von räumlich statischen Modellen (z.B. Zonenmodell eines ringförmigen Wachstums der Stadt), zu dynamischen Dezentralisierungsvorstellungen vom Stadtwachstum[219], so leitete der Wechsel ab etwa 1975 und dann vor allem ab etwa 2000 im Zuge der komplexer werdenden Dynamiken und Krisenerscheinungen wirtschaftlicher oder demografischer Prozesse eine verstärkte Hinwendung zum Systemdenken ein (Resilienz zählt dazu). Dies bedeutete zugleich eine Verschiebung von der „Verräumlichung der Zeit" (linear) zur „Verzeitlichung des Raumes" (evolutionär).[220] Das hatte zur Folge, dass die Vorstellung vom „gewordenen Raum" der Perspektive des „werdenden Raumes" wich, also ein evolutionäres Verständnis von Städtebau und Regionalentwicklung in den Vordergrund trat. Dafür gibt es inzwischen Anzeichen, die sich zum Beispiel durch die Beobachtung der Gleichzeitigkeit von Wachstum und Schrumpfung von Stadtregionen seit etwa 2000 äußert.[221] Das lineare Verständnis der Stadtentwicklung nach dem Muster „von der Polis zur Metropole"[222] tritt in den Hintergrund. Für die disziplinäre Prägung der Stadtplanung öffnet sich mit der Resilienz eine erweiternde Perspektive und damit die Möglichkeit, ihren kognitiven Kern neu auszuprägen.[223]

Der Paradigmenwechsel hat somit Konsequenzen für die fachpolitische Transformation selbst. Dafür ist in jüngerer Zeit eine Typologie eingeführt worden, die hier aufgegriffen werden soll, da sie die Möglichkeit eröffnet, die fachliche Transformationsqualität der Planung einzuordnen. Sie wäre aus der disziplingeschichtlichen Entwicklung heraus tendenziell als ein „Modul-3-Typ" zu verstehen.[224] Dieser besagt, kurzgefasst, dass sich Fachgebiete aus ihrer disziplinären Struktur („Modul-1-Typ": Beginn des Fachgebiets) über eine Transdisziplinarität im System der Fachgebiete („Modul-2-Typ": Reife des Fachgebiets) zu einer transformativen Disziplin entwickeln, die zu einem wesentlichen Impulsgeber für die gesellschaftliche Transformation im Sinne einer langfristigen Nachhaltigkeit wird („Modul-3-Typ": Neuausrichtung des Fachgebiets entlang des neuen Paradigmas).[225] Hier zeigt sich eine Korrespondenz mit der eingangs herausgearbeiteten Vorstellung von der „Dritten Generation" der Planung. Als einen Ausdruck dieses Wandels kann der mit einem dritten Preis bedachte Beitrag zum Wettbewerb Berlin-Brandenburg 2027 Regionalplan „Sternarchipel" (Jordi et al.) angesehen werden.[226] Hier wird eine neue Dezentralisierung konzipiert, die explizit gegen den Sprawl gerichtet ist und ein evolutionäres Modell für die nichthierarchische regionale Entwicklung mit „elastischen" Verdichtungen an bestehenden Orten als ein lernendes Stadt-Natur-System vorsieht.

Ob sich nun die verschiedenen Erkenntniswege entlang dieser numerischen Staffel allein erklären lassen oder derartige Triaden einfach plausibel erscheinen, sei dahingestellt. Es verbirgt sich aber eine Erkenntnis dahinter, die quer zu den Fachgebieten verläuft. Sie besagt, dass eine neue Qualität in der fachdisziplinären Entwicklung herangereift ist. Diese reicht von einem Fachwissen der Geburtszeit der Disziplin (insbesondere des methodischen Wissens) über das Zielwissen (Leitvorstellungen wie die Dezentralisierung und die Vision der Nachhaltigkeit) zu einem auszuprägenden Transformationswissen der Gegenwart.[227] In dieser nun begonnenen Phase gewinnt die Resilienz eine leitende Funktion für die kognitive, normative und institutionelle Ausrichtung in der räumlichen Planung. Natürlich ist dies nur ein Modell, aber dennoch vermag es einen Anhaltspunkt für die Diskussion um den Stellenwert von Resilienz im Rahmen der Weiterentwicklung des Fachgebiets und der kommunalen Planungspolitik zu geben.

Dieser fachliche Transformationsprozess befasst sich mit Störungen als wechselvollem Dauerthema. Die daraus erwachsene „Achtsamkeit" verleiht dem kommunalen Lernen aúf dem Wege zur Resilienz besonderes Gewicht.[228] Geradezu prophetisch hat Niklas Luhmann in einem Brief an den Autor vor 30 Jahren jenen Bedarf an geistiger Transformation – konkret bezogen auf das Bauhaus – formuliert: „Man kann in diesem Zusammenhang fragen, ob die Gefühlssemantik nicht Ausdruck von schon bemerkten, aber noch nicht akzeptierten Diskrepanzen der Industriegesellschaft ist, mit der merkwürdigen Konsequenz, dass man (im Bauhaus?) glaubt, darauf durch absichtsvolle Beeinflussung der Beobachtungen (also wiederum technisch) reagieren zu können."[229] Es geht bei der „Planbarkeit" darum, wie Luhmann an gleicher Stelle vermerkt, „Freiheit für andere Beobachtungen" zu ermöglichen, was mit dem Bauhaus-Projekt „Industrielles Gartenreich" verfolgt worden ist.[230] Eine solche Freiheit kann auch als *Forward-Resilienz* bezeichnet werden.[231]

Resilienz gewinnt in der Transformation eine bedingende Funktion, während Nachhaltigkeit eine visionäre (utopische) Bedeutung erlangt, jedoch nicht im Sinne eines teleologischen Determinismus. Die *Ist-Transformation* bildet die laufende Entwicklung ab, und Nachhaltigkeit ist die *Soll-Transformation*. Damit handelt es sich keinesfalls um ein statisches Gebilde; vielmehr steckt in ihm ein dynamisches Verhältnis, das immer wieder neu ausgestaltet werden muss.

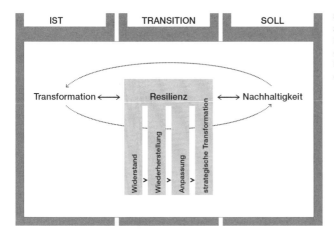

Schema zu den Relationen zwischen Transformation- Resilienz-Nachhaltigkeit, ergänzt um die Stufen der Resilienz nach: Christmann et al. (2011), S. 4

Labels in figure: IST · TRANSITION · SOLL · Transformation ←→ Resilienz ←→ Nachhaltigkeit · Widerstand > Wiederherstellung > Anpassung > strategische Transformation

Eine entscheidende Frage

Alle Kriterien, Maßgaben oder Paradigmen für die zukünftige Stadt- und Regionalentwicklung können nur Orientierungen für die anstehenden Umformungen geben. Sie vermögen nur eines bedingt zu bewerkstelligen: deren Aufgreifen und Verarbeiten in konkreten kommunalen Planungsprozessen. Das hat entscheidend mit der Lernfähigkeit aller Akteure des Gemeinwesens zu tun und kann sich als eine existenzielle Frage erweisen. Nur wenn es Gemeinschaften (Stadt, Dorf, Region, Land, Unternehmen, Gesellschaften etc.) gelingt, in angemessener Zeit die für die Zukunft wichtigen, „richtigen" Entscheidungen zu treffen, haben sie die Chance, die Transformation resilient zu gestalten. Gelingt das nicht, steht im Extremfall sogar die Existenz auf dem Spiel, mindestens aber werden erhebliche Nachteile in ihrer Entwicklung in Kauf genommen werden müssen. Transformative Lernfähigkeit heißt im Optimum, Adaptation und Mitigation mit einem Resilienzansatz zu verbinden, dabei die fachlichen wie kommunalen Grundlagen selbst zu modifizieren beziehungsweise zu erneuern und Schwellen bestimmter Prozesse zu beurteilen. Natürlich ist dies selbst Gegenstand der transformativen Wissenschaft, die erste Erkenntnisse vorlegte – dennoch laufen die Vorgänge in Forschung, Planung und Praxis meist relativ separat.

Nun ergibt sich aber eine andere Frage: Welche Gründe könnten Gemeinwesen daran hindern, angemessen auf die Herausforderungen der Transformation zu reagieren? Hier könnten historische Analysen helfen. Diamond hat in umfassenden anthropologischen Studien Antworten gefunden, die vielleicht nicht in jedem Fall auf unser Thema übertragbar sind, aber die Probleme bei Lernprozessen deutlich machen können. Diamond unterscheidet grundsätzliche drei Fälle[232]:

1. Gruppen begehen oder entscheiden sich für Handlungen, die Katastrophen zur Folge haben, weil sie die Probleme oder Konsequenzen der Probleme noch nicht erkennen – vor allem das Ausmaß der Probleme ist noch nicht sichtbar. Sie haben diesbezüglich keine Erfahrungen und sind noch nicht sensibilisiert für erste Anzeichen kommender Katastrophen. Ein typisches Beispiel ist der demografische Wandel in Deutschland, der erst um 2000 auf die Tagesordnung der politischen Agenda trat, als die Leerstände in den Wohngebieten vornehmlich Ostdeutschlands nicht mehr zu übersehen waren, und dies, obwohl Demografen zwei Jahrzehnte zuvor bereits darauf hingewiesen hatten.

2. Auch wenn solche Ereignisse eingetreten sind, nehmen Gruppen sie nicht wahr. Manche Probleme sind außerdem nicht leicht zu erkennen. Dazu gehören viele ökologische Themen, wie zum Beispiel Verschmutzungen des Grundwassers, die schwer und nur mit Fachwissen diagnostizierbar sind. Am häufigsten aber ist der schleichende Charakter von Veränderungen, die nicht wahrgenommen werden, weil sie gegenwärtig nicht als augenfällig erscheinen. Hochwasser werden sofort registriert. Das langsame Abschmelzen der Gletscher fällt kaum auf, signalisiert aber verheerende Veränderungen eines großen Ökosystems. Solche Trends – Symptome für gravierende Modifikationen – erkennbar zu machen, gehört zu den schwierigen Aufgaben von öffentlicher Umweltpolitik und Planung. Die Ausdehnung des Suburban Sprawl zählt zu diesen sichtbaren, aber wenig als Problem erkannten Erscheinungen.

3. Am schwerwiegendsten ist der 3. Fall: Selbst wenn eine Gruppe das Problem erkannt hat, entschließt sie sich wider besseres Wissen, kontraproduktive Entscheidungen zu treffen. Hier liegt ein Problem demokratisch

verfasster Gesellschaften, die manchmal aufgrund von wahltaktischen Erwägungen kurzfristig Entscheidungen treffen, wohl wissend, dass diese langfristig fatale Folgen haben können. Auch religiöse Gründe und andere kulturell motivierte Ursachen können eine Rolle spielen, wenn Entscheidungen nicht zeitgerecht oder sachlich fehlerhaft getroffen werden. Wesentlicher ist aber das Prinzip: „Gut für mich, schlecht für dich und alle anderen."[233]

Diese Lern- oder Erkenntnishindernisse resultieren, neben der Vorteilssuche, zu einem erheblichen Teil aus einem Sicherheitsbemühen, so irrational dies bisweilen auch erscheinen mag. Wie anders kann die – gleichzeitig zur Weltklimakonferenz in Warschau 2013 – erfolgte Ankündigung der japanischen Regierung gewertet werden, die Klimaziele zu reduzieren, um die wirtschaftliche Entwicklung des Landes nicht zu gefährden, die durch die Reaktorkatastrophe von Fukushima 2011 energetisch beeinträchtigt worden sei?[234] Die Abwägung der Optionen fällt oft genug zugunsten von „Bewährtem" aus. Sich als Gemeinwesen solcher Lernhindernisse bewusst zu werden, öffnet den Weg für eine selbsterneuernde Stadt- und Regionalentwicklungspolitik sowie für eine entsprechende Planung. Das Denken in Resilienzdimensionen bietet daher Möglichkeiten, einen Raum für die Debatte zu finden, um diese planerisch konstruktiv im Sinne einer strategischen Transformation zu gestalten.

Einen Baustein auf diesem Wege der reflektierten Erkundung resilienter Charakteristika von Regionen legte das „Pestel-Institut" in Hannover im Jahr 2010 mit einem Atlas zur *Regionalen Krisenfestigkeit* vor – eine auf „Indikatoren gestützte Bestandsaufnahme auf der Ebene der Kreise und kreisfreien Städte"[235]. Die Untersuchung folgte den Intentionen des „Club of Rome", dessen Mitglied der Institutsgründer war, und ging von der Annahme aus, dass eine nächste Krise kommen werde, die Widerstandsfähigkeit gegen Krisen unterschiedlicher Herkunft folglich ein Merkmal für die Zukunftsfähigkeit von Regionen und Städten sei.[236] „Diese Bestandsaufnahme ist ein erster Ansatz einer über die Ökonomie hinausgehenden Zusammenstellung von Kriterien für „Krisenfestigkeit" oder Resilienz von Regionen. Jeder einzelne Indikator

Deutschland-Karte der Regionalen Krisenfestigkeit/Resilienz; Pestel-Institut (2010): Regionale Krisenfestigkeit, Hannover, S. 12

Hamburg

Berlin

Bochum

Frankfurt a.M.

München

	sehr krisenfest	⠿ mittlere Krisenfestigkeit
	krisenfest	
	eher krisenfest	krisenanfällig

und seine Bewertung sind diskussionswürdig. Und genau diese Diskussionen möchten wir in den nächsten Monaten führen, um dann mit den neuen Erkenntnissen eine neue Bewertung der Regionen vorzunehmen."[237]

Die Veröffentlichung dieses „Resilienz-Atlas" hatte eine erstaunliche Resonanz ausgelöst.[238] Worauf gründete sie sich? Die Grundaussage der Analyse, vor allem in Gestalt der Karte der Krisenfestigkeit von Deutschland – erstmalig wurde eine solche Karte von einem Staatsgebiet vorgelegt – beruhte auf der überraschenden Einsicht, dass die gemeinhin als wirtschaftlich erfolgsträchtig geltenden kommunalen Körperschaften (Raum Stuttgart, Frankfurt/

Main, Rheinschiene) zu den potenziell krisenanfälligen Regionen gerechnet werden müssen, während die meist als „Verlierer" geltenden Regionen Ost- und Norddeutschlands als eher krisenfest firmieren – eine Umkehr der Sichtweise, die das Interesse weckte und zu lebhafter Diskussion Anlass gab. Die Provokation dieses Perspektivwechsels macht den Wert dieser Analyse aus.

Die Indikatoren, deren grundsätzliche Frage nach der Auswahl von Bewertungskriterien für Resilienz und dem numerischen Ranking und deren Deutung mögen wohl angezweifelt werden. Ihr diskursiver Wert wird deshalb nicht geschmälert. Die angewandten 18 Indikatoren basieren auf verfügbaren Daten auf Landkreisebene und rekrutieren sich aus den Bereichen „Soziales, Wohnen, Verkehr, Flächennutzung, Energie und Wirtschaft"[239]. Sie zeigen vor allem die Verletzbarkeit von Regionen (von Landkreisen und kreisfreien Städten) – es handelt sich also eher um eine Vulnerabilitätskarte. Doch zugleich deuten sie auf Handlungsfähigkeit, Flexibilität, Ressourcenausstattung und ein Sozialkapital der jeweiligen Region hin, folglich auf Kriterien, die die Resilienz eines Gebietes anzeigen können.[240]

„Insgesamt zeigt die Studie, dass nicht unbedingt internationale Wettbewerbsfähigkeit Sicherheit für die Zukunft signalisiert. Gerade in der öffentlichen Diskussion eher vernachlässigte Bereiche bieten Schutz vor den Auswirkungen von Krisen. Dezentrale Energieerzeugung, soziale Stabilität, Verfügbarkeit von land- und forstwirtschaftlichen Flächen und Arbeitsplätze vor Ort helfen bei der regionalen Abfederung weit mehr."[241]

Ein Fazit

Die gegenwärtige *Ist-Transformation* der Gesellschaft folgt einem selbstverzehrenden Wachstumscredo. Die *Soll-Transformation* umfasst eine zukünftig – vielleicht – stabile Entwicklung (Nachhaltigkeit), bei – wahrscheinlich – geschrumpfter Bevölkerung. Dazwischen ist die transformative Arbeit der Gesellschaft angesiedelt, zu der auch die räumliche Planung zählt. Sie beinhaltet die komplizierte Auseinandersetzung mit dem Übergang zwischen *Ist-* und *Soll-Transformation*.

Kommunale Resilienz wird als Mittel für diesen Umgang angesehen. Es geht um den Erhalt sowie kooperative Selbsterneuerung von Stadtregionen unter den Bedingungen von „Dauerstörung". Resilienz verbindet dabei Widerstand gegen einen akuten oder auch langfristigen Kollaps des Gesamtsystems (Stadtregion) mit der Ausprägung von transformativen, experimentellen Lernfähigkeiten bei der Planung für einen strategischen Wandel in Richtung Nachhaltigkeit. Die Lernfähigkeit in Bezug auf die (*spezielle* und – insbesondere – *allgemeine*) Resilienz gründet sich auf die *konstitutiven* und *erworbenen* Fähigkeiten der Gesellschaft zum Umbau der Stadt-Region.

Anmerkungen

1 Randgruppe 2011, 43.

2 Schmid 2004 (*Mit sich selbst befreundet sein*, Frankfurt/Main, S. 13), zitiert bei Brichetti 2009, 14–15.

3 Vgl. auch Christmann et al. 2011, 4. Dieser engeren Betrachtungsweise des Resilienzbegriffs folgen noch erweiterte Deutungen in diesem Kapitel.

4 http://www.duden.de/rechtschreibung/Resistenz (26.10.2013).

5 Sieverts 2013, 22. Hier werden noch andere Deutungen angeführt, die auch von verschiedenen Autoren genannt werden: Unverwüstlichkeit, Aufrechterhaltung, Identitätssicherung oder Dauerhaftigkeit.

6 Caldarice et al. 2018, 2.

7 Olsberg et al. 2007.

8 Priebs 2013, 290–293.

9 Vgl. dazu auch die kritische Diskussion in der Erziehungswissenschaft zur Anwendung des Resilienzbegriffes durch von Freyberg 2011, 219–239, insbesondere 238: Die Kritik zielt unter anderem auf eine mögliche Entpolitisierung von übergreifenden Zusammenhängen.

10 Kuhlicke 2018, 362–363 sowie 376.

11 Kuhlicke 2018, 370.

12 ARL 2005, 790–791.

13 Zolli 2012, 5–9.

14 ARL Handwörterbuch 2005, 792–796. Die Ausführungen und zitierten Begriffe zu diesem Sachverhalt beziehen sich auf die in diesem Absatz zusammengefasste Darstellung.

15 Normandin et al. 2019, 11.

16 Newman et al. 2009, 6.

17 Zolli 2012, 7.

18 Gerstengarbe, Welzer 2013, 49.

19 Diese disziplinären Quellen verarbeitend, definiert die Akademie für Raumforschung und Landesplanung (ARL) 2013, 18, in ihrem *Glossar Klimawandel und Raumentwicklung* den Begriff Resilienz: „Analog zur ökologischen Pufferkapazität ist mit Resilienz einerseits die Fähigkeit eines Systems gemeint, auch unter dem Einfluss externer Schocks und Störungen zentrale Funktionen aufrechtzuerhalten (Robustheit). Andererseits umfasst Resilienz die Fähigkeit zur Wiederherstellung des Systems („bounce back") nach der Einwirkung von Störungen und Schocks und die Weiterentwicklung im Sinne von Lern- und Reorganisationsprozessen." Siehe: http://shop.arl-net.de/media/direct/pdf/e-paper_der_arl_nr10.pdf (05.12.2013).

20 Berndt 2013, 15.

21 Kirschbaum, zitiert nach Berndt 2013, 15.

22 Newman et al. 2009, 37.

23 Carrier 2006, 62–63. Vgl. Kuhn 1976, 60–63: Dieser Wandel ist eingebettet in die Theorie vom Paradigmenwechsel.

24 Berndt 2013, 65–66.

25 Zu den bei Berndt genannten führenden Autoren in diesem Kontext zählen: Werner und Smith 1982, Waters und Sroufe 1983, Masten, Best und Garmezy 1990, Rutter 1990, Egle, Hoffmann und Steffens 1997.

26 Stellvertretend dafür sollen hier genannt sein: Zander, M./Hg. (2011): Handbuch der Resilienzförderung, Wiesbaden, und Schneider, W., Lindenberger, U./Hg. (2012): Entwicklungspsychologie, Basel, insbesondere 307 ff. und 575 ff.

27 Walker, Salt 2006, XI.

28 Walker, Salt 2006, 9, 10.

29 Beide Zitate – Günther, E.: http://wirtschaftslexikon.gabler.de/Archiv/255105/resilienz-v4.html (26.08.2013).

30 Priebs 2013, 292 sowie Priebs 2019, 209–210.

31 Siehe exemplarisch das Buch von Stephanie Borgert (2013): *Resilienz im Projektmanagement – Bitte anschnallen, Turbulenzen! Erfolgskonzepte adaptiver Projekte*, Wiesbaden.

32 Heller 2013, 3. Ein Beispiel dafür kann in methodischer Hinsicht in den „7 Schlüsseln für mehr innere Stärke" gefunden werden. Diese stellen eine Schrittfolge dar, die Anregungen parat hält für ein Vorgehen beim Gewinnen von mehr Resilienz auch in sozialen Systemen wie der Stadt. Da es sich hier um Spekulation handeln würde und noch keine empirischen Hinweise aus planerischer Sicht vorliegen, soll dieser Zugang nicht weiterverfolgt werden. Es kann aber nicht ausgeschlossen werden, dass sich neue Erkenntnisse einstellen.

33 Vale, Campanella 2005, V-VIII.

34 Vale, Campanella 2005, XI-XIV.

35 Vale, Campanella 2005, IX-X.

36 Vale, Campanella 2005, 335–336.

37 Eine Auswahl dazu: Walker, Gunderson, Kinzig, Folke, Carpenter, Schultz: *A handful of heuristics and some propositions for understanding resilience*

in social-ecological systems, in: Ecology and Society 2006/11(1), 13; Brand, Jax: *Focusing the meaning(s) of resilience: Resilience as a descriptive concept and a boundary object*, in: Ecology and Society 2007/12(1), 23; Kirchhoff, Brand, Hoheisel, Grimm: *The one-sidedness and cultural bias of the resilience approach*, in: Gaia 2010/19 (1), 25–32; Newman et al. 2009 oder Schönfeld 2020, 27–28.

38 www.irur.de. Die vom Autor gegründete Forschungsinitiative „Raum und Resilienz", vormals Bauhaus-Universität, jetzt Universität Kassel, Institut für urbane Entwicklungen, hat diesen Forschungsansatz im Jahr 2010 erarbeitet und zur Grundlage der weiteren Untersuchungen erhoben. Die Definition wurde hier erstmalig veröffentlicht. Mit den Masterlaboren an der Universität Kassel ab 2013 wurde dies weitergeführt und durch zahlreiche Veröffentlichungen und Lehrveranstaltungen ausgebaut.

39 Vgl. Gunderson, Holling 2002, 10, oder Vogt, Schneider 2016, 184.

40 Zolli 2012, 6–7.

41 Vale, Campanella 2005, 335, Walker 2006, 14.

42 Pelling 2003, 5.

43 Zolli 2012, 14–16.

44 Vale, Campanella 2005, 338–339.

45 Vgl. Folke 2006, zitiert nach Christmann et al. 2011, 4.

46 „Lehre von den Verfahren, Probleme zu lösen, also für Sachverhalte empirisch und nichtempirisch Wissenschaften, Beweise oder Widerlegungen zu finden. Die Heuristik dient somit der Gewinnung von Erkenntnissen, nicht ihrer Begründung. Sie bedient sich dabei heuristischer Prinzipien, zum Beispiel Variation der Problemstellung, Zerlegung in Teilprobleme, Entwicklung von Modellen und (Arbeits-) Hypothesen." Meyers Lexikonredaktion/Hg. (1994): Meyers Neues Lexikon, Leipzig, Wien, Zürich, Bd. 4, S. 368. Für die Planung hat dies insofern Bedeutung, da stets mit nicht ausreichend begründeten Kenntnissen in sich schnell wandelnden Situationen gearbeitet werden muss und es letztlich um Entscheidungen und nicht um Erkenntnisse geht. Vgl. auch: http://www.gefilde.de/ashome/vorlesungen/ gzmadi/heuristik_problemloesen/heuristik_problemloesen.html (05.08.2013).

47 Hutter 2005, 57–60. Die hier beschriebenen Fähigkeiten für die „strategische Flexibilität der Stadtentwicklungsplanung" folgt der Frage: „Wie man Erwartungen bildet und sich dabei auf die unbekannt bleibende Zukunft vorbereitet." Hier werden indirekt Komponenten behandelt, die als Anregung verstanden werden und sich in den beiden methodischen Ebenen des Erkundens und Planens nach heuristischem Ansatz wiederfinden. Wiechmann 2008, 80. Das abgeleitete neue Denken der Planung ist charakterisiert durch: „Komplexität, Nichtlinearität, Instabilität, Unsicherheit und Selbstorganisation"; siehe auch Fürst/Ritter 2005, 768, und vor allem: Jessen, Reuter 2006. Diese Autoren arbeiten die Erfahrung und das kollaborierende Lernen als Ressource für die Anpassung der Stadt an Veränderungen heraus.

48 Walker, Salt 2006, 31. Der von den Autoren vertretene koevolutionäre Ansatz von „Natur" und „Kultur" betont das Natürliche in der Kultur, was durchaus kritische Fragen dahingehend auslöst, ob damit die soziale Dimension zu stark als eine abgeleitete Funktion natürlicher Prozesse gesehen werden. Vgl. dazu: Christmann et al. 2011, 18.

49 Newman et al. 2009, 6.

50 Vale, Campanella 2005, 12–13.

51 Bodenschatz 1990/1991, 43–67. Die „Selbsterneuerung" greift den Begriff der Stadterneuerung auf, der seit 1990/1991 auch als Titel einer Schriftenreihe deutschsprachiger Hochschulen institutionalisiert wurde („Jahrbuch Stadterneuerung"). Hier wurde „Stadterneuerung" als „zentrale Aufgabe der Stadtentwicklung der Zukunft" (Bodenschatz, 45) definiert. Diese sei vor allem ein „sozialkultureller Prozess der Wertung beziehungsweise Umbewertung des überkommenen Baubestandes, der Vergewisserung der historischen Identität einer Stadt, ein ökonomischer Prozess der Auf- oder Abwertung von Grund und Boden wie Gebäuden; sie ist ein komplexer sozialer Prozess, der Fragen nach der Struktur der Trägerschaft beziehungsweise der Interessenblocks im Bereich der Stadterneuerung, der allgemeinen und lokalspezifischen Bevölkerungsentwicklung sowie der sozialen Folgen konkreter Maßnahmen aufwirft; sie ist ein politischer Prozess, der über Probleme der Instrumente und Verfahren grundsätzliche Fragen demokratischer Beteiligung berührt; sie ist schließlich ein ökologischer Prozess, der das Verhältnis städtischer Lebensweisen zu den natürlichen Ressourcen ständig verändert" (Bodenschatz, 47). Mit Resilienz im Sinne einer Selbsterneuerung wird diese Auffassung der Stadterneuerung weitergeführt.

52 Wejchert 1978, 58. „Die Altstadt [von Warschau HK], die von 1946 bis 1950 mit großer Achtung vor der Tradition aus den Verwüstungen des Krieges wiedererrichtet wurde, hebt sich deutlich von der übrigen räumlichen Struktur ab." Vgl. auch: Kostof 1993, 265.

53 Vgl. Fehl 1995.

54 Sieverts 2013c, 320.

55 Vgl. dazu zusammenfassend: Bodenschatz, Kegler 2004, 1092–1096, und die darin enthaltene Literatur.

56 Vgl. dazu auch den von Neumann herausgegebenen Sammelband „Szenarioplanung in Städten und Regionen" (2005), insbesondere 20–26.

57 Walker, Salt 2012, 21.

58 Newman et al. 2009, 14, aber auch Greiving, Lucas et al. 2016, Jakobowski 2016, Burmeister, Rodenhäuser 2016, Raith et al. 2017 oder Kilper et al. 2017.

59 Zolli 2012, 272–276.

60 http://www.urbaner-metabolismus.de/kurokawa.html (15.08.2013), Simon 2013, 19–20, mit Bezügen zu Fischer-Kowalski et al. 2011, 97–121.

61 Christmann et al. 2011, 22 sowie http://www.sagepub.com/upm-data/5222_Ritzer__Entries_beginning_with_A__%5B1%5D.pdf (06.12.2013).

62 Hier spielt vor allem die in jüngster Zeit verstärkt an Bedeutung gewinnende Transformationsforschung eine wichtige Rolle. Vgl. Enders, Remig 2013, 8 ff., oder Jahn et al. 2012

63 Oerter 2011, 5, zusammenfassend vor allem auf Noam 1997, 592 ff., beziehend, wobei Noam insbesondere den systemischen Charakter der Entwicklungspsychologie herausarbeitet und dabei eine Differenzierung unterschiedlicher Forschungsresultate vornimmt; vgl. auch: Noam, Maraganore, Stevens, Sheinberg 1997: *Trajectories of the development of resilience* (unveröffentliches Konferenzmaterial); dieser Ansatz wird hier als Anregung verstanden und soll in die Diskussion um eine resiliente Stadt-Land-Region eingeführt werden – ob er sich als tragfähig erweisen kann, muss in weiteren Forschungen geprüft werden. Für die Anregungen zur Resilienztypologie sei der Psychologin Anne Schönemann herzlich gedankt.

64 Schmidt 2020, 42.

65 Wiechmann 2008, 26 ff.

66 Walker, Salt 2012, 18 sowie Schimpf 2012, 8.

67 Walker, Salt 2012, 18 sowie Schimpf 2012, 7.

68 Vgl. Sieverts 2013b, 22. Das Vokabular bezieht sich vor allem auf Walker, Salt 2012, 4–24 sowie Hopkins 2009, 55–57. Die Autoren beziehen sich wiederum

auf eine breite Debatte in der wissenschaftlichen Community. Die Definitionen sind hier entlehnt und werden vom Autor erweitert kommentiert.

69 Prigogine 1985, 98, 263.

70 Die Welt, 18.07.2013, 12.

71 Berlin-Institut 2004, 4–5 sowie 92–95.

72 Berlin-Institut 2004, 4.

73 Erisman 2015, 152.

74 Gerstengarbe, Welzer 2013, 290–291. Ohne einen Endgültigkeitsanspruch damit zu verbinden oder gar linearen Fortschreibungen das Wort zu reden, dürfte der Temperaturanstieg (auch wenn er nicht in vollem Umfang oder vielleicht kaum vom Menschen verursacht sein sollte) gravierende Auswirkungen zeitigen – längst bevor die klimatischen Wirkungen in größerem Maße eintreten: Es dürften die wirtschaftlichen und sozialen Vorboten (z. B.: Nahrungsmittelspekulation oder Flüchtlingsbewegungen) bereits zu gravierenden Konsequenzen führen, wie die Autoren, ein Klimaforscher und ein Sozialwissenschaftler, feststellen.

75 Laughlin 2012, 8.

76 Emmott 2013, 13. Der Autor zeichnet ein faktenreiches Bild der globalen Lage, das er mit dem Fazit enden lässt, dass es keine Rettung mehr gäbe für die Menschheit in der durch diese selbst erzeugte Entwicklung. Das ist sicher eine der denkbaren Möglichkeiten. Mit dem Resilienzthema soll aber ein Ansatz verfolgt werden, der eventuell doch eine Chance öffnet. Die von Emmott benannte Erkenntnislücke, die das „unbekannte Terrain" offenbart, dient hier als Möglichkeitsraum für Resilienz.

77 Jackson 2011, 25, sowie Hamilton 2010, 1, 4, siehe auch: http://clivehamilton.com/books/requiem-for-a-species/ (09.11.2013).

78 Emmott 2013, 123.

79 Emmott 2013, 202.

80 Brown 2007.

81 Brown 2007.

82 Klingholz 2014a. Siehe insbesondere 23, 81–83, 293, 298 sowie 313. Vgl. auch Klingholz 2014b: Die Zeit, Nr. 7, 06.02.2014, 33–35.

83 Klingholz 2014a, 34.

84 Klingholz 2014a, 34.

85 Bardi 2013, 271. Vgl. dazu das Original: Carroll 2015/1871, 49.

86 Orlov 2020, 17, mit Hinweis auf Bardi, U. (2017): The Seneca Effect – Why Growth is Slow but Collaps is Rapid, Cham.

87 Beck 1991, 7, 161–163. Dieser Begriff ist keinesfalls überholt. Die Atomkatastrophe 2011 in Japan hat die Fragen von Risiken erneut in das Bewusstsein treten lassen. Dennoch scheint das Vokabular ermattet zu sein. Vgl. http://www.world-nuclear.org/info/Safety-and-Security/Safety-of-Plants/Fukushima-Accident/ (26.01.2014).

88 Grober 2010, 249 ff., sowie Weltkommission für Umwelt und Entwicklung 1988.

89 Grober 2010.

90 Luks 2013, 124.

91 Luks 2013, 124.

92 Grunwald, Kopfmüller 2012 und die darin aufgeführte Literatur, 241 ff., sowie z. B. Orde 2018, 15, oder Schmidt 2020, 212–226.

93 Luks 2013, 124.

94 Beckmann 2013.

95 Raith et al. 2017, 30.

96 Bauman 2017, 17.

97 Bauman 2017, 13.

98 Arendt 2018, 35.

99 Sieverts 2013a, 158 sowie Sieverts 2013b, 22.

100 Weltkommission 1988, 26.

101 Grober 2010, 16–19, 261. Hier findet sich eine andere deutsche Übersetzung der Originalformel, in der bereits das Wort „Nachhaltigkeit" auftaucht, vgl. 264–267. Als Bezug für die Ausführungen in diesem Kontext wird die Übersetzung von 1988 gewählt – siehe: Weltkommission 1988, 26 und 57. Diese Übersetzung der englischen Originalfassung wurde in der DDR erstellt (Staatsverlag). Damit wurde dies ein offizielles Dokument. Sie bietet heute trotzdem die Möglichkeit, die Diskussion um die Begriffsbildung im Deutschen zu erweitern.

102 Grober 2010, 19–20.

103 Weltkommission 1988, 26, 34.

104 Tremmel 2013, 183.

105 Aus dem breiten Literaturfundus zu Albert Schweitzer und dem ethischen Themenkomplex sollen hier stellvertretend aufgeführt werden: Schorlemmer 2009, 111–115, Grober 2010, 266–267, Tremmel 2013, 188–194, Altner et al. 2005 oder auch Schmundt et al. 2010, 136–141. Ob die anerkannten ethischen Maßstäbe, die Schweitzer im 20. Jahrhundert praktizierte, für die zukünftigen Herausforderungen als Handlungsmaxime genügen, muss sich zeigen. Bei einem Besuch des Autors im März 2013 in der nigerianischen Megacity Lagos drängte sich die Frage nach zivilisatorischen Handlungsspielräumen einer resilienzorientierten Stadtpolitik unter sozial-ökologischen Extrembedingungen auf. Siehe auch: Kegler 2019a, 90–93.

106 Feyerabend 1977, 23.

107 Kurt, Wagner 2002, 13.

108 Grunwald, Kopfmüller 2012, 219–220.

109 Grunwald, Kopfmüller 2012, 221.

110 Bauer 2018, 29–30.

111 Vgl. Masterlabor 2019, 45–46.

112 Gerstengarbe, Welzer 2013, 234.

113 Deutsches Architektenblatt DA 05/2007, 18–19.

114 http://www.bmu.de/fileadmin/Daten_BMU/Pools/Broschueren/Aktionsplan_Anpassung_de_bf.pdf (31.08.2013) Dazu gehört die „Nationale Nachhaltigkeitsstrategie" (2011), in welcher für die kommunale Ebene wichtige Herausforderungen formuliert werden.

115 BMVBS 2007, 9. https://www.nationale-stadtentwicklungspolitik.de/NSPWeb/DE/Initiative/Leipzig-Charta/Neue-Leipzig-Charta-2020/neue-leipzig-charta-2020_node.html (4.03.2021)

116 Es wäre hierfür aus dem Spektrum der Programme des Bundesamtes für Bauwesen und Raumordnung insbesondere das des „Experimentellen Wohnungs- und Städtebau" zu nennen. Vgl.: http://www.bbsr.bund.de/BBSR/DE/FP/ExWoSt/TabelleModellvorhaben/modellvorhaben_node.html.

117 https://sdgs.un.org/goals/goal11 (4.03.2021).

118 Walker, Salt 2006, 8–11 sowie 31–32, 38.

119 Milbert 2013, 37–50. Hier wird vor allem eine Anknüpfung der offiziellen Indikatoren des BBSR (Bundesinstitut für Bau-, Stadt- und Raumforschung, Bonn) an zwei systemtheoretische Modelle erörtert – ohne diese näher vorstellen zu können: das DPSIR-Modell und das Orientenmodell, welchem der Vorzug eingeräumt wird (S. 48–49). Daraus wird die Aufforderung abgeleitet, dass eine „Überprüfung des BBSR-Indikatorenkonzeptes unter systemtheoretischen Gesichtspunkten gute Ergebnisse zu seiner Verbesserung (liefert)". Gemeint sind hier Nachhaltigkeitsindikatoren (S. 49). Vgl. auch Greiving et al. 2016, 15–16.

120 Wiechmann 2008.

121 ARL 2005, 680–681.

122 Wolfrum 2017, 373. Neben vielen anderen Fragen stellt der Autor diese: „Und geraten die letzten Inseln des Wohlstands spätestens dann in Gefahr, wenn, wie prognostiziert, im Jahr 2050 sich allein 200 Millionen Klimaflüchtlinge auf den Weg machen?" Vgl. dazu auch: Priebs 2019, 209–2010.

123 Kersten 2014, 78, hier zitiert: Worster, The Age of Vulnerability, 2014, S. 751.

124 Kersten 2014, 76.

125 Kersten 2014, 77–80.

126 Gunderson, Holling 2002.

127 http://www.nachhaltigkeit.info/artikel/1_3_c_integratives_nachhaltigkeitsmodell_1541.htm (10.09.2013).

128 Grunwald, Kopfmüller 2012, 92.

129 Vgl. dazu Emmott 2013.

130 Grunwald, Kopfmüller 2012, 93.

131 Grunwald, Kopfmüller 2012, 93.

132 Wackernagel, Rees 1997, 23, sowie auch ARL 2005, 750–751.

133 Zolli 2012, 20–23.

134 Christmann et al. 2012, 2–3. Der gesamte Beitrag behandelt Vulnerabilität und Resilienz als zusammenhängende Größen.

135 Einer der ersten war der Freistaat Sachsen 2008.

136 Vgl.: https://www.dw.com/de/deutschland-und-die-fl%C3%BCchtlinge-wie-2015-das-land-ver%C3%A4nderte/a-47459712 (4.03.2021).

137 Aus der Vielzahl der Programme auf Bundes- und Länderebene zur „Anpassung an den demographischen Wandel" sollen die des Bundes stellvertretend angeführt sein: Bundesministerium für Verkehr, Bau- und Stadtentwicklung (BMVBS)/Hg. (2011): Regionalstrategie Daseinsvorsorge, Bonn oder das „Aktionsprogramm Daseinsvorsorge", ein Forschungsfeld der „Modellvorhaben der Raumordnung" des BMVBS, http://www.regionale-daseinsvorsorge.de (26.10.2013).

138 Vgl. auch Brunetta, Caldarice 2019, 28–29.

139 Walker, Salt 2006, 81–95, aber auch Lukesch, Payer, Winkler-Rieder 2010, 16–22. Gerade in dieser Studie wird (unter Bezugnahme auf Autoren wie Pendall 2007) ausführlich das System der Zyklen und ihrer nichtlinearen Verschränkung erläutert.

140 Gunderson, Holling 2002, 10, 13–14.

141 Gunderson, Holling 2002, 34–35 sowie Walker, Salt 2006, 82–83 sowie 90–91. Vgl. auch Weiliang Zhou 2021, 13–17 (unveröffentlicht).

142 Wiechmann 2006, 26 ff. Der Autor behandelt das „Paradigma adaptiver Strategieentwicklung", wobei Strategie als „Muster", nicht als „Plan", angesehen wird. Der Unterschied kann auch als der zwischen Linearität und Nicht-Linearität im Planungsprozess gedeutet werden.

143 http://www.fema.gov/what-mitigation (10.09.2013).

144 Gerstengarbe, Welzer 2013, S. 233.

145 Kaltenbrunner 2013, 293.

146 Walker, Salt 2012, 20–21, sowie Altrock et al. 2011, 8. Michael Angrick arbeitet in seinem Essay Bausteine für eine große Transformation zum Ressourcenschutz heraus (Angrick 2013). Er nimmt dabei die gesellschaftliche Transformation in Richtung einer langfristig tragfähigen Basis in den Blick. Weiterführend dazu: WBGU 2011 oder Hahne, Kegler 2016.

147 Enders, Remig 2013, 8.

148 Kegler 2011. Die in der Habilitationsschrift vorgenommene planungshistorische Untersuchung zeigt das Entstehen von „Spiel-Räumen" im Planungsdenken (Landesplanung) der Moderne nach dem Ersten Weltkrieg. In der Technik sind Spielräume (Toleranzen) notwendige Größen zur Funktionstätigkeit der betreffenden Anlage. Im planerischen Sinne geht es aber nicht nur um Toleranzen gegenüber kommenden Störungen, sondern auch um Handlungsmöglichkeiten. Vgl. auch Kegler 2015.

149 Schneidewind, Singer-Brodowski 2013, 27.

150 Schneidewind, Singer-Brodowski 2013, 25–26.

151 Jahn 2012, zit. nach Enders, Remig 2013, 8, sowie vor allem Schneidewind, Singer-Brodowski 2013, 27–30.

152 http://www.iass-potsdam.de/de/forschen-fur-die-nachhaltigkeit-vom-wissen-zur-tat (15.09.2013) sowie: https://www.wis-potsdam.de/de/institute/institut-transformative-nachhaltigkeitsforschung-iass (20.03.2021).

153 http://bfag-aring.de/pdf-dokumente/Aring_2010_Verantwortungsgemeinschaften.pdf (26.10.2013). Die hier vertretene Auffassung der „Verantwortungsgemeinschaft" ist stark von Wettbewerbsgedanken und komparativen Zielen geprägt, gleichwohl kann hier ein Ansatz für eine adäquate Möglichkeit zur transformativen Planung gesehen werden. Letztlich geht es um Lerngemeinschaften zwischen Stadt und Land, die den jeweiligen Transformationsprozess nachhaltig gestalten.

154 Enders, Remig 2013, 8.

155 Hamann et al. 2013 sowie Enders, Remig 2013, 8–9.

156 Altrock et al. 2011, 8 sowie insbesondere die Übersichtsarbeit zum Thema Resilienz und Katastrophenschutz von Bier 2010.

157 Holling 2007, Videobeitrag „What is resilience?" vom 18.12.2007 im Stockholm Resilience Centre

158 Rifkin, J. (2011): Die Dritte Industrielle Revolution – Die Zukunft der Wirtschaft nach dem Atomzeitalter,

Frankfurt/M. Er führt darin die Idee der „langen Wellen" (Zyklen) von Kondratieff weiter, indem er die bisherigen sechs Wellen in drei komplexeren zusammenführt: Vgl. Nefiodow 2006, 3.

159 Kegler, Fischer 2019, 29–31.

160 Rifkin 2011, 247, 253–257 sowie 268. Ökonomisch sieht Rifkin den Wandel von der auf Produktivität und Effizienz ausgerichteten „alten" Wirtschaft neoklassischer Prägung zu einer auf „Generativität", also einem Zyklus natürlicher Vorgänge folgende Ökonomie, die er dann als „Biosphärengemeinschaft" definiert.

161 Rifkin 2011, 47–49, sowie stellvertretend Voppel 1990, 39–41.

162 ARL 2011, 238.

163 Rifkin 2011. Andere Autoren periodisieren die Phasen der industriellen Revolutionen anders. So setzt Wim Grommen den Beginn der „Dritten Industriellen Revolution" wesentlich früher an (etwa ab 1940), wonach diese Revolution bereits in ihr reifes Stadium eintritt und von Krisenerscheinungen geprägt ist. Siehe: http://econintersect.com/wordpress/?p=38602 (29.12.2013). Der Ansatz von Rifkin wird im vorliegenden Buch nicht aus historiografischen Gründen gewählt, sondern aus methodischen. Die Periodisierung steht hier nicht zur Debatte.

164 Rifkin 2011, 15 ff., 135 ff., 263 ff., 271 ff.

165 Sieverts 2011, 10.

166 Rifkin 2011, 207 ff.

167 Sastry 1999.

168 Rifkin 2011, 246.

169 Rifkin 2011, 209 ff.

170 Grunwald, Kopfmüller 2012, 93.

171 Nach Newman et al. 2009, 6.

172 Flierl 2013, 13. In einem bislang unveröffentlichten Manuskript zur Rezeption von Diktaturen im 20. Jahrhundert, das der Verfasser (Thomas Flierl) dem Autor zur Verfügung stellte, gab er dankenswerter Weise Anregungen für die Weiterführung der Diskussion um die reflexive Modernisierung.

173 Zolli 2012, 23.

174 Zlonicky 2013, 10.

175 Walker, Salt 2006, 164.

176 Vor allem Hopkins 2008, 18 ff., Newman et al. 2009, 15 ff.

177 Heinberg 2008, 345

178 Vgl. dazu die Abhandlungen zur Stadtgeschichte, die exemplarisch von Siebel 2004 bis zu Schütt 2013, 297–307, reichen.

179 Holden et al. 2016, 304.

180 Van der Vaart 2017, 25; hier wird z. B. die Bedeutung von „sozialem Kapital" für die Resilienz von Dörfern hervorgehoben. Allgemein zur Bedeutung des Dorfes: Henkel 2012, 319–322.

181 Polanyi 2019 (1944), 71, sowie Ther 2019, 15.

182 Jakubowski 2013, 377.

183 Ohne damit einer trivialen Deutung von Entropie das Wort zu reden – vgl. Prigogine 1985, 95, 212–214, oder Kegler 2020, 281–285.

184 Davis 2010, 28. Zu dem Thema siehe auch: Themenheft der ARCH+196/197, Januar 2010.

185 Zolli 2012, 25 ff. Der von Zolli in diesem Kontext verwendete Termninus „robust-yet-fragil" (RYF) geht auf John Doyle vom California Institute of Technology zurück. Taleb 2014, 21: Wenngleich hier Resilienz auf den Kontext von Robustheit reduziert wird, meint der Autor mit Antifragilität eigentlich allgemeine Resilienz.

186 Jakubowski 2013, 377. Hier wird auf vielfältige Ergebnisse gerade des Stadtumbaus, der Stadt- und Dorferneuerung verwiesen, deren Resultate unter dem Gesichtspunkt der Resilienz neu zu bewerten wären. Im Kapitel 3 wird auf Beispiele näher eingegangen.

187 Vgl. dazu: Kegler, Bodenschatz 2005, 1092, sowie Kegler 2008, 59–63. Hier wird jeweils der Stadtumbau in den Kontext der Nachhaltigkeit (insbesondere auch des energetischen Umbaus) gebracht und zugleich als eine grundsätzliche Aufgabe zur Transformation der Stadtentwicklungsplanung dargestellt. Siehe dazu auch: Robischon 2013, 443, mit weiterführenden Aussagen zum Stadtumbau.

188 Angrick 2013.

189 Opaschowski 2009, 724–725. Der Autor fordert einen „neuen Wissenschaftstypus", die „Zukunftswissenschaft". Dieser schreibt er einen Trendwandel zu: „Von der Vorsorge zur Vorausschau".

190 Siehe „transformative Wissenschaft": Schneidewind, Singer-Brodowski 2013, 22–26. Hier werden die Anforderungen an die Transformation des Wissenschaftssystems im Kontext der gesellschaftlichen Veränderungen formuliert, die auch auf die Planung übertragen werden können. Ähnliche Ausführungen finden sich bei Enders, Remig 2013, 9.

84

191 Grabow, Uttke 2010, 22–25. Die aufgezeigten Dimensionen und Handlungsfelder nachhaltiger Stadtentwicklung (S. 23) geben ein umfassendes Bild der Indikatoren. Zudem wird die Diskussion über einen Trend von der „Lokalen Agenda 21" zur „Nachhaltigkeit als strategischem Rahmen" für Stadtentwicklung zusammengefasst. Darin kann auch ein Ansatz für die strategische Transformation gesehen werden.

192 Schneidewind, Singer-Borowski 2013, 228 (transformatives Lernen) sowie 298–300 („Transition Theorie").

193 Kegler, Fischer 2019, 147.

194 Sie beziehen sich dabei auf das Modell der „Modus-Wissenschaften", das Nowotny entwickelt hat und das die Transformation der Wissenschaften generell beinhaltet (Nowotny et al. 2014, insbes. 225).

195 Schneidewind, Singer-Brodowski 2013, 72. An Nowotny et al. anknüpfend, schlagen sie den neuen Typ der „Modus 3" – Wissenschaft vor, welche explizit gesellschaftlich transformierend wirkt.

196 ARL Handbuch 2011, 237–239.

197 Randgruppe 2011, 44, Zolli 2012, 26, Hopkins 2008, 55–57, Walker, Salt 2006, 15–148.

198 Sieverts 2011, 10.

199 Zolli 2012, 27.

200 Siebel 2004, 11 ff.

201 Randgruppe 2011, 44.

202 Randgruppe 2011, 44. Die Begriffspaare wurden hier erstmalig veröffentlicht und nun erweitert.

203 vgl. Walker, Salt 2006, 121, und Hopkins 2008, 56.

204 Lukesch et al. 2010, 50, Walker, Salt 2006, 34–36, aber auch Noam 1997, 606–607.

205 Albers, Wekel 2008, 36–39. Am Beispiel Berlin wurde – wie im Brennglas – deutlich sichtbar, dass Kahlschlagsanierung und autogerechte Stadt als Indizien additiver Modularität einer kruden Moderne jene Unterkomplexität beweisen, die im Zuge der IBA 1987 strategisch gewendet werden konnte.

206 Sassen 2020, 85. Sie begründet die Langlebigkeit und Robustheit von Städten als Resultat der Verknüpfung von „Komplexität und Unvollständigkeit".

207 Zu grundlegenden Trends in der Urbanisierung, die, global gesehen, widersprüchliche Entwicklungen beinhalten zwischen Megacitybildung, Abnahme von Sprawl und dezentraler Konzentration: Horx 2011, 159–161.

208 Kuhn 1962/1976, 57–64.

209 Kuhn 1976.

210 Piccinato 1983, Kegler 1987, Albers 1997, Hoffacker 1989.

211 Vgl. Bodenschatz 1987, 11, Holzer 1996, 66–71, Kegler 1987, 92 sowie Duany, Plater-Zyberk, Steff 2000, 7–12.

212 Zur Ausprägung des Paradigmas in der überörtlichen Planung siehe Kegler 2011, 114–115, sowie zur Städtebauausstellung von 1910 siehe Bodenschatz et al. 2010, 24.

213 Düwel, Gutschow 2019, 33–37, 540–541, Kegler 2020-b, 56–57.

214 Schubert 2020, 36. Es soll auch auf die ideologischen Vereinnahmungen oder Mythisierungen dieses Begriffs verwiesen werden.

215 Vgl. Sieverts 2001, Bodenschatz 2009, 11, Blotevogel 2011, 131, 140, 142–143, 165, 185, 188.

216 Grundsätzlich bestätigte sich das Modell, jedoch hinsichtlich des Wechsels von Paradigmen zeichnen sich Unterschiede ab. Vgl. Kuhn 1962/1976, 104 ff.

217 Weltkommission 1988, 34.

218 Kegler 2011, 108 ff. Mit der Städtebauausstellung in Göteborg 1923 begann der internationale Siegeszug der Einfamilienhausbebauung als massenhafte Suburbanisierung.

219 Tubbesing 2020, 31–32, 41, sowie Rau 2013, 164–166.

220 Rau 2013, 70, Prigogine 1985, 262.

221 Stöglehner 2019, 50.

222 Lichtenberger 2011, 11.

223 Altrock 2011, 15.

224 Schneidewind, Singer-Brodowski 2013, 122, 124–128, vgl. auch Opaschowski 2009, 719 ff.

225 Schneidewind, Singer-Brodowski 2013, 122–123.

226 AIV 2020, 202–212: Wettbewerbsbeitrag von Jordi et al., insbesondere 202–204.

227 Schneidewind, Singer-Brodowski 2013, 69–73, sowie auch Kegler 2011, 496–497: Unter der Überschrift „Reflexion im Planungs-Laboratorium der ‚Dezentralisierung'" werden hier vergleichbare Orientierungen für die neue Phase der Raumplanung umrissen, die sich u. a. auf Neumann 2005, 20–21, beziehen und einer Typologie der strategischen Planung unter sich ändernden Umfeldbedingungen nachgehen; dabei spielt das „Enactment" als „achtsamer Prozess des kollektiven Handelns und Problemlösens" unter „turbulenten Umfeldbedingungen" eine besondere Rolle (S. 20); vgl. auch Wiechmann 2008, 68–70 sowie 76–80.

228 Schneidewind, Singer-Brodowski 2013, 73–74.

229 In einem Brief vom 18.03.1992 an den Autor schrieb Niklas Luhmann zu einer Diplomarbeit, die an der Universität Bielefeld zum Thema „Industrielles Gartenreich" (Marie Bolle) verfasst wurde, diesen Kommentar. Der kritische Verweis von Luhmann auf das „Bauhaus" ging in dem Schreiben davon aus, dass sich das neue Bauhaus in der gleichen technisch-linearen Denktradition des historischen Bauhauses wähnt, was in der Idee und Praxis des „Industriellen Gartenreiches" nicht angelegt, aber zu diesem Zeitpunkt durchaus noch nicht umfassend explizit kommuniziert worden war (Brief im Archiv Kegler). Vgl. auch eine kritische Würdigung zu Luhmann bei August 2021, 120.

230 Siehe Kegler 2011, 502–503; vgl. auch Kegler 2019b, 225–227.

231 Vgl. auch Walker, Salt 2006, 145.

232 Diamond 2006, 519–527.

233 Diamond 2006, 527.

234 Neue Zürcher Zeitung vom 19.11.2013: http://www.nzz.ch/aktuell/newsticker/japan-senkt-klimaziele---scharfe-kritik-von-umweltschuetzern-1.18186302 (19.11.2013).

235 Pestel-Institut 2010 (Titel).

236 Pestel-Institut 2010, 3.

237 Pestel-Institut 2010, 4.

238 http://www.pestel-institut.de/sites/aktuelles.html, http://www.derwesten.de/staedte/bochum/pestel-institut-attestiert-bochum-schlechte-krisenfestig-keit-id4300976.html (10.08.2013), http://www.volksstimme.de/nachrichten/lokal/wolmirstedt/bilder_aus_wolmirstedt/535021_Krisenfestigkeit-Institut-sieht-den-Landkreis-im-Mittelfeld.html http://www.politik-forum.eu/viewtopic.php?f=48t=21961 (10.08.2013).

239 Pestel-Institut 2010, 4.

240 Pestel-Institut 2010, 4.

241 http://www.werteindex.de/blog/ist-resilienz-die-neue-nachhaltigkeit/ (27.07.2013).

2 Diffusion und Erkenntnis[1]

Die Ursprünge: Psychologie und Systemtheorie

Es begann auf Hawaii. In vielen Publikationen zur Resilienz taucht immer wieder die Langzeitstudie von Emmy Werner als Beginn der Resilienzforschung auf. Nach 40 Jahren systematischer Beobachtung von Kindern auf Hawaii konnten von ihr die ersten Konturen eines psychologischen Phänomens dargelegt werden: Warum gelangen junge Menschen, die unter ähnlichen Bedingungen aufwuchsen, zu höchst unterschiedlichen Lebenswegen und dabei zu verschiedenen Arten der Auseinandersetzung mit widrigen Umständen? Resilienz wurde zum Schlüsselbegriff für die Erklärung dieser Erscheinungen.[2] Die Studie hatte Mitte der 1950er-Jahre begonnen, und 20 Jahre später lagen Erkenntnisse vor. Damit trat der Resilienzbegriff zunächst in der Psychologie seine Karriere an. Zugleich breitete er sich um 1970 auch in anderen Fachgebieten aus. Seitdem gewann die Forschungslandschaft an Breite und Tiefe. Die USA waren Vorreiter, aber auch in Europa, namentlich Deutschland oder Schweden, verstärkten sich seit etwa 1980 die Forschungsaktivitäten. Im Jahr 1983, so der einschlägige Befund, entstand die erste umfassende Definition von Resilienz. Für die Entwicklungspsychologie war sie ein erster Meilenstein: Resilienz wurde danach bezeichnet als „Fähigkeit, internale und externale Ressourcen erfolgreich zu nutzen, um [...] Entwicklungsanliegen zu bewältigen"[3]. Diese Entwicklungsanliegen wurden im Sinne der Bewältigung von Umwelteinflüssen gesehen, nicht im Sinne der Beschleunigung des Fortkommens.

Seit 1990 wiederum, so die komprimierte Darstellung, vervielfachte sich die Resilienzliteratur. Die klinische und die Entwicklungspsychologie waren Vorreiter.[4] Da Resilienz kein stabiles Merkmal einer Person ist, sondern sich auch im Laufe der Zeit verändert, kann nicht mit konstanten und einfach übertragbaren Schemata oder Regeln gearbeitet werden. Eine Rezeption für die Stadt- und Regionalplanung kann aus diesem, dem Begriff innewohnenden Grund nicht mechanisch erfolgen.[5] Parallel dazu reifte der Begriff der Vulnerabilität heran, der verstärkt im Kontext der Resilienz gesehen wurde. Dabei gewannen die im Umgang mit (sozialen und natürlichen) Umwelteinflüssen gesammelten Erfahrungen zunehmende Bedeutung.[6]

Die andere Quelle der Resilienz entspringt der Systemtheorie. Etwa um 1970 zog verstärkt systemtheoretisches Denken in die Betrachtungen zur Resilienz ein, nicht nur in der Psychologie.[7] Das ist durchaus vergleichbar mit anderen Disziplinen, in denen die seit den siebziger und achtziger Jahren ihrem ersten Höhepunkt zustrebenden biokybernetischen Selbstorganisations- und Chaostheorien oder die Autopoiesisvorstellungen, also nichtlineare Systeme und den Umgang mit Krisen sowie Zufällen betreffende Denkweisen, ihren Niederschlag fanden.[8] Dies betraf auch die raumplanenden Fachgebiete. Die Systemtheorie durchdrang die Natur- und Sozialwissenschaften und verband sich mit den „angestammten" kognitiven Gehalten beziehungsweise modifizierte oder auch revolutionierte diese in den jeweiligen Gebieten. Biologie und Biokybernetik wandten sich zeitparallel auch der Resilienz zu und analysierten das Verhalten von natürlichen Systemen hinsichtlich der Selbsterneuerung und der Komplexität sowie der Nachhaltigkeit.[9] An der Wurzel dieses Stranges stand der „Vater der Resilienz", der kanadische Ökologietheoretiker Crawford Stanley *Buzz* Holling. Er hatte 1973 einen Artikel veröffentlicht, in welchem er zum ersten Mal eine Unterscheidung zwischen ökologischer und ingenieurtechnischer Resilienz darlegte.[10] Das war im engeren Sinn der Auftakt einer Resilienzforschung für komplexe Mensch-Natur-Systeme, in welchem das „Panarchie"-Skalen-System angedeutet wurde. Es bedurfte jedoch noch zwei weiterer Jahrzehnte, bis ein Durchbruch in den internationalen Debatten erreicht wurde.[11]

Resilienz erwies sich offenbar als ein Begriff, der die ermittelten oder beobachteten empirischen Merkmale im Verhalten von sozialpsychologischen und ökologischen Systemen hinsichtlich ihrer Erneuerung am treffendsten fassen konnte.[12] Die Kombination aus Widerstand und Entwicklung als Merkmal dieser in adaptiven Zirkeln verlaufenden Selbsterneuerung[13] konnte mit Resilienz offenbar am geeignetsten dargelegt werden. Hier haben zwei weitere Wissenschaftler, ein Ökologe (Brian Walker, Zimbabwe/USA/Australien) und ein Fachjournalist (David Salt, Australien) in der jüngeren Vergangenheit wichtige Pionierarbeit geleistet.[14]

Doch genügt eine begriffliche Benennung von empirisch Konstatierbarem nicht, um als wissenschaftlicher Terminus Eingang in den Diskurs zu finden.

Es bedarf noch einer programmatischen Dimension des Begriffs.[15] Vermag nun Resilienz einen Beitrag zur Verallgemeinerung auch in anderen Disziplinen und zur Voraussage zu liefern? Die Antwort liegt nicht auf der Hand. Die Tragfähigkeit des Begriffs wird sich letztlich noch im Gebrauch durch weitere verschiedene Fachgebiete und Anwendungsfälle offenbaren müssen. Bislang kann aber konstatiert werden, dass er sich als relativ konsistent erwiesen hat und für einige Bereiche als geeigneter Begriff für strategisches wie operationales Denken angesehen wird. Ob er bereits paradigmatische Bedeutung erlangen kann, ist noch nicht abschließend zu sagen. Die bisherige Rezeption deutet aber in diese Richtung. Ein Ausgangspunkt für den Wechsel einer Leitvorstellung bildet eine Krise, die aber nicht automatisch einen Wechsel der Leitvorstellung nach sich zieht.[16] Wird nun mit dem Begriff Resilienz eine Sichtänderung verbunden oder handelt es sich „nur" um eine Weiterentwicklung bisheriger akkumulierter Wissensbestände und Erfahrungen?[17]

Auf der anderen Seite kann der Begriff auch etwas auf den Punkt bringen, das bisweilen schon seit längerer Zeit getan wird, ohne dass es dafür einen bestimmten Ausdruck gab, demzufolge ein impliziter Paradigmenwechsel stattgefunden hat. Beides träfe für den Resilienzbegriff zu, ohne ihn zum Alleinvertreter einer neuen Umweltpolitik machen zu wollen oder gar als „Stein der Weisen" ausgeben zu können. Er bleibt in der kritischen Diskussion, was insbesondere die Übertragung der Resilienz ökologischer Systeme auf gesellschaftliche Systeme betrifft. Hier soll ausdrücklich vor einfacher Analogie gewarnt werden.[18] Der systemtheoretische Begriffsapparat ist hilfreich, vermag aber nicht automatisch von dessen abstraktem Niveau auf praktische Anwendung heruntergebrochen zu werden. Es bedarf der Vermittlung und Integration weiterer Erkenntnisse anderer Disziplinen, so der Sozialwissenschaften oder der Raumplanung. Für eine Überwindung der etwaigen Kontingenz und der Vorbereitung der Adaptation des Begriffs für die Transformation stadtregionaler Systeme ist das Tor, dank der Wegbereiter Holling und Werner, geöffnet worden:

- Resilienz, das bestätigt die internationale Community, ist die endgültige Abkehr von Formen linearen Denkens. Das ist zum Beispiel für die räumliche Planung mit den Instrumenten der Bauleitplanung fundamental und signalisiert nicht mehr und nicht weniger als deren strategische Revision.

- Resilienz, auch das bestätigt die internationale Gemeinschaft der Forscher und Praktiker, kennzeichnet einen Drift im Denken hin zur gesellschaftlichen Adaptation natürlicher Systeme und das Verlassen eines mehr oder weniger ausgeprägten technisch-ökonomischen Determinismus.

- Resilienz, auch diese Auffassung gewinnt an Bedeutung in der internationalen Szene, scheint geeigneter zu sein, Antworten auf die gegenwärtig auszumachenden fundamentalen Herausforderungen zu finden, die sich so gar nicht mit den bisherigen Mitteln erfassen lassen, vor allem, weil ihr Unbestimmtheitsgrad und ihre Komplexität alles bisher Gedachte übersteigen.

Resilienz für die Stadtplanung

Innerhalb von etwa zwei Jahrzehnten entstanden also zwei wissenschaftliche Communities, die Psychologie und die Ökosystemwissenschaft, die als Quellpole des Resilienzdenkens fungierten. Um das Jahr 2000 trat – vereinfacht gesagt – schließlich eine dritte Quelle hinzu, die aus einer eher praktischen Sicht die Frage nach der Selbsterneuerung und Resilienzfähigkeit stellte: die mit Katastrophen befassten Fachgebiete. Ihr Zugang führte über die Vulnerabilität und die Katastrophenhilfe.[19] Mit der Katastrophenbetrachtung erschloss sich der Zugang zur Resilienz von Städten. Die bereits erwähnte MIT-Konferenz von 2002[20] gab hierfür einen wichtigen Anstoß und bildete die Brücke zum Städtebau.[21] Naturkatastrophen, die vor allem Städte treffen, oder die sozial bedingten Zerstörungen in Städten und deren Wahrnehmung – verstärkt durch die Anschläge in New York 2001 – lenkten die Aufmerksamkeit auf die Wiedererneuerung von urbanen Systemen nach massiven Störungen. Dabei gewann die Geschichte von Selbsterneuerungsvorgängen erheblich an Stellenwert, wie eine Schlüsselpublikation von Vale und Campanella unterstreicht. Auf der anderen Seite forcierte die Konjunktur des Klimathemas, also die spätestens seit dem Hurrikan „Katrina" offenkundiger werdende Krise oder Zuspitzung der Energiefrage im zurückliegenden Jahrzehnt eine stärkere Aufmerksamkeit gegenüber der Resilienzfrage.[22] Der Fortgang der Resilienzdebatte spiegelt unmittelbar die Reaktionen auf Krisen. Empirische Untersuchungen zur urbanen Resilienz, aber auch planungshistorische Betrachtungen und künstlerische Annäherungen bilden immer noch Ausnahmen in der Literatur. Demgegenüber rücken Themen der Resilienz technischer Systeme deutlicher in den Vordergrund.[23]

Der im letzten Jahrzehnt beobachtete Diffusionsprozess des Resilienzthemas in die breitere Fachdebatte hat seine Schwerpunkte an den Universitäten der Westküste in den USA, also traditionellen Forschungszentren, aber auch an außeruniversitären Think Tanks wie dem „Post-Carbon-Institute" in Santa Rosa[24] oder dem Vorreiter interdisziplinärer Forschung, dem „Santa Fe Institute" in Arizona.[25] Die bekannte „Rockefeller Foundation" widmet sich ebenfalls diesem Thema mit einem umfassenden Blog sowie Hintergrundinformationen, um eine internationale Diskussion anzustoßen und Erfahrungen zu vermitteln.[26] Diese Stiftung geht aber noch weiter: Mit der Gründung des weltweiten Netzwerks „100-Resilient-Cities" schuf sie eine, vielleicht nicht ganz uneigennützige, globale Plattform, das Netzwerk „100resilientcities", für den Austausch von Erfahrungen und Konzepten zur urbanen Resilienz.[27] Die Rockefeller Foundation finanziert temporär Koordinatoren in den Mitgliedsstädten (Chief Resilient Officer), Netzwerkarbeit, Planungen und Aktionen. Deutsche Städte sind nicht Mitglied. Darüber hinaus existiert mit der „Resilience Alliance" ein von dem Vordenker Brian Walker gegründetes Netzwerk, das wiederum zahlreiche Publikationen und Veranstaltungen sowie Forschungen betreibt oder befördert.[28] Der andere Pol des Resilienzdenkens liegt in Australien. „Down Under" ist inzwischen ein wichtiger Platz für die Kommunikation über urbane Klimaanpassung sowie zur resilienten Stadt geworden, wie beispielsweise das Kongressprogramm „Urban Design" in Sydney seit 2009 zeigt.[29] Die „Curtin University" in Western Australia bildet einen Anker der Debatten, repräsentiert durch Newman. Er hat im Jahr 2009, zusammen mit Beatley (USA) und Boyer (USA), ein wegweisendes Buch zur Stadt-Resilienz herausgegeben, das operationalisierbare Aussagen zu Zielen und Inhalten von *Resilient Cities* beinhaltet, dessen Untertitel *Responding to Peak Oil and Climate Change* zugleich die Denkrichtung artikuliert. Die Autoren orientieren sich empirisch stark an normativen Nachhaltigkeitskriterien, wenn sie Aussagen für die Zukunft einer resilienten Stadt entwickeln. Dennoch ist ihr Buch unter methodischen Gesichtspunkten ein Schlüsselwerk. Es soll deshalb an späterer Stelle darauf zurückgekommen werden.

Anders als Newman hat der Engländer Hopkins zur gleichen Zeit nicht nur ein Buch herausgegeben, das den Weg der Stadt „from oil dependency to local resilience" darstellt, sondern damit auch ein Handbuch für eine praktisch agierende Bewegung über die Transformation von der ölbasierten zur nachhaltig-resilienten Stadtentwicklung vorgelegt.[30] Die von diesem Buch inspirierte „Transition Town"-Bewegung formierte sich zunächst auf der britischen Insel im Städtchen Totnes als eine kommunal unterstützte Bürgerinitiative und breitet sich inzwischen weltweit aus. In dieser Anleitung finden sich zahlreiche Aspekte früherer ökologischer Bewegungen wieder, wie Heinberg in der Einleitung konstatiert.[31] Das Resilienzthema gewinnt darin eine operationale Dimension.[32] So hat die „Transition Town"-Bewegung praktische Modi für konkrete Umbauschritte in Richtung einer *Soll-Transformation*[33] entwickelt. Mit diesen Publikationen entstanden am Ende der Initial-Dekade des urbanen Resilienzdenkens (2000–2010) zwei unterschiedliche Werke, die sich unmittelbar an die Stadt-Gesellschaft als Gegenstand beziehungsweise Subjekt richteten. Walker hingegen schreibt in seinem jüngsten, mit *Resilience Practice* überschriebenen Buch, dass das Thema resiliente Urbanisierung zwar höchst wichtig sei, allerdings noch keine ausreichenden Untersuchungen vorlägen, diese jedoch dringend notwendig seien.[34] Folglich gibt es international Anzeichen sich verdichtender Forschungs- und Anwendungsprozesse zur Resilienz von Städten.

Diese Zeichen mehren sich ebenfalls in Europa. Vorreiter ist hier Schweden, das ein eigenes „Resilienz-Zentrum" in Stockholm betreibt und dort verschiedene Fachdisziplinen vereint, darunter auch die Stadtforschung. Das genannte Institut wurde am 29. Mai 2007 als eine der Universität zugeordnete und von der „Stiftung für strategische Umweltforschung" (MISTRA) geförderte und international ausgerichtete Forschungs- und Bildungsinstitution

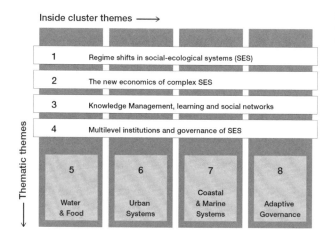

Inside cluster themes ⟶

Thematic themes

1	Regime shifts in social-ecological systems (SES)
2	The new economics of complex SES
3	Knowledge Management, learning and social networks
4	Multilevel institutions and governance of SES

| 5 | 6 | 7 | 8 |
| Water & Food | Urban Systems | Coastal & Marine Systems | Adaptive Governance |

gegründet.[35] Das „Stockholm Resilience Centre" beschäftigt sich mit der „Steuerung von sozial-ökologischen Systemen […] und [legt] dabei einen speziellen Fokus auf Resilienz, also die Kapazität eines Systems, in ständiger Veränderung kritische Grenzbereiche zu adaptieren"[36]. Das Institut verfügt über etwa 60 Mitarbeiterinnen und Mitarbeiter und ist insbesondere mit der UNESCO, dem Programm *Man and the Biosphere,* aber auch mit führenden Universitäten der Resilienzforschung in den USA, Kanada und Australien verbunden. Es versteht sich als Netzwerk- und Kapazitätsbildner im Bereich der Resilienzforschung und -lehre. Die Struktur der Forschung des Instituts gibt zugleich Auskunft über die aktuelle Auffassung zu den Schwerpunkten der Resilienz und zum theoretischen Fundament dieser Forschung:[37] Die Säulen dieser Strukturmatrix beinhalten vier Schwerpunkte der Transformation von sozial-ökologischen Systemen (SES) – so auch der Stadt – und die darauf ausgerichteten vier Handlungs- beziehungsweise Forschungsgegenstände, die die „Bewegung von Lebensstrukturen", die „neue Ökonomie der Komplexität", das „Wissensmanagement" sowie „Lern- und Sozialnetzwerke und die institutionalisierte Vielebenen-Steuerung" betreffen. Mit den Gegenständen „Wasser und Ernährung, Stadt, Meer und Küsten" sowie dem besonderen Thema „Anpassungssteuerung" sind zentrale Fragen der Zukunftsgestaltung menschlicher Lebensräume benannt.

Das „Resilienz-Zentrum" in Stockholm, das inzwischen auch mit dem „Potsdam-Institut für Klimafolgenforschung" – mit einem Schwerpunkt der „Klimaresilienz" – kooperiert[38], hat sich weltweit zu einem der führenden Think Tanks auf dem Gebiet der Erforschung resilienter Systeme entwickelt. Das Zentrum wirkt als komplementäres Pendant und ist zugleich institutionell verbunden mit der „Resilience Alliance", die auch als eines der Trägernetzwerke im Forschungsaustausch weltweit fungiert.[39] Beide sind beispielsweise mit Forschungsprogrammen wie *Sustainable Urban Planning for Ecosystem Services and Resilience* (SUPER) oder *Urban Biosphere Initiative* (URBIS) tragend und kooperativ vernetzt. In diesen Kontext wirkt auch das „Post Carbon Institute" in Santa Rosa, Kalifornien, mit dem Fokus auf die Entwicklungen im Zeitalter nach dem Öl.[40]

Schließlich sei – ohne Anspruch auf Vollständigkeit – auf die „Academy of Urbanism" (AoU) verwiesen, die ihren Sitz in London hat und im Jahr 2006 gegründet wurde. Sie versteht sich als eine europäische Plattform des Lernens von den Erfahrungen bei der qualifizierten Anpassung der Städte und Nachbarschaften an die Bedingungen der post-industriellen Ära.[41] Mit dem Akademie-Kongress 2012 in Derry-Londonderry öffnete die Akademie den Blick auf „Resilient City" und verhalf dem Thema zu einer neuen Aufmerksamkeit in der Städtebaufachwelt.[42] In dem breit angelegten Programm der Aktivitäten der AoU spielt die jährliche Auswahl von gelungenen städtebaulichen Projekten, die zugleich die Eigenschaft von Lernobjekten haben („Learning from Europe"), eine besondere Rolle. Diese werden mit Preisen in den räumlichen Kategorien Großstadt/Region, Stadt, Nachbarschaft, Straße und Platz, hervorgegangen aus einem öffentlichen Juryprozess, geehrt. 2013 erhielt Brixton (Kategorie Nachbarschaft) den Preis für die Qualität einer „highly resilient area": „Unique character: Brixton has always had a unique character largely created by the strong African/Caribbean community and influence and is an exemplar of how a multi-cultural community can develop with strong local authority support and public and private sector investment. Hopefully, this will not be negatively affected by gentrification in some parts of the centre, but it is a *highly resilient area* and has shown how it can manage its own issues."[43] Die „Learning Moments" stellen dabei Eigenschaften heraus, die für andere empfehlenswert sind.

Die beiden anderen Aspekte, die zur Preiswürdigkeit herangezogen werden, sind:

„Maturity", das heißt der Reifegrad des Projekts, und „people and business drive regeneration", also die Steuerungsqualität. In der Kategorie Großstadt erhielt Lissabon 2012 den AoU-Award für seine auf Resilienz und Innovation angelegten Transformations- und Regenerationsleistungen, die angesichts der Krise evident erscheinen: „Lisbon has continuously overcome physical, economic, and political challenges that have proved them to be a ‚resilient and innovative city', with Mayor Antonio Costa currently taking a strong leadership role in developing a vision for the city, utilizing public and private partnerships to deliver regeneration, particularly in the city centre, exemplified by the decision of the Mayor to relocate his office into the rundown, red-light district to stimulate regeneration."[44]

Die Academy of Urbanism erweist sich als eine der zivilgesellschaftlichen Vorreiterorganisationen für die Förderung einer städtebaulichen Resilienz, wenngleich in einem Anfangsstadium. Darüber hinaus beginnt das Resilienzthema seit etwa fünf Jahren an verschiedenen europäischen Universitäten, so in Istanbul oder in Oxford, einen zunehmenden Stellenwert zu erlangen. Noch handelt es sich meist um Frühphasen und nicht um institutionell verankerte Forschungsprozesse.

Dennoch: Die Diffusion des Themas nimmt zu. Auch außerhalb Europas oder der beiden anderen Innovationspole (USA/Kanada und Australien) gibt es Hinweise auf Resilienzbetrachtungen in Lehre und Forschung sowie in der wissenschaftlichen Kommunikation, wofür exemplarisch die 2012 abgehaltene Konferenz der „European Urban Research Association" (EURA) an der Wiener Universität für Technologie oder der Kongress des „International Council for Local Environmental Initiatives" (ICLEI) 2010 in Bonn, der das Resilienzthema erstmals aufgriff und seitdem bei diesem Nachhaltigkeitsnetzwerk einen festen Platz eingenommen hat, sowie vergleichbare Veranstaltungen in Brasilien exemplarisch stehen.[45] Die Liste derer, die sich dem Thema zuwenden, ließe sich weiterführen. Hier mag der Hinweis genügen, dass sich Resilienz zu einem wachsenden internationalen Diskursgegenstand entfaltet hat. Letztlich erreichte dieser die Ebene der UNO, die in ihrem Report des

Generalsekretärs 2012 einen geradezu programmatischen Bericht vorlegte: *Resilient People, Resilient Planet* und darin den Bogen zur Ausgestaltung einer nachhaltigen Zukunft der Erde schlug.[46] Über diese skizzierte quantitative Seite einer Verbreitung des Resilienzthemas hinausgehend, hat international auch eine kritische Reflexion begonnen. So leitete das österreichische Magazin *dérive Zeitschrift für Stadtforschung* ihre eigens dem Resilienzthema gewidmete *Ausgabe 54* polemisch ein: „Von politisch Verantwortlichen wird Resilience gerne als Allheilmittel angesehen und von manchen nicht zuletzt deswegen angepriesen, um den Rückzug des Staates zu rechtfertigen und die Verantwortung […] abzuschieben. […] Um der Debatte über Resilience eine andere Perspektive zu geben und der dem Begriff anhaftenden Vorstellung von Kontinuität, Dauer und Wiederherstellung der Verhältnisse etwas entgegenzusetzen, versieht dieser Schwerpunkt den Begriff der Resilience mit der Komponente ‚Rhythm'."[47] Resilienz wird politischer und kultureller Gegenstand der Stadtforschung und urbanen Praxis.

In Deutschland gewinnt das Thema allmählich an Dynamik. Ein Basisnetzwerk, das auch für Resilienz- und Transformationsforschung arbeitet, ist die *NaWis-Runde:* „Die Universität Kassel, die Leuphana Universität Lüneburg und das Wuppertal Institut für Klima, Umwelt, Energie GmbH haben sich zur *NaWis-Runde* zusammengeschlossen." Seit Anfang 2012 „ist auch das Institute for Advanced Sustainability Studies (Potsdam) Mitglied der *NaWis-Runde.*[48] Ziel des Verbundes ist die Förderung transdisziplinärer Nachhaltigkeitswissenschaft im deutschen Wissenschaftssystem – sowohl in Hochschulen als auch in außeruniversitären Forschungseinrichtungen."[49] Daneben zeichnen sich vor allem das Dresdner IÖR und das in Erkner bei Berlin angesiedelte „Leibniz-Institut für raumbezogene Sozialforschung" (IRS)[50] durch systematisch angelegte Forschungsarbeiten zur Resilienz und mit expliziten Raumbezügen aus.

All die hier genannten Institutionen und Verbünde, deren Aufzählung unvollständig bleiben muss, eint die Eigenschaft, tendenziell dem Typus der „Modus 3-Wissenschaft" zuzugehören. Sie praktizieren ein erweitertes Wissenschaftsverständnis „im Sinne einer disziplinierten Interdisziplinarität in transdisziplinären Prozessen" und forcieren eine Wissenschaftskultur, die, so der jetzige Erkenntnisstand, überhaupt erst die Basis liefert für anwendungswirksamen Erkenntnisgewinn über die Transformation gesellschaftlicher Strukturen zur Anpassung an die Herausforderungen des 21. Jahrhunderts.[51] Damit schließt sich der Rahmen zur Forschungslandschaft, in dem Resilienz grundsätzlich angesiedelt werden muss.

Das traf im vergangenen Jahrzehnt auch für außeruniversitäre, intermediäre Institutionen zu. Zu diesen gehören etwa das „Thüringer Nachhaltigkeitszentrum" oder das „BNE-Hochschulnetzwerk" für Nachhaltigkeit in Baden-Württemberg, die Brücken bilden zur Regionalpolitik und auf diese Weise auch das Thema Resilienz in die Praxis diffundieren lassen.[52] Sie zählen somit zu den „Übersetzungsinstitutionen", die – in diesem Fall auf lokaler/regionaler Ebene – jenes Pendant zu den Forschungseinrichtungen bilden, die Resilienz für die Anwendung in der kommunalen Praxis aufbereiten.[53] Den vielleicht weitreichendsten konzeptionellen Entwurf in diesem Sinne hat das Netzwerk *nordwest2050* im Rahmen eines Projekts des Bundesministeriums für Bildung und Forschung (BMBF) zu Klimawandel und Regionalentwicklung vorgelegt. Es formulierte „Resilienz" als Leitbild für die Region Bremen-Oldenburg und fundiert diesen forschungsbezogenen Ansatz einer Regionalstrategie mit einem umfassenden, aber anwendungsbezogenen Theoriegebäude.[54]

Von einer breiten fachlichen Struktur zur urbanen Resilienz kann noch nicht gesprochen werden. Vielmehr handelt es sich gegenwärtig um einen Zeitpunkt der anstehenden Konstituierung fachlicher Strukturen und inhaltlicher Ausrichtungen. Noch sind, und das ist auffällig, Architekten, Stadtplaner und Kommunalpolitiker mehr oder weniger Zaungäste dieser sich herausbildenden Kommunikationssträge – von Ausnahmen abgesehen. Die vorliegende Publikation versteht sich selbst als Teil dieser Fachkommunikation und damit als Brückenbildner zu den Diskussionskreisen der sich bildenden Gemeinschaften.

Nach dem ansatzweisen Umreißen der Institutionslandschaft zur Resilienzforschung lenken vier Fallbeispiele den Blick auf die Auseinandersetzung um Vulnerabilitäten sowie Anpassung, Mitigation und Resilienz im regionalen Kontext: Naturverhältnisse, Hyperurbanismus, soziale Verwerfungen und

Anstieg des Meeresspiegels beziehungsweise Klimawandel werden als „Störgrößen" identifiziert. Zum einen handelt es sich um etwaige stadtpolitische Reaktionen auf Naturkatastrophen (Istanbul). Ein anderer Pol ist der einer Auseinandersetzung mit den durch Menschen heraufbeschworenen Störungen, die sich im Gefolge der Hyperurbanisierung an den Küstenstädten vollzogen haben (Shanghai). Das Beispiel Los Angeles öffnet den Blick auf die Debatte über planerische Möglichkeiten des Umgangs mit grundlegenden sozialen Verwerfungen. Abschließend geht es um die Karibik, mit den Beispielen Miami und Kuba, als einer Region, in welcher der Anstieg des Meeresspiegels sowie die Zunahme von Hurricanes besonders deutliche Spuren zeitigen.

Natürliche Prozesse erscheinen dabei als „Störung", jedoch nur in Bezug auf den Menschen und den sich daraus ergebenden selbst verursachten Komplikationen. Besonders drastische Konsequenzen zeichnen sich durch den vom Menschen wesentlich beeinflussten Klimawandel ab. Derartige Störungen können zwar in allen Phasen des panarchischen Zyklenmodells auftreten und bieten damit den Ansatzpunkt für die Lernprozesse der Stadtgesellschaft. Jedoch werden sie in der Stabilitätsphase (K) als solche besonders wahrgenommen. Sie können zum Versagen beziehungsweise Kollaps von Teilen oder des gesamten Systems führen. Dieser Phase gilt also die besondere Aufmerksamkeit. Den Störungen in der K-Phase folgt eine Auseinandersetzung um die Abwendung oder das Auffangen der sich andeutenden Ω-Phase des Versagens.

Störung durch die „Natur": Resilienz für Istanbul?

Seit dem verheerenden Erdbeben im Jahr 1999 im Nordwesten des Landes, bei dem knapp 19 000 Menschen ihr Leben verloren haben, sind auch in der Türkei die Anfänge einer Resilienzdebatte zu beobachten. Resilienz ist in dieser Metropole kein abstrakter wissenschaftlicher Begriff, er hat aufgrund vergangener und erwarteter Naturkatastrophen große Bedeutung für den Alltag der Stadtbewohner. Grund dafür ist auch die Vorhersage des nächsten großen Bebens in der dicht bebauten, mehr als 13 Millionen Einwohner zählende Megacity Istanbul. Die Gefahr, dass sich die Spannung der Erdplatten entlang der nordanatolischen Verwerfung in den nächsten 30 Jahren entlädt, liegt laut Forschern bei 60 Prozent. Die Erschütterung in den Tiefen des Marmarameeres wäre ähnlich hoch wie beim Gölcük-Beben und würde Istanbul am stärksten treffen.[55]

Damals veranlasste dieses Gefahrenszenario konkrete Maßnahmen auf politischer und planerischer Ebene, um die Krisenfestigkeit Istanbuls gegenüber so massiven Störungen zu erhöhen. Als unmittelbare Reaktion auf das Gölcük-Beben wurde in Kooperation mit der „Japanese International Cooperation Agency" (JICA) ein Erbeben-Masterplan erstellt. Doch trotz zwischenzeitlicher Anstrengungen, die Infrastrukturen zu stärken, wurden erste Erfolge mittlerweile wieder zunichtegemacht. Denn die radikale Stadterneuerungsagenda der Regierung Erdogan missbraucht den Resilienzansatz und die Gesetze zum erdbebengerechten Stadtumbau als Vorwand, um ohne Rücksicht auf lokal gewachsene sozio-ökonomische Strukturen ganze Stadtteile abzureißen. Der anschließende Neubau der Viertel hat Zwangsumsiedlungen und Gentrifizierungsprozesse im großen Maßstab zur Folge – mit erdbebensicherem Bauen als Teil einer ganzheitlichen Resilienzstrategie hat dies wenig zu tun. Die neoliberale Strategie für einen spekulativen Hyperurbanismus gewinnt unter der Regierung der AKP immer mehr Raum.[56] Diese „urbane Transformation" – eine typische *Ist-Transformation* – dürfte sich nicht nur als ein sozial riskantes Unterfangen im Erdbebengebiet erweisen.[57]

Je mehr Planung und Politik hierbei versagen, umso mehr erlangt Resilienz in den wissenschaftlichen Einrichtungen Bedeutung, wie zum Beispiel an der „Istanbul Teknik Üniversitesi" (ITÜ),[58] einer der größten und ältesten staatlichen Universitäten der Türkei. Im Rahmen internationaler Projektkooperationen und regionaler Forschungsprojekte trägt die ITÜ zur Grundlagenforschung über Resilienz bei. Die ITÜ ist derzeit Mitglied des internationalen Projektkonsortiums *Sustainable Urban Planning for Ecosystem Services and Resilience* (SUPER), das darauf orientiert, Konzepte sogenannter Ökosystemdienstleistungen in die Stadt- und Raumplanung zu integrieren mit der Intention, die Robustheit und Lebensqualität der Städte zu erhöhen, um die Folgen von Urbanisierung und Klimawandel aufzufangen.[59] Neben der konkreten Vulnerabilität der Infrastrukturen durch Erdbeben und Hochwasser geht es mittlerweile auch um die Frage, wie das unkontrollierte Flächenwachstum Istanbuls verträglich mit der Sicherung lebensnotwendiger Ressourcen in nächster Nähe gestaltet werden kann, denn das rasante Wachstum der Metropolregion bedroht inzwischen sogar die regionalen Trinkwasserressourcen. Über diverse Publikationen sowie die Teilnahme an internationalen Konferenzen wie der „4th International Desaster and Risk Conference" in Davos 2012 mit dem Titel „Integrative Risk Management in a Changing World – Pathways to a Resilient Society" wurde der wissenschaftliche Austausch gesucht, und Kooperationen wurden aufgebaut mit dem Ziel, zum internationalen Dialog beizutragen und in der Hoffnung, auch an Ort und Stelle ein Umdenken der türkischen Politik zu bewirken.[60]

Störung durch Hyperurbanismus: Shanghai – ein (zukünftiges) Resilienzlabor?[61]

Die Anzeichen häufen sich: China, die in den zurückliegenden Jahrzehnten wiedererstarkte Weltmacht, befindet sich im radikalen Umbruch. Der den Aufschwung garantierende Wirtschaftsmotor, frisiert durch staatliche Subventionen und getrieben vom Export, läuft nicht mehr rund, stottert dafür umso häufiger. Das Raunen macht die Runde[62]: Hat sich das Modell der „autoritären Modernisierung" abgenutzt? Wie wirkt sich die Krise kurz- und langfristig auf die chinesische Gesellschaft aus?

In aller Kürze: Nach den Wirren der Kulturrevolution und der Hinwendung zu einem eher neoliberalen Wirtschaftsmodell – Deng Xiaoping, 1978: „To get rich is glorious" – haben sich die Binnenmigration und die rasante Verstädterung als Nebenprodukte der Industrialisierung etabliert und brachten in den vergangenen drei Jahrzehnten unzählige ultra-dynamische Metropolregionen hervor. Inzwischen aber, mit dem Abflauen der Exportwirtschaft, ist die Urbanisierung zum Selbstzweck mutiert und soll als Katalysator in den kommenden zwei Dekaden entscheidend zum Wirtschaftswachstum, der Verbesserung der Lebensumstände und zu mehr sozialer Gerechtigkeit beitragen.[63] Bis die Kapitalismus-Revolution allerdings ihre „vollendete" Form angenommen hat – mit dem Großstadtkonsumenten als Idealbürger –, werden sich bis 2030 die Stadt- und Kulturlandschaft und wohl auch die Gesellschaft grundlegend verändert haben: 250 Millionen chinesische Bauern sollen in den kommenden 12 bis 15 Jahren planmäßig zu Städtern werden, bis 2025 soll der Urbanisierungsgrad 64 Prozent betragen, 2012 waren es noch 52,6 Prozent. 250 Millionen Menschen, das ist die akkumulierte Stadtbevölkerung der weltweit bedeutendsten Metropolen, die oftmals über Jahrhunderte gewachsen ist.[64]

Der kritische Blick offenbart das Janusgesicht dieser Raumplanungspolitik.[65] Einerseits soll das zukünftige Wirtschaftswachstum abgesichert werden; die politische Stabilität beruht auf dem steigenden Lebensstandard der Mittel- und Oberschicht, den die Regierung gewährleisten muss, um ihre autoritäre Politik weiterführen zu können, andererseits verursacht eben jene Logik massive Folgeprobleme mit teilweise verheerenden Auswirkungen für die Umwelt, die physischen Siedlungsstrukturen und in ihnen lebenden Menschen. Das gesteigerte Gefährdungspotenzial und die erhöhte Anfälligkeit für Krisen durch die zunehmende Verstädterung kennen inzwischen viele Facetten:

· soziale Ungleichheit zwischen Stadt und Land, aber vor allem innerhalb der Städte (Exklusion, Segregation, Zugang zu Dienstleistungen),
· fehlende soziale Sicherheit durch zunehmende Alterung der Gesellschaft sowie unzureichende Gesundheits- und Rentensysteme,
· Energiebedarf und -abhängigkeit durch steigende Bautätigkeit und Konsum,
· Folge-Schäden durch Naturkatastrophen und Umweltverschmutzung.

Vor allem aber stehen die bisherigen Siedlungstypologien und die Frage der Organisation von Stadt auf dem Prüfstand. Die ausufernde Expansion beziehungsweise der Bau von (Satelliten-)Städten ist für viele bestehende Metropolen kaum noch eine Option für eine Stadtentwicklung und betrifft im Rahmen der „Go West"-Strategie wohl eher das Hinterland. Die Bevölkerungsdichte in den gewachsenen Zentren vieler Großstädte ist bereits so hoch – in Shanghais Hongkou-Distrikt leben 36000 Menschen/km² –, dass kaum noch Raum für eine etwaige Nachverdichtung bleibt. Großflächige „Kahlschlagsanierungen" (mit einhergehenden Umsiedlungsmaßnahmen) und Aufwertungen[66] stoßen zudem immer mehr auf Protest in der Zivilgesellschaft, gefährden die Identität von Stadt und Bürgern und unterhöhlen durch die damit entstehenden sozialen Spannungen letztlich die politische Stabilität. Während die Bewohner alte Wohnquartiere verlassen müssen und die Nachteile der Zersiedlung langsam ins öffentliche Bewusstsein dringen, ist die Integration von Migranten in die bestehenden Stadtstrukturen und -gesellschaften eine grundlegende Herausforderung für die weitere Entwicklung Chinas.

Wie kaum eine andere ostasiatische Metropole kann Shanghai, im Mündungsgebiet des Jangtsekiang gelegen, als Prototyp für die Entwicklung chinesischer Siedlungen gelten. Zum einen ist Migration ein fortwährendes Thema, das seit dem Ersten Opiumkrieg die Stadtentwicklung maßgeblich beeinflusst hat, zum anderen ist die Etablierung als „Global City" mit derzeit etwa 25 Millionen Einwohnern ein Präzedenzfall für den Umgang mit rasantem Stadtwachstum im 21. Jahrhundert.

Durch ein erhebliches naturbedingtes und soziales Gefährdungspotenzial kann Shanghai auch ein Labor für resiliente Strukturen und die Erprobung von neuen Konzepten, zum Beispiel für „urbane Akupunktur" werden. So erfährt der Fachdiskurs zu urbaner Resilienz in verschiedenen Institutionen einen zunehmenden Bedeutungsgewinn. Ende Juni 2013 stand die alljährliche Konferenz der „International Association for China Planning" (IACP) unter dem Leitthema „Building resilient Cities in China"[67], wobei ein integrierender Ansatz zur Verbindung von Wissenschaft und Praxis im Vordergrund stand. Die Diskussionen des Kongresses deckten ein vielfältiges Themenspektrum ab. Dazu gehörten Strategien, Methoden und Instrumentarien zum Umgang mit dem Klimawandel und Naturkatastrophen, Disparitäten zwischen urbanen und ländlichen Regionen, die Umgestaltung von Transportsystemen und Infrastrukturen oder der Umgang mit historischer Gebäudesubstanz. Der Diskurs diente aber auch zur kritischen Analyse strategischer Raumplanung und Krisen, die Mensch und Umwelt gefährden. Diesen Erkenntnisschatz gilt es, zukünftig zu heben und für die planerische Diskussion zu nutzen, um die gigantische Transformation der Erbschaft des Hyperurbanismus auszuloten.

**Störung durch soziale Spannungen: Resilienz für Los Angeles
(Eine Erkundung zur Wiedergeburt aus der Krise der neunziger Jahre)[68]**

Zwischen dem 29. April und 2. Mai 1992 sind große Teile der Downtown niedergebrannt. Das war kein Erdbeben, es waren die größten sozialen Unruhen, die die Stadt je erlebt hatte. Das Epizentrum lag im Umfeld von „Bunker Hill", des Gründungsplatzes von Los Angeles (L. A.).[69] Diese soziale Eruption erschütterte nicht nur die Stadt, sondern markierte zugleich eine Zäsur in der Planungspolitik der Stadtregion. L. A. gehört mit dem Umbau des Zentrums und dessen langfristigen Folgen zu einem der Prototypen menschengemachter Desaster beziehungsweise Störungen, die Ausgangspunkte sind für einen Resilienz-Turn.[70] L. A. taucht in der Liste dieser Typologien sowohl unter „Schusswechseln/Brandstiftung" (soziale Unruhen und öffentliche Störungen) als auch (nicht direkt genannt) unter der Rubrik städtebaulicher Ersatz (Kahlschlagsanierung) auf. Die Stadt hat diesen Turn nach schmerzlichen Erfahrungen eingeleitet. Er ist längst nicht abgeschlossen. Nach wie vor verharrt L. A. vor allem in der ersten, der *Ist-Transformation*. Nur ganz zaghaft sind erste Maßnahmen einer ökologischen Transformation zu beobachten, die angesichts der jährlichen Waldbrände im Umfeld der Megacity deutlich machen, welche Transformation noch aussteht. Der Umbau in Richtung resilienter Strukturen ist eingeleitet, erzwungenermaßen.

L. A. war im Laufe des 20. Jahrhunderts zu einem der wichtigsten ökonomischen Zentren und einer der Megastädte der USA aufgestiegen.[71] Hier ballten sich Unternehmen der Öl-, Auto- und Luftfahrtindustrie. Der Großraum L. A. wurde zu einem Schwerpunkt der Rüstungsindustrie, aber auch der Film- und Freizeitindustrie. Im Laufe dieser industriellen Modernisierung wurde neben der exorbitanten Ausweitung des Sprawl und dem Ausbau des Autobahnnetzes in der gesamten Stadtregion auch der zerstörerische Umbau der Kernstadt eingeleitet, der besonders „Bunker Hill" betraf. Dieser oberhalb des imposanten Rathauses gelegene Hügel war hundert Jahre zuvor ein beliebter Wohnort für Wohlhabende. Nach dem Zweiten Weltkrieg trat er allerdings in den Schatten der neu angelegten, randlagigen Einfamilienhausareale (zum Beispiel „Panorama City").[72] Entwertung und Abwanderung markierten den schleichenden Verfall, der durch sich zuspitzende stadttechnische Probleme in Downtown weiter gefördert wurde. Denn die Wasserversorgung der gesamten Stadt, und insbesondere des höher gelegenen Teils der Downtown (vor allem „Bunker Hill"), gestaltete sich zunehmend schwierig. Die Wasserentnahme der expandierenden Stadt begann, das Wasserangebot des Los Angeles River zu übersteigen. Die Wohlhabenden und die Mittelschichten zogen an den Rand, wo neue Leitungen für Nachschub sorgten – was sich heute jedoch auch dort ins Gegenteil zu kehren beginnt.

Zurück blieben jene, die nicht weg konnten oder gehen wollten. Etwa Mitte der 1960er-Jahre startete die Stadtverwaltung eine Radikalkur für diesen – aus Sicht der Verwaltung und Stadträte – besonders unansehnlich gewordenen Stadtteil. „Clearance" hieß die Parole, in Deutschland als „Kahlschlagsanierung" bekannt. Tatsächlich wurden weite Teile komplett abgerissen. Der Autobahnring um die „Altstadt" wurde geschlossen, eine Querspange durch das Gebiet geschlagen, und erste Parkhäuser sowie (wenige) Bürohäuser wurden gebaut. Allerdings blieb das neue Quartier ein Fragment. Die Entwicklung verlagerte sich in den profitableren Südteil der Downtown, nach „South Park". Hier entstand in den 1970er-Jahren das „Convention Center", welches später den Sport- und Entertainmentkomplex, das „Staples Center" und das von der Anschutz-Gruppe gebaute Vergnügungszentrum um die „NOKIA-Plaza" nach sich zogen.[73] „Bunker Hill" begann erneut zu veröden – Brachen, Parkplätze und ohrenbetäubender Verkehrslärm verdrängten die letzten Anwohner. Zugleich mehrten sich die Obdachlosen. Die alte Stadtmitte wurde von den weißen Mittelschichten aufgegeben. Dieser Prozess gewann an Dynamik, als nach dem Ende des Kalten Krieges Abrüstungsmaßnahmen griffen. Zahlreiche Rüstungsbetriebe wurden geschlossen oder verlagert. Die Krise der gesamten Stadtregion eskalierte. Sie betraf vorrangig die wenig qualifizierten Arbeitskräfte, zumeist Farbige. Ein rassistisch gefärbtes Gerichtsurteil vom Frühjahr 1992 ließ dann den „sozialen Vulkan" ausbrechen. Er entlud sich mit ungeahnter Gewalt. Weite Teile der Kernstadt gingen in Flammen auf, Straßenschlachten tobten, wie sie nur von Kriegsgebieten bekannt sind.

Die Stadtregierung antwortete – nach dem Erwachen aus einer Schockstarre – auf diesen Ausbruch der Gewalt nicht nur mit Notmaßnahmen und Sozialprogrammen, sondern auch mit einer Kehrtwende in der Politik für die Stadtmitte. Statt allein auf die Marktkräfte zu setzen, sollte nun eine planvolle Umgestaltung unter Nutzung von starken Marktakteuren eingeleitet werden. Ein erstes Instrument waren Flagship-Projekte. Ab 1999 wurde mit dem „Adaptive Reuse Ordinance" diese strategisch ausgelegte Kernstadtplanung sanktioniert. Der Plan animierte private Investoren, die mit Großprojekten, aber auch mit Umnutzungen markanter Gebäude in der Stadtmitte Zeichen setzten. Mit der „Disney Concert Hall" (2003) von Frank Gehry, der großen Kathedrale („Cathedral of Our Lady", 2002) und neuen Wohnprojekten sowie einer Aufwertung der öffentlichen Räume und der benachbarten Gebiete – die Wiederbelebung des historischen Bahnhofs und dessen Umfeldes wirkte besonders nachhaltig – wurde eine Trendwende eingeleitet. Diese besitzt jedoch auch eine Kehrseite: Zwar hat sich die Wohnbevölkerung im Kernbereich der Stadt inzwischen verdoppelt (von rund 20000 auf etwa 40000 Einwohner), doch handelt es sich dabei eindeutig um einen Gentrifizierungsprozess. Während sich der Anteil der weißen Mittelschichten fast verdreifacht hat, halbierte sich der Anteil Farbiger, vor allem der der Latinos. Die sozialen Probleme wurden exportiert, vorrangig in den Süden des Großraumes.

Um diesem Vorgang zu begegnen, vor allem aber auch, um eine Gesamtstrategie für den Großraum L. A. zu gewinnen, wurde vom Jahr 2000 an ein systematischer Planungsprozess eingeleitet, der den nachhaltigen Umbau der Stadtregion L. A. und dann noch einmal besonders der Kernstadt – mit „Bunker Hill" – zum Ziel hat. Dafür hatten sich die 191 selbstständigen Kommunen des Großraumes L. A. zur größten Planungsorganisation der USA, der „Southern California Association of Governments" (SCAG), zusammengeschlossen.[74] Der 2004 von der SCAG vorgelegte und in einem umfassenden Beteiligungsprozess erarbeitete „Compass-Plan" für die 18-Millionen-Metropole zielt auf eine polyzentrale Stadtregion, deren infrastrukturelles Grundgerüst ein wiederaufgebautes System an Straßen- und Stadtbahnen ist (diese waren bis in die 1960er-Jahre vollständig abgerissen worden – zugunsten von neuen Stadtautobahnen) sowie ein Netz revitalisierter Stadtzentren.

Der „Compass-Plan" ist kein flächenhaft alle Aspekte der zukünftigen Entwicklung umfassender Plan. Vielmehr fokussiert er auf die wichtigsten Aussagen, die für die strategische Entwicklung, ein moderates und „intelligentes" Wachstum („smart growth"), entscheidend sind. Die analytische Grundlage bildet eine umfassende SWOT-Betrachtung. Die Analyse der Stärken und Schwächen sowie der Chancen und Risiken (SWOT steht für *Strengths, Weaknesses, Opportunities und Threats*) erfolgt nach einer Vielzahl von sozialen, ökonomischen, technischen und baulichen Kriterien. Diese Betrachtung ermöglicht eine kompakte Erfassung von Hemmnissen, aber auch von Möglichkeiten der Entwicklung des betreffenden Stadtgebietes. Dabei stehen Flächenverbrauch, Transportstrukturen sowie demografische Entwicklungen und deren Verknüpfungen im Vordergrund.[75] Auf dieser Grundlage wurden Szenarien für zentrale Themen entwickelt. Diese Themen und darauf ausgerichtete Planungsimpulse entstanden in einem breit angelegten öffentlichen Workshop-Prozess (spezielle „Charrettes"[76]). Dazu war das gesamte Planungsgebiet in sieben sich einander überlappenden Teilregionen eingeteilt. In diesen fanden die Workshops statt, an denen etwa 1300 Projektbeteiligte (Stakeholder) in 13 dezentralen Runden mitwirkten. Zusätzlich konnten sich Interessierte aktiv per Internet in den Prozess einschalten, was offenbar rege wahrgenommen wurde. Im Ergebnis waren etwa hundert Pläne für die Themen, Teilregionen und für den gesamten Planungsraum entstanden. Diese Resultate flossen strukturbildend in den Planungsprozess ein und fanden sich im Endbericht an prominenter Stelle wieder.[77]

Da der Süden Kaliforniens bis etwa 2035 mit einem Zuwachs von etwa sechs Millionen Menschen rechnen muss, hat sich L. A. auf Wachstum einzustellen – jedoch auf ein die Ressourcen schonendes Wachstum. Diese Ressourcen umfassen eigentlich nur zwei Prozent der Gesamtfläche, beinhalten aber kardinale Bereiche: den öffentlichen Verkehr, vor allem den schienengebundenen, die Hauptorte wirtschaftlicher Aktivitäten, die „Infill"-Bereiche für einen inneren Umbau der Wohngebiete, die prioritären Zentren als Kerne der nachhaltigen Entwicklung und die Verbindungskorridore zwischen diesen.[78] Diese Bereiche werden als „Möglichkeitsareale" bezeichnet und stehen der weiteren Ausgestaltung offen, ja, es wird geradezu aufgerufen, sich zu beteiligen.

Im Jahr 2008 entstand auf der Grundlage des „Compass Blueprint"-Plans der „Comprehensive Plan" als ein rechtsverbindliches Planwerk.[79] Flankiert wird dieser Plan durch das „SB 375"-Gesetz zur Reduktion von Treibhausgasemissionen.[80] Es handelt sich um ein Umsetzungsvorhaben, das durch einen eigens eingerichteten Board forciert wird, den „California's Air Resources Board" (CARB). Für Downtown wurde in den letzten Jahren ein gesonderter Plan für den integrierten Umbau von 13 Teilbereichen erstellt und bereits schrittweise – zusammen mit privaten Investoren – umgesetzt. Als herausragendes Projekt mit öffentlicher Finanzierung gilt der beabsichtigte Neubau einer „Light Rail" (Schnellstraßenbahn), die alle Innenstadtteile miteinander verbindet und den öffentlichen Raum aufwertet. Die neue Politik unter dem 2005 gewählten (und 2009 wiedergewählten) Bürgermeister von L. A., Antonio Villaraigosa[81], dem seinerzeit ersten mit Hispanic-Wurzeln, umfasst nicht nur ein Infrastruktur- und Städtebauprogramm, sondern auch ein Regelwerk für Toleranz und Ausgleich sozialer Gruppen in der Stadt. Flankiert wird dieser städtische Verhaltenscodex durch soziale Projekte und eine öffentliche Debatte um Sicherheit und Toleranz. Dennoch: Die Probleme von L. A. bleiben gigantisch. Der Umbau dürfte sich zu einem Jahrhundertprojekt entwickeln. Mit diesen radikalen Initiativen, die bereits Früchte tragen – erste Bahnlinien sind gebaut – könnte sich L. A. zukünftig als erste resiliente Megastadt der Welt erweisen.[82] Es sind aber erst Anfänge zu konstatieren.

Aus planungshistorischer Perspektive betrachtet, kann der gesamte Planungsvorgang jedoch noch eine andere, hier besonders hervorzuhebende Facette zutage fördern. L. A. war mit dem ersten Zoning-Plan 1908 ein Vorreiter für die rationale, funktionsorientierte Planung in den USA geworden.[83] Anfang der 1920er-Jahre hatte die Stadt einen systematischen Dezentralisierungsprozess eingeleitet. Die „Regional Planning Commission" hatte der „1st Regional Planning Conference" 1922 ein Diagramm unterbreitet, das die disperse Entwicklung der metropolitanen Region vorsah[84] – die planerische Geburtsstunde von „one of the most extensive areas of suburban sprawl in the world".[85]

Der „Compass-Plan" legt Grundlinien fest, die im weiteren Vorgehen auszugestalten sind: Mobilität für alle Bewohner, Lebensfähigkeit für alle Kommu-

nen, Prosperität für alle Menschen, Nachhaltigkeit für zukünftige Generationen.[86] Es war keinesfalls festgeschrieben, wie diese Entwicklung im Detail auszusehen haben würde. Der Plan ist das wichtigste Element in einem insgesamt tastenden, nichtlinearen Vorgehen bei der Neuorientierung der stadtregionalen Entwicklung. Insofern kann er eher als ein Programm betrachtet werden. Er folgt nicht mechanisch als Ableitung aus der Analyse, sondern verarbeitet die analytischen Grundlagen in einem auf Grundlinien reduzierten, offenen, aber zugleich komplex angelegten kommunikativen Planwerk. Der „Compass-Plan" repräsentiert die neue Kultur der „großen Pläne"[87], die keine fertigen Bilder produzieren, aber auch nicht nur ein Patchwork moderierter Einzelplanungen sind. Pragmatischer angelegt, öffnet er einen Denkraum für Nachhaltigkeit. Der – ungewollt – nach 1992 gewonnene „Spielraum" wurde genutzt.

Es entstand also zunächst ein visionärer Plan, dem anschließend strategische Projekte, basierend auf „amtlichen" Plänen, folgten. Das übergreifende Ziel, die „Polycentric Region", kann als eine Renaissance der Dezentralität gesehen werden, die jedoch nach nunmehr hundert Jahren nicht mehr als Modell der Kanalisierung des urbanen Wachstums fungiert, sondern das Wachstum nach innen lenkt, auf den Umbau der existierenden Metropolregion. Diese wird durch Konzentration auf Zentren und Korridore verdichtet sowie neu vernetzt. Dabei ist zugleich genügend Flexibilität eingeplant, die bei nachlassendem Wachstum erneute Anpassung ermöglicht. L. A. soll nicht als makelloser „Musterfall" gelten, sondern vorrangig als lernfähige Körperschaft.

Offenbar hat sich das bisherige Modell der Dezentralisation selbst als problemverstärkend erwiesen. Indem dieses Modell neu interpretiert, aktuellen Herausforderungen angepasst und mit neuen Inhalten beziehungsweise Zielen ausgestattet wurde, gewann es an planerischer und letztlich an politischer Kraft für Lösungsversuche. Der Plan wie auch der Planungsprozess erfüllen – so jedenfalls die aus der Planbetrachtung, den zugänglichen Informationen und persönlicher Anschauung[88] gewonnene Erkenntnis – Kriterien für eine auf Resilienz ausgerichtete Planung: Diese verbinden übergreifend die Robustheit des Gesamtsystems mit der Fragilität der um die dezentralen Zentren und Korridore liegenden Bereiche und verknüpfen dabei Modularität und enge Rückkopplungsschleifen[89], die alle flexibel auf Wachstum und andere Änderungen reagieren können, mit der Komplexität der einzelnen Bereiche.

Die städtebaulichen Umbaumaßnahmen zeigen inzwischen Wirkung. Der Ausbau des öffentlichen Nahverkehrs ist vorangeschritten, und der Umbau von Straßen zu fußgängerfreundlichen Arealen gewinnt an Konturen.[90] Dafür waren jedoch nicht nur stadtplanerische beziehungsweise städtebauliche Maßnahmen erforderlich. Stadtpolitische Grundsätze, soziale Programme oder Kriminalitätspräventionen gehören ebenso dazu. So könnte dies ein Set von Merkmalen sein, das für die Bewertung von strategischen Planungen für die resiliente Stadt allgemein nützlich ist. Extrem problematisch bleibt der Umbau des Ökosystems der Metropolregion, insbesondere bezüglich des Wassers und des Sprawl an den Rändern des Großraumes. Hier zeigen sich die nächsten Herausforderungen, die jedoch – bei Fortführung der Erfahrungen aus dem „Compass-Plan" – zaghaften Optimismus aufkommen lassen.

An diesem prominenten Fall hat sich die neue Lebensfähigkeit wie die praktische Wirksamkeit des – nunmehr „gewendeten" – Paradigmas der räumlichen Planung vom Beginn des 20. Jahrhunderts erwiesen. Es kann also die Hypothese aufgestellt werden, dass diese Leitvorstellung der räumlichen Planung für die Zukunft der Disziplin durchaus tragfähig sein kann.

Der kognitive Schritt, der sich an diesem Beispiel offenbart, äußert sich in der strategischen Fähigkeit, disziplinäre Neuorientierungsprozesse aus der Erkenntnis grundlegender Wandlungen generieren zu können. Darin offenbart sich Zukunftsfähigkeit: Resilienz.[91]

Störung durch den Klimawandel: Resilienz für die Karibik

In den vergangenen 30 Jahren, das heißt seit 1992, stieg der Meeresspiegel in Miami, Florida, um ca. 10 cm.[92] Erwartet werden bis zu 17 cm Anstieg in den kommenden beiden Jahrzehnten. Bis zum Ende des Jahrhunderts können durchaus 80 bis 100 cm oder sogar mehr erreicht werden, wie die staatliche NOAA der USA im Januar 2021 bekannt gab.[93] Wie unschwer daraus ableitbar ist, gehört die Region zu den sehr vulnerablen Gebieten weltweit. Die menschlichen Siedlungsgebiete in Florida, den mittelamerikanischen Anrainern und den karibischen Inseln sind meist nur wenige Zentimeter über dem Niveau des Meeresspiegels gelegen. Zugleich herrscht teilweise eine sehr hohe Besiedlungsdichte, wie im Metropolraum Miami Dade oder Havanna mit mehreren Millionen Einwohnern. Die regelmäßigen Hurricanes gefährden diese Räume zusätzlich, mit zunehmender Intensität oder Häufigkeit.

Natürlich können weltweit vergleichbare und sogar noch gravierende Situationen ausgemacht werden. Ein Blick auf Lagos, Mumbai, Jakarta, die Inselstaaten im Pazifik oder die Küsten von Bangladesch genügt, um die globale Dramatik sichtbar werden zu lassen. Die Karibik kann hier als ein Laboratorium für die menschliche Zerstörung des Raumes, aber auch für Resilienzstrategien angesehen werden:

„Man kann die Krabbeninsel (vor Panama gelegen HK), wie sie auf Deutsch heißt, als Vorläufer für das betrachten, *was sich auf der Erde anbahnt*. Sie mag klein sein, aber wie durch ein Brennglas lässt sich hier beobachten, was im großen Maßstab schiefläuft. Denn zum einen ist die Bevölkerung von Gardi Sugdub so stark angewachsen, dass kein Platz mehr da ist und die Natur durch die Versuche, Land zu gewinnen, enorm geschädigt wird."[94] Den Menschen dieser Insel bleibt nur der Wegzug – ein geradezu symptomatischer

Fall, denn letztlich sind alle Siedlungsgebiete der Region betroffen und werden als Lebensort nicht mehr bewohnbar sein.

Daraus leitet sich die Frage ab, ob angesichts des Verschwindens von Lebensräumen die Resilienz als Konzept überhaupt tauglich ist. Eine Erneuerung ist nicht denkbar. Der Umzug bleibt als einzige Möglichkeit. Das existierende Siedlungssystem dürfte partiell kollabieren – an den vulnerabelsten Orten. Das hat massive Auswirkungen auf eine Neujustierung von grundlegenden Fragen der Urbanisierung. Die Bodeneigentumsfrage, die Sicherung einer (neuen) Daseinsvorsorge, der Umbau von Infrastrukturen, die Finanzierung von neuen Besiedlungsräumen, die durch den Klimawandel zwangsweise erschlossen werden müssen, rücken ins Zentrum der Aufmerksamkeit. Hinzu kommen die Möglichkeiten für neue Arbeitsplätze oder die Verfügbarkeitsrechte an Rohstoffen. Dies alles wird aber zugleich unter den Bedingungen sich verschärfender Krisensituationen ablaufen müssen. Es öffnet sich somit ein weites Feld an Herausforderungen, auf die die Menschheit nur ansatzweise, wenn überhaupt, vorbereitet ist. Der Kollaps von Teilräumen der menschlichen Besiedlung, insbesondere an den Küsten, bedarf einer komplexen, letztlich demokratisch basierten, neuen Raumordnung unter den Bedingungen klimatischer Wandlungen und zunehmend begrenzter Besiedlungsräume und rohstofflicher Verfügbarkeiten.[95] Daraus leiten sich Konflikte sozialer Natur, vor allem Verteilungs- und Verfügbarkeitskonflikte, ab.

Dass dies der Markt nicht regeln kann, liegt auf der Hand. Es bedarf einer neuen gesellschaftlichen Übereinkunft zur Neuaufteilung des Raumes – unter veränderten Rahmenbedingungen und nach neuen Spielregeln. Hier setzt *Forward-Resilienz* an. Es geht um eine Bereitschaft zu resilienzorientiertem Denken und Handeln. Diese gerinnt zur Voraussetzung, Fragen einer Neuschöpfung von zivilisierten, tragfähigen Siedlungsräumen – entweder im Umbau des Bestandes oder an gänzlich neuen Orten – angehen zu können. Die Karibik ist ein Lernterrain dafür.

Im wohlhabenden Miami haben die Stadtverwaltungen des Großraumes Dade Miami und Miami Beach eine Resilienzstrategie 2019 vorgelegt, die „Resilient-305-Strategy"[96], und begonnen, erste Maßnahmen gegen den Anstieg des Meeresspiegels zu ergreifen. Dieser programmatische Plan, methodisch

vergleichbar mit dem „Compass-Plan" von L. A., zeichnet sich durch zwei grundsätzliche Momente aus: Er umfasst, basierend auf einer radikal kritischen Analyse, systematische Handlungsfelder und darauf fußend ein breites Spektrum an Maßnahmen auf zentralen Ebenen der Klimaanpassung und Mitigation.[97] Inhaltlich wurden drei strategische Ziele („Goal Areas") formuliert: „Places", „People" und „Pathways". Das heißt, es geht um die Veränderung der Örtlichkeiten, die Anpassung der Lebensverhältnisse der Menschen und die Umsetzungsstrategien. Alle drei Hauptfelder des Programms sind mit Unterzielen, konkreten Aktivitäten zur Planung beziehungsweise Umsetzung, mit Leitprojekten und mit Fallstudien untersetzt.

Es handelt sich um ein optimales, ganzheitliches, aber zugleich offenes Programm. Erste Maßnahmen werden sofort umgesetzt. Sie dienen vorrangig der schrittweisen Anpassung an den steigenden Meeresspiegel und der sich daraus ergebenden Konsequenzen für den Siedlungsraum. So werden in den stark betroffenen Arealen von Miami South Beach erste Straßen erhöht, um befahrbar zu bleiben. Neue Küstenbefestigungen werden erprobt, die resilienter sind, und neue Baumarten wie Eichen statt Palmen werden angepflanzt.[98] Auf den ersten Blick erscheinen all diese Maßnahmen wie hilflose Versuche, das Unabwendbare aufzuhalten.

Hier setzt aber nun das zweite Moment dieses Programms an. Es handelt sich im Grunde um ein Trainingsprogramm für die Stadtgesellschaft. Alle Akteure beginnen, sich mit dem Thema Resilienz und damit zusammenhängenden

Fragen zukünftiger Entwicklung der Stadtregion auseinanderzusetzen. Die Maßnahmen dienen eher dem Diskurs über als der Lösung von Problemen. Es werden Beispiele geschaffen, die zeigen, was erprobt wird, wo sich Möglichkeiten der Adaption und der Mitigation öffnen, wie ein Verständnis für die komplizierte Situation wachsen kann. Das Programm wird jährlich fortgeschrieben und kommuniziert.[99] Es ist längst kein Umsiedlungsprogramm oder eines, das den radikalen Umbau der Stadtregion fordert. Vielmehr handelt es sich um einen Anstoß für ein Denken in Resilienzverhältnissen.

Unterstützt wird das Vorhaben von dem globalen Netzwerk „100 Resilient Cities", das die Rockefeller Foundation initiiert hat und finanziell befördert – keine Projekte, sondern die Kommunikation und Organisation lokaler und weltweiter Netzwerke. Das mag zweischneidig sein. Die Vernetzung kann auch interessengeleitet genutzt werden; sie kann aber auch als Anstoß für strategische Initiativen und Kooperationen der Kommune fungieren.[100] Es könnte vermutet werden, dass auf diese Weise der Status quo erhalten werden soll und das dem Tourismuseldorado Miami Beach ein „Weiterso" gesichert werden soll. Das käme einer *Retro-Resilienz* nahe. Doch kann auch angenommen werden, und einiges spricht dafür, dass die „Resilinece-305-Strategy" mit dem auf zunächst fünf Jahre angelegten Programm der erste Schritt in einer Folge von längerfristig gedachten Transformationen ist. Darin läge dann eine weitereichende Perspektive, die durchaus neue Siedlungsmodelle an anderen Orten einschließen könnte. Hier ist die Planung als langfristiger und dauerhafter Prozess angelegt, der nicht mehr auf Wachstum und Standortvorteil zielt, sondern auf (Über)Lebensfähigkeit.

Szenenwechsel: Kuba

Das US-Hurricane-Centre in Miami zählte 2020 insgesamt 31 Stürme höherer Kategorie, wovon neun „Major Hurricanes" mit über 100 mph (Kategorie 3 bis 5) waren.[101] Einer dieser Hurricanes, Ita, traf im November 2020 auf Kuba.[102] Es handelt sich um jährlich mehrfach wiederkehrende Ereignisse. Das Land ist darauf in besonderer Weise vorbereitet und verkraftet

diese Dauerstörung – trotz sehr angespannter wirtschaftlicher Lage – relativ gut, verglichen mit anderen armen Ländern der Region. Kuba hat ein nahezu vorbildliches Warn- und Reaktionssystem für die Hurricane-, aber auch andere Störereignisse aufgebaut. In dieser Hinsicht ist die Anpassungs- und Mitigationsfähigkeit weit entwickelt. In strategischer Hinsicht erweist sich Kuba als erheblich vulnerabel und zudem in einem Umbruchprozess befindlich.[103] Dies reicht von der externen Rohstoffabhängigkeit, wozu auch der Tourismus zählt, bis zur Störanfälligkeit der Infrastrukturen, gepaart mit fragilen sowie wenig flexiblen Strukturen gesellschaftlicher Art. Auf der anderen Seite gibt es – verglichen mit Ländern der südlichen Hemisphäre – gut funktionierende Basisstrukturen, wie zum Beispiel im Bildungs- und Gesundheitsbereich, aber auch in der Kultur, die als robuste Grundlagen für eine resilienzorientierte Erneuerung wirken können.[104] So begann in der Kooperation zwischen der Universität Kassel und der Universität „Marta Abreu" de Las Villas in Santa Clara die Vorbereitung des Aufbaus eines postgraduierten Studienganges für eine „Klimaresiliente Stadterneuerung" mit Exkursionen und Workshops in Miami und Santa Clara („Resilient Miami – Resilient Cuba") ab dem Jahr 2018.[105] Das Thema gewinnt an Bedeutung, befördert durch die gegenwärtigen wirtschaftspolitischen Umstrukturierungen und zugleich immer drängender werdenden Erneuerungsbedarfe, bei Zunahme der Klimawandelfolgen. Insofern ist Kuba ein symptomatisches Beispiel für den Beginn einer parallelen Resilienzpolitik mit den (noch) reichen Ländern.

Der Anstieg des Meeresspiegels und generell der Klimawandel unterscheiden nicht zwischen politischen Systemen. Die grundsätzliche Frage nach der adäquaten gesellschaftlichen Organisationsform für den Umgang mit den Klimafolgen und der Entwicklung einer lebenswerten Zukunft für die Menschheit generell gewinnt angesichts der Konstellationen im karibischen Raum besondere, laborhafte Evidenz. Einst erfolgreiche Modelle für die gesellschaftliche Entwicklung stehen auf dem Prüfstand. Simple Kopien helfen meist wenig, können sogar kontraproduktiv wirken, wie historische Beispiele zeigen. Die Suche nach *Forward-Resilienz* hat begonnen und bewegt sich zwischen grundsätzlichen Szenarien.

Resilient Cities: Kernbausteine eines resilienten Stadtdenkens in vier Szenarien (nach Newman, Beatley, Boyer)

Das Titelbild ziert ein Blick auf Freiburg im Breisgau – ein Kontrast zu L. A. oder Shanghai. Damit signalisieren die Autoren, wohin sie sich die Reise einer auf Resilienz ausgerichteten Stadt wünschen – aus der Perspektive der USA und Australiens sehr verständlich. Damit unterstreichen sie die Modellhaftigkeit dieser Stadt[106], aber auch eine Anknüpfung an die nachhaltigen Stadtkonzepte der 1990er-Jahre. Sie verdichten strategische Aussagen und leiten über zu Ansätzen eines radikalen Denkens im Sinne der Resilienz als einer gesellschaftlichen Kategorie mit paradigmatischer Bedeutung. Mit diesem Buch betreten die Rezipienten den „Vorgarten" resilienter Städte – das ist nicht abwertend gemeint, ganz im Gegenteil: Es handelt sich um eine wegbereitende Publikation, deren „Bojenfunktion" nicht hoch genug eingeschätzt werden kann. Sie markiert, um im Bild zu bleiben, aber noch nicht die Hafeneinfahrt. Bestenfalls kann ein Zeichen gesetzt werden, um, und das ist das Wichtigste, vom alten Ufer endgültig abzulegen und zu einem neuen aufzubrechen – so ungewiss die Ankunft dort auch sein mag.[107]

Zunächst ergründen die Autoren, warum die Stadt (Region) in den Mittelpunkt ihrer Überlegungen rücken sollte. Dabei berufen sie sich auf die Historie und führen aus, dass die Stadt als dominante Lebensform eine besondere Rolle bei der Gestaltung der Zukunft gewinnt. Zudem konzentrieren sich die meisten Probleme auf gesellschaftliche Entwicklungen, insbesondere auf den exorbitanten Ressourcenverbrauch und die Ölabhängigkeit in den Städten.[108] Das ist nicht neu, wird von den Autoren auch nicht so herausgestellt, sondern lediglich als Begründung für die Konzentration auf diesen Gegenstand betont. Sie vernachlässigen dabei nicht den ländlichen Raum[109], den es zugleich neu zu denken gelte und der als Einheit mit der Stadt zu betrachten sei. Die räumliche Bezugsebene ist damit definiert: Es geht um eine Neujustierung des Stadt-Land-Verhältnisses und der grundsätzlichen Abkehr von der bisherigen Ressourcenverteilung innerhalb dieses Verhältnisses. Dafür unterbreiten die Autoren methodische Bausteine auf drei Ebenen für eine resiliente Stadt: Szenarien, Strategieelemente und Handlungsschritte. Diese Bausteine erinnern an klassische Vorgehensweisen der räumlichen Planung und Projektentwicklung.[110] Darin liegt auch nicht der Innovationswert des Buches. Vielmehr gelingt es den Autoren damit, am vorhandenen planerischen Vorgehen anzudocken und neue Aspekte zu implementieren. Diese methodische Seite gilt es noch für eine Planung des nichtlinearen Systems „resiliente Stadtregion" zu entwickeln.

Den Einstieg in die Argumentation finden die Autoren über das Definieren von vier Szenarien, die zugleich für gesellschaftliche Perspektiven als programmatisch zu verstehen sind.[111]

Szenario 1: Kollaps

Die Eindrücke des Hurrikans Katrina vermittelten die Blaupause für dieses Szenario. Es muss ernsthaft und nicht nur theoretisch mit diesem Szenario gerechnet werden. Tsunami, Atomkatastrophe, Epidemien, Erdbeben und anderes mehr können jederzeit zu einem Kollaps des Stadtsystems führen, worauf sich die Gesellschaft real einrichten muss. Dafür sind Vorkehrungen zu treffen. Dies führt zum Stichwort der Vulnerabilität und zu den entsprechenden Szenarien für urbane Teilbereiche oder ganze Regionen. Auch diese Erkenntnis überrascht nicht, jedoch birgt sie politischen Sprengstoff, soll doch von der realen Möglichkeit ausgegangen werden, dass ein gesellschaftliches System vollständig kollabieren kann – eine nur schwer vermittelbare Aussicht. In diesem Szenario klingen explizite Bezüge zu Diamonds Buch *Kollaps* von 2005 an.[112]

Die Autoren gehen aber noch einen Schritt weiter. Sie thematisieren bereits den schleichenden Kollaps eines bestimmten Typus von „Stadt", der zu einem dominanten weltweit geworden ist: den Suburban Sprawl.[113] Dieses Thema dürfte eines der kompliziertesten bei der Gestaltung eines sozial und ökologisch verträglichen Transformationsvorganges sein.

Szenario 2: Verländlichung der Stadt

In diesem Szenario kann eine „Rückentwicklung" von der Stadt zu einem ländlichen Gebilde angenommen werden. Dies würde eine Umkehr der Geschichte bedeuten. Von den Autoren werden nicht die Umgestaltung des ländlichen Raumes und die Stadt-Land-Beziehung als Szenario angegeben. Vielmehr geht es um die notgedrungene Verländlichung. Im Gefolge unkalkulierbarer Klimawandelfolgen oder des Bevölkerungsschrumpfens werden Zustände eintreten, die bisherige Stadtvorstellungen umkehren und auch Großstädte wie Detroit mit ruralen Formen durchsetzen. Anzunehmen ist, so das Szenario, dass „Öko-Dörfer" sich durchsetzen, bilden sie doch meist nur ökologische Varianten des Suburban Sprawl.[114] Dies kann lediglich für Teile der Stadt oder des ländlichen Raumes eine Möglichkeit sein. Der Trend in diesem Szenario liegt in der Auflösung der Stadt in suburale Einheiten. Das positive Gegenstück dazu liefert die Idee der „self-sufficient city", ein moderates Schrumpfungsmodell, das den Sprawl „urbanisiert" und die Stadt „ruralisiert" – in den Grenzen des wirklichen Bedarfs.[115] Ob das sich ausbreitende *Urban Gardening* Teil dieses Szenarios sein kann, deuten die Autoren an, dies gehört aber in den Transformationskontext.[116]

Szenario 3: Die (sozial) gespaltene Stadt

Dieses Szenario ist dem Modell der „gated community" entlehnt. Es geht davon aus, dass die soziale Spaltung der Stadt unausweichlich ist. Die Vermögenden und Einflussreichen suchen sich ihre Refugien, der Rest der Gesellschaft wird seinen Weg in den beiden ersten Szenarien finden (müssen). Diese Refugien werden Zukunftsmodelle der energetischen und infrastrukturellen Versorgung sein können, sie sind abgeschirmt und scheinbar selbst überlebensfähig – in den Grenzen, die letztlich auch hier durch den Klimawandel oder den sozio-ökonomischen Rahmen gesetzt werden. Ob sie langfristig tauglich sind für ein Gesellschaftsmodell, bleibt problematisch. Da derartige Modelle bereits existieren, kann, wie die Autoren betonen, dieses Szenario als durchaus realistisch angesehen werden. Andererseits sollte aber gefragt werden, vermuten die Autoren, ob nicht in einer moderat gestalteten Separierung auch ein produktives Moment stecken könnte für die Zukunft des Wandels der Städte.[117] So könnten hier bestimmte Innovationen entwickelt werden, die dann auch übertragbar wären auf andere räumliche Situationen. Die Gefahren für ein Auseinanderbrechen der Gesellschaft gerade in Krisenzeiten und unter Konfliktbedingungen dürften aber weitaus problematischer sein.

Szenario 4: Resiliente Stadt

Mit diesem Szenario knüpfen die Autoren an ein Idealmodell an. Die angestrebten optimalen ökologischen, sozialen und wirtschaftlichen Qualitäten sollten für alle zugänglich sein, wie es bei einer „gated community" nur für wenige möglich wäre. Das mag verwundern und kann nicht unmittelbar als nachhaltig bezeichnet werden.[118] Die Autoren entwerfen ein stadt-regionales Zukunftsbild, das die Einbeziehung des ländlichen Raumes umfasst und sich entlang der technischen Innovationen bewegt. Diese Innovationen verliefen bislang wellenförmig und gaben der Stadtentwicklung jeweils starke Impulse, wie sie insbesondere aus den technischen Systemen der Kommunikation abzuleiten waren. Nun steht die nächste große, die „sechste Welle" bevor, die sich entlang biologischer, systemischer und nachhaltiger Technologien mit radikalem Umbau der Ressourcenwirtschaft orientiert.[119] Diese basiert auf der nicht unrealistischen Annahme eines Endes des billigen Öls. Zugleich wird von einem schwierigen Transformationsprozess ausgegangen, den die Durchsetzung dieses Szenarios erfordert.[120]

Ganz gleich wie die resiliente Stadt im Einzelnen aussehen mag, sie erweist sich in dieser Sequenz als das einzig zumutbare Szenario. Es basiert auf der Zuversicht, die aus einer historischen Adaptationsfähigkeit der urbanisierten Gesellschaft erwächst. Um dieser einen Impuls zu verleihen, umreißen die Autoren eine Vision der resilienten Stadt mit sieben Elementen:

- vollständiger Umstieg auf erneuerbare Energien auf allen räumlichen Ebenen (Region bis Gebäude);
- CO_2-Neutralität für alle gesellschaftlichen Bereiche, insbesondere der Wirtschaft und der Kommunen;
- Dezentralisierung der Stadtregion in den technischen Ver- und Entsorgungssystemen, aber auch im Bereich der lokalen (Teil-)Selbstorganisation (neighborhood-based-systems);
- Photosynthese-Stadt als umfassende Entwicklung des Grüns einer Stadt für die wirtschaftliche Tätigkeit, für die Ernährung und die Energieversorgung;
- Öko-Effizienz-Stadt als Modell eines nichtlinearen, zirkularen Systems; hier wird Effizienz nicht auf die grüne Technologie bezogen, sondern im systemischen Sinne gebraucht;
- ortsbezogene Entwicklung, die die Stadt zur Grundlage für eine lokale Ökonomie, aber auch Kultur und Zukunftsfähigkeit macht;
- nachhaltige Mobilität beziehungsweise Transportsysteme, was die TOD-Strategie (transit-oriented development), aber auch POD (pedestrian-oriented development) und GOP (green-oriented development) einschließt sowie E-Mobilität.[121]

Diese sieben Elemente verkörpern Stellschrauben für eine nachhaltige Stadt, zu einem Teil aber auch Transitoren für den Übergang zur Resilienz. Diese sind nun noch einmal zu benennen und werden in den folgenden beiden Kapiteln unter methodischen Gesichtspunkten exemplarisch und vertieft behandelt:

· Dezentralisierung,
· systemische Öko-Effizienz,
· ortsbasierte (kulturelle) Entwicklung.

Den Konturen einer Vision für die Stadt der Zukunft werden zehn Handlungsanleitungen zur Seite gestellt, die nicht nur diese Vision Wirklichkeit werden lassen sollen.[122] Sie können, und hier liegt ein besonderer Wert, auch als Lernfelder für das Einschwenken auf den Weg zur Resilienz gelesen werden. Es geht um das Implementieren oder vielmehr um ein Umdenken in einem chaotischen System. Folgerichtig lautet die erste Maxime: „Learn on the Job"[123]. Die Wucht und die Dimension der laufenden Transformationen erfordern neue Formen des Lernens für die aktive Bewältigung der auch jenseits der bestehenden Institutionen anzusiedelnden Herausforderungen. Daran schließen sich Initialprojekte an, die im öffentlichen Sektor beheimatet sein sollen und als „green icons" Nachahmereffekte befördern mögen. Die integrierte Mobilitäts- und „Greening"-Strategie (TOD, POD, GOD) erweitert die Modellprojekte auf Schlüsselfelder der Verkehrspolitik, der Zugänglichkeit der Stadt und der Umstellung auf grüne (nachhaltige) Entwicklung.

Nach diesen beiden Sachbausteinen folgt die Handlungsanleitung für eine „Schritt-für-Schritt"-Politik beim Umbau der Infrastrukturen. Diese Bausteine erweisen sich als Kernelemente einer Beförderung oder Verhinderung des Umbaus zur resilienten Stadt, nicht zuletzt, weil mit ihnen hohe Investitionen verbunden sind. Hieran schließt sich eine Fiskalpolitik an, die mit „wahren" Preisen hantiert, da bekanntlich nicht alle Kosten in Produkten und Dienstleistungen auftauchen. So wird für eine „Wo-immer-möglich"-Handlung plädiert. Dies kann mit Modellprojekten verknüpft werden. Es dürfte sich als schwierig erweisen, aber unabdingbar sein, auf diesem Feld neue Ansätze zu finden.

Die nächsten drei Schritte behandeln räumliche Umbauelemente, allen voran das Wiederentdecken der ländlichen Region als Quelle zur Überwindung von Abhängigkeiten, insbesondere auf dem Energie- und Ernährungssektor. Diese Konnektivität zwischen Stadt und Land bildet eine wichtige Grundlage für eine resiliente Entwicklung, da nur so Rückkopplungen und Zyklen realisierbar sein werden. Auf der kleineren Ebene wiederholt sich dieses Modell beim nachhaltigen Umbau der Nachbarschaft und der jeweiligen Haushalte. Hier werden konkrete Umbauschritte im baulichen wie im organisatorischen Bereich angesprochen. Sie bilden die kleinsten Einheiten der Transformation. Dies wiederum korrespondiert mit der Lokalisationsstrategie. In dieser werden möglichst alle Ressourcen und Materialien, aber auch kulturelle Bindungen aus der jeweiligen Örtlichkeit generiert. Die Autoren folgen hierbei dem Kritiker und Aktionskünstler James Howard Kunstler, da sie diesen Transformationsprozess als einen langanhaltenden, emergenten Prozess herausgearbeitet haben.[124] Der Ansatz erschöpft sich nicht in einem dogmatischen Autarkiebestreben, sondern folgt einem Modell einer vernünftigen Balance zwischen Autarkie und notwendiger Vernetzung – fraktal strukturiert.

Abschließend empfehlen die Autoren – ganz pragmatisch – diverse Zugangsmöglichkeiten, um vor allem die Post-Oil-Transformation real einzuleiten. Dem gehen entsprechende Netzwerke, Organisationen, aber auch Planungsmodi voraus, die es im Zuge des Umstellungsvorhabens aufzubauen gilt. Dabei kann es jedoch nicht bleiben. Schließlich sind die Regularien zu ändern, um eine umfassende Transformation zu ermöglichen.

Letztlich basiert dieser Handlungsalgorithmus auf einer Umkehrung der Herangehensweise an die Transformation: Von einem angstbezogenen zu einem hoffnungsgeleiteten Vorgehen: Angst vor Krisen, Angst vor den Folgen des demografischen oder des Klimawandels auf der einen Seite, auf der anderen die Orientierung auf ein Modell, das dem nicht schlichte („grüne") Hoffnungssuggestionen oder Euphemismen entgegensetzt, sondern begründet darlegt, dass es möglich ist, bei entschlossenem Handeln die Transformation gerecht, schonend und erneuernd, aber nicht konfliktfrei und nicht gleichlautend für alle Städte zu gestalten: So könnte die Botschaft aus dieser internationalen (Anfangs-)Debatte zur resilienten Stadtregion lauten.[125]

Anmerkungen

1 Dieser Abschnitt ist unter Mitwirkung von Mitgliedern der Forschungsgruppe „Raum und Resilienz" (Randgruppe) Ilona Hadasch (Stockholm Resilience Centre), Cosima Speckardt (Istanbul) und Michael Reiche (Shanghai) erarbeitet worden.

2 Berndt 2013, 65 ff.

3 Oerter et al. 2011, 4, zitiert nach Waters, Sroufe 1983.

4 Oerter et al. 2011, 2.

5 Oerter et al. 2011, 5.

6 Oerter et al. 2011, 5.

7 Oerter et al. 2011, 3.

8 Zimmermann 2010, 34–35, sowie auch Taleb 2014, 25. Er reflektiert auf Ungewissheiten und leitet Regeln ab.

9 Beckmann 2013, 13, Walker, Salt 2006, 6.

10 Davoudi (2012): *Resilience – a bridging concept or a dead end? Planning Theory and Practice, Interface, forthcoming*, 2, sowie Holling (1973): *Resilience and stability of ecological systems, Annual Review of Ecological Systems* 4, 1–23. In der Folgezeit veröffentlichte er 1986 und 1996 sowie zusammen mit Gunderson maßgebliche Beiträge zum Verhältnis der „menschlichen" (menschengemachten) und der „natürlichen" Umwelt unter dem Gesichtspunkt der Resilienz, so in Holling, Gunderson (2002): *Resilience and adaptive cycles*, in: Gunderson and Holling: *Panarchy – Understanding Transformations in Human and Natural Systems*, Washington, 25–62.

11 Bier 2010, 43–44. Hier findet sich eine ausführliche Darstellung zu den Ursprüngen der Resilienzforschung, wobei noch Exkurse in die Mathematik, Physik und Medizin unternommen werden, auf die hier verzichtet werden soll. Zugleich wird die Zunahme der institutionellen Aktivitäten zum Thema Resilienz (Kongresse) in der Dekade seit 2000 nachgewiesen.

12 Carrier 2006, 63.

13 Walker, Salt 2012, 11–14.

14 Walker, Salt 2006 sowie Walker, Salt 2012, 217–218.

15 Carrier 2006, 63.

16 Kuhn 1976, 90, 123.

17 Carrier 2006, 147, Kuhn 1976, 161.

18 Davoudi 2012, 8.

19 Birkmann 2008, 5–22, sowie http://www.ehs.unu.edu/ (05.11.2013). Die United Nations University widmet sich in diesem Zusammenhang vor allem den Fragen der Vulnerabilität und des Risk Managements. Resilienz kommt vor allem in diesem Zusammenhang vor; vgl. http://www.ehs.unu.edu/article/read/phd-block-course (12.11.2013). Dennoch gehören diese Institution und ihr weltweites Netzwerk zu den Schlüsselakteuren, besonders im Kontext der „Modul-3-Wissenschaft".

20 Vgl. Kapitel 1 sowie Anmerkungen 49 und 50.

21 Vale, Campanella 2005. Das Buch *The Resilient City* mit dem Untertitel *How Modern Cities Recover From Disaster* stellt eine Brücke zwischen Katastrophenforschung und Städtebau her.

22 Newman 2009, 5, Walker, Salt 2006, 153.

23 Als Literatur sei hier genannt: Müller (2011): *Urban and Regional Resilience – A New Catchword or a Consistent Concept for Research and Practice? Remarks Concerning the International Debate and the German Discussion*, in: Müller/Ed.: *Urban Regional Resilience: How Do Cities and Regions Deal with Change?* Berlin, Heidelberg (German Annual of Spatial Research and Policy; 2010), 1–13, sowie Christmann et al. (2012): *Vulnerability and Resilience from a Socio-Spatial Perspective – Towards a Theoretical Framework*, Erkner und zu spezifischen regionalen Zugängen: Fichtner, Gleich, Pfriem, Siebenhüner – Projektkonsortium nordwest2050/Hg. (2010): *Theoretische Grundlagen für erfolgreiche Klimaanpassungsstrategien*, Bremen/Oldenburg.

24 Karlenzig 2010 sowie auch http://www.postcarbonreader.com (15.08.2013).

25 v. d. Leeuw, Aschan-Leygonie 2001, siehe auch bezüglich der Vorreiterrolle zur Interdisziplinarität: Schmundt, Vec, Westphal 2010, 75–78. Insofern ist es kein Zufall, dass gerade an diesem Institut das Thema Resilienz frühzeitig vorangetrieben wurde, ist es doch per se ein interdisziplinäres Feld.

26 http://100resilientcities.rockefellerfoundation.org/ (10.10.2013)

27 https://www.rockefellerfoundation.org/report/100-resilient-cities/ sowie https://resilientcitiesnetwork.org/ (6.03.2021). Vgl. auch Brunetta et al. 2019, 22.

28 Walker, Salt 2012, 217. Christmann et al. 2011, 19. Der von diesem Netzwerk vertretene sozial-ökologische Ansatz stößt durchaus auch auf kritische Betrachtung durch sozialwissenschaftliche Autoren, die hier

eine „nicht ausreichend reflektierte Bezugnahme systemtheoretischer Annahmen aus der Ökologie auf gesellschaftliche Phänomene" sehen.

29 http://urbandesignaustralia.com.au/2009%20abstracts.pdf (22.09.2013).

30 Hopkins 2009, 134.

31 Hopkins 2009, 8.

32 Hopkins 2009, 12 ff.

33 Hopkins 2009, 148–175. Die hier vorgestellten „12 Schritte" für eine Transformation können als derartige Modi verstanden werden. Bei Newman et al. 2009, 112–148, werden „10 Schritte" vergleichbarer Vorgehensweisen unterbreitet.

34 Walker, Salt 2012, 197.

35 http://www.stockholmresilience.org/download/18.416c425f13e06f977b118b (3.08.2013) sowie Schneidewind, Singer-Brodowski 2013, 215–218.

36 https://www.facebook.com/stockholmresilience/info, dt. von HK (3.08.2013).

37 Stockholm Resilience Centre (2007): Annual Report, Stockholm.

38 https://www.pik-potsdam.de/members/johanro/homepage sowie https://www.pik-potsdam.de/de/institut/abteilungen/klimaresilienz (21.03.2021).

39 http://www.stockholmresilience.org/research/researchthemes/urbansocialecologicalsystems.4.5686ae2012c08a47fb580004254.html (03.08.2013).

40 http://www.postcarbonreader.com (15. 10. 2011).

41 http://www.academyofurbanism.org.uk/freiburg-charter (12.11.2013). Mit der „Freiburg-Charta" ist von der AoU ein Grundsatzdokument vorgelegt worden, das den Charakter der Akademie als neuen Typ akademischer Tätigkeit im Grenzfeld von Theorie und Praxis verdeutlicht. Siehe auch: AoU, Journal Spring 2013, London, 3.

42 http://www.academyofurbanism.org.uk/congress/congress-2012/ (30.09.2013).

43 http://www.academyofurbanism.org.uk/brixton/ (30.09.2013).

44 http://www.academyofurbanism.org.uk/lisbon-2/ (07.10.2013).

45 Universität Rio de Janeiro/Prourb (2011). Internationales Seminar zu Vernetzung und Resilienz: Projektstrategien für die Metropole, Rio de Janeiro (Informationsmaterial) sowie http://www.iclei.org/en/details/article/resilient-cities-2010-1st-world-congress-on-cities-and-adaptation-to-climate-change.html (22.09.2013).

46 United Nations Secretary-General's High-Level Panel on Global Sustainability (2012): Resilient People, Resilient Planet: A Future Worth Choosing, New York, United Nations.

47 http://www.derive.at/index.php?p_case=2&id_cont=1214&issue_No=54 (5.01.2014): Editorial.

48 Raith et al. 2017, 49–54.

49 http://nachhaltigewissenschaft.blog.de (2011/07/03/verbund-nachhaltige-wissenschaft-nawis-netzwerk-staerkung-nachhaltigkeitswissenschaften-wissenschaftssystem-11415503/ (22.09.2013). Siehe auch: Schneidewind, Singer-Brodowski 2013, 363–364.

50 https://www.leibniz-gemeinschaft.de/institute/leibniz-institute-alle-listen/leibniz-institut-fuer-raumbezogene-sozialforschung.html und besonders https://leibniz-irs.de/forschung/forschungsthemen/konzeptionelle-zugaenge-zu-krise-und-resilienz (21.03.2021).

51 Schneidewind, Singer-Brodowski 2013, 14–16, 122 sowie zitiert 123.

52 http://www.nhz-th.de/material/archiv/details/?tx_t3seminars_pi1[event]=41 sowie www.bne-hoch-schulnetzwerk.de (28.01.2014); vgl. auch: Ministerium für Wissenschaft, Forschung und Kunst Baden-Württemberg 2013, 32.

53 Vgl. dazu: Schneidewind, Singer-Brodowski 2013, 364–367.

54 Projektliteratur: Fichtner, Gleich, Pfriem, Siebenhüner – Projektkonsortium nordwest2050/Hg. (2010): Theoretische Grundlagen für erfolgreiche Klimaanpassungsstrategien, Bremen/Oldenburg sowie Schneidewind, Singer-Brodowski 2013, 366, mit dem Hinweis auf die Interaktion zwischen „Innovatoren und späteren Anwendern", die sich z. B. in diesem Projekt an der Grenze zwischen Forschung und Praxis zeigt.

55 http://www.zeit.de/2012/18/Erdbebenforschung-Istanbul (10.08.2013). Der Artikel von Michael Thumann erörtert plausibel die Dimension der strukturellen Gefährdung der Stadt und der Defizite im Handeln, die Rückschlüsse auf Resilienz zulassen. Er bildet die Grundlage für die Informationen dieses Abschnitts.

56 http://www.jadaliyya.com/pages/index/15693/towards-the-end-of-a-dream-the-erdogan-gulen-fallo (27.01.2014).

57 Zu den kritischen Diskussionen um die radikale Transformation von Stadtteilen und dem Großraum

Istanbul: http://reclaimistanbul.com/tag/urban-transformation/ sowie http://reclaimistanbul.com/2013/01/21/legal-transformation-of-the-urban-frontier/ (02.02.2014).

58   http://www.itu.edu.tr/en/ (3.08.2013).

59   http://www.stockholmresilience.org/21/research/research-themes/urban-social-ecological-systems/theme-projects-and-networks/the-super-project.html (22.09.2013).

60   http://www.idrc.info/pages_new.php/IDRC-Davos-2012/831/1/ (22.09.2013).

61   Exkurs zu Shanghai von Michael Reiche, Mitglied der Randgruppe „Raum und Resilienz".

62   Vgl. Josef Joffe, Die Zeit, 2013, und Frank Stocker, Die Welt, 2013.

63   Vgl. Xiaomei Tan, The City Fix, 2013.

64   Vgl. „In China, a Staggering Migration", The New York Times, 2013.

65   Vgl. McKinsey Global Institute, 2009 und Linn Berkeland Seim, Al-Jazeera, 2013.

66   Vgl. Zhao Lei, China Daily, 2013.

67   Informationen zur Konferenz unter: http://www.chinaplanning.org/conf/index.php/iacp_7th/7thIACP_shanghai (23.11.2013)

68   Vgl. auch als eine erste Annäherung an dieses Thema: Kegler (2011): *Los Angeles – Wiedergeburt des Stadtzentrums*, in: Think Berlin/Hg.: Berlin hat mehr verdient! Berlin, 13–14.

69   Laris 2004, 57–61.

70   Vale, Campanella 2005, 6.

71   Loomis, Ohland 2005: Hier wird ein Gesamtüberblick zur Geschichte der Stadtregion sowie zu den Planungen und Umbauvorhaben gegeben. Zum Umbau von „Bunker Hill" und Downtown sind besondere Ausführungen gemacht worden, die die Grundlage für die hier getroffenen Aussagen bilden. Vgl. auch: 19–22 und 74–86 sowie: http://onbunkerhill.org/taxonomy/term/75 (07.01.2013).

72   Hise 1997, 195–208.

73   Schrader, Wiegandt 2011, 64–65.

74   Vgl. www.scag.ca.gov/ (20.08.2013): „SCAG is the nation's largest metropolitan planning organization, representing six counties, 191 cities and more than 18 million residents. SCAG undertakes a variety of planning and policy initiatives to encourage a more sustainable Southern California now and in the future." Sowie: Southern California Association of Governments 2004 und http://www.compassblueprint.org/ (20.08.2013).

75   http://www.compassblueprint.org/about/challenge. Alle Planungen und Analysen sind sehr kommunikationsfreudig angelegt. (20.08.2013).

76   Charrette stellt ein öffentliches und kooperatives Beteiligungsverfahren zur Planung der Stadt oder des Stadtteiles dar. Es hat sich in den USA, aber zunehmend auch in Europa, als eine effektive und transparente Form der Einbeziehung von der lokalen Öffentlichkeit in die Entwicklung von Planungsvorstellungen erwiesen. Das Verfahren wird in verschiedenen Varianten angewandt. Vgl. www.charretteinstitute.com. Mehr zu diesem Thema wird in Kapitel 3 dargestellt.

77   Southern California Association of Governments 2004, 24–28, sowie Appendix I http://www.compassblueprint.org (20.08.2013).

78   http://www.compassblueprint.org/opportunityareas (20.08.2013).

79   http://www.scag.ca.gov/rcp/index.htm (20.08.2013).

80   http://www.scag.ca.gov/sb375/index.htm (20.08.2013).

81   http://www.citymayors.com/mayors/los_angeles_mayor.html (12.11.2013).

82   In dem Exkurs wird insbesondere Bezug genommen auf: Fulton (2005): *After the Unrest: Ten Years of Rebuilding Los Angeles Following the Trauma of 1992*, 310–311, in: Vale, Campanella 2005, 299–311.

83   Peterson 2003, 310.

84   Hise 1997, 42–43.

85   Hise 1997, 22.

86   Southern California Association of Governments 2004, 36. Siehe auch: http://www.compassblueprint.org (20.08.2013).

87   Bodenschatz, Kegler 2010b, 43.

88   Der Autor erkundete 2005 das Plangebiet und nahm im Rahmen eines Städtebau-Kongresses in Pasadena Kontakt zu Akteuren auf. Sie erhärteten die gewonnenen Erkenntnisse. Letztlich aber kann es sich nur um eine erste Bestätigung für die Hypothese handeln, die weitergehende und systematische Untersuchungen sowie Vergleiche erfordern würde. Im Rahmen dieser Arbeit soll lediglich ein Ausblick auf die mögliche Renaissance des Paradigmas mit diesem Beispiel L. A. gegeben werden.

89   Hopkins 2009, 55.

90   Christ 2013, 18–21.

91   Hopkins 2009, 54–57.

92 https://resilient305.com/wp-content/uploads/2019/05/Full-Strategy-2.pdf (05.03.2021) 2020, 23.

93 https://www.noaa.gov/ sowie https://www.climate.gov/news-features/understanding-climate/climate-change-global-sea-level (05.03.2021).

94 https://www.tagesspiegel.de/themen/reportage/flucht-in-der-karibik-die-ersten-inseln-versinken-im-meer/24164818.html#:~:text=Insgesamt%20hat%20sich%20der%20Meeresspiegel,warnte%20UN%2DGeneralsekret%C3%A4r%20Ant%C3%B3nio%20Guterres. (05.03.2021).

95 Bardi 2013, 318, sowie Smith 2010, 382–383.

96 https://www.miamiherald.com/news/local/community/miami-dade/miami-beach/article41141856.html (5.03.2021) sowie https://resilient305.com/ (5.03.2021).

97 https://resilient305.com/wp-content/uploads/2019/05/Full-Strategy-2.pdf (05.03.2021).

98 https://www.spiegel.de/wissenschaft/mensch/miami-beach-palmen-sollen-aus-dem-stadtbild-verschwinden-a-9327e888-59b3-45ba-8c9d-fa11fc560650 (05.03.2021).

99 https://resilient305.com/yearoneupdate/ (05.03.2021).

100 https://www.rockefellerfoundation.org/100-resilient-cities/ (05.03.2021) sowie https://www.miamidade.gov/global/economy/resilience/resilient305.page (05.03.2021).

101 https://www.nhc.noaa.gov/text/MIATWSAT.shtml (05.03.2021).

102 http://www.netzwerk-cuba.de/2020/11/nach-dem-sturm-das-land-das-wir-uns-schuldig-sind/ (03.05.2021).

103 https://www.wiwo.de/politik/ausland/kuba-wirtschaften-und-leben-auf-kuba/21086546-3.html (06.03.2021).

104 Vgl. dazu: Cuadra 2019, 8–9.

105 https://www.uni-kassel.de/fb06/fachgebiete/stadt-und-regionalplanung/stadterneuerung-und-planungstheorie/lehre/exkursionen/asl-exkursion-miamikuba.html (06.03.2021).

106 Newman et al. 2009, 90.

107 Zum Bild der Boje: Randgruppe 2012, 49–50. Das Bild des *Ufers* findet sich in dem gleichnamigen Roman von Rafael Chirbes, 2014 (*Am Ufer*). Er erzählt von einem Land am Rande des Sumpfes und verarbeitet dabei die globalen Krisen. Das Erreichen eines – metaphorisch gemeinten – *Ufers* als Landungsplatz in einem unwirtlichen Gebiet, das kein Paradies ist, sondern die Realität der *Ist-Transformation* spiegelt, gehört zum Erkenntnisweg der Resilienz.

108 Newman et al. 2009, 4–7, 14.

109 Newman et al. 2009, 128–132.

110 Fürst, Scholles 2004, 126, Albers, Wekel 2008, 42–43.

111 Newman et al. 2009, 37 ff.

112 Diamond 2006.

113 Newman et al. 2009, 40.

114 Newman et al. 2009, 44–47.

115 Correa 2008, 33–41.

116 Müller 2012, 22 ff.

117 Newman et al. 2009, 50–51.

118 Newman et al. 2009, 51–52.

119 Newman et al. 2009, 51–52.

120 Newman et al. 2009, 52.

121 Newman et al. 2009, 55–56, 118–119.

122 Newman et al. 2009, 112–146.

123 Newman et al. 2009, 112.

124 Kunstler 2005, 235.

125 Newman et al. 2009, 148.

3 Erfahrungen zur Resilienz („Remember-Effekt"): Halberstadt und Bochum[1]

Die Lernfähigkeit von Systemen gehört zu den essenziellen Faktoren von Resilienz.[2] Eine Stadt vermag gegenüber Störungen Widerstand durch robuste Strukturen zu entfalten, doch die Resistenz dürfte erlahmen, wenn es der Stadtgesellschaft nicht gelingt, aus jeder Störung zu lernen, um die Widerstandskraft zu erneuern und für kommende Konflikte besser vorbereitet zu sein, sich also auch zu transformieren. Erst wenn Stadt oder Region strategische Lernfähigkeiten entwickeln und die grundsätzlichen Störungen, die auf sie zukommen, bedenken und adäquat agieren, kann eine angemessene Reaktion gefunden werden. Lernfähigkeit ist dazu angetan, Transformationswissen und praktische Fertigkeiten beim Umgang mit Störungen zu erlangen.[3] Aus beiden entsteht das notwendige Systemwissen. Es schließt die Einbeziehung möglichst breiter Akteurskreise ein. Die Lernfähigkeit ist nicht statisch, sondern selbst dynamisch.

Lernfähigkeit setzt die Bereitschaft einer Stadtgesellschaft voraus, nicht nur notgedrungen auf bedrohliche Ereignisse zu reagieren, sondern sich strategisch-transformativ den Folgen ökologischer, sozialer oder wirtschaftlicher Brüche und Konflikte zu stellen. Bevor mit planerischen Überlegungen begonnen werden kann, sollte, dies ist eine Konsequenz aus der Einschätzung von Jared Diamond hinsichtlich der Lernblockaden (siehe Kapitel 1), die *Resilienzbereitschaft* erkundet werden.[4] Sie bedeutet eine Bereitschaft zur grundsätzlichen Auseinandersetzung mit Krisen und Störungen. Diese richtet sich letztlich auf die Ausgestaltung einer *Forward-Resilienz* aus, was in der folgenden Resilienzbezeichnung stets gemeint ist.

Gewiss besteht für die Durchsetzung von Resilienz im Bereich technischer Maßnahmen zur Anpassung von Systemen die Bereitschaft, Vorkehrungen zu ergreifen, liegt doch hier ein unmittelbar erkennbarer Bedarf vor. Darin spiegelt sich lediglich emergent-adaptives Verhalten für spezifische Resilienz, weniger eine steuernde und strategische Ausrichtung. Ein Resilienztest kann, so die hier vertretene These, vornehmlich eine diesbezügliche Bereitschaft von Akteuren der Stadtgesellschaft erkunden, wobei an deren verallgemeinerte Erfahrungen anzuknüpfen ist. Indikatoren von Resilienzbereitschaft vermögen die Ausgangslage für planerische Ambitionen zu bestimmen. Um sie zu gewinnen, bedarf es einer differenzierten historischen Betrachtung von Wandlungsprozessen in den Stadtregionen, von Akteurskonstellationen und deren Wirken, von räumlichen Strukturen, aber auch vom experimentellen Verhalten der planenden Institutionen sowie von erkennbaren Motiven zu strategischen Transformationen. Narrative, also Geschichten und Erzählungen, spielen bei diesen Erkundungen eine wichtige Rolle, wie Vale und Campanella betonen.[5]

Ein Resilienztest zielt nicht auf die Bestimmung resilienter Eigenschaften ausgewählter Systemelemente, sondern auf die – implizite – Bereitschaft der Akteure, sich mit den Anforderungen für eine Selbsterneuerung auseinanderzusetzen und auf die Funktion der steuernden Einwirkung auf das gestörte beziehungsweise das zu erneuernde System. Dieser „Test" unterscheidet sich von Stresstests (z. B. vom BBSR 2018) zur Taxierung des Zustandes von Strukturen bezüglich ihrer Anpassungs- und Widerstandsfähigkeit beziehungsweise Robustheit.[6]

Vielmehr treten zwei andere Kriterien in den Mittelpunkt dieses „Tests", denen eine Schlüsselrolle im resilienz-evolutionären Modell der Panarchie zukommt: der „Remember-Effekt" (Erinnerung) und der „Revolt-Effekt" (Innovation, produktive Revolte).[7] Der „Remember-Effekt" speist Erfahrungen, historisches Wissen, Erkenntnisse von übergreifender Warte (höhere Skalen) in den betreffenden Zyklus der Stadtentwicklung ein, insbesondere in den Prozess der Reorganisation oder der Planung. Dieser steht in diesem Kapitel im Vordergrund. Demgegenüber speist der „Revolt-Effekt" die Intervention in den laufenden Transformationsprozess an dem ausgemachten Punkt des Kippens des Systems von der Stabilität in die Versagensphase. Dem widmet sich das Kapitel 4. Während der „Remember-Effekt" eher langsam wirkt, setzt der „Revolt-Effekt" kurzfristige Impulse. Letztlich gehören beide Effekte zusammen und bilden zwei elementare Seiten der Ausprägung und Steuerung von Resilienz.

Eine *expressis verbis* bekundete Bereitschaft zur Resilienz steht also nicht im Vordergrund der Erkundung; vielmehr zielt der „Test" auf soziale, räumliche, institutionelle und Verfahrenskonstellationen, auf Haltungen und Wissensbestände/Erfahrungen, die den Schritt zu einer bewussten Resilienzpolitik von Kommunen ermöglichen. Deren Zweck besteht nicht darin, Werkzeuge für

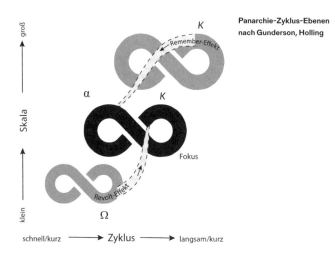

Panarchie-Zyklus-Ebenen
nach Gunderson, Holling

die Bewertung zu erfinden, sondern einen Denkrahmen zu ermitteln, über welchen Indikatoren und danach planerische Instrumente abgeleitet werden können. Darum wird hier von Erkundung gesprochen. Deren Resultate fließen in die Diskussion um das Planungsverständnis für eine resiliente Stadtregion ein, das im abschließenden Kapitel umrissen werden soll. Die dann exemplarisch vorzustellenden vier Beispiele von Erkundungen zur Resilienzbereitschaft teilen sich in zwei Fälle für den „Remember-Effekt" mit je unterschiedlichen Schwerpunkten (alte Stadt Halberstadt und Industriestadt Bochum) sowie den „Revolt-Effekt" mit verschiedenen Interventionsstrategien, einer kurzfristigen (Charrette in Mülheim) und einer mit Langzeitwirkung (Ferropolis).

Diese empirischen Ermittlungen bedürfen natürlich noch einer Evidenzbetrachtung, um aus Fallbetrachtungen keine vorschnellen Verallgemeinerungen abzuleiten. Sie kann zum Beispiel in einer vom „Pestel-Institut" 2010 vorgelegten bundesweiten Untersuchung („Resilienz-Atlas") zum Resilienzstatus erfolgen. Letztere basiert auf quantitativen Größen regionaler Entwicklung und legt den Schwerpunkt auf die Betrachtung von Anfälligkeiten sowie stabilisierenden Faktoren.[8] Potenziale für eine resiliente Entwicklung können jedoch nur zum Tragen kommen, wenn es Akteure gibt, die vorbereitet sind, diese Potenziale zu erkennen und aktiv zu nutzen. Da es kaum eine

Kommune oder Region gibt, die explizit eine Resilienzstrategie vorgelegt hat, soll bei der Erkundung von Bewertungsmöglichkeiten für die Resilienzbereitschaft zunächst auf Narrative ausgewählter Orte zurückgegriffen werden. In zweiter Linie treten natürliche, ökonomische, sozialpolitische oder baulich-technische Elemente in den Fokus der Betrachtungen. Der hier verfolgte Ansatz fungiert komplementär zu dem des „Pestel-Instituts" (oder vergleichbarer Tests).

Kulturelle Faktoren erlangen beim narrativen Zugang besonderes Gewicht, formulieren sie doch Motivationen, Interessen, Ziele oder Haltungen von Akteuren aus. Ziel eines zu erarbeitenden Tests ist es, Ausgangspositionen für eine aktive Gestaltung von Transformationsprozessen zu ermitteln, und zwar mit Blick auf eine mögliche strategische Nachhaltigkeit. Ein solcher Test lässt sich nicht lediglich als Mittel für eine „Ja"- oder „Nein"-Entscheidung heranziehen. Da Resilienzfaktoren dynamisch sind und folglich nicht von einem zu erreichenden Status quo gesprochen werden kann, ist ein Test kein probates Mittel, um Erfolg oder Misserfolg zu propagieren. Er ist als Schritt auf dem Wege zur Planung resilienter Stadtregionen anzusehen.

Resilienzbereitschaft: Zur Methode

Für Erkundungen zu einem Resilienzbereitschaftstest werden vier konzeptionell-methodische Zugänge vorgenommen:

(1) die Einordnung in übergreifende Kategorien der auf Resilienz gerichteten, planenden Tätigkeit in die Veränderung des Zeit-Raum-Gefüges der sich transformierenden Gesellschaft,

(2) der Transformationsansatz mit der Unterscheidung in Lern- und Zielstufen,

(3) die inhaltliche Disposition von „gesellschaftlich notwendigen Dienstleistungen"[9] und deren räumliche Perspektiven als ein denkbarer Kern der Stadtresilienz,

(4) die Matrix der Resilienzkategorien (spezielle und allgemeine Resilienz sowie erworbene und konstitutiver Resilienz).

Zu (1): Für planende Berufe gehören Zeit- und Raumbezüge zu den elementaren Gegenständen ihrer Tätigkeit.[10] Die Relationen zwischen Zeit und Raum sind in einem dynamischen Wandel begriffen. Der Übergang zur „Dritten Industriellen Revolution", zur Wissensgesellschaft einerseits, aber auch Verwerfungen, die mit den sozialen und ökonomischen Wandlungen in Gesellschaften einhergehen, lassen bisherige Lebenswelten und räumliche Muster verschwimmen. So gehören die „Überwindung des Raumes" und die Brechung von „Zeitregimen" zu Begleiterscheinungen des Modernisierungsschubs, der urban geprägte Gesellschaften erfasst hat.[11] Diese vielerorts konstatierbaren Veränderungen im „Zeit-Raum-Gefüge" von Stadtregionen finden ihren Niederschlag im Erfahrungsraum der Stadtbewohner. Zugleich bieten die laufenden Prozesse Gelegenheit für Experimente, um sich mit diesen Wandlungen auseinandersetzen zu können.

Zu (2): An diesen Änderungen setzt die Suche nach Indikatoren für Tests an. Der Ableitung von Begriffen und Zuordnungen (siehe Kapitel 1) folgt nun die exemplarische Erkundung von Erfahrungen und Experimenten an signifikanten Orten. Dabei kann nicht im engeren Sinne von einer Beweisführung für einen Resilienztest gesprochen werden. Vielmehr illustrieren die Beispiele Umgangsformen mit Wandlungsprozessen in Raum und Zeit. Der Lernprozess der Stadtgesellschaft im Umgang mit zeitlichen und räumlichen Dynamiken und auftretenden Störungen fördert konkrete Verhaltensweisen und Ergebnisse zutage, die für eine Verallgemeinerung herangezogen werden können. Solche Umgangsformen und Resultate werden auf zwei Ebenen verfolgt: gewonnene Erfahrungen als Ausdruck eines Lernprozesses und Experimente als Synonym für das Generieren von Zielwissen. Lernen und Zielwissen sind Gelenkpunkte im Transformationszyklus (siehe Kapitel 1): Lernen steht für die Fähigkeit zur Anpassung, Zielwissen für diejenige zur *Soll-Transformation.*

Lernprozesse für eine Selbsterneuerungsfähigkeit der Stadtgesellschaft sind an den planerischen oder gebauten Resultaten ablesbar. So werden Lernorte aufgesucht, an denen sich evolutionär angereicherte Erfahrungen, einschließlich Widerstandserfahrungen, erkunden lassen. Die Lernfähigkeit gehört zu den elementaren Eigenschaften resilienter Systeme.[12] Die zweite, nicht minder wichtige Kompetenz ist die Zukunftsfähigkeit: ein Können von Städten und Regionen, Vorstellungen für eine Transformation in Richtung Nachhaltigkeit zu entwickeln und diese praktisch zu erproben. Die hier angesprochene Experimentalkultur bezieht sich auf „schwere", also grundlegende Transformationsprobleme, die gerade deswegen zu bearbeiten sind.[13] Diese Kultur zielt auf das praktische Ausloten einer „Kunst des Möglichen" unter komplizierten Bedingungen.[14] Die Experimentalkompetenz findet ihren Niederschlag an Orten, die zu erreichendes Zielwissen erkennen lassen.[15] Dem wachsenden Erfahrungswissen steht also bewusst angereichertes Wissen zur Seite, das aus Versuchen gewonnen wird. Beide Wissensarten gehören zum Basisbestand für die gemeinschaftliche Gestaltung von Transformationsprozessen der Stadtregion. Eine Resilienzbereitschaft setzt voraus, dass sich die Akteure in ein ungewisses Zukunftsfeld begeben können.

Methodisch wird zwischen diese beiden Betrachtungsebenen (Erfahrungs- und Experimentalwissen) ein Exkurs eingefügt, der einem gereiften, aus Projekten und Debatten in Stadt-Land-Beziehungen gewonnenen Wissensbestand gewidmet ist. Der Stadt-Land-Raum entwickelte sich in den vergangenen drei Dekaden zu einem wichtigen Laboratorium für die Erkundung von Anpassungs-, Widerstands- und Erneuerungsfähigkeiten („Reallabor").[16] Diese markieren ein Spektrum an grundlegendem Systemwissen als Ausgangspunkt für Erkundungen zur Resilienzbereitschaft. Darin eingewobene ökonomische Reflexionen vervollständigen die Konstellationen für durchzuführende Resilienztests.

Zu (3): Bezüge zu Diskussionen über die „gesellschaftlich notwendigen Dienstleistungen" werden eingeführt, um inhaltliche Verknüpfungsmöglichkeiten mit aktuellen Debatten zu ermöglichen, bei denen nach Angeboten gefragt wird, die für die Reproduktion und die Zukunftsfähigkeit einer Gesellschaft unabdingbar sind.[17] So rücken soziale Komponenten in den Mittelpunkt und öffnen – indirekt – analytische Zugänge zur Resilienz. Diese betreffen vor allem die Teilhabe der Öffentlichkeit an der Diskussion, der Erstellung, der Nutzung sowie der Innovation von Basisdienstleistungen. Als gesellschaftlich notwendige Leistung wird angesehen, was „für die Lebensgestaltung, Entwicklung und das Gelingen einer Gesellschaft unverzichtbar"[18] ist. Damit wird der Blick auf die Stadtresilienz gelenkt. Hierzu gehört schließlich die Auseinandersetzung um nichtegalitäre Raumgerechtigkeit von Lebensverhältnissen.[19] Zu den gesellschaftlich notwendigen Dienstleistungen[20], also dem Gemeinwohl verpflichteter Vorsorge, werden vier – in ihrer thematischen und räumlichen Dimension erweiterbare – Bereiche gezählt:

a) „Soziale Dienstleistungen, d.h. Dienstleistungen aus den Bereichen Gesundheit und Pflege, (Weiter-) Bildung oder auch der Betreuung (Kita, Jugendhilfe, Streetworker etc.);

b) Dienstleistungen der sozialen Sicherheit, d.h. überwiegend staatliche oder auch kommunale Leistungen, die Verteilungs- und Teilhabegerechtigkeit bedingen;

c) Infrastrukturdienstleistungen, insbesondere das flächendeckende Vorhalten und Weiterentwickeln der Verkehrs-, Energie- und IKT-Netze, die Sicherstellung der Wasserversorgung oder auch Dienstleistungen rund ums Wohnen;

d) Sicherheitsfördernde Dienstleistungen, dabei besonders in Bezug auf alle Maßnahmen, die die Bürgerinnen und Bürger schützen und proaktiv Gefahren vorbeugen, die man in den letzten Jahren in anderen europäischen Ländern beobachten konnte."[21]

Infrastrukturbasierte Dienstleistungen mit räumlicher Relevanz spielen für die spezielle Resilienz eine wichtige Rolle. Sie können nur im Zusammenhang von Stadt oder Region mit den ihnen innewohnenden Verteilungs-, Kontakt- und Kooperationsmöglichkeiten verstanden werden. Insofern wäre die Stadt insgesamt als gesellschaftlich notwendige Dienstleistung anzusehen, als Verknüpfungsstelle zu den genannten vier Kriterien. Wichtiger aber sind die Teilhabe der Öffentlichkeit an der strategischen Entwicklung dieser Dienstleistungen sowie soziale Innovationen. Sie können definiert werden als „[...] neue Wege zu erreichen, insbesondere neue Organisationsformen, neue Regulierungen, neue Lebensstile, die die Richtung des sozialen Wandels verändern, Probleme besser zu lösen als frühere Praktiken, und deshalb wert sind, nachgeahmt und institutionalisiert zu werden"[22]. Darin wird eine Disposition für die Bewertung von Lernprozessen und Zielwissen bereitgestellt. Hieran wird im folgenden Kapitel weiterführend angeknüpft.

Wenn sozial-kulturellen Innovationen für eine resiliente Entwicklung ein hoher Stellenwert in der Analyse zugemessen wird, dann geschieht dies, um deren Bedeutung für die Resilienz herauszustellen. Die sozial-kulturelle Innovation ist an eine Teilhabe der Stadtgesellschaft gekoppelt. Im Untersuchungsfall wird ein Verfahren vorgestellt, das international als Verfahrensinnovation gilt. Die Neuerung zur Resilienz geht jedoch von einem anderen Fluchtpunkt aus: Es geht nicht allein um einen Wettbewerbsvorteil, sondern um den kooperativen Umgang mit Störungen der Gesellschaft. Trotz dieses Zielunterschieds sind Schnittmengen möglich.

Zu (4): Eine Matrix der Resilienzkategorien (siehe Kapitel 1) bildet das konstruierte Grundgerüst für die analytischen Erkundungen. Die gewählten Orte und deren Geschichten werden den Hauptkategorien zugeordnet. Auftretende Unschärfen und Verflechtungen in der Argumentation werden bewusst in Kauf genommen, denn Unterscheidungen lassen sich in der Realität nie trenngenau treffen. Im Wesentlichen geht es sogar um diese Unschärfen, um „dazwischen" liegende Prozesse.[23] Die Trennungen sind der methodischen Verdeutlichung geschuldet. An ausgewählten Orten sollen dann bestimmte Aspekte betont werden, um die ganze Bandbreite eines Resilienztests beziehungsweise Stresstests[24] exemplarisch zu entfalten. In der Matrix werden die Zeit-Raum-Ebenen, die Akteurskonstellationen zur planerischen Teilhabe und zur strategischen Innovation hervorgehoben. Deren Zuweisung in die Kategorien *spezifische* und *allgemeine* Resilienz ist durch den Planungsbezug[25] bedingt: Das *Spezifische* entspringt dem Charakter von Handlungen, wohingegen das *Allgemeine* in übergreifenden Raumbezügen liegt. Die Lernerfahrungen und die Entwicklung von Zielwissen können – modellhaft – der Entdeckung *konstitutiver* Momente sowie dem *Erwerb* neuer Fähigkeiten zur Resilienz zugeordnet werden. Ein solches ordnendes Vorgehen ermöglicht eine breit angelegte Sicht und methodische Zugänge für einen Test zur Resilienzbereitschaft.

Wenn für jede Ebene ein Beispiel gewählt wurde, dann nicht, um eine Beweiskette aufzustellen, sondern um die Methode zu verdeutlichen. So bezieht sich die *spezifische* Resilienz auf Teile eines Systems sowie auf kurzfristige Störungen. In den gewählten Beispielorten aus diesem Segment werden Stadtzentren gewählt: *Halberstadt* und *Mülheim an der Ruhr.* So problematisch die Kriegszerstörung in deren Zentren gewesen ist, sie löschte nicht jeweils die gesamte Stadt aus. Die erneuernden Aktivitäten konzentrierten sich auf ausgewählte Räume und spezifische Maßnahmen. Die beiden anderen Beispielorte, *Bochum* und *Ferropolis,* betreffen das Raumsystem als Ganzes und zielen auf die Transformation der Stadtgesellschaft in Umbruchsituationen. Diese werden der *allgemeinen* Resilienz zugeordnet. Im Zentrum der methodischen Betrachtungen stehen jedoch die Zuordnungen zur Konstitution und zum Erwerb von Resilienzbereitschaft: Halberstadt und Bochum stehen für konstituierende Momente; Mülheim an der Ruhr und Ferropolis für deren Erwerb. Allen Beispielen ist gemein, dass sie sozial-kulturelle Momente betonen und herausgehobene Fälle repräsentieren, um die jeweiligen Erkundungen methodisch zu akzentuieren: ein internationales Kunstprojekt (Halberstadt), ein brisanter wirtschaftlicher Strukturwandel (Bochum), ein experimentelles Bundesforschungsprojekt (Mülheim an der Ruhr) und ein Beitrag zur Weltausstellung (Ferropolis).

Die Fähigkeit zu strategischen Veränderungen gründet sich auf baulich akkumulierte oder nichtmaterielle Erfahrungen. Dieser Zugang korrespondiert mit raumtheoretischen Positionen, wie sie mit denen des „relationistischen Raumes" definiert sind.[26] Das verbindende Element der gewählten Stadtbeispiele ist die physische Zerstörung, die sie in ihrer jeweiligen Geschichte erfahren haben. Sie sind in den beiden Transformationsräumen der ausgehenden industriellen Ära beheimatet: im sogenannten Mitteldeutschland und im Ruhrgebiet. In der Zeit nach dem Zweiten Weltkrieg wurden die Zentren von Halberstadt ebenso wie Bochum erheblich verändert, wobei die Ausgangslage für die Neugestaltungen durch die Kriegszerstörungen bestimmt worden war. Halberstadt und Bochum sind auch durch exemplarische Umbrüche in den 1990er-Jahren geprägt, insbesondere in der jüngeren Vergangenheit.

Die Wahl beider Orte leitet sich ab aus deren Plausibilität für eine Schilderung von Transformationsräumen: Stadtzentrum und Stadtrand als

Diffusionszonen zwischen Stadt und Land, womit die Aufmerksamkeit auf zwei der für die Resilienz wichtigen Räume gelenkt wird. Beide tragen in hohem Maße zur Identität der jeweiligen Stadt bei oder lassen diese verschwimmen.[27] Themen wie Identität – aber auch Vergänglichkeit – zeigen sich an diesen Orten besonders deutlich. Sie bieten Gelegenheit, mit Experimenten Identitätsverluste zu kompensieren. Hier lassen sich Kernbegriffe von Resilienzpaaren wie Dezentralität und Kompaktheit oder Redundanz und Modularität anschaulich nachvollziehen. Wie bei diesen stehen aber letztlich nicht die Pole im Mittelpunkt des Interesses, sondern das „Dazwischen"[28]. Räumlich gesehen wird deswegen nicht „Stadt" oder „Land" behandelt, sondern der „Rand": die „inneren" und „äußeren" Ränder, wie sie auch im Zentrum und in Suburbia zu finden sind.

3.1 Lernorte und Zeit-Räume – Halberstadt: vom Trauma zur Selbsterneuerung

Halberstadt, seit 1200 Jahren Bischofssitz nördlich des Harzes, beherbergt seit dem Jahr 2000 eines der weltweit furiosesten, vielleicht auch kuriosesten Musikprojekte, das eine Entdeckung von Zeit und Raum in irritierender Weise vorführt: hörbare Zeiträume.[29] An kaum einem anderen Ort kann eine Auseinandersetzung mit Deutungen von Zeit eindringlicher erfolgen als in dem Projekt, das auf den Avantgardekünstler John Cage zurückgeht: „ORGAN2/ASLSP: As slow as possible."[30] So langsam wie möglich? Mit dieser Frage ließ Cage sein Publikum allein, als er 1992 in New York starb.

Das 1987 ursprünglich komponierte Klavierstück verlangte nach einem angemessenen Aufführungsort und Medium, vor allem aber nach einem nachvollziehbaren Zeitverständnis. Nach einer vielschichtigen Diskussion unter Musiktheoretikern, Organisten und Komponisten, aber auch Bürgern der Stadt, wurde schließlich Halberstadt gefunden, die Stadt, in welcher die moderne Grundstruktur der heute noch gebrauchten zwölftonigen Tastatur durch den Orgelschöpfer Nikolaus Faber 1361 gefunden worden war. Diese erste Orgel der Neuzeit stand im Dom zu Halberstadt. Nun bestand die Idee darin, praktisch raum-zeitlich zu klären, was „ASLSP" sein könnte. Das

„magische" Jahr 2000 wurde als Zäsur gewählt. Die 639 Jahre seit der bahnbrechenden Erfindung wurden als künstlicher Projektionszeitraum und offene Hypothese für die Dauer des jede Zwanghaftigkeit brechenden, nach Zufallskriterien angelegten Musikstücks erkoren. Die Partitur soll – nach heutigem Ermessen – demnach bis 2640 „gespielt" werden. Das Stück begann am 5. September 2000 mit einer Pause; der erste „Ton" der noch fragmentarischen Orgel in der Burchardi-Klosterkirche in Halberstadt erklang ein Jahr später. In der Regel erklingen periodisch neue Töne als temporäre Dauertöne.

Der Ort bietet idealtypisch das räumliche Pendant zum klangzeitlichen Projekt. Die Burchardi-Klosterkirche war im 11. Jahrhundert errichtet worden. Nach 1810 verfiel sie und konnte mit dem Cage-Projekt zu neuem Leben erwachen. Der Bau zählt zu den wenigen erhaltenen romanischen Bauten in der Bischofsstadt, liegt außerhalb der ummauerten Innenstadt und „besteht aus einer kreuzförmigen dreischiffigen Pfeilerbasilika mit geradem Chorabschluss"[31] – also einem quadratischen Grundriss, der in sich ruht, ja richtungslos zu sein scheint. In ihm finden sich vielfältige Spuren der fast

1000-jährigen Geschichte, die zu deuten ein Teil der Rezeption des Klangwerkes sind.

Zeitkulturelle Erwägungen

„Zeitenwende bedeutet immer Rückblick und Ausblick, Erinnerung und Hoffnung zugleich. Ein Millennium endete, ein neues begann: Das Jahr 2000. Bewusst wurde mit ihm, wie die Zeit vergeht. […] Das Jahr 2000 würde dadurch zu einer ‚Mitte der Zeit‘, bekäme gleichsam eine an der Christologie orientierte organologische Symbolkraft. 1361–2000–2639 […]. Cages ASLAP/Organ2 – so langsam wie möglich: 639 Jahre lang ist das ‚Es war einmal‘ als ‚Es wird einmal‘ nach vorne gedacht und geplant. Akkorde oder Klänge, tage-, wochen-, monate-, jahre-, jahrhundertelang andauernd. Musik, sonst schnell sich verflüchtigend, in der Zeit vergehend, scheint zu dauern, zu haften, unbeweglich zu werden, als sei die Zeit der Ewigkeit schon da, als gäbe es nicht Wind und Wetter, Frost und Hitze, Störungen, Zerstörungen, Traditions-(ab)brüche […]. Vertrauen, Hoffnung, Glauben braucht es dazu, nicht Sicherheitsgarantien und den Wahn, es morgen schon selber vollenden zu können oder zu müssen. Eine Haltung gegenüber der Zeit und der Geschichte, die heute fremd geworden zu sein scheint, lebt man doch zumeist so, als sei das gegenwärtige das letzte der menschlichen Geschlechter. Dagegen wird ASLSP/Organ2, ‚as slow as possible‘ gesetzt und gespielt. 639 Jahre lang oder noch länger […]. Das soll bedeuten, in der Zeit die Zeit der Ewigkeit zu ahnen und gleich,zeitig‘ die eigene Vergänglichkeit wie auch die Unverfügbarkeit der Zeit zu erleben und zu akzeptieren. Die alte, weise und menschlich machende Erfahrung von Generationengeschichte wird in St. Burchardi wieder hörbar und bewusst gemacht."[32]

Das Erleben und Erkennen von sich ändernder Zeit durch Klangfolgen ist der primäre Vorgang, wohingegen der Raum die geronnene Zeit verkörpert. Die Klosterkirche hat eine bewegte Geschichte, die in ihre Mauern eingebrannt und in Fragmenten ablesbar ist. Sie währte fast doppelt so lang, wie das Cage-Projekt jetzt angelegt ist – eine suggestive Vorstellung von Historizität. Diese Spuren korrespondieren mit dem abstrakten Klang, der in die Zukunft gerichtet ist und zugleich die Zeitsuggestion der Vergangenheit mitschwingen lässt. Es geht auch um ein Verlassen der im Zuge der Zweiten Industriellen Moderne bewirkten Zwänge von effizienzbestimmten Zeiträumen und um die „Entdeckung der Langsamkeit", wie die Presse den jüngsten Tonwechsel ankündigte: „[…] Das in der Uraufführung eine halbe Stunde dauernde Stück wurde also auf knapp sechseinhalb Jahrhunderte gedehnt. 0,2 Sekunden der Uraufführung entsprechen in Halberstadt einem Monat. Die ersten anderthalb Jahre konnten sich Musikliebhaber sparen: Das Stück begann 2001 mit einer Pause. Seitdem geht es sozusagen Schlag auf Schlag. Zwölf Klangwechsel hat die für das Projekt gebaute kleine Cage-Orgel bisher vollzogen, sie sind die Höhepunkte des Stückes. […]."[33] Die Entschleunigung geschieht durch ein Projekt, das in der Hochzeit der Moderne und der damit kreierten Beschleunigung aller Lebensvorgänge seine Wurzeln hat und sich mit den Mitteln der modernen Kunst diesem Zwang entledigte, diesen karikierte und überwand.[34]

Was ist nun für die Resilienzthematik aus dem avantgardistischen Cage-Projekt zu entnehmen? Die Simulation einer „Störung der Störung", verbunden mit radikaler Zuversicht, so könnte die Antwort lauten. Mit der radikalen Brechung aller Konventionen und einer Inszenierung an einem Ort, der eine gegenständliche Tradition im wahrsten Sinne verkörpert, also Kirchenarchitektur aus dem Mittelalter bis ins 21. Jahrhundert überliefert, wird nicht nur ein Widerspruch zwischen Moderne und Tradition thematisiert. Vage bleibt, wohin die „Zeit-Reise" mit dem Stück von John Cage geht. Niemand könnte sagen, ob und wie sich spätere Generationen entscheiden, das Stück weiterzuführen. Es handelt sich also um ein Generationenprojekt – Nachhaltigkeit wird anders gedacht. Zweifel an einem geradlinigen Zeitverständnis sind geweckt. Geschichte wird ihrer Linearität, ihrer Kurzatmigkeit beraubt und in eine reichhaltige Form gebracht. Es gibt die stete Rückkopplung in Zeit und Raum, eine entscheidende Voraussetzung für resilientes Denken. Zum anderen erfolgt eine Einbettung eines in die Zukunft gerichteten Kunstwerks in eine „Raum gewordene Geschichte", mit der jenes in einen spannungsreichen, klangvermittelten Dialog tritt, in einen Zukunftsdialog aus der Vergangenheit. Diese permanente kulturgeschichtliche „Schleife" gehört zu den wichtigen Merkmalen der Selbsterneuerung, die es für die allgemeine Resilienz zu entdecken gilt, ein kulturelles Remote-Moment. Und zugleich regt das Spiel mit Ort und Zeit zu Fantasien an, lädt zu Auseinandersetzungen vielfältiger Art ein, überwindet Grenzen, belebt Toleranz, erzeugt Widersprüche und löst diese kognitiv auf. Erinnerung wird Zukunft und zugleich unbestimmbar bestimmt.

Der gestörte Stadtraum

Mehr als die Tatsache, dass das Cage-Projekt eine Reminiszenz an den Geburtsort der modernen Orgel und an ein atemberaubendes Stück der Avantgarde des 20. Jahrhunderts an der Schwelle zum 21. miteinander vereint, läuft dieses Projekt in einer Stadt, die am Ende des Zweiten Weltkrieges in ihrer historischen Substanz nahezu vollständig zerstört worden war[35] – die schwerste Störung, die die Stadt in ihrer 1200-jährigen Geschichte erlebt hatte. „Neben den wenigen noch stehenden Bauten im zerstörten Halberstadt blieb zunächst die wieder gewonnene Lebensfreude erhalten [sic?]. Man wollte die vergangene Zeit schnell abschütteln. Das Bombeninferno auf Halberstadt am 8. April 1945 hatte 82 Prozent der Stadt zerstört. Zu beklagen waren 1500 Tote, 25 000 Obdachlose Menschen, 5400 zerstörte Häuser, 8000 vernichtete Wohnungen, 900 zerstörte Handwerksbetriebe und Gewerbe. Das städtebaulich anziehende Zentrum und zentrumsnahe Gebiete waren komplett betroffen. Alle Kirchen und viele öffentliche Gebäude hatten schwere Schäden erlitten. Die Stadt glich einem Trümmerfeld, es gab kein geschlossenes Verkehrsnetz mehr, die Straßenbahnschienen waren verbogen, die Kanalisation, die Licht- und Telefonverbindungen unterbrochen. Halberstadt war eine der am meisten zerstörten Städte Deutschlands."[36] Neben dem Wiederaufbau der Kirchen, womit symbolisch die Stadt wieder ihre Krone erhielt, werden in *Halberstadt im Wandel* im Kapitel „Was uns erhalten blieb" jene Kirchen erwähnt, die Reste der Altstadt („Klein Blankenburg", das jedoch später verfiel und weitgehend abgetragen wurde, der „Graue Hof") und vor allem das jüdische Viertel.[37] Die hier genannten Objekte und Quartiere müssen als Gedächtnisarchiv für die Selbsterneuerung gewertet werden. Strukturen der Stadt boten das kulturelle Gerüst für einen baulichen Wandel, der nach 1990 vorangetrieben werden konnte.

Wesentliche Abschnitte der Identität stiftenden Fachwerkstadt waren ausgelöscht worden, nur noch Fragmente blieben erhalten, verfielen oder wurden nach 1945 für den Wiederaufbau, der ein Neubau war, geschleift. Die Reste dämmerten vor sich hin. Die Mitte der Stadt – dort, wo einst das Rathaus stand – blieb eine leere Fläche. Das Halberstädter Zentrum war zu einem „Unort" geworden.[38] Lediglich standardisierte Wohnbauten umstellten die Brache, in deren Mitte sich jedoch inselgleich die bis 1955 wiederaufgebaute Stadtkirche St. Martini erhob. Der Wiederaufbau der Halberstädter Kirchen gehört zu den maßgeblichen kulturellen Leistungen zur Sicherung kultureller Selbsterneuerungsorte.

Ein „neues Herz"

Ab 1990 begann die Wiederbelebung des zentralen Areals. Mit dem Neubau des Rathauses (Eröffnung 1998) in einer Kombination aus historischer Replik und zeitgemäßer Erweiterung – am historischen Ort und in Anlehnung an den historischen Stadtgrundriss – entstand das Symbol der Identität neu: „Die Stadt bekam ihr Herz zurück …" – so leitete das am 8. März 1990 gegründete bürgerschaftliche „Kuratorium Altstadtsanierung" (später „Kuratorium Stadtkultur") die Denkschrift zum 20-jährigen Gründungsjubiläum ein.[39] Dieses Kuratorium fungierte als ein wesentlicher Katalysator für die Wiedergeburt des Zentrums im Zusammenwirken mit der Stadtverwaltung, den jeweiligen Oberbürgermeistern unterschiedlicher politischer Couleur, dem Landkreis und dem Stadtrat – hier übernahmen der Stadtrat und Metallkünstler Johann-Peter Hinz (der auch das Cage-Projekt beförderte) und Rainer Schöne als erster Vorsitzender eine initiierende Rolle. Aber auch das Land Niedersachsen unterstützte das Vorhaben in den ersten Jahren.[40] Schließlich gelang innerhalb eines Zeitraumes von acht Jahren der vollständige Wiederauf(neu)bau des Stadtkerns – was zeitlich neun Impulsen mit 17 Tönen im Cage-Projekt entspricht (bis 2071 werden es 65 Impulse sein, so weit reicht der vorläufige Zeithorizont).[41] In dieser Zeit entstand ein Raum, dessen Anker das neue Rathaus in alter Kubatur mit vorgeblendeter – kopierter – Frontfassade wurde, ein durch das Städtebauprogramm des Bundes geförderter Entwurf des Büros Hülsdell & Halleger. Die Stadt war, auch dank

dieses bürgerschaftlichen Engagements, Modellstadt im nationalen Aufbau-
programm geworden.[42] Dessen Umsetzung, die sich nach den ersten Initiativen anschloss, vollzog sich geradezu lehrbuchhaft und wurde von der Verwaltung der Stadt professionell bewerkstelligt: Gutachten, Ideenwettbewerb,
Rahmenplanung, Investorengespräche (hier spielte das Kuratorium ebenfalls
eine wichtige Rolle), Bebauungsplanverfahren, städtebaulicher Vertrag und
Bauantrag bis zur Wiedereröffnung des Rathauses am 3. Oktober 1998. Für
den Wiederaufbau hatten sich in vier Abschnitten (Modulen) jeweils unterschiedliche Investoren gefunden: SÜBA-Bau, Halberstädter Kaufleute und
Kirsch-Bau als lokale Investoren sowie Wert-Konzept als externer Investor.[43]
„Der Wiederaufbau des Stadtzentrums bis 1998 gilt in der gesamten Bundesrepublik als einmalig. Beim bundesweiten Wettbewerb 2001/2002 ‚Leben in
historischen Innenstädten und Ortskernen‘ bekam Halberstadt eine Goldme-
daille."[44]
Neben diesem stadtbürgerlichen Gedächtnis bot das kulturelle Erbe der
Bischofsstadt die zweite Säule der Erneuerung. Die Stadt war in ihrer Geschichte hauptsächlich ideeller und administrativer Ort höherer kirchlicher
Regentschaft gewesen. Das industrielle Intermezzo seit Mitte des 19. Jahrhunderts war zwar bedeutsam (Flugzeugbau und Lebensmittelindustrie) und
schuf so etwas wie eine „zweite" Stadt, die bis heute erlebbar ist. Dennoch
blieb Halberstadt eine Kulturstadt. Um diesen Status ringt die Stadt heute,

verliert sie doch beträchtlich an Einwohnern (ca. 400 Einwohner jährlich von 43 000 im Jahr 1990 auf etwa 38 000 2009; diese Zahl dürfte auf knapp 30 000 im Jahr 2026 sinken), was auch zu sozialen Verwerfungen beiträgt, wohingegen die wirtschaftliche Lage sich relativ stabilisiert hat: zwar auf niedrigerem Niveau als 1990, dafür aber in einer relativ breiten Vielfalt, die die Wirtschaft krisenfester macht. Dabei ist die Mehrzahl der Beschäftigten (etwa 50 Prozent) im Dienstleistungssektor tätig.[45] Die Stadt hat den Weg ins postindustrielle Zeitalter gefunden. Den kulturellen und sozialen Brüchen in der Stadt versucht sie, mit einer weiteren Initiative entgegenzuwirken: Der Domschatz könnte, dank bürgerschaftlichen Engagements, auf die UNESCO-Welterbeliste zu gelangen.[46] Damit würde eine weitere und neue Zeitdimension in die Stadt einziehen: ein Stück kulturelle „Ewigkeit". So erlangt die Bischofsstadt auch den Charakter einer zeitlichen „Invariante", befördert durch den zyklischen Wandel des Zentrums und die Gleichzeitigkeit von Rück- und Ausblick im Klangprojekt von John Cage.[47]

Durch all diese außergewöhnlichen Maßnahmen wurde nicht nur die Erneuerung der Stadt in physischer und kultureller Hinsicht maßgeblich befördert. Mit dem Dom-Schatz und dem Neubau des Zentrums, aber auch mit dem John-Cage-Projekt setzte eine kulturelle Transformation ein, die in ihrer Konsequenz noch nicht absehbar ist und weiter auf andere Stadtteile oder die Region auszustrahlen vermag. Allein die Resonanz auf diese Projekte nährt die Vermutung, dass die Stadt dabei ist, sich als kultureller Meilenstein international und lokal neu zu etablieren, so wie dies mit der Gründung des Bistums vor 1200 Jahren schon einmal geschehen ist.[48]

Halberstadts kulturelle Initiativen zeigen, was Resilienz in besonderer Weise ausmacht und wie sie begreifbar wird:

· Der künstlerische, (ver)störende Langzeitimpuls intendiert einen Perspektivwechsel im Umgang mit den Konstanten von Raum und Zeit

· und bewirkt ein durch bürgerschaftliches Engagement getragenes transformatives Denken.

· Das auf die Reaktivierung kultureller Basisstrukturen der Stadt gerichtete kommunale wie emanzipative Handeln lässt langfristig Nachhaltigkeit reifen.

Das Zeit-Denken, das Herausfinden von „ewigen" Größen, also stabilisierenden und eine Erneuerung befördernden Momenten, bedarf besonderer Er-
kenntnispfade. Mit dem John-Cage-Projekt werden auf spezifische Weise
Anregungen zum Betrachten wesentlicher Abschnitte in der Geschichte gegeben. Und mit jedem Klangwechsel bekommt diese Zeit-Raum-Wahrnehmung
einen neuen Takt und führt Menschen zusammen, um sich der Sichterweite-
rung auf jeweils individuelle, aber auch gemeinschaftliche Art und Weise in
aller Öffentlichkeit zu vergewissern und letztlich Zuversicht zu ermöglichen.

3. 2 Lernorte und Zeit-Räume – Bochum: vom Strukturwandel zur Transformation

Bochum ist eine der typischen Ruhrgebietsstädte.[49] Die Montanindustrie –
Kohle und Stahl – drückten der Stadt seit Mitte des 19. Jahrhunderts ihren
Stempel auf. Die Stadt war mit dieser Industrie gewachsen, wohlhabend
und anziehend geworden. Sie ist ein prägnantes Kind der Zweiten Industriellen Revolution.[50] Bochum war einer der Initialorte der Kohlewirtschaft in
Deutschland. Bereits 1842 begann der Einsatz von Steinkohlenkoks zur Eisen-
verhüttung – eine neue Ära hatte begonnen.[51] Der Zweite Weltkrieg unterbrach den für schier unaufhaltsam gehaltenen Aufstieg der Industrie, aber
nach 1945 erlebte die Montan- und Kohleindustrie noch einmal einen Aufschwung. Bochum hatte enorme Zerstörungen erfahren. Das Stadtzentrum
wurde in der Zeit des „Wirtschaftswunders" in wenigen Jahren als moderne
Stadt gleichsam neu erschaffen.[52] Der Wiederaufbau der Kohle- und Montanindustrie, gepaart mit dem faktischen Neubau der Kernstadt, galt als Zeichen
eines lediglich unterbrochenen Fortschritts.

Dass gerade die erneute Monostruktur der Bochumer Wirtschaft – wie des
Ruhrgebiets – die Probleme der Zukunft heraufbeschwor, zeigten die Folgen
des Rückgangs der Kohleförderung, die durch den Import von Erdöl im Rahmen einer sich ausweitenden Globalisierung der Energieversorgung zunehmend zurückgedrängt wurde, bis sie 1973 gänzlich zum Erliegen kam.[53]

Eine Zeitenwende

Nur wenige Jahre nach dem Ende des Krieges begann ein bis heute währender wirtschaftlicher Strukturwandel. Dieser startete nach dem Höhepunkt der Kohleförderung 1957 mit der „Kohlekrise 1959" und durchlief mehrere Phasen bis zur faktischen Schließung des einstigen Hoffnungsträgers Opel im Jahr 2014, wofür am 10. Dezember 2012 die Weichen gestellt wurden[54] – womit ein ganzes Zeitalter zu Ende geht. Die Stadt legte jüngst ein Positionspapier für den Umbau der betroffenen Areale vor und leitet damit womöglich eine neue Ära ein:

„Die angekündigte Standortaufgabe der Opelwerke I bis III führt voraussichtlich zu einem Wegfall von mehr als 4000 Arbeitsplätzen. Eine der wichtigsten Aufgaben der Stadt ist es, die Nachnutzung der insgesamt rund 1,7 Millionen qm großen Opelflächen vorzubereiten. Aus diesem Grund hatte Bochums Oberbürgermeisterin Dr. Ottilie Scholz Ende Juli [2013 HK] wichtige Akteure aus Politik, Verwaltung, Wissenschaft, Verbänden und städtischen Gesellschaften zu einem ganztägigen Workshop ins Bochumer Rathaus eingeladen. Die Ergebnisse des Workshops liegen vor und münden in einer ‚Bochumer Position', die die Stadt Bochum in die weiteren Arbeitsschritte mit Opel und dem Land einbringen wird. [...] Mit der ‚Bochumer Position' konnten ‚Begabungen und Nutzungsoptionen' für die Opelflächen erarbeitet und Umsetzungsempfehlungen gegeben werden. So soll der Standort Opel I durch das Zusammenwirken von Dienstleistungsbetrieben, Forschung, Entwicklung und Produktion geprägt werden. Er kann neue Nutzungsoptionen für die Kooperation der Bochumer Hochschulen sowie für die regionale Universitäts- und Hochschulallianz bieten. Dafür muss ein zukunftsfähiges, ganzheitliches Quartier mit ergänzenden städtischen Nutzungen entwickelt werden [...]."[55]

Es waren drei wesentliche Bausteine, die den Strukturwandel – prototypisch in Bochum – seit Ende der 1950er-Jahre kennzeichneten: der Aufbau einer Hochschullandschaft, die Ansiedlung neuer Industrien und die Umwandlung von Industriebrachen in Park- und Kulturareale. Mit der Ruhr-Universität entstand ab 1965 das Flaggschiff der neuen Bildungskultur in der Region, die durch zahlreiche Fachhochschulen und andere höhere Bildungseinrichtungen flankiert wurde.[56] Diese Bildungs- und Wissenschaftslandschaft kann als der gravierendste und zugleich längerfristig wirkende Impuls für einen strukturellen Wandel in Bochum wie im Ruhrgebiet angesehen werden. Obwohl zunächst lediglich als Wegbereiter für eine neue Industrialisierung angedacht, öffnete sich das angestrebte wissenschaftliche Profil jenseits vordergründiger wirtschaftlicher Interessen einem viel breiteren Themenspektrum: „[...] die Zweckbestimmung der Mittel unter vollständigem Fortfall der wirtschaftlich interessanten Forschungsvorhaben [wurde] neu definiert und festgeschrieben auf ‚Beihilfen zur Stärkung der notwendigen Grundlagenforschung auf den Gebieten der Ingenieur- und Naturwissenschaften, der Geisteswissenschaften und des Schutzes der menschlichen Arbeit'"[57]. So konnte die Universität zu einem Anker der zukünftigen Stabilisierung der Region werden, unabhängig von konjunkturellen Schwankungen der Industrie. Denn gerade die neuen Hoffnungsträger, die Ansiedlungen der Autoindustrie, insbesondere „Opel", erwiesen sich langfristig als störanfällig. Das Gleiche traf für die Elektronikbranche zu, die mit „NOKIA"[58] ein Standbein in Bochum geschaffen hatte. In diesem Zusammenhang ist auch die Ansiedlung großflächiger Einzelhandelsstandorte zu nennen, mit denen eine wirtschaftliche (Ersatz-)Entwicklung erzielt werden sollte: „Der 1964 eröffnete Ruhr-Park ist das älteste Einkaufszentrum des Ruhrgebietes. Ein amerikanischer Investor setzte hier ein frühes amerikanisches Mall-Konzept um: eine offene Fußgängerzone in Kreuzform mit parallel angeordneten Ladenlokalen und zwei Anker-Kaufhäusern an den Enden der Fußgängerachsen sowie mit reichlich Parkplätzen rundherum."[59] Das Einkaufszentrum existiert noch immer, doch bleibt zu fragen, ob von derartigen Malls eine Impulswirkung für dauerhafte Entwicklungen ausgehen wird.

Anders sieht es mit den Arealen ehemaliger Industriebetriebe an den Rändern der Stadt aus, die zu neuem Leben durch Kultur erwacht sind. An erster Stelle wäre hier der „Westpark" in Bochum mit der imposanten „Jahrhunderthalle" zu nennen.[60] Auf dem früheren Krupp-Gelände entstand einer der kulturellen Ankerplätze des Ruhrgebietes und für die Stadt. Mit ihm konnte ein gestalterischer Ansatz formuliert werden, der als Prototyp eine große Transformation inspiriert: „Deshalb steckt auch in allen diesen außerordentlichen Parks, auf die die Internationale Bauausstellung Emscher

Park (IBA) intensiv eingewirkt hat, die alte Idee der Aufklärung. [...] Gemeint ist nicht bloß der plakative Ruf ‚Zurück zur Natur‘, sondern zugleich die Devise, die Erinnerung an das nun als ‚Übel Empfundene‘ mit der neuen Landschaft zu verbinden, einer Landschaft von *eigener* Schönheit."[61] Die „Jahrhunderthalle" beherbergt die „Ruhrtriennale" und damit einen besonderen künstlerischen Schmelztiegel für Experimente von lokaler und internationaler Ausstrahlung.[62]

Doch manifestiert sich in diesem kulturellen „Tanker" nur ein Feld der Auseinandersetzung um die Zukunft der Vergangenheit. Inhaltlich vergleichbar, aber lokaler verankert und zugleich komplexer und nicht minder international verbunden, wird mit dem jüngsten Kunstprojekt des Schauspielhauses der Stadt der Wandel von der Autostadt zu einer neuen Zukunft mit dem „Detroit-Projekt"[63] verarbeitet, in welchem Visionen für Bochum erörtert und Bezüge zum Thema Resilienz hergestellt werden.[64] Die Projektreihe, welche Kunst und Wissenschaft mit der Auseinandersetzung um eine neue städtische Zukunft verbindet, markiert an einem als Wendepunkt empfundenen Zeitabschnitt den bereits absehbaren neuen Transformationsprozess.

Die Stadt weiß sich bei der Erarbeitung grundlegender Änderungen ihrer wirtschaftlichen Strukturen und der Suche nach neuen Horizonten in einer mehr als drei Jahrzehnte währenden Tradition. Unter der Überschrift „Ruhrgebiet – Krise als Konzept" gab beispielsweise die „Katalyse-Technikergruppe" bereits Anfang der 1980er-Jahre einen analytischen und konzeptionellen Band heraus, in welchem Umrisse einer „Öko-Region Ruhrgebiet" oder „Gedanken zu einer Utopie regionalen Wirtschaftens" umrissen worden waren.[65] Allein dieses Beispiel belegt eine Fähigkeit zur lernenden Auseinandersetzung mit den Störungen wirtschaftlicher und gesellschaftlicher Entwicklung und damit eine vage Resilienzbereitschaft.

Somit spannt sich der Bogen dieses Strukturwandels von der Universitätsgründung über die Suche nach Reindustrialisierung und Kommerzialisierung auf alten Standorten zu innovativer Neugestaltung von Industriebrachen. Die beiden Basiselemente des räumlich-kulturellen Wandels aus den vergangenen 50 Jahren dürften die Universität (sowie die Hochschulen) und die kulturellen Revitalisierungen (allen voran die „Jahrhunderthalle" im „Westpark") sein. Parallel laufen Versuche, mit industriellen Ansiedlungen an die Tradition des Strukturwandels anzuknüpfen. Die Stadt bewegt sich also mitten in einem Transformationsprozess, der längst mehr ist als ein industriestruktureller Wandel.[66] Die anstehenden Veränderungen, deren Wirkungen heute noch nicht vollständig überschaubar sind, werden zudem von brisanten Herausforderungen wie dem Klimawandel überlagert. Aber auch Themen des Umgangs mit natürlichen Ressourcen wie Wasser erlangen zunehmend besondere Relevanz. Die hier anzutreffenden vernässten Flächen oder verrohrten Bachläufe sind direkte Folgen anthropogener Eingriffe des Bergbaus in den Landschaftsraum.[67]

Der soziale und ökonomische Wandel mit seinen ökologischen Herausforderungen wurde in der Internationalen Bauausstellung Emscher Park in den 1990er-Jahren als Übergang von der „Industrielandschaft zur Kulturlandschaft" bezeichnet. Ein „vorindustrielles Urbanitätsideal" konnte nicht als Modell für die Gestaltung des Wandels am Ende des Industriezeitalters angesehen werden. Es versprach nicht, für die im Zuge von Industrialisierung und De-Industrialisierung entstandene *Zwischenstadt* adäquate städtebauliche Lösungen zu finden.[68] Dennoch traten historisch dauerhafte Elemente der industriell überformten Stadt-Kulturlandschaft verstärkt in den Mittelpunkt planerischer Aufmerksamkeit. Dazu gehören einmal landwirtschaftlich genutzte Bereiche, alte Wasserlagen (verschüttet oder verrohrt),

Landschaftselemente (Friedhöfe, Gehöfte und Dorflagen), topografische Elemente (Höhensprünge, Landschaftskanten), Grünstreifen oder Wegeführungen. Selbstverständlich zählen zu diesen die vielen im Alltag genutzten infrastrukturellen Relikte des Industriezeitalters, die von Siedlungen über Verkehrswege bis zu Deponien reichen. Über all diese „flüchtigen" Raumelemente verfügt auch die Stadt Bochum an ihren Rändern, insbesondere im südöstlichen Bereich am Übergang zum regionalen „Grünzug E".

Strategische Raumelemente

Zwei Pole städtebaulich-kultureller Aufmerksamkeit zeigen sich als strategische Raumelemente: *Radialen* und *Ränder*. Die Radialen markieren die historischen Entwicklungsadern der Stadt. Über Jahrhunderte haben sie das morphologische Gefüge der Stadt wie das kulturelle Bewusstsein ihrer Bewohner geprägt. Der Rand ist der amorphe Übergangsbereich von Kulturlandschaften. Diese prägen das Ruhrgebiet in starkem Maße, ohne dass ihnen ein bestimmter Charakter zugewiesen werden könnte.[69] Sie verkörpern „Unland", sozusagen einen „Hinterhof". Bilden die Radialen eine räumliche Invariante (wechselnden städtebaulich-architektonischen Charakters, aber steter Raumführung), so sind die Ränder Transformationsräume per se.

Bochum hat sich auch in dieser Hinsicht als Vorreiter bei der Identifizierung dieser beiden Elemente erwiesen: Bereits 2004 legte die Stadt als eine der ersten ein infrastrukturell motiviertes, aber städtebaulich ausgerichtetes Konzept vor, das den Radialen eine strategische Bedeutung zumaß: „Insbesondere die Radialstraßen, die von den Rändern der Stadt ins Zentrum führen, prägen das Gesicht und das Image Bochums. Von jeher sind entlang der Radialen wichtige kulturelle, wirtschaftliche und infrastrukturelle Einrichtungen zu finden. Die Rahmenplanung *Cityradialen Bochum* stellt unter dem übergreifenden Thema ‚Empfangskultur' ein Bündel vielfältiger Maßnahmen zur Diskussion, um die Lebens-, Aufenthalts- und Gestaltqualität an den *Cityradialen* zu erhöhen."[70] Mit der „Wittener Straße", einer nach Südosten führenden Radiale, und dem Randbereich am „Havkenscheider Feld" treten diese beiden Elemente prototypisch in Erscheinung. Am Rand lassen sich alle diffusen und fragmentierten Relikte des Wandels der Region finden. An Radialen kann

das Werden der Stadt in ihrer ganzen Geschichte immer noch abgelesen werden – trotz Kriegszerstörung und architektonischer Neudefinition. Die Südost-Radiale trifft an ihrem (vorläufigen) räumlichen Ende auf zwei Pole der Transformation: das vor der Schließung stehende „Opel- Werk-1" und, nördlich davon, die Relikte einer immer noch aktiven Landwirtschaft im Herzen des Ruhrgebietes, „eingerahmt" von Brachen, technischen und sozialen Infrastrukturen sowie suburbanem Wohnen. Beides wird geschnitten von einer Stadtautobahn (dem „Sheffield-Ring"). An diesem Kreuz aus Stadt-Radiale, Stadt-Autobahn und Stadt-Rand konzentriert sich ein Übergang zum Emscher Landschaftspark als regionalem Kooperations- und Gestaltungsraum[71], ein „Zivilisationsknoten", der für die Transformation nicht nur des konkreten Raumes Bedeutung gewinnt. Hier treffen räumlich gesellschaftliche Lernfelder aufeinander. Dieser Raumknoten („Havkenscheider Feld/Feldmark") zwischen Landschaft, Infrastruktur, Gewerbe, Industrierelikt und Wohngebieten birgt die essenziellen Spannungen, die im Vokabular der Resilienz ihren Niederschlag finden: Augenscheinlich treffen hier Robustheit und Fragilität direkt aufeinander. Hier dürfte sich entscheiden, ob die Transformation im Sinne einer nachhaltigen Sicherung der Lebensfähigkeit gelingt.

Die Stadt Bochum hatte sich entschlossen, diesem Unland einen eigenen Charakter zu geben, zunächst mit dem Ersatz der Zeche durch das Autowerk. Dann sollte der Rand mithilfe der Bundesgartenschau gestalterisch und funktional aufgewertet werden.[72] Das Kerngelände sollte unmittelbar an die nahe gelegene, erwähnte Shoppingmall andocken und den Grünzug durch einen Erlebnisbereich aufwerten. Größere Schollen mit „Neuen Formen des Wohnungsbaus" sollten unmittelbar in den Landwirtschaftszonen und an den Rändern platziert werden.[73]

Von diesen Planungen verabschiedete sich die Stadt und passte die Wohnungsbauvorstellungen den absehbaren Entwicklungen an. Das Großereignis trat zurück, da es offenbar nicht mehr als dafür geeignetes Instrument angesehen wurde, den Stadtrand kostengünstig aufzuwerten und zugleich zu erhalten.[74] Eine erste Anpassung an sich verändernde Rahmenbedingungen, aber auch an inhaltliche Ziele einer nachhaltigeren Entwicklung unter Einbeziehung der Stadtöffentlichkeit bestimmten die Neujustierung der Planungen. Die erste bestand aus einem öffentlichen Verfahren zur Findung einer Planungsidee für die Gestaltung des Randes der Stadt unter Wiedernutzung einer Stadtbrache und dem Einbeziehen der ansässigen Evangelischen Fachhochschule, gefolgt von einer zweiten Stufe, in welcher diese Planungen in einer breit angelegten verwaltungsinternen Durcharbeitung und unter Einbeziehung von externen Planern ausdifferenziert wurden. Das Ergebnis war ein optimierter städtebaulich-landschaftlicher Plan mit besonderer energetischer Akzentuierung. Dabei spielten die Wiedergewinnung von natürlichen Elementen der Kulturlandschaft (Bachlauf), die Sicherung landwirtschaftlicher Bereiche, die Vernetzung infrastruktureller Elemente und die ästhetische Qualität des Gesamtgebietes eine zentrale Rolle. Kernthema der Auseinandersetzung war der Umgang mit dem Übergang zwischen Siedlung und Freiraum: In drei verschiedenen Siedlungsbereichen wurden hierfür jeweils spezifische Ansätze gefunden.[75]

Nachdem nun das „Opel-Werk-1" südlich des Planungsgebietes zur Disposition steht und im Positionspapier betont wird, auf diesem Areal ein besonderes Umnutzungskonzept verfolgen zu wollen, das die Forschungs- und Lehreinrichtungen der Stadt und der Region einbinden soll, erlangt das konzipierte Wohn- und Landschaftsgebiet nördlich der Radiale den Charakter eines komplementären Parts für die Transformation des Stadtrandes insgesamt. Der „Zivilisationsknoten" würde sich räumlich komplettieren. Es kristallisiert sich in diesem Randraum ein übergreifendes und vielschichtiges Lernfeld für eine Resilienzbildung der Stadt heraus.

Ein Lernergebnis

Der bisherige Prozess deutet darauf hin, dass eine schrittweise erfolgende Anpassung an die *Ist-Transformation* des Ruhrgebietes Züge einer Perspektive für eine *Soll-Transformation* annimmt. Diese wird aber erst Konturen erhalten, wenn der Planungsprozess bewusst mit dem Resilienzgedanken verbunden wird.[76] Zudem verdeutlicht die Transformation von Bochum, dass Resilienz nicht einfach herstellbar ist, sondern in einem Lern- und Aneignungsprozess erfahren wird und sich erst in der Auseinandersetzung der verschiedenen Akteure herausbildet. Das städtebauliche Thema „Radiale und der Rand" verdeutlicht diesen Vorgang. Über einen Zeitraum von mindestens 150 Jahren haben sich die Radialen der Stadt in ihrer heutigen Form herausgebildet,[77] Resultat eines adaptiven Prozesses, in welchem sie zugleich einen steten Wandel von Störung und Selbsterneuerung durchlaufen haben. Heute gehören sie zu einem Bestand, der als Element *konstitutiver* Resilienz gezählt werden kann. Die Radialen und Ränder stellen ein Lernergebnis dar, das in Form des Konzeptes der *Cityradialen* bewusst zur Stabilisierung der Stadt gegenüber der *Ist-Transformation* herangezogen werden kann.

Die notwendige Sensibilität und Weitsicht, aber auch die Auseinandersetzung mit den jeweiligen Akteuren und die Reflexion des Gewordenen, um das Verhältnis von *Fragilität und Robustheit*, aber auch von *Zentralität und Dezentralität* auszuloten und gestalterisch zu fassen, gewinnt im gesellschaftlichen Diskurs räumliche Konkretheit. An dieser Stelle dürfte die Stadtgesellschaft ihre Resilienzbereitschaft offenbaren und damit die nachhaltige Zukunft der Stadtregion an ihrer empfindsamen Stelle in den Blick nehmen.

Exkurs:
Lern- und Experimentalorte: Land-Räume und ihre neuen ökonomischen Verflechtungen[78]

Ländliche, kleinstädtische Gebiete oder Dörfer haben, ebenso wie städtische Quartiere, einen enormen Schatz an praktischen Erfahrungen und Forschungsresultaten angereichert, der als Systemwissen für die Transformationen angesehen werden kann. Den ländlichen Gebieten mit ihren kleinstädtischen Zentren hat dabei ein experimenteller Entwicklungsansatz geholfen, der auf die Vernetzung der Akteure vor Ort setzt, um ihre Potenziale, ihre Fähigkeiten und Ideen zur Entfaltung zu bringen. Dieser Ansatz, die endogenen Potenziale bottom-up zu heben, die lokalen Akteure zu ermutigen und zu befähigen, wurde erstmals vor vier Jahrzehnten zur Unterstützung der entwicklungsschwachen ländlichen Berggebiete in Österreich erprobt. Ein wichtiger Impulsgeber war dabei der Gedanke, die ländlichen Kleinregionen stärker mit städtischen Zentren zu verknüpfen, um durch gegenseitigen Austausch Lernerfahrungen, Kreativimpulse und wirtschaftlich stabile Verflechtungen zu vervielfältigen.

Dieser gebietsbezogene bottom-up Ansatz mit bürgerschaftlich getragenen Aktionsgruppen wurde auch in anderen Regionen[79] angewendet und gelangte in den 1990er-Jahren in der EU in das europäische Leader-Programm[80]. Leader hat seither vielfältige Strukturen der Kooperation und ein Spektrum an Projekten befördert, die grundlegende Erkenntnisse über ökonomische und sozial-kulturelle Wandlungsprozesse erbrachten. Die Leader-Regionen, aber auch die Erneuerungs- und Umbaugebiete in Städten, fungierten – mehr oder minder – als Werkstätten für das Basiswissen sich transformierender Stadt-Land-Räume. In diesem Exkurs soll ein Schlaglicht auf den Wissensbestand – auch mit dem Blick auf europäische Erfahrungen – gerichtet werden. Der ländliche Raum erfährt eine Würdigung, nicht nur, da er oft aus dem Blickfeld gerät[81], sondern auch, weil damit der Zusammenhang des Systems Stadt-Land als Gesamtheit bedacht werden soll. Der tatsächlich vorfindbare

Erfahrungs- und Wissensbestand kann natürlich nicht referiert werden. Vielmehr soll ein exemplarisches Spektrum aufgerissen werden, das als kognitives und lebenspraktisches Basisgut für stadtregionale Resilienz – im transformativen Kontext – fungiert.

Die Kleinregion Mureck in Österreich ist Vorreiter für die Idee neuer Stadt-Land-Kooperationen und ein Beispiel[82] für die Vision, die vorhandenen Potenziale und Ressourcen einer Region zu verwenden, um die Ziele Klimaschutz, höhere Versorgungssicherheit sowie regionale Wertschöpfung zu erreichen. Mureck steht daher für viele der Transformationsgeschichten, welche in Reaktion auf die Ölkrisen der 1970er-Jahre in Städten[83] wie in ländlichen Regionen[84] entstanden und nach neuen Wegen der Versorgung (nicht nur mit Energie) suchten. Die nun anstehende Transformation zu einer postfossilen Ökonomie benötigt viele solcher lokalen Keimzellen. Vor Ort kann sich am besten neues Wissen entwickeln, welches durch kleine Vorstöße neue umwelt- und ressourcenverträgliche Produkte und Dienste erprobt und mit Techniken und Kulturen veränderten Wirtschaftens und Handelns experimentiert.

Vom Managen der Störung zur Transformation der Wirtschaft

Die Ökonomie kennt zwei grundlegende Ansätze zum Umgang mit Krisen, die im Kontext von Resilienz gelesen werden können. Zum einen stehen kurzfristige Schwankungen der Konjunktur im Fokus der antizyklischen Wirtschafts- und Fiskalpolitik, die ein „stetiges Wachstum"[85] anstrebt und zu starke Schwankungen dämpfen möchte. Auch das Management, bis hinein in die Ebene der Betriebe, lässt sich als Umgang mit Störungen verstehen, welcher Suboptimalität zu vermeiden sucht[86]. Zum anderen gelten auch in der Ökonomie Krisen als Chance zur Veränderung und Erneuerung. Hierbei werden eher langfristige Zyklen – wie die Kondratieffwellen – in den Blick genommen, und die hierauf bezogene Wirtschaftspolitik sucht nach Ansätzen zu ihrer Beeinflussung, etwa durch Stimulierung „zukunftsträchtiger Branchen" mittels der Technologiepolitik.

Die Bewältigung von Strukturkrisen gehört somit schon immer zu den zentralen Aufgaben der Wirtschaftspolitik. So lässt sich ökonomische Resilienz vordergründig verstehen als Umgang mit Krisen und ihrer Bewältigung: Wie rasch erholt sich eine Stadt (Region, Nation, Staatenbund) und kehrt zurück auf einen Wachstumspfad?[87] In dieser Sichtweise spielen Ansätze der Innovationsfähigkeit und der Diversifikation der regionalen Wirtschaftsbereiche eine wichtige Rolle.

Das zweite Resilienzverständnis geht vom Ansatz grundlegender Funktionen der regionalen Wirtschaftsentwicklung aus, deren Robustheit eine Unempfindlichkeit gegenüber externen Krisen schafft und deren Lernfähigkeit eine wesentliche Voraussetzung für die Veränderung des Entwicklungspfades darstellt. Zu diesen Grundfunktionen jeder Wirtschaft gehören die Energie- und die Lebensmittelversorgung, leistungsfähige Kommunikationsnetze und grundlegende Dienste wie Sicherheit und Gesundheit sowie Bildung.[88] Je stärker diese Grundfunktionen lokaler Lebensqualität durch regionale Bezugsverflechtungen ausgeprägt sind, desto weniger kann ein externer Schock die Region treffen. Die wirtschaftspolitische Empfehlung zielt hier darauf, die innerregionalen Kreisläufe zu stärken.

Stärkung innerregionaler Kreisläufe

Je stärker die Außenbeziehungen einer Region bei Input und Output von Ressourcen und Gütern, desto anfälliger ist die Region gegenüber äußeren Schocks.

Grundlage derzeitiger Wirtschaftsentwicklung (und Regionalförderung) ist die Vorstellung, dass der Export aus der Region heraus die Basis der Entwicklung ist: Es werden Produkte und Dienste über die Regionsgrenzen hinweg nach außen verkauft, und die rückfließenden Einnahmen erhöhen die regionale Wertschöpfung (Exportbasistheorie). Die lokalen Sektoren des Wirtschaftens werden dagegen als weniger wichtig dargestellt und zu „non-basic" Sektoren herabgestuft.

Leicht lässt sich am Sektor Energie erkennen, dass dezentrale Erzeugungsmöglichkeiten vor Ort den Kapitalabfluss aus der Region vermindern und zugleich die Anfälligkeit gegenüber Lieferengpässen von außen verringern. Die Ökobilanz wiederum kann durch den Einsatz erneuerbarer Energien verbessert werden. Hier bestehen erhebliche lokale und regionale Steuerungsmöglichkeiten. So ist es kein Wunder, dass die Bewegung der 100%-Erneuerbare-Energie-Regionen[89] eine Erfolgsgeschichte endogener Regionalentwicklung geworden ist.

Allerdings ist das numerische Ziel einer vollständigen Eigenversorgung keine sinnvolle Grenze, da viele, vor allem ländliche Regionen deutlich über den Eigenbedarf hinaus Energie erzeugen können. Damit können sie nicht nur zur nötigen Redundanz und Versorgungssicherheit im Netz beitragen, sondern auch die ehrgeizigen Ziele von Städten bedienen, welche nicht über die Möglichkeiten zur vollständigen Eigenerzeugung auf Stadtgebiet verfügen. Soweit die Shareholder als Flächen- und Kapitaleigner (einschließlich der Kommunen) in den Erzeugungsregionen ansässig sind und dort investieren, werden Wohn- und Produktionsstandorte mit neuen Standortvorteilen entstehen. In der Konsequenz kann sich eine deutliche Umverteilung von Kapital in Richtung dezentraler Räume mit Energieerzeugung ergeben.

Aus dem Thema Energie entwickeln sich weitere Ideen für neue Wertschöpfungskooperationen. So werden verwandte Themen des Energieverbrauchs für Verkehr und Wärmeerzeugung aufgegriffen und Wertschöpfungskooperationen in den Regionen aufgebaut. Biomasse aus Ölpflanzen eignet sich auch zur Herstellung von Bio- oder Wasserstofftreibstoff für postfossil betriebene Fahrzeuge und Heizungen, wie das genannte österreichische Vorbild Mureck lehrt. Realisierungen im regionalen Maßstab in Deutschland bestehen unter anderem im Wendland. Im Wärmebereich finden sich inzwischen zahlreiche Beispiele zur Umrüstung von Heizanlagen auf den nachwachsenden Rohstoff Holz. Modellhaft ist das waldreiche Land Hessen mit dem Ansatz *BioRegio Holz* seit 2003 vorgegangen, dabei wurden zahlreiche öffentliche und private Heizungsanlagen mittels effizienter Holzheizungen modernisiert und die Beschaffungslogistik für das Holz aus den Regionen optimiert.

Ökonomisch bedeutsam ist es, dass die regionale Wertschöpfung durch eine konsequente Orientierung in der Region, also die Einbeziehung regionaler Zulieferer und Verarbeiter erheblich erhöht werden kann. Anhand von Best-Practice-Beispielen konnte die Wertschöpfung für die Energieholzkette berechnet werden. Bei optimaler regionaler Kreislaufführung und Integration aller Wertschöpfungsstufen in der Region kann die regionale Wertschöpfung gegenüber dem bloßen Verkauf des Rohstoffes Holz in andere Regionen um das 13-Fache gesteigert werden[90] – in Zeiten stark anfallenden Restholzes aufgrund von Trockenschäden keine schlechte Option.

Distinktion und Differenz: Regionalität als Lebensstil

Der Trend zum Regionalen hat besonders im Lebensmittelbereich Fuß gefasst. Lebensmittel aus der Region schaffen Vertrauen, da die Wertschöpfungskette „gläsern" wird und leicht nachverfolgbar ist. Zugleich sinken die Transportzeiten und -kosten zugunsten der Frische der Lebensmittel und Verminderung des ökologischen Fußabdrucks. Dabei sind es nicht nur Wochenmärkte und lokale Händler, sondern längst auch größere Lebensmittelketten bis hin zu den Discountern, welche auf regionale Herkunft, transparente Wertschöpfungsketten und kurze Wege setzen (was im Einzelnen allerdings zu prüfen ist).

In Zusammenhang damit steht auch die Wiederkehr der regionalen Küche. Diese ist zwar auch durch Zerrbilder gekennzeichnet, die den Trend zu regionalen Produkten und traditionellen Rezepten wohl aufgreifen, ihn aber zu einer Melange aus unterschiedlichen Zitaten und Zutaten zusammenbasteln, die am Ende nicht mehr zu lokalisieren ist und unter dem Titel „ländlicher Stil" eher gekünstelt daherkommt. Kochtechnik und Ästhetik kommen meist aus anderen Zusammenhängen, Produktqualität, Saisonalität und

Produktbehandlung spielen keine Rolle, nach der Herkunft der Produkte darf man nicht fragen. Dort aber, wo das Restaurant den Bauernhof sucht, der ihm aus der Nähe die Produkte der Saison liefert, wo der Koch daraufhin die Speisekarte immer wieder neu anpasst, die Produkte in ihrem Spektrum erweitert, die Kunden über die unterschiedliche Fleischqualität der Saison aufklärt oder den Produkten mit neuen Kochtechniken zu neuem Ausdruck verhilft (z. b. der dänische Kochstil „nova regio"), kann auch eine neue Verbindung zwischen Region, Genuss und kulinarischer Ästhetik entstehen – mit allen positiven Effekten kleinräumiger Kreisläufe.

Ansatzpunkte Konsum und Eigenarbeit

Die Idee regionaler Wirtschaftskreisläufe bleibt unvollständig, solange sie nur auf der Angebotsseite die Wertschöpfungsketten optimiert. Ohne Nachfrage auf regionaler Ebene für die veränderten Konsumangebote wird die Re-Regionalisierung nicht einmal in den wenigen Basisbereichen gelingen, welche beispielhaft erläutert wurden. Aber Konsumenten sind nicht nur die Abnehmer bedarfsorientierter Angebote, sondern setzen selbst Trends.

Vom Konsum können erhebliche Veränderungen der Wirtschaftsstrukturen, der gebauten Umwelt und der Ressourcennutzung ausgehen, welche in Richtung Resilienz und Transformation weisen. Neuere Bewegungen in Städten und Kleinsiedlungen zeigen mögliche Veränderungen im Lebensstil an.

Beispiele für neue Wirtschafts- und Konsumweisen, welche eine erhöhte Resilienz gegenüber wirtschaftlichen Krisen anstreben, finden sich wiederum im Feld des Basisbedarfs „Ernährung": Urbane Landwirtschaft reicht heute von privaten Selbstversorgergemeinschaften über die professionelle Landwirtschaft (wozu auch die Urban-Gardening-Betriebe gehören, welche im Auftrag ihrer Kunden Gemüse und Kräuter ziehen) bis hin zu den „edible cities". In diesen „essbaren" Städten wird der Pflanzenbestand, der im öffentlichen Grün zu finden ist, auf essbare Gemüse, Kräuter, Obst, Nüsse und Wein umgestellt. Die Standorte werden der Öffentlichkeit zugänglich gemacht und Erntehinweise gegeben. Aus der Kulturbepflanzung öffentlicher Parks und Gärten wird eine Nutzungsbepflanzung, die einerseits Pflegekosten reduziert, andererseits werden Möglichkeiten zur Selbsternte oder faire Preise beim Verkauf in regionalen Verkaufsstellen geboten. Eigenarbeit und Subsistenz sind wesentliche Quellen nicht-marktlichen Wohlstands. Das gilt für das Gärtnern wie für die Haushaltstätigkeit, für Kindererziehung wie für die Pflege Kranker und Alter, das Renovieren und Reparieren, ferner für Nachbarschaftshilfe, Stadtteilarbeit und alle Aktivitäten bürgerschaftlichen Engagements. Der Hauptteil der nicht-marktlichen Tätigkeiten sind informelle und freiwillige Dienste in Haushalt, Familie und Gesellschaft, nur ein kleiner Teil dient der Eigenarbeit. Dies ist nicht verwunderlich, da die Industriegesellschaft die Güterproduktion in die Unternehmen verlagert hat.[91]

Reparaturcafés, Verleihläden und Tauschbörsen zeigen aber eine Verschiebung der Wertigkeit von Güterbesitz mit der Folge geringerer Produktion, größerer Ressourcenschonung und veränderter Konsumtion an. Der Gedanke des Nutzens einer Dienstleistung statt des Besitzens eines Gutes[92] ist ein Aspekt der Dematerialisierung der Produktion und beruht auf einer veränderten Einstellung zum Eigentum (Nutzen statt Demonstrativkonsum, Kaufrausch und Habgier). Die Möglichkeiten, derartige Dienste anzubieten, vergrößern sich dort, wo viele Menschen zusammenleben, in Städten: Hier lohnt es sich, Angebote wie Car-Sharing, Fahrradvermietsysteme, Möbel-Leasing oder Mietstationen für Baby- und Kindergebrauchsgegenstände zu errichten, während in kleineren Gemeinschaften Tauschdienste organisiert werden können.

Ein Zweifel sei jedoch gestreut: Sowohl die Regionalisierung von Konsumkreisläufen als auch die Erhöhung der Produktnutzungsdauer durch Teilen der Nutzung sind keine hinreichenden Ansätze zur Energie-, Klima- und Ressourcenschonung. Hier sind weitergehende Produktbewertungen notwendig, wie sie Nachhaltigkeitssiegel produktbezogen und „kritische Konsumrundgänge" lokalbezogen leisten. Konsumrundgänge vor Ort schüren Aufmerksamkeit und schärfen den Blick auf die Konsumtempel und Discounterhallen der Gegenwart und das mit ihnen verbundene System von zehrender Produktion weltweiter Provenienz, kurzlebigen Produktmoden und Kaufrausch als psychologischer Kernstütze. Hilfreich ist diese Kritik dann, wenn sie Anregungen gibt, zu Klima- und Prosumenten-Pionieren zu werden.

Neue Verrechnungssysteme: Tauschen, Regiogeld und Co.

Je mehr Tauschverfahren in Teilökonomien ausgebaut und Teilnehmende in das Ringtauschverfahren eingebunden werden, desto mehr werden regionale Verrechnungssysteme erforderlich. Dabei sind die „Verrechnungseinheiten" variabel und reichen vom gezielten Geben und Schenken über das Tauschen bis hin zu numerischen Einheiten und monetären Entgelten.

Beim Bedarfsfeld Wohnen gibt es seit Langem auch nicht-monetäre Bestandteile der Miete, zum Beispiel Arbeitseinsätze in Wohnkommunen oder Hilfsdienste in generationenübergreifenden Wohngemeinschaften. Eine mögliche Verrechnungseinheit für diese Dienste sind beispielsweise „Talente", welche in Vorarlberg getauscht werden: Für jede eingesetzte Arbeitsstunde werden 100 Talente angesetzt, doch die Tauschäquivalente sind zwischen den Tauschpartnern frei verhandelbar. Die Talente sind damit eine Zeitwährung. Diese ist auch sparfähig und kann – so geschieht es vielfach in Japan – bei Bedarf im Alter in Pflegeleistungen umgetauscht werden.[93]

Kaufkraftbindung ist das Ziel des monetären Regiogeldes: Da das Regiogeld häufig als „Schrumpfgeld" ausgestaltet ist – es verliert innerhalb des Jahres an Wert, wird es nicht ausgegeben –, sind die Geldhalter daran interessiert, dass – „schlechter werdende" – Regiogeld rasch wieder auszugeben. Da die Annahme der Regionalwährung auf Teilnehmende in der Region begrenzt ist, werden regionale Kreisläufe gestärkt. Regiogeld ist damit eine Variante der Rabattsysteme, mit denen Kundenbindung betrieben wird. Bislang haben sich die monetären Regiogeldsysteme nur in historischen Krisenzeiten zeitweilig durchgesetzt. Ansonsten führen sie ein Nischendasein.

Während beim Regiogeld á la „Chiemgauer" eine zentrale Geldausgabestelle für Ausgabe, Fälschungssicherheit und Umlaufsicherung zuständig ist, gibt es auch reine Bürgensysteme: Hier wird eine Leistung (oder ein Leistungsversprechen) als Bonus (Malus) durch zwei unterzeichnende Bürgen garantiert, ohne dass eine zentrale Ausgabestelle über die umlaufende Wertmenge wacht.

Eine andere Variante eines solchen Bürgensystems hat rasch die Welt erobert: die Vergabe von Mikrokrediten an Kreditnehmer, für die Mitglieder ihrer lokalen Gemeinschaft bürgen und bei denen die Kreditnehmer Miteigentümer der Bank sind. Dieses Modell der Grameen-Bank in Bangladesh hat sich als Vorbild für viele Nachahmer erwiesen.

Veränderte Unternehmensziele

Eine weitere Idee der Grameen-Gemeinschaft zielt auf neue Formen unternehmerischen Handelns. Üblicherweise lassen sich die Unternehmen in For-Profit-Unternehmen und Non-Profit-Unternehmen unterteilen. Letztere verfolgen gemeinnützige soziale, ökologische oder andere Zwecke. Die Idee des Grameen-Creative-Lab-Gründers Mohammad Yunus lautet, sozial orientierte Unternehmen zu gründen, die ein bestimmtes soziales, ökologisches oder ethisches Problem einer Gemeinschaft lösen wollen, dies aber durchaus so tun, dass sie ökonomisch tragfähig und nicht auf Spenden oder Zuweisungen anderer angewiesen sind. Mögliche Gewinne verbleiben im Unternehmen und werden reinvestiert. Die Idee der „Social Business Communities" kann mit Unternehmen realisiert werden (z.B. zur Verbesserung der Ernährungslage), kann aber auch Ortsteile oder ganze Städte erfassen und ergänzt Bewegungen wie Fair-Trade-Cities um die unternehmerische Komponente.

Auch in den typischen For-Profit-Unternehmen nehmen Umwelt- und Sozialverantwortung zu. Solange sie aber dem eigner- und fremdkapitalgetriebenen Wachstumszwang und Wachstumsdrang[94] unterliegen, bedarf es vor allem einer starken Rückbindung der sozialen Verantwortung von Unternehmen[95]. Insofern ist die Genossenschaftsidee, bei der die Mitglieder zugleich Eigentümer und Kunden sind, eine Möglichkeit zum Ausstieg aus der Wachstumsspirale.

Gemeinschaftliche Eigentumsformen wie Bürgergenossenschaften und Bürgerkapitalgesellschaften erleben derzeit einen enormen Aufschwung. Das gilt nicht nur für eine Renaissance von Wohnungsbaugenossenschaften und neuen Baugemeinschaften, die sich dem Problem des sozial gerechten Wohnungsbaus stellen, sondern auch im Bedarfsfeld Energie, wo sich seit der Jahrhundertwende mehr als 650 neue Genossenschaften gegründet haben. Immer mehr dieser lokalen und regionalen Energiegenossenschaften gelingt es, Bürger der Region als Kapitalgeber für nachhaltige Energieprojekte zu gewinnen.

Auch Dorfläden werden als Genossenschaften wiederbelebt. In der Lebensmittelversorgung gibt es seit Langem Erzeuger-Verbraucher-Genossenschaften. In neuer Variante werden sie sogar als Aktiengesellschaften mit regionalem Bürgerkapital betrieben. Bürgerkapitalgesellschaften wie die Regionalwert AG[96] in der Region Freiburg beteiligen sich dabei direkt an örtlichen Agrarbetrieben und Vermarktern und binden die Gewinnausschüttung an soziale und ökologische Projekte der Region.

Noch sind Unternehmen, die nicht wachsen wollen, eine Ausnahme, aber es gibt sie: Ein Schuhhersteller im Waldviertel (Österreich), der seinen Kunden rät, die alten Schuhe aufzuheben und sie ressourcensparend zur Reparatur und Aufarbeitung an die Manufaktur zurückzugeben, ein Möbelhersteller, der die Langlebigkeit des Produktes vor die Profitorientierung stellt, eine Liegenherstellerin, deren Stahlrohrgestelle unverwüstlich sind, sodass nur die Auflagen bei Verschleiß ersetzt werden müssen ... Beispiele für Unternehmen, die auf lange Produktlebensdauer setzen, die Reparaturfreundlichkeit ins Zentrum rücken und selbst nicht auf Wachstum ausgelegt sind[97]. Wenn es immer mehr solcher Unternehmen gibt, die sich auf eine bestimmte Größenordnung der Produktion beschränken, ergibt sich ein interessanter Aspekt für die Stadtplanung: Es lassen sich die Gewerbeflächen besser ausnutzen, wenn nicht jedes neu angesiedelte Gewerbe großzügige Expansionsflächen miterwirbt, wozu die Wirtschaftsförderung zuvor geraten hatte. So werden aus Unternehmen ohne Wachstum Städte ohne Gewerbeflächenwachstum.

Veränderte stadtregionale Ökonomie

Resiliente postfossile Städte sind letztlich nur zu denken, wenn Wirtschaft, Mobilität und Konsum energie- und ressourcensparend, klimafreundlich und flächenneutral werden und eine sozial gerechte und lebenswerte Stadtregion ermöglichen. Eine hierauf zielende Wirtschaftsförderung wird sich neu orientieren, lokale Wirtschaftskreisläufe stimulieren, an den örtlichen Bedarfen ausrichten, Investitionsmöglichkeiten für das regionale Kapital anregen, Lernprozesse und Kompetenzbildung vorantreiben.[98]

Eine „Post-Oil-City" bedarf eines regionalen Umfeldes zur Ergänzung möglicher Lücken in der Energie-, Ernährungs- und Wohnungsversorgung, sodass sich eine neue Balance zwischen Selbst-, Nah- und Fernversorgung einstellt. Redundanz[99] dient dazu, mögliche Angebotsausfälle kompensieren zu können, Fluktuation auf Märkten zu ermöglichen (z.b. im Wohnungs- und Ausbildungsmarkt) und die ökonomische Effizienz zu verbessern. Resiliente Städte und Regionen werden die Bedeutung informeller Arbeit neu wertschätzen. Als Lernorte werden sie die Gelegenheiten zur Kommunikation ausbauen, um die Netzwerke der Region aktiv zu halten und immer wieder thematisch neu zu knüpfen. Dies rüstet gegen Krisenereignisse und schafft die kommunikative Dichte, welche notwendig ist, um Wertschöpfungsverflechtungen auszubauen, neue Ideen zu generieren und Innovationen umzusetzen.

Zu den planerischen Rahmenbedingungen gehören Maßnahmen wie eine veränderte Siedlungs- und Gewerbeflächenpolitik, welche gemeinsam mit den Nachbarkommunen erarbeitet wird, um Kooperationsdividenden einzufahren. Um die Rückkehr nicht störenden Gewerbes in die Wohnquartiere zu fördern, Verkehre zu vermindern, Kooperation und Kommunikation zu vergrößern, werden auch bestehende Bebauungspläne zu überdenken sein. Der demografische Wandel zwingt unter Schrumpfungsbedingungen zu Rückbau und Anpassung der Siedlungs- und Infrastrukturen, sodass Remanenzkosten wirksam reduziert werden und neue Lösungen entstehen können.

All dies erfordert eine hohe Anpassungsbereitschaft und Lernfähigkeit. Lernprozesse zu entfalten und Ergebnisse in verändertes Planen und Handeln umzusetzen, wird eine der zentralen Eigenschaften resilienter Entwicklung sein. Das gelingt nur mit einer veränderungsbereiten Wirtschaft der Region und der neugierigen Lernbereitschaft aller Beteiligten.

Covid-19 und neue Stadt-Land-Relationen

Der säkulare Schock der Corona-Pandemie (Covid-19), die 2020 begann, betrifft nicht nur Ökonomien und Lebensverhältnisse, sondern verändert auch die Relationen zwischen Stadt und Land. Die Maßnahmen zur Eindämmung der Pandemie haben die globalen Reise- und Warenströme unterbrochen. Neben dem Rückgang direkter Nachfrage von Konsumgütern des mittelfristigen Bedarfs gerieten auf globaler Beschaffung basierende

Wertschöpfungsketten in Lieferschwierigkeiten[100]. Die Gefährdung der weltweiten Beschaffung begünstigte Überlegungen, eigene Kapazitäten in den Heimatregionen aufzubauen – mit Folgen für die Flächennachfrage vor allem im Stadt-Umland-Bereich.

Die Pandemie wirkt als Beschleuniger der Digitalisierung. Durch die Umstellung auf Homeoffice und digitale Kommunikation hat sich die Arbeitswelt stark verändert, indem viele Beschäftigte ihre Berufstätigkeit während der Pandemie überwiegend von zu Hause erledigten und Dienstreisen durch Videokonferenzen ersetzt wurden. Soziale Ungleichheiten traten zutage: Wer ein Einfamilienhaus mit Garten oder einen Zweitwohnsitz auf dem Lande besaß, konnte die Lockdown-Phasen sehr viel gelassener ertragen als Alleinerziehende mit zwei Kindern in kleinen Wohnungen ohne Balkon in der Stadt. Viele Unternehmen entdeckten die Vorteile ortsflexibler Arbeit und bekundeten, die Homeoffice-Angebote weiter auszudehnen[101]. Zudem wird über die Einführung der Vier-Tage-Woche nachgedacht[102]. Auch dies würde die Relation zwischen Arbeitszeit und Freizeit verändern und damit mehr Flexibilität der konkreten Gestaltung ermöglichen bis hin zu vergrößerten Möglichkeiten, Wohnstandorte mit höherer Freiraumqualität aufzusuchen.

In der Pandemie verloren die Anziehungspunkte der Städte (Dichte, vielfältige Innenstädte) ihre Vorteile, zugleich kam es zu einer Umwertung der Wohnattraktivität. Bislang basierte die Wohnortwahl neben der Erschwinglichkeit auf weiteren ökonomischen Kriterien wie Arbeitsplatznähe und Erreichbarkeit. Mit zunehmendem Arbeitsanteil im Homeoffice ergibt sich die Möglichkeit, weiter entfernt vom Arbeitsplatz zu wohnen (durchaus auch preiswerter) und bei Bedarf fernzupendeln. Wenn nun weniger die Arbeitsplatznähe, sondern mehr die Lebensqualität des Wohnstandortes die Wohnortwahl bestimmt, vergrößern sich die Chancen von Stadt-Umland-Bereichen und weiter entfernt gelegenen Regionen sowie von Dörfern, von der neuen Bewegung aus der Stadt zu profitieren.

Alle genannten Faktoren deuten darauf hin, dass die Covid-19-Pandemie zu einer Veränderung der Stadt-Land-Relationen beitragen kann. Die Richtung deutet auf eine Aufwertung der ländlichen Räume zulasten der großen Agglomerationen. Die Entfernung zum Arbeitsplatz wird für viele Beschäftigte immer unwichtiger, auch Selbstständige bekommen mehr Wahlfreiheit des Betriebsortes, wenn sie nur selten zu Kundenterminen in die Ballungszentren reisen müssen. Je geringer die Bindungskräfte der Agglomerationen für Jobs und Präsenz vor Ort werden, desto größer werden die Zuzugschancen für ländliche Räume, insbesondere wenn ihre zentralen Klein- und Mittelstädte und Dörfer gleichzeitig ihre Attraktivität als lebenswerte, gesunde und soziale Wohnstandorte steigern. Dies reduziert die sozialräumlichen Disparitäten, stärkt die ökonomische Bedeutung ländlicher Räume für die Energie- und Ernährungswende sowie die ökologischen Funktionen im Bereich von Klimaschutz, Treibhausgassenken und Biodiversität – denn ohne ländliche Räume werden diese Ziele nicht erreicht werden. Angesichts der daraus auch auf dem Lande zunehmenden Flächenkonkurrenz kommt der Raumplanung eine wichtige Mittlerfunktion im Rahmen der sozialökologischen Transformation auch für den Stadt-Land/Dorf-Dialog zu.

Anmerkungen

1 Kübler, Speckhardt (Randgruppe) 2012, 50. In diesem Zusammenhang wurde auch der Begriff „Resilienz-Test" mit Blick auf die 2013 gestartete Internationale Bauausstellung (IBA) Thüringen in die Diskussion gebracht. Daran anknüpfend und zugleich methodisch weitergeführt: Masterlabor 2016, Resilienztest – mehr als nur Plan B, in: *Planerin* 3/16, 45–46.

2 Vgl. dazu Walker, Salt 2012, 20. Resilienz ist weder „gut" noch „schlecht". Es kommt auf die gesellschaftliche Zielrichtung an, die im Widerstand gegen Störungen reift, also erlernt werden muss.

3 Schneidewind, Singer-Brodowski 2013, 72.

4 BBSR 2018, 15. Hier wird die „Bereitschaft zum Lernen" als ein essenzielles Charakteristikum von Resilienz betont, welches für „Veränderung", „kritische Selbstreflexion" und „Reorganisation" – also Transformation – notwendig ist.

5 Vale, Campanella 2006.

6 https://www.bbsr.bund.de/BBSR/DE/veroeffentlichungen/sonderveroeffentlichungen/2018/stress-test-stadt.html (14.03.2021).

7 Gunderson, Holling 2002, 75.

8 Pestel-Institut 2010.

9 Peters, Leimeister 2013: http://www.gegenblende.de/19-2013/++co++000aa52a-5bdc-11e2-959d-52540066f352 (15.12.2013) sowie Leimeister, Peters 2012.

10 Läpple 2013, 20, sowie Hoffmann-Axthelm 1996, 230: „Raum ist die oberste Planungskategorie" sowie 234–235 und 252: Hier wird für eine funktionale Mischung plädiert, die nur durch „Ungleichzeitigkeit" als wesentlicher Faktor erreicht werden kann. Zeit spielt für die Planung sozialer Prozesse in der Stadt eine besondere Rolle; die „Ungleichzeitigkeit" wird zum „Planungsraum" der modernen Stadtgesellschaft, welcher in den gegenwärtigen Wandlungen neu zu disponieren ist. Weiterhin soll auf die Diskussion verwiesen werden, die seit über zehn Jahren den „Raum" als Gegenstand planerischer und forschender Tätigkeit neu interpretiert. Siehe auch: Zibell 2003, 16–24.

11 Läpple 2013, 21.

12 Hahne 2013b, 32.

13 Zitiert nach Peter Sloterdijk, in: Jakubowski, Kaltenbrunner 2013, 281.

14 Zitiert nach Peter Sloterdijk, in: Jakubowski, Kaltenbrunner 2013, 285.

15 Gewiss können solche Experimente auch unter anderen Gesichtspunkten und unter anderen gesellschaftlichen Bedingungen als denen der Bundesrepublik Deutschland betrachtet werden. Hier steht aber die Methode im Vordergrund.

16 Schneidewind, Singer-Brodowski 2013, 127, sowie auch Hahne 2013b, 32–33.

17 Leimeister, Peters 2012, 3, sowie http://idw-online.de/pages/de/news565214 (15.12.2013). Die Position zu gesellschaftlich notwendigen Dienstleistungen wird vorrangig aus Sicht der Gewerkschaften vorgetragen. Trotz mancher Einschränkungen (Wachstumsorientierung und Blickverengung auf aktuelle Politikdefizite) steckt in diesem Ansatz ein Potenzial für eine gesellschaftliche Debatte über Grundwerte und eine gesellschaftliche Transformation.

18 Siehe: http://www.gegenblende.de/19-2013/++co++000aa52a-5bdc-11e2-959d-52540066f352 (15.12.2013).

19 Hahne, Stielike 2013, 5–8 sowie 28 ff. Die Autoren fordern eine Neuinterpretation der räumlichen Gerechtigkeit im Sinne eines Wandels von der „Verteilungsgerechtigkeit" zur „Chancengerechtigkeit". In: http://www.ethik-und-gesellschaft.de/mm/EuG-1-2013_Hahne-Stielike.pdf (27.12.2013).

20 Hahne, Stielike 2013, 18. Auf europäischer Ebene wird auch von „Universaldienstleistungen" gesprochen, zu denen elementare technische und soziale Dienste gerechnet werden. In: http://www.ethik-und-gesellschaft.de/mm/EuG-1-2013_Hahne-Stielike.pdf (27.12.2013).

21 http://www.gegenblende.de/19-2013/++co++000aa52a-5bdc-11e2-959d-52540066f352 (15.12.2013).

22 Zapf, zitiert nach: Leimeister, Peters 2012, 3.

23 Wiechmann 2008, 41–45. Hier wird betont, dass letztlich ein „komplexes Zusammenspiel von Taxis und Kosmos, von geplanten und spontanen Elementen" die strategische Planung ausmacht. Dieses Modell steht Pate für Zuordnungen bei den Resilienzkategorien.

24 Masterlabor 2146 (2016): Resilienztest – mehr als nur Plan B, in: *Planerin* 3/16, S. 45–46, sowie http://www.bbr.bund.de/BBSR/DE/FP/ExWoSt/Studien/2014/StresstestStadt/01_Start.html?nn=431364&notFirst=true&docId=1127580 (11.09.2016).

25 Wiechmann 2008, 80–88. Insbesondere der neuere Planungsbegriff, der „das graduelle Justieren an emergenten Strategien, retrospektive Interpretation und kollektives Lernen" (80) einschließt, bildet einen Hintergrund für die Systematik zu Planungen für die resiliente Stadtregion.

26 Harvey 2006, 130, 133–135. Harvey bezieht sich auf Lefebvre (1991/2002): *The Production of Space*, Oxford. Siehe dazu auch: Schroer 2009, 361. Hier wird die Grundlage für ein Verständnis von Raum als einem netzartigen Gefüge von Relationen, aber auch von kulturellen Bedeutungen gelegt. So kann der urbane Raum durch die Bildung und stetige Aneignung eines Relationsnetzes entstehen. Für die Resilienz bildet das soziale Verständnis von Raum als Relation – also über dasjenige des „Container-Raumes" hinausreichend (ohne diesen zu ignorieren) – eine wichtige Grundlage.

27 Sieverts 2001, 7. Die Auseinandersetzungen um die „Zwischenstadt" legen Zeugnis ab von der Brisanz dieser beiden Schwerpunkte im stadträumlichen Diskurs.

28 Hoffmann-Axthelm 1996, 226.

29 http://www.john-cage.halberstadt.de (02.10.2013).

30 Cage-Stiftung o. J., 1.

31 Siebrecht 2003, 73.

32 Cage-Stiftung o. J., 3.

33 http://www.freiepresse.de/NACHRICHTEN/KUL-TUR/Die-Entdeckung-der-Langsamkeit-arti-kel8550575.php (02.10.2013).

34 Zu diesem Thema ausführlich: Rosa 2012.

35 http://www.halberstadt.de/de/ueber_die_stadtge-schichte.html sowie http://www.halberstadt.de/me-dia/pdf/kultur/stadtchronik/1990_98.pdf (07.10.2013) und Neumann 2013, 49–54, Buchmann 2008, 29.

36 Neumann 2013, 31.

37 Neumann 2013, 31–43, insbesondere 32. Das Buch trägt den Titel *Halberstadt im Wandel*. Darin wird auch auf den ersten Trittstein aufmerksam gemacht: der Wiederaufbau des historischen Brunnens. Dieser hatte vor dem Rathaus gestanden, wurde zu-nächst auf dem Areal des Fischmarktes 1971 errich-tet und kam dann 1998 wieder vor das Rathaus auf den Holzmarkt. Die Aufstellung dieses Brunnens war so etwas wie das frühe „Wetterleuchten" des späte-ren Wiederaufbaus.

38 Rycken 1993, 194–195.

39 Kuratorium Stadtkultur Halberstadt e. V./Hg. 2010, 1.

40 Kuratorium Stadtkultur Halberstadt e. V./Hg. 2010, 4.

41 http://www.aslsp.org/de/klangwechsel.html (07.10.2013).

42 Kuratorium Stadtkultur e. V./Hg. 2010, 4.

43 Buchmann 2008, 108, sowie http://www.halber-stadt.de/media/pdf/kultur/stadtchronik/1990_98. pdf (07.10.2013) und Stadt Halberstadt/Hg. 1998.

44 http://www.halberstadt.de/de/ueber_die_stadtge-schichte.html (07.10.2013).

45 http://www.halberstadt.de/media/pdf/leben_woh-nen/stadtplanung/isek/isek_hbs_web-mit_karten. pdf insbesondere 15, 28, 46 (07.10.2013).

46 Kuratorium Stadtkultur Halberstadt e. V./Hg. 2013, 8.

47 Weiterführende Literatur: Ripp (2013): *Krisen: Chancen für die Altstadt? Zur Rolle des gebauten Kulturerbes als urbaner Resilienzfaktor*, in: Forum Stadt. Vierteljahreszeitschrift für Stadtgeschichte, Stadtsoziologie, Denkmalpflege und Stadtentwick-lung, 2, Stuttgart.

48 Siehe die Resonanz auf das Cage-Projekt unter http://www.john-cage.halberstadt.de (07.10.2013) sowie http://www.nzz.ch/aktuell/feuilleton/ueber-sicht/das-langsamste-orgelkonzert-der-welt-1.18219603 (21.01.2014).

49 Stadt Bochum/Hg. (2010): *Charrette – Bochum Havkenscheid*, Bochum. Die Aussagen zu dem Thema dieses Kapitels beziehen sich auf diese Projektdokumentation, an der der Autor beteiligt gewesen war. Uwe Langer, Stadtverwaltung Bo-chum, gab dankenswerterweise Hinweise zu den aktuellen Entwicklungen der Stadt.

50 Wagner 1993, XXVII ff. Siehe auch: Prossek et al. 2009, 64–71.

51 Prossek et al. 2009, 24–25.

52 Wagner 1993, XXXI.

53 Wagner 1993, XXXI.

54 http://www.bochum.de/C125708500379A31/ vwContentByKey/W292UFE6404BOCMDE/ nav/6Y8CFR912BOLD (23.11.2013).

55 http://www.bochum.de/C125708500379A31/ vwContentByKey/W29B99PN448BOCMDE/ nav/6Y8CFR912BOLD (23.11.2013).

56 Dietz 1990, 55 ff. Die Gründung der Ruhr-Universität erstreckte sich über vier Phasen von 1959 bis 1965 und spiegelte einen komplizierten parlamentari-schen und bildungspolitischen Vorgang. Der Stand-ort der Pionieruniversität im Ruhrgebiet war lange umstritten, bis sich Bochum durchsetzte.

57 Dietz et al. 1990, 62.

58 http://www.bochum.de/C125708500379A31/
vwContentByKey/W27JXH4H300BOLDDE
(23.11.2013). Die Nachnutzung des ehemaligen
NOKIA-Werksgeländes wurde mit einem Entwicklungskonzept für ein interkommunales Gewerbege-
biet vorbereitet. Damit war der Versuch gescheitert,
die „alte" Industrie mechanisch durch „neue" Industrie zu ersetzen. Die Globalisierung hat diesem Ansinnen einen Strich durch die Rechnung gemacht.
Siehe auch: http://www.derwesten.de/wirtschaft/
nokia-opel-thyssen-krupp-was-bleibt-bochum-
id6307119.html (23.11.2013).

59 Prossek et al. 2009, 154.

60 Sack 1999, 118–120. Die Planung und Gestaltung des
Westparks oblag den Büros Sieverts, Trautmann,
Knye-Neczas sowie Danielzyk und Leuchter.

61 Sack 1999, 120.

62 http://www.ruhrtriennale.de/de/ruhrtriennale/ge-
schichte/ (23.11.2013). Diese „Triennale" geht im
Grunde auf die IBA Emscher Park zurück. Seit 2002
finden in der „Jahrhunderthalle" wegbereitende Inszenierungen statt, die Impulse für die kulturelle Erneuerung der Stadt und der Region stiften.

63 http://www.schauspielhausbochum.de/spielplan/
das-detroit-projekt/ (23.11.2013).

64 http://www.schauspielhausbochum.de/spielplan/
das-detroit-projekt/stadtgespraech-1-bochum-de-
troit/447/ (23.11.2013).

65 Katalyse-Technikergruppe 1982, 6–9 sowie 165ff
und 209ff.

66 Jochimsen 1991, 66–69.

67 Vgl. zusammenfassende Darstellungen in: Stadt
Bochum 2010, 4.

68 Sieverts 2001, 103ff.

69 Sieverts 2001, 104–105.

70 http://www.bochum.de/C125708500379A31/Cur-
rentBaseLink/W27JXH4H300BOLDDE#par25
(23.11.2013).

71 Projekt Ruhr GmbH 2005, 48–51.

72 Machbarkeitsstudie zur Bewerbung für die Bundesgartenschau (2015) 2007.

73 Machbarkeitsstudie zur Bewerbung für die Bundesgartenschau (2015) 2007, 68–69 und 104.

74 Es gibt keine öffentlich zugänglichen Dokumente
für diesen Vorgang; die Information erhielt der Autor
im Rahmen der Beauftragung für die Charrette zur
Entwicklung des Wohnungsbaus auf dem Gelände
am Rand der Stadt im Jahr 2008 von der Stadtverwaltung.

75 Vgl. dazu: Stadt Bochum 2010, 36–44, und Dokumentation des Abschlussberichts (unveröffentlicht)
2013 sowie: http://www.bochum.de/
C125708500379A31/vwContentByKey/
W27JXHJN354BOLDDE#par2 (23.11.2013).

76 Anfrage an den Autor vom 17.06.2013 per E-Mail:
„[...] ich bin Sabine Reich, Dramaturgin am Schau-
spielhaus Bochum. In der kommenden Spielzeit or-
ganisieren wir zusammen mit den ‚Urbanen Künsten
Ruhr' das internationale Stadt- und Kunstprojekt
‚This is not Detroit'. Ich lade Sie herzlich ein, an unse-
rem Eröffnungssymposium am 11. Oktober 2013 in
Bochum teilzunehmen. Auslöser für das Projekt ist
die Schließung des Opel-Werkes in Bochum: Nach
über 50 Jahren schließt 2014 der größte Arbeitgeber
der Region, der die Stadt ökonomisch wie kulturell
prägte. In dem Projekt möchten wir mit künstlerischen Interventionen dem Neuanfang nach der Krise
Impulse geben. [...] Ich möchte ein Symposium unter
den Begriff der ‚Resilienz' stellen – und so bin ich auf
Ihre Arbeitsgruppe [„Raum und Resilienz" HK] gestoßen. [...] Das Symposium ist eine Art Eröffnung,
bei dem sich die beteiligten Projektpartner das erste
Mal in diesem Rahmen treffen und zusammenarbei-
ten. Es sollen verschiedene Perspektiven im Umgang
mit Krisen und Umbrüchen vorgestellt werden. Wir
laden zu dem Symposium öffentlich ein, ca. 100 Personen können daran teilnehmen. [...]."

77 Stadt Bochum 2004, 3. In dieser Kurzdokumentation einer Rahmenplanung, die für die öffentliche
Kommunikation des Themas *Cityradialen* in Bochum
vorgesehen war, werden ein städtebaulicher Über-
blick sowie planerische Leitvorstellungen zu den
acht Radialen Bochums gegeben. Bochum gehörte
damit zu den Vorreitern in der planerischen Beschäf-
tigung mit dem Thema Radialen in Deutschland.
Darin findet der Zusammenhang von städtebaulicher
Struktur und Verkehr einen prägnanten Ausdruck.
Weiterführend zu diesem Kontext: Holzapfel, H.
(2012): *Urbanismus und Verkehr*, Wiesbaden.

78 Der Gastbeitrag stammt von Ulf Hahne, bearbeitet
von Harald Kegler.

79 So in Hessen im ersten ländlichen Regionalpro-
gramm von 1984.

80 http://enrd.ec.europa.eu/leader/

81 Dietl 2010, 15ff. Am Beispiel der Suburbanisierung
von Dörfern wird die Relation von Stadt und Land
untersucht und dabei u. a. herausgearbeitet, dass die
Aufmerksamkeit gegenüber dem ländlichen Raum in

der Fachliteratur – verglichen mit dem zur Stadt – gering ist.

82 Droege 2009.

83 The Integral Urban House 1974.

84 Bundeskanzleramt 1979.

85 Ein Ziel des seit 1967 in Deutschland geltenden „Stabilitäts- und Wachstumsgesetzes".

86 Baecker 2011.

87 Typische Untersuchungen hierzu: Lang 2012, Plöger, Lang 2013 (zu größeren Strukturbrüchen), Jakubowski, Lackmann, Zahrt 2013 (zur Konjunkturreagibilität von Arbeitsmärkten)

88 In diese Richtung zielt der Untersuchungsansatz des Pestel-Instituts 2011.

89 www.100-ee.de.

90 Gothe, Hahne 2005.

91 Dahm, Scherhorn 2008.

92 Rifkin 2000.

93 Kennedy, Lietaer 2004.

94 Binswanger 2006.

95 Sukhdev 2013.

96 Hiß 2012.

97 Vgl. Schwerpunktthema „Wachstumsneutrale Unternehmen" in: Ökologisches Wirtschaften 1.2013.

98 Hahne 2012.

99 Grabher 1994.

100 Hayakawa/Mukonoki 2021.

101 ZEW 2020.

102 Preuß 2020.

4 Experimente zur Resilienz („Revolt-Effekt"): Mülheim und Ferropolis

In den folgenden Beispielen wird eine Annäherung an den experimentellen Erwerb von Resilienzbereitschaft[1] gesucht, welche dann wiederum als Impulsgeber („Revolt") für den Selbsterneuerungsprozess am Umbruch der Stabilitätsphase wirken kann. Das kollektive Erfahrungswissen der Stadtgesellschaft bildet sich aus einer Vielzahl von Prozessen, die über Generationen einen solchen Wissensbestand haben reifen lassen: „[…] Veränderungen [werden] von Leuten beschlossen, welche Teile des städtischen Systems sind."[2] Die von Lucius Burckhardt definierten „Leute" schließen die Zivilgesellschaft ebenso ein wie Künstler, Verwaltungen oder Unternehmen. Vorab sei auf die Gefahr hingewiesen, nach der Resilienz lediglich als latent vorhandene Erscheinung behandelt wird, nicht aber als anzustrebende Handlungsebene. Vorschnelle Analogien könnten gezogen werden, wo mehr Empirie notwendig wäre.[3] Zudem können verkürzte Rückschlüsse auf Resultate zu deren Überinterpretation verleiten. Eingedenk dieser methodischen Risiken zeigen die Fallbeispiele, welche Bereitschaft zum Experiment erkennbar ist: Eine Akteur-Netzwerk-Planung (Charrette in Mülheim an der Ruhr) und ein Strategieimpuls (Vision für *Ferropolis*) werden detailliert behandelt.[4] Der beschreibende und wertende Ansatz kann das Verständnis für die Rollen von Akteuren und Strukturen bei Experimenten an der Grenze von Gesellschaft und „Natur" sowie von „Kultur" und „Natur" fassbar werden lassen.[5]

Die Experimentalkultur ist zwar nicht spezifisch für die Resilienz und den transformativen Ansatz, besitzt aber übergreifende Bedeutung: Um die von Emmott eröffnete Erkenntnislücke als Chance begreifen zu können, sind gezielt Experimente im Beteiligungsbereich und kulturellen Sektor notwendig, da gerade „völlig unbekanntes Terrain" angesteuert wird.[6] Dieses nur schwer bestimmbare Terrain einer transformativen Stadt wird in hohem Maße von den Leitbildern, Zielen und Hoffnungen der Stadtgesellschaft – sozialkulturellen Faktoren also – bestimmt.[7] Diese stehen in einem – zeit- und raumversetzten – Verhältnis zu externen Bedingungen, wie sie aus übergreifenden Prozessen des ökologischen oder demografischen Wandels resultieren. In zweiter Hinsicht beeinflussen lokale Rahmenbedingungen den Entwicklungsweg der jeweiligen Stadt. Das Gewinnen von Identitäten schafft die Motivation für eine aktive Bewältigung der Herausforderungen in einem ungewissen Zukunftsgebiet. Jedes Experiment birgt Risiken und kann erfolglos enden. Jedes Experiment besitzt jedoch auch einen enormen Vorzug: Es kann ertragreich sein als Erfahrungsgewinn und als Beitrag zum Aufbau von Wissens- und Handlungskapazitäten für eine resiliente Stadtregion.

4.1 Charrette in Mülheim an der Ruhr

Der Stadtgrundriss bestimmt – wenngleich nicht immer bewusst – den Lebensalltag der Menschen. In Mülheim an der Ruhr, gelegen im westlichen Ruhrgebiet, wurde er in den zurückliegenden Dekaden erheblich verändert. Mit den jüngsten Brüchen der Stadtentwicklung infolge demografischer und ökonomischer Wandlungen zeigten sich die Eingriffe in den Stadtgrundriss und damit dessen strukturelle Probleme. Die Innenstadt ist von ihnen besonders betroffen.

Zur Lösung dieser offenbar werdenden Schwierigkeiten suchte die Stadtverwaltung 2011 ein Verfahren, das neue Zugänge verspricht: das sogenannte Charrette-Verfahren, eine öffentliche Planungsmethode zur Stadt- und Regionalentwicklung mit direkter Beteiligung der Bürger. Dabei geht es um ein heuristisches Verfahren, also ein Arbeiten mit unbekannten Größen und offenen Konstellationen. Ein Experiment war geboren. Was hebt Mülheim an der Ruhr nun in den Stand eines auszuwählenden Beispiels?[8]

Der Hintergrund

Im *Weißbuch Innenstadt* des Bundesbauministeriums vom Juni 2011 heißt es: „Die Innenstadt ist ein einzigartiger und unverwechselbarer Identifikationsort für die gesamte Bürgerschaft. In den Innenstädten ist die deutsche und europäische Stadt-Geschichte erlebbar. Hier liegen die historischen Ursprünge, häufig befinden sich hier die bedeutsamen Denkmäler und Bürgerhäuser. Das gleichermaßen erlebbare Engagement für gut erhaltene Stadtkerne in Groß-, Mittel- und Kleinstädten ist ein Beleg dafür, dass dieses Kulturgut lebendig bleibt."[9] Weiter wird die grundlegende Bedeutung der Zentren hervorgehoben: „Innenstädte stellen heute beachtliche ökonomische Werte dar, die

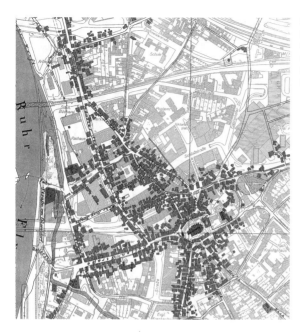

Drehung des Stadtgrund-
risses – Planüberlage-
rung von Mittelalterstadt
und Nachkriegszustand
mit Straßendurchbrüchen
(1829 und 1974)

es zu bewahren gilt. Über Jahrhunderte haben private und öffentliche Hand umfangreiche Investitionen in Gebäude und in die private und öffentliche Infrastruktur getätigt. [...] Diese Investitionen sind in Gefahr, wenn die Innenstädte ihre wirtschaftliche Basis verlieren [...]."[10] Die Notwendigkeit von deren Erhalt dürfte kaum bezweifelt werden.[11] Die Innenstadt kann demnach als ein „Anker" für die Stadtgesellschaft angesehen werden. Sie zu erhalten, ist inzwischen verbreiteter Konsens. Eine Auseinandersetzung mit diesem Thema könnte sich eigentlich erübrigen. Das war (und ist) allerdings nicht immer so.

Die Innenstadt von Mülheim an der Ruhr hat nach 1945 enorme Transformationen erfahren.[12] Im Grundriss der Stadt bleiben die Spuren wechselnder Leitbilder als überschriebene Codes auch hier ablesbar.[13] Und so lassen sich der Stadtgrundriss und dessen bauliche Manifestation für die Erkundung von deren Geschichte und für die Selbsterneuerung heranziehen.

Die Ausgangslage

Mülheim an der Ruhr ist eine durch Bergbau und Stahlindustrie geprägte Großstadt mit rund 168000 Einwohnern. Der demografische Wandel, ein verändertes Einkaufsverhalten, die wachsende Konkurrenz durch benachbarte Städte und Einkaufszentren führten dazu, dass die Innenstadt an Attraktivität verlor und sich eher zu einem Nebenzentrum[14] entwickelte.[15] Der Wiederaufbau nach dem Zweiten Weltkrieg und die Stadtentwicklungspolitik der 1970er-Jahre sollten den Stadtkern zu einer modernen, autogerechten „City der neuen Dimension"[16] umbauen: „1974 war die Schloßstrasse eine der modernsten und vollständig mit einer Tiefgarage unterbauten Fußgängerzonen in der Republik. In den folgenden Jahren wurden zahlreiche Fachgeschäfte von Ketten- und Billigläden abgelöst. [...] Mit der Eröffnung des Rhein-Ruhr-Zentrums [...] 1973 begann eine Entwicklung, die eine erhebliche Verkaufsflächenvermehrung [...] zur Folge hatte [...], die das Kaufkraftwachstum weit hinter sich ließ."[17]

Mülheim hatte großflächige Kriegszerstörungen erlitten. Weite Teile der Innenstadt waren betroffen. Der Wiederaufbau wurde genutzt, um Straßendurchbrüche für die neuen Dimensionen der innerstädtischen Kommerzialisierung zu bewirken: „1955 wird die Leineweberstraße [Parallelstraße zur Fußgängerzone HK] als Brückenachse nach Osten durch die zerstörte Altbebauung gelegt. Die Folge ist neben der Änderung des überkommenen Stadtgrundrisses das Zerschneiden der Verbindung zwischen dem alten Zentrum Mülheims auf dem Kirchenhügel und dem neuen Zentrum um den Rathausmarkt."[18] Letzterer war im Zuge der Errichtung eines neuen Rathauses 1912 bis 1915 am westlichen Rand der Altstadt angelegt worden.[19]

Ab 1953/1955 wurde die Idee der Innenstadtdrehung mit zwei Symbolbauten im südlichen Innenstadtteil eingeleitet, dem *Kaufhof* (Erweiterung 1962 mit erstem Hochparkhaus in Mülheim) und dem *Riekenhaus,* einem Hochhaus für Wohn- und Geschäftszwecke.[20] „Aus dieser Zeit stammte das über viele Jahre funktionierende ‚Knochensystem': zwei Einzelhandelsmagneten – das Kaufhofgebäude und das Einkaufszentrum ‚City-Center' (‚Hertie', heute ‚Forum'), verbunden durch die Schlossstraße als Fußgängerzone. Mit der Schließung des ehemaligen Magneten ‚Kaufhof' verlagert sich der Schwerpunkt des innerstädtischen Einzelhandels immer stärker in Richtung ‚Forum', während Leerstände im Quartier ‚Untere Schlossstraße' zunehmen. Der Leerstand der ehemaligen Kaufhof-Immobilie sorgt für sogenannte Trading-Down-Prozesse in integrierter Innenstadtlage und lässt die Innenstadtbesucher die Nähe zur zukünftigen Ruhrpromenade und ihren neuen Wohnlagen nicht erleben. Es besteht somit die Notwendigkeit, aber auch die Chance, sich von dem überholten Funktionsschema zu lösen und eine zukunftsweisende Systemerneuerung der Innenstadt zu erzielen."[21]

Genau diesen Umstand brachte eine Mülheimer Künstlerinitiative mit der Aktion „Schlimm-City" als „künstlerischer Bestandsaufnahme" der Situation in der Innenstadt vom 14. September bis 9. Oktober 2011 für die Öffentlichkeit zum Ausdruck.[22] Die Initiative hat mit ihrer Aktion nicht unwesentlich dazu beigetragen, dass sich die Stadt an dem experimentellen Forschungsprojekt beteiligt hat. Mit ihrer Aktion im Hochparkhaus des „Kaufhofs" führte sie „die Auseinandersetzung zwischen transformativer Kunst und transformierter Stadt weiter"[23] und gab damit einen Impuls für Überlegungen zum Wandel der Stadt.

Der strukturelle Umbruch in der Mülheimer Innenstadt ist kein Einzelfall: „Was für ein Abstieg: Die einst blühenden Kaufhäuser, die stolz ‚alles unter einem Dach' geboten und die Massen damit angelockt haben, sind nur noch ein Schatten einstiger Größe. Insolvenzen sind in ihren Kreisen üblich geworden. Innerhalb von anderthalb Jahrzehnten haben die deutschen Vorzeigekonzerne Hertie, Karstadt und Kaufhof die Zahl ihrer Standorte auf etwa 200 halbiert."[24]

Diese Tendenz bewog die Stadt, sich für das Forschungsprogramm *Experimenteller Wohnungs- und Städtebau* (ExWoSt) des Bundesbauministeriums zu bewerben. Von rund 130 Bewerbern wählte das zuständige Bundesamt für Bauwesen und Raumordnung eines von acht Projekten für das ExWoSt-Modellprojekt „Innovationen für Innenstädte" aus.[25] Im Rahmen des Forschungsvorhabens sollten insbesondere folgende Fragen[26] bearbeitet werden:

· Welche Entwicklungsperspektiven hat die große Fläche des ehemaligen Magneten *Kaufhof*?
· Wie können sie und ihr Umfeld (weiter)entwickelt werden?

- Wie lassen sich die Ergebnisse einer öffentlichen Planungsmethode in dauerhaftes Verwaltungshandeln überführen?

Kern der Bewerbung Mülheims im ExWoSt-Projekt war ja die Durchführung einer „Charrette" als Methode partizipativer strategischer Planung.[27] Es war das erklärte Ziel, mittels einer radikal öffentlichen und offenen Planung einen Impuls für den Erkenntnis- und Planungsprozess zur Innenstadtentwicklung zu setzen.

Das Experimental-Verfahren

Im ersten Ergebnisbericht zum Charrette-Verfahren, den die Stadt veröffentlichte, heißt es: „Mit einer großen Auftaktveranstaltung zum Bundesmodellprojekt ‚Innovationen für Innenstädte', welches vom Bundesinstitut für Bauwesen, Stadtentwicklung und Raumordnung ausgelobt wurde, startete in Mülheim an der Ruhr am 2. und 3. Februar 2012 das Modellprojekt. [...] Mülheim [...] begann umgehend mit der Vorarbeit zur Bürgerbeteiligung: Bereits einen Monat nach dem Auftakt fand mit einer Mini-Charrette (29.2. und 1.3.2012) die unmittelbare Vorbereitung für die eigentliche Charrette-Woche statt. Hier wurden Schlüsselvertreter der Stadtgesellschaft, der Verwaltung und Politik über den Prozess informiert, und [hier wurde] zugleich angeregt, sich dann aktiv einzubringen. [...] Mit der Charrette vom 26. bis 30. März 2012 gelang der Stadt [...] ein fulminanter Start sowohl in das Forschungsprojekt als auch in die Neujustierung der Innenstadtentwicklung. [...] Die Beteiligung von Bürgerinnen und Bürgern war unerwartet hoch. Bis in die Abendstunden entwickelten sich kontroverse Diskussionen zur Zukunft der Mülheimer Innenstadt. Viele Ideen, Skizzen und Anregungen wurden gesammelt und werden auf ihre Umsetzungsfähigkeit hin geprüft."[28] Die Euphorie ist verständlich, aber soll kein Maßstab sein.

Ein Charrette-Verfahren zeichnet sich durch eine breit angelegte Offenheit aus, gepaart mit einer stringenten Ablaufdramaturgie. Beides ermöglicht die Teilnahme Interessierter und verknüpft diese Möglichkeit mit der Verbindlichkeit eines zu erreichenden Planergebnisses. Der klare Versuchsaufbau mit seiner dreistufigen Struktur eröffnet Spielräume für kreative Beiträge

ebenso wie für Aktivitäten von Teilnehmern aus den unterschiedlichsten Bereichen der Stadtgesellschaft. Es kommt, und das ist zu betonen, nicht auf den Umfang der Beteiligung an. Wichtig sind die Vielfalt und das Engagement der Mitwirkenden. Durch die intensive Vorbereitung der Charrette-Woche gelang der Stadtverwaltung eine Mobilisierung verschiedenster Akteurskreise, die aus Institutionen, der lokalen Wirtschaft, Bürgerinitiativen, Anwohnern, Eigentümern, politischen Parteien oder interessierten Menschen der Stadt zusammenkamen und Überlegungen für die Erneuerung der Innenstadt vortrugen. Alle Altersgruppen, aber auch unterschiedliche soziale Gruppierungen waren vertreten. Ihre Ideen reichten von Einzelmaßnahmen bis zu grundsätzlichen Vorschlägen für die Wandlung der Innenstadt.

Das Charrette-Prinzip lautet „Drei Phasen – Drei Tische"[29]: Die Haupt-Charrette dauert in der Regel sieben Tage und findet im Bearbeitungsgebiet an einem öffentlich gut zugänglichen Ort statt. Sie ist eingebettet in eine Vorphase: Analysen der Situation, Gespräche mit Akteuren, Erkundung von Planunterlagen. Ihr nachgeordnet ist eine Vertiefungs- und Implementierungsphase. Während der Haupt-Charrette wird täglich in aller Öffentlichkeit am Plan gearbeitet.

Die einzelnen Tage dieser Phase staffeln sich thematisch von der Ortserkundung über die Ideensammlung (Visionsbildung), die Bearbeitung von Teilbereichen bis zur Integration von Ideen und Planungen in ein Gesamtkonzept.

Im Planungslabor selbst erfolgt die Arbeit in offenen Gruppen an „Drei Tischen": Am „Ersten Tisch" wird im Diskurs an einzelnen, in der Vorphase ermittelten Themen unmittelbar am Plan gearbeitet. Hier geht es keineswegs um „Schönwetterthemen". Diesem Tisch fällt die Rolle des Empfangstisches zu: Ideen, Kritiken und konkrete Vorschläge werden aufgenommen, öffentlich präsentiert und für die weitere Verarbeitung aufbereitet. Planer übernehmen die Rolle von Moderatoren, Anregern, Kritikern und, besonders wichtig, der Zuhörer. Die entwickelten Lösungsansätze werden am „Zweiten Tisch" durch Fachleute unterschiedlicher Herkunft durchgearbeitet, überprüft und mit neuen Anregungen versehen. Daran wirken die lokalen Akteure der Stadtgesellschaft als Experten ihrer Stadt mit. Die gewonnenen Erkenntnisse gehen dann an den „Ersten Tisch" zurück. Nach einer weiteren Erörterung und einem „Durchlauf" am „Zweiten Tisch" werden die gefundenen Lösungen am „Dritten Tisch" in den allmählich wachsenden und reifenden Entwurf des Gesamtkonzepts eingearbeitet. Täglich finden Foren statt, in welchen die Zwischenresultate öffentlich diskutiert, kritisiert und ergänzt werden. In diese Diskussionen finden auch die Hinweise Eingang, die während spezieller Fachgespräche mit Experten bestimmter Sachthemen gefunden worden sind.

Mit einem Abschlussforum tritt das Gesamtkonzept in die Phase der Implementierung ein. Dies erfolgt durch Aufnahme in förmliche Bauleitkonzepte oder durch Vertiefung der Planungen für eine Umsetzung.

Das Stadtlabor in Mülheim war in einem leerstehenden Laden im Zentrum der Stadt angesiedelt und wurde „Wertstadt"-Labor – ein „Reallabor" – genannt. Die Charrette beanspruchte insgesamt sechs Tage:

Sonntag – 1. Tag – Beziehen des Stadtlabors

Montag – 2. Tag – Kennenlernen und Erkunden

Dienstag – 3. Tag – erste Ideen

Mittwoch – 4. Tag – Arbeit zu Einzelthemen

Donnerstag – 5. Tag – Konkretisierung der Pläne

Freitag – 6. Tag – finale Arbeit, öffentlicher Abschluss[30]

Als Ergebnis der Charrette-Woche konnten eine systematisierte Sammlung von etwa 450 Ideen der Stadtgesellschaft, ein Planungsmodell für die

Innenstadtstrategie („Netzstadt") sowie eine „Zukunftscollage" mit konkreten Planaussagen für die Erneuerung auf den Ebenen Innenstadtkern mit Kaufhof-Areal, Gesamtinnenstadt und regionale Verknüpfung vorgestellt werden. In dem gewählten Verfahren zeigte sich aber auch, dass die Planung den Charakter eines technokratischen Vorgangs verlor. Das Charrette-Verfahren vermittelte Planung geradezu als etwas Festliches, Erhabenes und motivierte zum Mitwirken.

Was zeichnet das „Experimentelle" des von der Stadt gewählten Planungsweges aus? Es ist das Unerwartete, das sich als neuer Pfad für die Zukunft der Innenstadt zeigt. Ausgangspunkt für das Beteiligungsverfahren war die Frage nach einer möglichen Lösung für das leerstehende Kaufhaus. Im Verfahren wurde der Blick in eine andere Richtung gelenkt: vom Einzelobjekt zum Stadtgrundriss. Diese Erkenntnis hätte – vielleicht – auch ohne ein solches Verfahren entstehen können. Im gemeinschaftlichen Erkenntnisgewinn liegt jedoch der besondere Wert des Resultats. Er zeugt von einer gewachsenen Bereitschaft, sich in neuer Weise (kooperativ) mit strategischen Fragen der Stadt zu beschäftigen und grundsätzliche wie konkrete Themen zu bearbeiten.

Die ersten Ergebnisse

Das Charrette-Verfahren[31] wurde – so das Fazit der Stadtverwaltung – als ein Instrument zur Wandlung des Planungsverständnisses erprobt:

„1. Das Charrette-Verfahren hat sich als Methode zur Bürgerbeteiligung bewährt. Es kam zu einer regen und inhaltlich ansprechenden Teilhabe durch ganz unterschiedliche Bevölkerungsgruppen (Bewohner und Bewohnerinnen, Unternehmen, Vereine, Einzelpersonen unterschiedlichen Alters usw.).

2. Es wurde eine Vielzahl von Vorschlägen, Ideen und konkreten Anregungen eingebracht. Darin liegt ein großes Reservoir an Möglichkeiten zur Belebung der Innenstadt. Darin kommt aber auch ein hohes Maß an Identifikation mit der Innenstadt zum Ausdruck – einschließlich der kritischen Äußerungen.

3. In dem Verfahren gelang es, einen neuen Ansatz für die Innenstadtentwicklung zu finden: die ‚Netzstadt'. Damit wurde ein Ansatz im Dialog erarbeitet, der weit über die Kaufhofimmobilie hinausgeht und ein – weiter auszuarbeitendes – zukunftsfähiges Konzept für die Innenstadt darstellt. Es bedeutet die Abkehr von dem ‚Knochen-Prinzip' und verknüpft das Raumsystem der Innenstadt mit den wesentlichen historischen Ankerpunkten (vor allem zwischen Markt und Kirchplatz).

4. Durch das Charrette-Verfahren konnten zugleich viele Aktivitäten von Initiativen der ‚Kreativen Klasse', des Klimabündnisses, von Gewerbetreibenden und anderer gebündelt [...] und mit neuen Impulsen ausgestattet werden. Daraus können sich nun weitere Möglichkeiten für Zwischennutzungen, für Umnutzungen und für eine Belebung der öffentlichen Räume der Innenstadt ergeben.

5. Darüber hinaus ist es mit dem Impuls durch die Charrette gelungen, den Blick auf die Stadtregion und auf weiterführende Themen zu lenken und Anregungen zu geben: Die Erweiterung der High-Line [ehemalige Bahntrasse wird zu einem Radweg HK] als neue Ost-West-Achse des südlichen Ruhrgebietes, die Frage des Wohnstandortes Innenstadt oder die Ausweitung von ‚Shared-Space' auf weitere Teile des Stadtgebietes."[32]

Als grundlegende Erkenntnis zeigte sich, dass die Drehung des Stadtgrundrisses in der Nachkriegszeit eine Falle für die wirtschaftliche Entwicklung der Innenstadt gewesen war. Dass diese Erkenntnis zu einem Schlüssel für die Beantwortung der eingangs genannten Fragen werden würde, war zu Beginn des Verfahrens nicht zu ahnen gewesen. Insofern handelt es sich um einen kollektiven Erkenntnisprozess, der schließlich auch im beschlossenen Innenstadtkonzept als solcher benannt und zu einer verbindlichen Größe des kommunalpolitischen Handelns wurde:[33] „[...] Die während der Charrette erarbeitete ‚Zukunftscollage' soll zur Grundlage für die weitere Bearbeitung des *Integrierten Innenstadtkonzeptes* herangezogen werden. Die eingebrachten Ideen und Anregungen werden weiter systematisch ausgewertet und hinsichtlich ihrer Umsetzbarkeit erörtert. Erste Maßnahmen sollten kurzfristig verwirklicht werden."[34]

Zwei konkrete Resultate können in diesem Projekt der angewandten Forschung konstatiert werden: Inhaltlich erarbeitete die Gemeinschaft ein planerisches Modell („Netzstadt und Zukunftscollage"), das die im Stadtgrundriss „gespeicherte" Selbsterneuerungsfähigkeit aktivierte.[35] Die „Netzstadt" bezieht sich auf das historische System der Straßen und Plätze. Es wiederholt aber nicht einfach den Grundriss, sondern stellt neue Verknüpfungen her und ermöglicht eine Weiterentwicklung unter Bezugnahme auf die Raumgravuren der Vergangenheit. Damit konnte der Umbau beziehungsweise die Transformation der Stadt für zukünftige Herausforderungen eingeleitet werden. Die Stadt ist damit nicht am Ende des Anpassungsprozesses angelangt, hat sich aber eine günstige Ausgangsposition geschaffen. Letztlich wächst die Notwendigkeit, das Modell des „Knochens" generell und in einem langwährenden Vorgang im Sinne einer Komplexität, Anpassungsfähigkeit und strukturellen Redundanz der Innenstadt zu ändern.

Verfahrensseitig gelang es, in einem intensiven, durch Rückkopplungen und vielfältige fachliche Überschneidungen gekennzeichneten öffentlichen, zufallsgenerierten, „schwarmweisen oder kooperationsintelligenten"[36] Planungsprozess das Modell der „Netz(Raum)stadt" für die Innenstadt von Mülheim zu entwickeln. Der „Ideenschatz" von Anregungen und Vorschlägen der Charrette-Mitwirkenden besitzt viele Reaktivierungsmöglichkeiten. Die Teilnehmer und Teilnehmerinnen haben die Fähigkeit demonstriert, ihre individuellen Kapazitäten und Begabungen für die Stadtgesellschaft zu mobilisieren. Damit erwarb die Gemeinschaft eine temporäre Kompetenz für die Selbsterneuerung (*erworbene* Resilienz). Diese kann allerdings wieder verloren gehen, wenn es nicht gelingt, den begonnenen Prozess zyklisch zu erneuern. Zugleich verweist sie auf die potenzielle Fähigkeit oder Bereitschaft zu kooperativen Verfahrensweisen bei der Planung der Stadt. Kooperation ist damit die Ausnahme im konkurrenzdominierten Vorgehen. Die Beziehung zwischen beiden Formen der planerischen Auseinandersetzung dürfte für die weitere Transformation erheblichen Stellenwert gewinnen.

Als ein erster Indikator für den Übergang vom Experimentalvorgang zum Wissensbestand einer Transformation erscheint die Umsetzung der Intentionen des Plans. Ein Jahr später (2013) regte die Stadt eine dreitägige

Ideenschatz der Charrette „Untere Schloßstraße"

Mini-Charrette an, um einzelne Resultate der „Zukunftscollage" zu vertiefen und für die Umsetzung vorzubereiten – sie setzte ein Zeichen der Fortsetzung[37]: Es galt der zentralen Herausforderung für die zukünftige Identität der Stadt – die Gestaltung des Rathaus-Marktes. Nach drei Tagen kooperativer Arbeit, an der sich etwa 50 Akteure beteiligten, konnte ein Gestaltungsplan vorgelegt werden, der die Grundlage für die Realisierung sein wird.

Ein Fazit

Das Charrette-Verfahren bewährte sich – vorerst.[38] Der methodische Ertrag hat sich produktiv im Sinne eines gemeinschaftlichen Experimentierens erwiesen. Das ExWoSt-Forschungsprojekt fungierte als beförderndes Medium für den Vorgang. Vom „Stadtspiel in Realvision"[39] der auf Wertediskurse angelegten Aktion der Kunstinitiative „Schlimm-City" spannt sich der Bogen zu einer im kooperativen Planungsverfahren entwickelten Transformation für die Innenstadt. Charrette als schwarmintelligente und kooperierende Planungsmethode steht für die Bereitschaft, neue Wege beschreiten zu wollen: ein Planungsspiel nach der Metapher des „Jazz"[40], das sich in der Stadtöffentlichkeit temporär etabliert hat.

4.2. Vision *Ferropolis* – Die Stadt aus Eisen[41]

Das Projekt *Ferropolis* ist ein Resultat der kreativen Sanierung von Hinterlassenschaften des Braunkohlebergbaus aus dem fordistischen Industriezeitalter. Nördlich von Leipzig gelegen, gehört der Sanierungsort ins sogenannte mitteldeutsche Chemiegebiet. Die „Stadt aus Eisen", wie *Ferropolis* genannt wird, ist zu einem Symbol der Transformation am Ausgang der Zweiten Industriellen Revolution und der Schwelle zu einer neuen Stufe industriellgesellschaftlicher Entwicklung mit regionaler[42] und übergreifender Ausstrahlung[43] geworden.

Die Vision[44]

Im Januar 1991 begann das 1987 neu gegründete Bauhaus Dessau, sich dem Thema der Bergbaufolgelandschaften zuzuwenden. Das schlagartige Entstehen riesiger Brachen im Gefolge einer abrupten Stilllegung der Braunkohlenförderung im Mitteldeutschen Revier seit 1990 sorgte für visionäre Fantasien, lenkte aber auch die Aufmerksamkeit auf einen grundlegenden Handlungsbedarf zur Gestaltung von Landschaften im Umbruch. Die nördlichsten Gruben des Bergbaureviers bei Bitterfeld, die Gruben *Goitzsche* (62 km²) und *Golpa-Nord* (13 km²), lagen im Projektgebiet des „Industriellen Gartenreichs" Dessau-Bitterfeld-Wittenberg. Die Idee war am Bauhaus Dessau im Herbst 1989 geboren worden.[45] Die Idee: Das „Schöne" – das historische Gartenreich Dessau-Wörlitz – mit „dem Nützlichen" zu verknüpfen.[46] Doch was bedeutet am Ende des Zeitalters der Zweiten Industriellen Revolution das „Nützliche"?

Ein konservierender Ansatz griffe zu kurz. Die Neudefinition dessen, was
„nützlich" sei und wie sich dies ästhetisch ausdrücken könne, bewegte die
Fachdebatten. Eine Kontroverse war vorgezeichnet. Das „Industrielle Gartenreich" kann aus dieser Perspektive als ein Arbeitsbegriff verstanden werden, der die Suche nach einer neuen begrifflichen Fassung des begonnenen
Transformationsvorgangs eröffnete, aber nicht abschloss. Gewollt oder nicht,
das Gartenreich ist Teil dieses Transformationsprozesses und hat selbst nach
einer neuen „Nützlichkeit" zu suchen. Gleiches dürfte für den Begriff der seit
2012 für die Zukunft der Region diskutierten „Dritten Industriellen Revolution" gelten, der zwar einen Denkhorizont absteckt, aber noch nicht genau zu
benennen vermag, welche Form und welchen konkreten Inhalt die transformierte Landschaft annehmen wird.

Die Komplexität der Probleme, vor allem der ökologischen, und das Ausmaß der gestalterischen Herausforderungen, die die weiträumige Stilllegung
eines landschaftswirksamen Industriezweiges mit sich brachten, ließen die
zunächst als „Wunden" wahrgenommenen Bergbaufolgegebiete zu einem
Arbeitsfeld des Bauhauses werden. Die Gruben waren nutzlos geworden,
mithin hatte die Landschaft ihren wirtschaftlichen Nutzen verloren. Sie war
zudem sozial und kulturell stigmatisiert, also auch ästhetisch „nutzlos" geworden. Im Herbst 1991 begann die systematische Arbeit an dem Vorhaben.
Mit dem zwischen Vertretern des Bauhauses und leitenden Ingenieuren der

Bergbaugesellschaft erfolgten Gespräch vom 22. Oktober 1991 wurde eine Kooperationsbasis geschaffen, ein Anfang war gemacht. Ein Seminar der Technischen Universität Braunschweig zu „Braunkohlebrachen zwischen Wörlitz und Bitterfeld", das in Kooperation mit der „Experimentellen Werkstatt" im Bauhaus Dessau stattfand, leitete die Vision für das spätere *Ferropolis* im Jahr 1991 ein.[47] Erste Gesamtpläne des Industriellen Gartenreiches und Gestaltungsideen für den Tagebau *Goitzsche* bei Bitterfeld entstanden, so auch die Idee für ein Bergbaumuseum („erstes Braunkohlebaggermuseum der Welt" mit EXPO-Würdigkeit). 1992 kamen mit den ersten Plänen und strategischen Konzeptionen die wichtigsten Grundlagen für die spätere „Stadt aus Eisen" hinzu – der lateinisch-griechische Titel geht auf eine Idee des Architekten Rainer Weisbach (Bauhaus Dessau) zurück.[48] 1994 erfolgte auf Antrag des Bauhauses die Unterschutzstellung als Denkmal der Industriegeschichte. Die benachbarte Stadt Gräfenhainichen beantragte die Übertragung der Grundstücke von der Treuhand-Anstalt.[49] Die Sanierungspläne sahen immer noch die Verschrottung der Bagger vor. „Wenn kein Projektträger die Geräte übernimmt, kommt der Derrick, der Demontagekran", lautete die permanente Drohung der Sanierungsgesellschaft, die alle Beteiligten vorantrieb.

In dieser ersten Phase der Projektentwicklung meldeten sich zahlreiche Kritiker des Vorhabens zu Wort. Sowohl Vertreter der administrativ zuständigen Gemeinde Gräfenhainichen als auch Mitarbeiter der Bergbausanierungsgesellschaft fanden sich unter den Skeptikern. Im Zuge der sich einstellenden Erfolge wurde ihre Kritik allerdings verhaltener. Insbesondere die Stadträte Harry Rußbült sowie der Landrat Wulf Littke verteidigten das Projekt und trieben es voran. Ohne diesen politischen Rückhalt wäre es schwieriger gewesen, das Projekt in der gegebenen Zeit zu entwickeln.

Die Stadtgründung

Am 30. Juni 1994 fiel für *Ferropolis* die Entscheidung über „Ja oder Nein", über Werden oder Verschrottung: Karl Ganser (Direktor der „Internationalen Bauausstellung IBA Emscher Park" im Ruhrgebiet) organisierte gemeinsam mit dem Bauhaus Dessau einen Ortstermin in Golpa-Nord: ein Gespräch zu *Ferropolis* sowie zur Gestaltung der Tagebaulandschaft mit den

Entscheidungsträgern.[50] Nach einer Einführung im Bauhaus Dessau zum Gesamtansatz, zu den Visionen und der internationalen Relevanz des Vorhabens erfolgte eine Befahrung der Grube. Um Fortsetzung der Gespräche ging es bei einem Spaziergang im Wörlitzer Park. „Die Vögel sollen stehen bleiben", gemeint waren die Bergbaugroßgeräte, so der verantwortliche Direktor bei der Treuhandanstalt. So wurde gleichsam „per Handschlag" die Grundsatz(vor)entscheidung für *Ferropolis* getroffen.

An diesem Tage wurde die Zukunft eines Experiments entschieden. Selbstverständlich hing die konkrete Entscheidung vom Zusammentreffen von Menschen in bestimmten Positionen ab. Doch das Entscheidende war, dass das Zusammentreffen Teil eines langfristigen Projektdesigns und einer Konstellation war, die eine solche strategische Entscheidung ermöglichte.

Danach trat das Projekt in die Phase der unmittelbaren Vorbereitungsarbeit, Kostenkalkulation und Einpassung in die Abschlussbetriebsplanung für die Tagebausanierung ein. Es wurde eine Summe von knapp 6 Millionen DM ermittelt, die für den Aufbau von *Ferropolis*, also für die Vorbereitung des Geländes für das Aufstellen der Großgeräte notwendig waren. Dieser Kostenrahmen konnte durch die Umwidmung von Abrissgeldern in Erhaltungsgelder erreicht werden. Für den touristisch relevanten Ausbau des Areals kamen in den Folgejahren jeweils noch einmal so viele Gelder des Landes Sachsen-Anhalt und seitens der Europäischen Union dazu.

Am 17. September 1995 um 11.30 Uhr fuhr die Umweltministerin des Landes Sachsen-Anhalt, Heidrun Heidecke, das erste Großgerät einige Meter in Richtung des zukünftigen Ortes von *Ferropolis*. An diesen beiden Aktionstagen kamen etwa 3000 Besucher, die ersten auf dem zukünftigen Areal der „Stadt aus Eisen". Und schließlich konnte noch im selben Jahr, am 14. Dezember, die offizielle Gründung erfolgen. Der Rohbau der „Stadt" war entstanden.[51] Seitdem hat sich *Ferropolis* in einem zyklischen Prozess als Ort der Erneuerung etabliert.[52]

Die Motivation

„Siebentausend Tonnen Ästhetik" lautete die Überschrift zu einem Beitrag, der 1988 in der damals führenden DDR-Design-Zeitschrift *FORM + ZWECK*

über die Gestaltung von Tagebaugroßbaggern erschienen war.[53] Euphorisch
feierte der Artikel die Ästhetik des Maschinenzeitalters: „Zuweilen wird der
Industrieformgestalter mit Fragen konfrontiert, die ihn an Grenzbereiche der
ästhetischen Gestaltung führen. Sollte ab bestimmten Erzeugnisgrössenord-
nungen versucht werden, noch ordnend einzugreifen, und wenn, in welchen
Bereichen? Diese Frage steht zum Beispiel für die Gestaltung von Tagebau-
großgeräten. [...] Auf der einen Seite verkörpern und schaffen sie Millionen-
werte, andererseits verwandelten sie zeitweise natürliche Gegebenheiten
und verändern das Antlitz der Umwelt. In dieser Widersprüchlichkeit agieren Menschen, dirigieren den Prozess mit Hilfe komplizierter Hochtechnolo-
gien und sind selbst auf Höchstleistungen aus."[54]

Nur wenige Jahre danach hatten die Giganten des Tagebaus ausgedient. Eine
ästhetische und soziale Herausforderung – und mit ihr der ökologische Ge-
samtzusammenhang eines ausgehenden und eines vielleicht neuen industriellen Zeitalters – war plötzlich brandaktuell. Die transformative Ästhetik von
Ferropolis ist eingebettet in das große Thema von landschaftlicher Gestaltung
und Aneignung des postindustriellen Erbes. Es lässt sich als Modell dafür verstehen, wie im Bauhaus Dessau geborene Ideen mit der politischen Kraft und
der finanziellen Unterstützung des Landes Sachsen-Anhalt, des Bundes und
der Europäischen Union sowie den technischen Fähigkeiten der Bergbausanierungsgesellschaft zusammengeführt und umgesetzt worden waren. Dabei
betraten alle Beteiligten Neuland („unbekanntes Terrain"). Ein wesentliches
Moment für die Beförderung des Vorhabens und des Engagements lieferte die
Weltausstellung EXPO 2000 in Hannover, deren anerkannte Korrespondenzregion das Projektgebiet Dessau-Wittenberg-Bitterfeld („Industrielles Gartenreich") wurde. In dessen räumlichem Kern lag *Ferropolis*. Das Motto der
EXPO 2000 („Fortschritt im Einklang von Mensch-Natur-Technik") hatte sich
zwar besonders der Technologieentwicklung für eine nachhaltige Zukunft
verschrieben, dennoch konnte mit der Korrespondenzregion (als Teil weltweit angelegter dezentraler Ausstellungsorte) ein praktischer Ansatz vorgestellt werden, wie eine Transformation von einem industriellen Zeitalter zu
einem Zeitalter der Ressourcenschonung aussehen könnte: „Korrespondenzregion Sachsen-Anhalt Dessau-Bitterfeld/Wolfen-Wittenberg: Verwandlungen

einer Industrielandschaft. Es ist ein Landstrich voller Gegensätze. Alte Kulturlandschaften und bizarre Industrielandschaften liegen auf engstem Raum nebeneinander. Die Region Dessau-Bitterfeld-Wittenberg ist traditionell geprägt von Braunkohletagebau und Chemieindustrie. Nach der Wende brachen die alten Industrien teils vollständig zusammen, teils entstanden neue, innovative Strukturen. Wie unter einem Brennglas treten die Brüche eines Strukturwandels hervor, der in Tempo und Ausmaß ohne Beispiel in Deutschland ist. Diesen radikalen Wandel zu gestalten und dabei die Belange von Ökonomie, Ökologie und Gesellschaft miteinander zu versöhnen, ist das ambitionierte Ziel der einzigen Korrespondenz*region* der Expo 2000. ‚Verwandlungen‘ heißt das Motto, ausgestellt wird eine (Industrie-)Landschaft im Prozess der Veränderung. Als eine Art regionaler Entwicklungsagentur hat die Expo 2000 Sachsen-Anhalt GmbH Investitionen in Höhe von rund 1,3 Milliarden Mark für 36 Einzelprojekte mobilisiert. Denkmäler der Industriegeschichte sollen bewahrt, städtebaulich bedeutsame Bauwerke und Siedlungen restauriert, neue industrielle Strukturen entwickelt und – nicht zuletzt – ökologische Wunden in der geschundenen Region geheilt werden."[55]

Die EXPO in Hannover verstand sich als „Brücke ins 21. Jahrhundert"[56]. Sie hatte den Anspruch, der Nachhaltigkeit in der Gesellschaft Gewicht zu verleihen. Der Nachhaltigkeitsansatz blieb zwar in den Grenzen der drei Säulen gefangen, die heute als unzureichend angesehen werden (siehe Kapitel 1). Dennoch war es wohl die letzte EXPO, die mehr als eine gigantische Show der Technologien und der nationalen Selbstdarstellungen gewesen sein dürfte.[57] Für das Projekt *Ferropolis* gehörte dieser Denkrahmen zu den wichtigen motivierenden Momenten.[58] *Ferroplis* hat – als ein EXPO-Projekt – ein Nachdenken über gesellschaftliche Grundsatzfragen in der Öffentlichkeit ausgelöst, mindestens aber befördert.[59]

Die Region: eine Raum-Um-Ordnung[60]

Noch ist *Ferropolis* keine Stadt. Die Großgeräte, eine Ansammlung von Infrastrukturen, liegen im peripheren Raum, fernab der Städte. Die ökonomische Grundlage ganzer Regionen ist erheblich geschrumpft, der demografische Wandel tut das Übrige. Abwanderung und Schrumpfung belaufen sich auf

20 bis 25 Prozent. Andererseits hat sich in den 25 Jahren seit der Wende der
Umbau der Wirtschaft zu einer dienstleistungsorientierten Ökonomie vollzogen – mit industriellen Inseln in der Kulturlandschaft.[61] Die Region hat tendenziell das Zeitalter der „Zweiten Industriellen Revolution" verlassen und
steht nun an jener Schwelle zu einer neuen Ära, die qualitativ noch ungenü-
gend erprobt ist. Sie ist zu einem „Ort menschlicher Bewusstseinsentwick-
lung"[62] geworden.[63]

Fantasievolle Anregungen und spielerische Ausdrucksformen im Umgang mit
anscheinend Wertlosem, mit überflüssig gewordenen Gegenständen, initiiert
eine ökologisch zu verstehende Wiederverwendungskultur. Die beschworene
Nachhaltigkeit muss, will sie überhaupt noch eine Chance haben, Lust machen. Hier verläuft der Grat zwischen konsumorientierter Vermarktung und
einer Kultur der Reparatur und Aneignung von Verbrauchtem als kreativer
Neugestaltung von Lebensumwelt. Dies ist das Gegenteil eines „Sanierungs-
falls", der technischen Instandsetzung einer ausgekohlten Landschaft.[64] *Ferropolis* steht als Symbol und reales Projekt für einen Neuanfang und für eine
Alternative zu einer nur auf technische Sicherheit ausgerichteten Sanierung,
die überdies nicht garantiert werden kann.[65]

Das Projekt bedingt und bewirkt neue Denkweisen. Fantasie, Ironie und gebaute Realität miteinander verbindend, entsteht *Ferropolis* als Versuch, „zwei

der zurzeit meist gestellten Fragen zu beantworten: Wohin bewegt sich der Strukturwandel dieser Region, und wie wird eine nachindustrielle Kulturlandschaft aussehen?"[66] In diese 1994 formulierten Fragen flossen Anregungen von Karl Ganser ein: „Für die Entwicklung der Industriegesellschaft nach der Phase der Ausbeutung von Kapital und Natur ist es wichtig, die Regeneration in langsamen Schritten bewusst zu machen und in einem Dialog von Versuch und Verbesserung immer weiter zu qualifizieren. Dieses ‚große Labor' könnte das ‚Industrielle Gartenreich' ausmachen und den Ruf der Region als eine reformoffene weit über die Grenzen des Landes hinaus erneut ins Bewusstsein bringen."[67]

Doch sind *Ferropolis* und die Tagebauseen nur Teil einer gewaltigen Landschaftstransformation, die den gesamten Raum zwischen Harz und Zittauer Gebirge umfasst.[68] Das Gebiet war über 150 Jahre Braunkohleabbaugebiet. Die überwiegende Zahl der etwa 207 Restlöcher des Tagebaus ist stillgelegt und in den zurückliegenden Jahren mit einem Aufwand von über 8,8 Milliarden Euro aus Bundes- und Landesmitteln saniert worden. Es entsteht eine neue Kulturlandschaft. Diese Landschaft, die zu wesentlichen Teilen aus Seen und neuen Landschaftsbauwerken bestehen wird, ist mit über 1000 km² größer als die Insel Rügen oder doppelt so groß wie der Bodensee – eine von Menschen geschaffene Kunstlandschaft. Ein Pionierbaustein darin ist *Ferropolis*. Die Internationale Bauausstellung SEE in der Lausitz (2000–2010) gründete sich methodisch auf Erfahrungen, die mit dem „Industriellen Gartenreich", mit *Ferropolis* und der EXPO 2000 gesammelt worden waren.[69] Sie markieren – neben anderen industriekulturgeschichtlichen Ankern – einen methodischen Ertrag.[70] Dieser ist auch im energiepolitischen Kontext zu finden, setzten sich doch die lokalen Akteure bereits kurz nach der EXPO 2000 grundlegend neue Ziele.[71] Zu diesen zählten:

· ein regionales Entwicklungskonzept 2002[72] als Rahmen für die Reaktivierung der ländlichen Post-Industrieregion;

· ein Konzept für die „Stadt mit Neuer Energie" (2002/2004)[73];

· die „Vision Anhalt 2025"[74] – eine regionale Strategie für die Transformation der Region.

Eine kulturelle Wiedergewinnung der Landschaft nach der Industrialisierung erlangt in und um *Ferropolis* konkrete Gestalt. Sie prägt die Region und beginnt, ihr eine neue Identität „nach der Kohle" zu verleihen. Gebaut wurde im Sommer 2011 der erste Baustein: „Ferro-Solar", ein Solarkraftwerk in *Ferropolis*.[75]

Welche Hinweise können aus der Entstehungsgeschichte von *Ferropolis* abgeleitet werden, die eine Resilienzbereitschaft befördert haben können?[76] Sie betreffen, so die erste Bilanz, vor allem die Ausprägung visionärer und kultureller Kapazitäten für die Herstellung eines solchen Ortes:

- das Spielräume ermöglichende Zielereignis, welches Kräfte freisetzte: die EXPO 2000;
- eine konzeptionelle Kapazität als stabiler Impulsgeber für die Vision und die Kommunikation, die sowohl in der Region als auch international ausreichend engagiert und vernetzt war, insbesondere das Bauhaus Dessau;
- das Vorhandensein einer Idee beziehungsweise einer langfristig angelegten Vision, die genügend Kraft und bildhaften Ausdruck besitzt; mit dem „Industriellen Gartenreich" lag eine solche Idee vor, die eine Widerstandskraft gegen einseitige ideelle Vernutzungsrisiken des Projekts aufbaute;
- Institutionen, die über die Organisationskraft sowie über personelle, planerische, finanzielle sowie technische Kapazitäten verfügen, um ein solches Projekt auf den Weg zu bringen: Bergbausanierungsgesellschaft und EXPO-Gesellschaft;
- Enthusiasten, mit Empathie ausgestattete Pioniere, die dem Projekt immer wieder Leben einhauchten, neue Ideen für einzelne Abschnitte entwickelten, auch hin und wieder störten, Akteure, wie der Geschäftsführer Thies Schröder, die dem Projekt inhaltliche Dynamik verliehen;
- externe Befürworter und Unterstützer des Projekts und kritische Partner, die das Vorhaben beförderten – mit Karl Ganser war in der Startphase eine Schlüsselperson in diesem Kooperationsfeld gefunden worden[77];
- Einfügung eines redundanten ökonomischen Strukturelements (Kulturwirtschaft) in ein sonst eher monostrukturelles Umfeld.

Ein Fazit

„Als ich die Landschaft von Ferropolis gesehen habe", berichtete Mikis Theodorakis auf einer Veranstaltung vom 16. Juli 2000, „musste ich unweigerlich an zweierlei denken: erstens an die gewaltigen Anstrengungen jener Menschen, die früher an diesem Ort gearbeitet haben. Natürlich ist der Anblick, der sich jetzt bietet, lediglich der einer kahlen Landschaft. Trotzdem kann man sich leicht die nach tausenden zählenden Menschen vorstellen, die jene riesigen Maschinen bedient haben und dort arbeiten mussten. Das zweite, worüber ich nachdachte, sind diese in der Erde klaffenden Wunden, die allmählich vernarben. Über diese Narben ragen die Monster der Vergangenheit auf, die wie prähistorische Ungeheuer anmuten. Es kam mir so vor, als wären diese Ungeheuer zu Eis erstarrt, als wäre die Geschichte selbst zu Eis erstarrt. Mir gefällt die Vorstellung, dass das *Ferropolis*-Konzert im Herzen Europas stattfinden wird, in Deutschland, das von den riesigen Widersprüchen unserer Epoche zerrissen wird: auf der einen Seite der gewaltige ökonomische und technologische Fortschritt, auf der anderen Seite das Gespenst Arbeitslosigkeit, die Heerscharen von Arbeitslosen. Deshalb sehe ich in dieser Veranstaltung einen symbolischen Akt: Die Wunden werden nicht verborgen, sondern – im Gegenteil – wir legen sie offen, erhellen sie mit Hilfe der blendenden Lichtarchitektur von Gert Hof. Und meine Musik, die sich im Wesentlichen auf das Material des ‚Canto General' stützen wird, sich aber an die Menschen wendet, birgt den Funken einer großen Hoffnung. Jene zu Eis erstarrte Epoche, geprägt von den gewaltigen menschlichen Anstrengungen, jene prähistorischen Vehikel, stählernen Ungeheuer werden in Licht getaucht und beleuchtet, nachgezeichnet von diesem Licht, aus dem die Musik, die Hoffnung dringt, gesungen von Chorsängern aus vielen Ländern, die alle zusammen gemeinsam ein Klanggebilde erschaffen: das Lied von der Zuversicht des Menschen."[78]

Ferropolis verkörpert darüber hinaus eine doppelte Mahnung: „Ein industrielles Zeitalter des Denkens in großen Dimensionen der Apparate bei kleinem Horizont der Ökonomie ist endgültig vorbei. Der [...] Staat, den Marx noch beschwören musste, wurde Opfer der Globalisierungsfalle. Dafür ist *Ferropolis* tatsächlich das derzeit beste Denkmal. Anderseits mag die Baggerstadt den Menschen der Region als Ansporn dienen, aus der eigenen Notsituation heraus Mikrostrukturen zu schaffen, die sich erst in einer oder zwei Generationen als Identität niederschlagen können – etwa in der Ansiedlung postindustrieller Gewerke."[79]

So ist *Ferropolis* zum realen Laboratorium für die Entwicklung einer „nachfossilen Landschaft" geworden. Das ist nicht frei von Ironie angesichts der Zumutungen, denen sich die Industrie ausgesetzt sah, überdeckt von den Hoffnungen, die an diese Industrie gestellt worden waren. „Sich auf die Zukunft zu orientieren heißt demnach, für das Gewesene Sorge zu tragen."[80] Doch kann es nicht nur bei der Sorge um das Vergangene bleiben. *Ferropolis* ist ein offenes Experiment, ein Projekt für mutige Menschen, die wissen, dass die Zukunft der Bergbaugroßgeräte nicht allein in einem Technikmuseum mit Strand beheimatet sein kann.[81] So reift dieser Fundort aus historischen Spuren und neuen Ideen zu einem „poetischen Ort": Er steigt auf zu einem Symbol mit beträchtlicher Bildwirkung und kognitiver Kraft und zugleich zu einem „besonderen Ort" mit einer kulturellen Formung, die sich durch seine Einmaligkeit nicht reproduzieren lässt und dennoch die Botschaft ausstrahlt, dass Vergleichbares zu versuchen sich lohnt.[82]

„*Ferropolis* in den Abraumlöchern südlich von Dessau mit seinen Kränen und Baggern hat für Einheimische wie Fremde eine Ausstrahlungskraft, der man sich nur schwer entziehen kann", notiert Detlev Ipsen. „Dieser Ort – im Rahmen des Projekts ‚Industrielles Gartenreich' erdacht und von der EXPO realisiert – könnte in der Lage sein, diese Region neu und aufs Neue zu integrieren."[83] Die „Stadt aus Eisen", ein „poetischer Ort"[84], ist auf dem Wege, zu einer tragenden Säule *konstitutiver* Resilienz in der Region zu werden. Chancen und Grenzen von Großereignissen als Mittler und Verstärker von transformativem Denken und Handeln offenbaren sich im Projekt *Ferropolis* prototypisch: Sie können außerordentlicher Impulsgeber für transformatives Denken sein, aber zugleich dessen konsequente Umsetzung durch Reduktion auf Selbstdarstellung vereiteln.

Nach 25 Jahren, 2020, hatte sich Ferropolis als erfolgreicher Festivalstandort etabliert. Geradezu symbolisch unterbrach die Corona-Pandemie und der damit verbundene Lockdown diesen Weg. Parallel war jedoch bereits

überlegt worden, welche neuen Möglichkeiten gerade angesichts der in der Geschichte des Ortes und Projektes innewohnenden Erzählungen, Wissensbestände und Möglichkeitsräume, neue Dimensionen zu erkunden. Mit einem Planungscamp im Sommer 2020, veranstaltet von der Universität Kassel, wurde ein erster Schritt in diese Richtung gegangen. Es ging um das Finden einer weiterführenden Dimension für den Festival- und Museumsort in der ehemaligen Bergbaulandschaft mit dem Schwerpunkt *Bildung*. Nach der erfolgreichen Entwicklung dieses Standortes gilt es nun, zu neuen Ufern aufzubrechen. Es wurde die Idee einer besonderen, einer *Mikro-Universität* in Ferropolis geboren. Dafür entstanden in diesem einwöchigen Planungscamp konkrete Konzepte für den Lehrbetrieb in der nun als „Ferropolisität" genannten *Mikro-Universität*, verbunden mit Planungen für die Weiterentwicklung der Nutzung der Bergbaugroßgeräte für Experimentalzwecke oder für neue räumliche Gestaltungen des gesamten Areals.[85] Mit diesem Schritt wurde im Grunde der Staffelstab der Gründung von Ferropolis aufgegriffen und in eine neue Ära überführt. *Bildung* erweitert die wirtschaftliche und künstlerische Funktion, die Ferropolis für die Region erzielt hat, und kann somit dem Komplexitätsanspruch, der an eine „Stadt" gestellt wird, immer mehr gerecht werden. Die Bedeutung, die das Projekt Ferropolis für den Erwerb von *Forward-Resilienz*-Fähigkeiten besitzt, kann auf diese Weise ausgebaut werden.

Verallgemeinernd gesagt, könnte ein „Test" zur Resilienzbereitschaft, der dem Panarchie-Modell entlehnt ist, eine Möglichkeit aufzeigen, den Weg in Richtung strategischer Nachhaltigkeit *(Soll-Transformation)* zu beschreiten. Damit ist keineswegs belegt, dass eine solche Richtung eingeschlagen werden wird. Vielmehr besteht die latente Dominanz einer Fortsetzung der *Ist-Transformation* und des Anpassens an diesen Weg. Dies käme einer „falschen" Adaptation und Resilienz gleich, würde sie doch die letztlich kaum aussichtsreich erscheinende, aber realistische Perspektive eines sich verzehrenden Urbanismus stabilisieren. Dass Resilienz eine notwendige „Zwischenstufe" auf einem Weg zur Nachhaltigkeit ist, kann somit nicht vollends belegt werden. Jedoch können auf dem Fundament einer Resilienzbereitschaft, so instabil es auch sein mag, Diskussionen und vor allem praktische Versuche angeregt werden über Chancen, die ein Betreten des weitgehend unbekannten Landes stadtregionaler Nachhaltigkeit eröffnet. Die Erzählungen dieser Entdeckungsreise dürften sich als Anstöße für den Ausbau jenes Fundaments entpuppen. Historische Betrachtungen und gezielte Versuche entlang gravierender Umbruchsituationen befördern das Erkunden von Bestandteilen und Indikatoren expliziter Resilienzbereitschaft.

Die Auseinandersetzung mit Zeit und Raum, Teilhabe und Innovation bildet die Koordinaten für die Ermittlung der Resilienzbereitschaft. Folgende Indikatoren können herangezogen werden:

· Auseinandersetzung mit Zeitrelationen und Entwicklungsbrüchen,
· Entdeckung räumlich sensibler wie robuster Strukturen,
· Erfassung von Teilhabekonstellationen der Akteure mit deren Motivationen und institutionellen Formen,
· Ermittlung von sozial-kulturellen Impulsgebern für Innovationen.

Für die qualitative Bewertung dieser Indikatoren gewinnt die Fähigkeit der Akteure und Institutionen zur Reflexion von Wandlungsprozessen und zur

Strategiebildung für eine *Soll-Transformation* (Nachhaltigkeit) entscheidende Bedeutung. Eine auf dieses Ziel ausgerichtete Experimentalkompetenz weist Städte und Regionen als besonders resilienzbereit aus. Aus exemplarischen Erkundungen kann zusammenfassend gefolgert werden, dass

- Kunst und Langfristexperimente für die Bildung von transformativem Systemwissen einen erweiternden Stellenwert erhalten,
- der Widerstand gegenüber Störungen in dem Maße wächst, wie eine Stadt oder eine Region in der Lage ist, diesen strategisch vorausschauend zu begegnen und dabei Spielräume für eine nachhaltige Zukunft zu gewinnen,
- ein Bedarf an systematisch und langfristig angelegten Resilienzanalysen zu erkennen ist, aus dem ein verallgemeinerbarer Test abzuleiten wäre,
- eine Planungskultur zu erkennen ist, die über gängige Verfahren und Strukturen hinausreicht.

Resilienztests, die in eine auf Lern- und Widerstandsfähigkeit ausgerichtete Planungskultur eingebettet sind, ermöglichen mehr „Trittfestigkeit" beim Gang in ungewisses Zukunftsterrain.

Anmerkungen

1 Schnur 2013, 238–241.

2 Burckhardt 2004, zitiert nach Fezer, Schmitz 2006, 231.

3 Schnur 2013, 337. Hier wird die Grenze der gegenwärtigen theoretischen Basis von Resilienz im Anwendungsbereich der Stadtplanung zusammenfassend dargestellt. Die Gefahr lauert auch hier in einer Trivialisierung des Begriffs, der es verdient, ausführlicher erforscht zu werden. Dem dienen auch die Darstellungen realer Experimente in der Planung.

4 http://www.bruno-latour.fr/sites/default/files/P-67%20ACTOR-NETWORK.pdf. Die Akteur-Netzwerk-Theorie kann nicht als „Allheilmittel" angesehen werden, lenkt aber den Blick auf die handelnden Menschen und deren Strukturen. Vgl. dazu auch kritische Ausführungen unter: http://www.learning-theories.com/actor-network-theory-ant.html (01.12.2013) sowie: Latour (1996): On Actor-Network Theory. A few Clarifications, in: Soziale Welt 47/4, S. 369–382.

5 Latour 2010 oder auch: http://www.netzeundnetzwerke.de/node/47 (01.12.2013). Hier wird aus kulturtheoretischer Sicht eine Diskussion geführt, die für kulturelle Zugänge zur Resilienz ausbaubar sein dürfte.

6 Emmott 2013, 123.

7 Ipsen 2000, 567, 572. Die Frage der regionalen und städtischen Identität wird durch „Einstellung des Einzelnen oder bestimmter sozialer Gruppen zu den Bedeutungen eines Raumes" geleitet. In diesem Beitrag werden das Projekt „Ferropolis" und die Strategie „Industrielles Gartenreich" in diesem Kontext vom Autor explizit behandelt.

8 Vgl. dazu auch die Informationen zum Modellprojekt „Experimenteller Wohnungs- und Städtebau": http://www.bbr.bund.de/BBSR/DE/FP/ExWoSt/Forschungsfelder/2011/InnovationenInnenstaedte/06_Modellvorhaben.html (20.12.2013).

9 Bundesministerium für Verkehr, Bau und Stadtentwicklung/Hg. (2011): Weißbuch Innenstadt, Berlin, 12.

10 Bundesministerium für Verkehr, Bau und Stadtentwicklung/Hg. (2011): Weißbuch Innenstadt, Berlin, 12–13.

11 Das Jahrbuch für Stadterneuerung weist in den Jahrgängen seit 1990/1991 allein 35 Beiträge zu diesem Thema aus. Die Liste könnte mit anderen Publikationen beliebig fortgeführt werden. Vgl. Arbeitskreis Stadterneuerung an deutschsprachigen Hochschulen/Hg. (2012): Jahrbuch Stadterneuerung 2012, Berlin, 366.

12 Bodenschatz, Engstfeld, Seifert 1995, 49 ff. sowie 215 ff. Hier wird die „Suche nach dem verlorenen Zentrum" aus historischer Perspektive für den konfliktreichen Umbau des Berliner Zentrums aufgearbeitet. Im Vordergrund stehen dabei die wechselnden Leitbilder.

13 Kostof 2007, 13.

14 Jansen 2012, 109 sowie 106–108.

15 Prossek et al. 2009, 152–155.

16 Jansen 2012, 30.

17 Stadt Mülheim an der Ruhr/Hg. 2012, 50.

18 Becker et al. 1992, 4.

19 Becker et al. 1992, 6–7.

20 Becker et al. 1992, 36–37 (Nr. 24, 25).

21 http://www.muelheim-ruhr.de/cms/innenstadt.html (20.12.2013) sowie Jansen 2012, 32.

22 Kultur im Ringlokschuppen e. V. 2011.

23 Kultur im Ringlokschuppen e. V. 2011, 2–3.

24 Süddeutsche Zeitung 2011, 6.

25 http://www.muelheim-ruhr.de/cms/innovationen_fuer_die_innenstadt_-_modellvorhaben_muelheim1.html (20.12.2013) sowie http://www.bbr.bund.de/BBSR/DE/FP/ExWoSt/Forschungsfelder/2011/InnovationenInnenstaedte/01_Start.html?nn=430172 (20.12.2013).

26 http://www.muelheim-ruhr.de/cms/ideenworkshop_untere_schlossstrasse_i_-_charrette.html (20.12.2013).

27 Senatsverwaltung für Stadtentwicklung Berlin/L.I.S.T. 2011, 236 ff. und 324: „Das Charretteverfahren ist eine öffentliche Planungsmethode mit direkter Beteiligung. Es findet öffentlich und am Planungsort statt. Interessierte können immer aktiv in das Verfahren einsteigen und an Lösungen mitarbeiten. Damit wird ein hohes Maß an direkter Beteiligung aller Interessierten ermöglicht, die bei der Entwicklung von Lösungen aufeinandertreffen und einen Kompromiss erarbeiten. Die Methode ist durch drei Phasen gekennzeichnet: In der Auftaktcharrette wird das Vorhaben vorgestellt. In der Hauptcharrette tauschen sich die unterschiedlichen Interessengruppen mit Fachleuten aus und entwickeln ein Planungskonzept. In der Abschlusscharrette werden die Ergebnisse mit Politik und

Verwaltung abgestimmt sowie nächste Handlungsschritte festgelegt. Charretteverfahren sind vor allem für den Beginn eines Planungsprozesses geeig-
net, da mit einer Fülle von Teilnehmenden Ideen
gesammelt werden."

28 Stadt Mülheim an der Ruhr 2012, 6–7.

29 Kegler 2008b, 21–23.

30 Faltblatt der Stadtverwaltung zum Ablauf der
Charrette vom März 2012:
Sonntag – Beziehen des Stadtlabors
Montag – 1. Tag – Kennenlernen und Erkunden
9:30 Uhr Beginn und Einrichten der „3 Tische":
Tisch der öffentlichen Begegnung [Gesamtstadt,
Innenstadt, Quartier]
Tisch des planerischen Abgleichs [Gesamtstadt,
Innenstadt, Quartier]
Tisch der Planbearbeitung [Gesamtstadt, Innenstadt, Quartier]
11:30 Uhr öffentlicher Rundgang durch das Plangebiet
13:00 Uhr Mittagspause
14:00 Uhr erste Eindrücke – Diskussion in den
Gruppen
15:00 Uhr Fachbeitrag Soziales
16:00 Uhr Bürger gewinnen in der Schlossstraße:
Planungsarbeit auf der Straße
18:30 Uhr Auftakt-Forum
Dienstag – 2. Tag – erste Ideen
9:30 Uhr Bilanzieren des ersten Tages, Arbeit in
Gruppen
11:00 Uhr Fragerunde – Verwaltung
12:30 Uhr Mittagspause
13:30 Uhr Arbeiten, in Gruppen
18:30 Uhr Forum
Mittwoch – 3. Tag – Arbeit zu Einzelthemen
9:30 Uhr Bilanzieren der Ergebnisse, Arbeit in
Gruppen
11:00 Uhr Fachbeitrag – Wirtschaftlichkeit
12:00 Uhr Mittagspause
13:00 Uhr Arbeiten in Gruppen
15:00 Uhr Fragerunde – Verwaltung
16:00 Uhr Arbeiten in Gruppen
18:30 Uhr Zwischenstand-Forum
Donnerstag – 4. Tag – Konkretisierung der Pläne
9:30 Uhr Reflektieren des Zwischenergebnisses,
Justieren der Endarbeiten
11:00 Uhr Fragerunde – Verwaltung
Zwischenauswertung
12:30 Uhr Mittagspause

13:30 Uhr Arbeiten, in Gruppen und am Gesamtkonzept
Offenes Ende
Freitag – 5. Tag – finale Arbeit
9:30 Uhr Abschlussarbeiten am Gesamtkonzept
12:00 Uhr Mittagspause
13:00 Uhr Aufbereitung der Präsentation
18:30 Uhr Abschlussforum
Zusammenfassung und Ausblick

31 http://www.charretteinstitute.org/. Charrette wird
von dem international führenden Institut auf diesem
Gebiet, dem „National Charrette Instuitute" in Port-
land, USA, als „bahnbrechendes Planungsinstru-
ment für die kommunale Transformation" bezeichnet.
Siehe auch: http://www.charrette.de/page/index.
html und http://www.dr-kegler.de/projekte.html beziehungsweise http://www.dr-kegler.de/forschung.
html. Der Autor gehört zu den Wegbereitern dieser
Methode in Deutschland. Ein Hinweis findet sich inzwischen auch bei: http://de.wikipedia.org/wiki/
Charrette-Verfahren (20.12.2013)

32 Stadt Mülheim an der Ruhr/Hg. (2012): Dokumentation Charrette-Verfahren, 10–11 (Faltblatt).

33 Jansen 2012, 140.

34 http://www.muelheim-ruhr.de/cms/ideenwork-
shop_untere_schlossstrasse_i_-_charrette.html
(20.12.2013), darin: „Ergebnisse der Charrette-
Woche" als PDF-Datei: Stadt Mülheim an der Ruhr
2012, Dokumentation des Charrette-Verfahrens, 19.
An dem Charrette-Prozess nahmen von externer
Seite folgende Partner teil: Prof. Dr. Harald Kegler
(Moderation des Charrette-Verfahrens), Bauhaus-
Universität Weimar/jetzt Universität Kassel, 15 Stu-
dierende der Bauhaus-Universität Weimar, Studien-
gang Urbanistik, Machleidt+Partner Büro für
Städtebau, Berlin, Hildebrand Machleidt, Carsten
Maerz, mess-architekten, Kaiserslautern, Florian
Groß, Theresa Dietl, Stadtgeschichten, Berlin, Mas-
terstudiengang Städtebau der NRW-Hochschulen,
Leitung: Prof. Yasemin Utku.

35 Stadt Mülheim an der Ruhr 2012, 12–13.

36 Nowak 2013. Die hier entwickelte These, der zufolge
Kooperation ein wesentliches „Erfolgsgeheimnis der
Evolution" sei, bietet auch einen Denkrahmen für das
städtische Gemeinschaftsleben der Menschen und
die antizipative Tätigkeit der Stadtgesellschaft. Dennoch gehört es zu den Erkenntnissen, dass die Kooperation nicht der Grundgestus der Gesellschaft ist
und dass die menschengemachte Störung den

Grundtenor der Gegenwart repräsentiert. In eine ähnliche Richtung argumentiert Hüther 2013, wenn er der Kommune eine entscheidende Rolle bei der Herausbildung kognitiver Kompetenzen zuweist. Vgl. auch: Stimpel 2007, 19: „Es geht nicht darum, die Summe aller individuellen Wünsche zum Planungsprinzip zu erheben."

37 Die Mini-Charrette wurde moderiert von Harald Kegler. Im Kernteam der Charrette wirkten, neben Vertreterinnen und Vertretern der Stadtverwaltung Katrin Witzel und Thorsten Kamp, Florian Groß und Thomas Müller, Büro mess, sowie Carsten Maerz, Machleidt GmbH, mit.

38 Mülheimer Woche, 24.03.2012: „Das Charrette-Verfahren beginnt." Mit diesem Aufruf wurde die Charrette gestartet: „Wer schon immer die Stadtplanung in die eigenen Hände nehmen wollte, [...] hat ab Montagmorgen dazu eine Chance."

39 Kultur im Ringlokschuppen e. V. 2011.

40 Condon 2008, 56: „The Nine Rules for a Good Charrette": „6. Charrettes are jazz, not classical." Darüber hinaus wird hier explizit die Relation zwischen Charrette als Methode und Nachhaltigkeit als Ziel hergestellt (5 ff.). Vgl. auch: http://www.charretteinstitute.org/charrette.html (27.12.2013).

41 Vgl. Kegler (2005): Ferropolis – Die Stadt aus Eisen, Dessau/Gräfenhainichen. In dieser Dokumentation zum 10. Jahrestag der Stadtgründung wurden Ergebnisse einer Studie, die der Autor im Auftrag der Lausitz-Mitteldeutschen Bergbau-Verwaltungsgesellschaft mbH (LMBV) zu den Hintergründen und Grundlagen des Projekts „Ferropolis" 2003 (unveröffentlicht) angefertigt hatte, verwendet: Kegler (2003): Ferropolis-Studie, Dokumentation – Erfahrungen – Ausblick eines außergewöhnlichen Projekts, Bitterfeld (im Auftrage der LMBV). Siehe auch: Kegler (1999): Ferropolis – Grenzstadt der Moderne in: Stiftung Bauhaus Dessau/Hg.: Industrielles Gartenreich 2, Dessau, S. 114–118. Die von der LMBV beauftragte Studie fand mit Genehmigung der LMBV Eingang in die Publikation von 2005. Nicht extra bezeichnete Angaben entstammen dieser Studie, einzusehen bei der LMBV, Bitterfeld. Ein weiterer Beitrag des Autors setzte sich mit dem Projekt Ferropolis im Rahmen eines BMBF-Forschungsprojekts auseinander: Kegler (2009): Neue Pläne für altes Eisen – Regionale Entwicklung zwischen gestern und heute – das Beispiel Ferropolis,

in: Möhring/Hg.: Phönix auf Asche, Tharandt, S. 106–115.

42 Ferropolis ist – nach Einschätzung von Veranstaltern – zu einem Besuchermagneten geworden: http://www.ferropolis.de/service/presseinformationen.html (29.11.2013).

43 Inzwischen stieg das Projekt zu einem Symbol für das Leitbild „nachhaltiger Entwicklung" auf: http://www.greenmusicinitiative.de/2012/05/zukunftswerkstatt-ferropolis/ (29.11.2013).

44 http://www.ferropolis.de/service/geschichte.html (29.11.2013): Hier wird zusammengefasst die Geschichte des Bergbaus und des Projektes Ferropolis dargestellt.

1958 Beginn der Aufschlussarbeiten.

1964 Beginn der Rohkohleförderung.

1991 Ende der Förderung; gesamtes Abraumvolumen: 341,3 Mio. Kubikmeter; geförderte Rohbraunkohle: 69,9 Mio. Tonnen; Hauptabnehmer: Kraftwerke Zschornewitz und Vockerode.

In den 1970er-Jahren musste die Ortschaft Gremmin, die dem heutigen See um Ferropolis den Namen gibt, dem Bergbau weichen, die Einwohner wurden umgesiedelt. Offizieller Beginn der Bergbausanierung im Rahmen des Werkstattprojektes „Industrielles Gartenreich". Am Bauhaus Dessau entstehen Idee und Konzept für Ferropolis.

1995 Ferropolis wird am 14. Dezember gegründet. Ferropolis wird Expo-Projekt.

2000 Beginn der Flutung des Tagebau-Restlochs mit Grundwasser und Wasser aus der 12,5 km entfernten Mulde durch eine Rohrleitung. Einweihung der 25 000 Menschen fassenden Arena durch ein Konzert mit Mikis Theodorakis und einer Lichtinstallation von Gerd Hof.

45 Stiftung Bauhaus Dessau 1996 und 1999. Die Publikationen stellen die Hintergründe wie die Projekte dieses regionalen Experimentalprojekts dar. Vgl. dazu auch: Eisold 2000, 179 ff., oder Küster, Hoppe 2010, 205.

46 Küster, Hoppe 2010, 205. Hier wird der Begriff „Industrielles Gartenreich" als „falsch" bezeichnet: „Er ist falsch, weil das so bezeichnete Land noch nicht entwickelt ist. Die Schaffung von Tagebauseen, die Anlegung von Sandstränden und die Ansammlung ausgedienter Braunkohlebagger können Perspektiven für einen Landstrich bilden. Dies aber hat mit der Idee des Gartenreichs nichts zu tun. Dort ging es ja um die Verbindung des Nützlichen mit dem Schönen

auf eine Art und Weise, die in den Tagebauland-
schaften bis jetzt noch keine gleichwertige Entspre-
chung gefunden hat."

47   Wehberg, Weisbach 1991.

48   Rainer Weisbach war nicht nur der Namensgeber,
sondern auch Initiator des Projekts. Zu den weiteren
Materialien zählen eine Diplomarbeit von Martin
Brück sowie zahlreiche Modelle, Skizzen, Fotomon-
tagen und textliche Ausarbeitungen. Die Dokumente
befinden sich teilweise im Archiv der Stiftung Bauhaus Dessau sowie im Archiv Kegler.

49   Die Informationen stammen vom Bürgermeister der
Stadt Gräfenhainichen, Harry Rußbült, und wurden
in einer unveröffentlichten Studie, die 2004 im
Auftrag der LMBV erstellt worden war, zusammen-
gestellt.

50   An dem Treffen nahmen Vertreter der LMBV, der
Treuhandanstalt und der Stiftung Bauhaus Dessau
teil. Die Entscheidung mit den hier zitierten Worten
ist im Beisein des Autors gefallen.

51   Ab 2010 entwickelte sich ein Netz regionaler Ak-
teure, insbesondere der Landkreise, der Stiftung
Bauhaus Dessau, der Wirtschaftsförderung und von
Wissenschaftlern, auch vertreten an einem „Runden
Tisch" – konzeptionelle Aktivitäten zur Entwicklung
strategischer Bausteine für die Region auf dem
„Wege zur Dritten Industriellen Revolution". Vgl.
Landkreis Wittenberg 2012. Diese Studie, die vom
Land Sachsen-Anhalt sowie den Landkreisen Wittenberg und Anhalt-Bitterfeld sowie der Stadt Des-
sau-Roßlau gefördert wurde, legte den konzeptionellen Grundstein für Diskussionen und Projekte für
eine strategische Transformation der Region. Die
Debatte darüber ist mit verschiedenen öffentlichen
Foren eingeleitet worden. Vgl. auch: http://www.
runder-tisch-wittenberg.de/demografischer-wan-
del/region-anhalt/ sowie http://www.volksstimme.
de/nachrichten/lokal/zerbst/984209_Vision-An-
halt-2025-in-Koethen-vorgestellt.html (30.11.2013).

52   Eine wichtige Rolle übernahmen dabei die Partner
der „Energieavantgarde": „Ein Schauplatz ist
Ferropolis mit dem MELT!-Festival. In Kooperation
mit Institutionen der Speicherforschung will man
dort Pilotanlagen nutzen, um die übers Jahr lokal
gewonnene Energie für Musikevents vorzuhalten."
Es gehe „um weitere Strategien", damit „die Region
Anhalt erneut Avantgarde bei der Herausbildung
neuer, post-fossiler Lebensstile, Gestaltungsmuster
und Raumstrukturen wird". Diese Aufgabe formu-

lierte der Bauhausdirektor Philipp Oswalt. Die
grundlegende Initiative für ein „neues" Ferropolis
mit explizit ökologischer Ausrichtung und als Initiator regionaler Erneuerung ist maßgeblich vom Geschäftsführer der Ferropolis GmbH, Thies Schröder,
entwickelt und vorangetrieben worden. Vgl.: http://
www.ferropolis.de/service/presseinformationen.
html (30.11.2013).

53   Hammitzsch 1988, 1, 34–36.

54   Hammitzsch 1988, 1, 34.

55   http://dp.expo2000.de/weltweiteprojekte/wp02-7.
html (30.11.2013). Ferropolis wurde als bildliches
Zeichen für die Korrespondenzregion durch die
EXPO in Hannover gewählt. Vgl. auch: Kretschmer
1999, 269–270.

56   Kretschmer 1999, 260.

57   Kretschmer 1999, 259–260. So resümiert Winfried
Kretschmer in seiner *Geschichte der Weltausstellungen*: „Der Expo 2000 in Hannover bietet sich nun
eine zweite Chance – vielleicht die letzte in der Geschichte der Weltausstellungen." Gemeint ist damit
die Chance, das Thema Nachhaltigkeit auf die Tagesordnung zu setzen und auch glaubhaft zu vertreten. Diese Ansicht wurde von Kretschmer im Vergleich zu den vorherigen EXPO-Veranstaltungen
vertreten, denen eine „verpasste Chance" attestiert
wird.

58   Projekte wie die Sanierung und der Umbau der
Arbeitersiedlung Piesteritz zu einer autofreien An-
lage oder vergleichbare Vorhaben in Zschornewitz
waren durch den EXPO-Status möglich geworden.
Vgl. dazu: Piesteritzer Siedlungsgesellschaft mbH/
Hg. 2000, 7–8, sowie Kegler 1999, 85–89

59   Kretschmer 1999, 270: „Die Geschichte der Weltausstellungen zeigt, dass diese keine Frage von
Pomp und großartigen Inszenierungen ist, sondern
dass es dazu vor allem eines braucht: eine Vision,
wie das Leben in der Zukunft aussehen könnte, und
den Mut, diese in eine Architektur und in eine (im
besten Sinne) Show umzusetzen, die die Menschen
nicht kalt lässt, sondern heiß macht auf Zukunft."

60   Vgl. dazu: Schröder 2009, 36. Der Begriff „Raum-
*um*ordnung" war in den 1990er-Jahren noch nicht
eingeführt. Er wurde hier ergänzt, weil er inhaltlich
treffend erscheint.

61   Die Angaben beziehen sich auf die Studie „Vision
Anhalt 2025", die der Landkreis Wittenberg 2012
herausgegeben hat (38–47).

62   Mitscherlich 1965, 14.

63 Leborgne, Lipietz 1990, 109.

64 Roost 1998, 318–334, insbesondere 334. Knodt 1994, 75.

65 Ganser 1998, 96.

66 EXPO GmbH (1997): Projektvereinbarung (unveröffentlicht).

67 Prof. Ganser in einem Brief an die LMBV, 11. Mai 1994, Archiv Kegler.

68 http://www.lmbv.de/tl_files/LMBV/Publikationen/ Publikationen%20Zentrale/Publikationen%20Diverse/LMBV_Buch_Zwischenbilanz.pdf, 56 (30.11.2013) sowie: http://www.seespiegel.de/html/ archiv/Artikel/Nummer25/0607_006.htm (30.11.2013).

69 Diese Aussage stützt sich auf einen Bericht des IBA-Geschäftsführers Rolf Kuhn gegenüber dem Autor vom 15. September 2011 sowie: http://www.iba-see2010.de/de/index.html. Der gemeinsame Bezug von Industriellem Gartenreich und IBA SEE liegt bei der IBA Emscher Park (1988 – 1999): „Das Konzept der IBA Fürst-Pückler-Land (auch als IBA SEE bezeichnet HK) weicht davon insofern ab, als hier, dem Beispiel der IBA Emscher Park 1989–1999 folgend, eine ganze Region und ihre Landschaften in den Blick gerückt sind." http://www.iba-see2010.de/ de/verstehen.html (01.12.2013).

70 Vgl. „Straße der Braunkohle" als ein industriegeschichtlicher Parcours oder die Themenroute „Kohle-Dampf-Licht": http://www.braunkohlenstrasse.de/bks-home.php sowie http://www.kohle-dampf-licht.de/ (30.11.2013).

71 Dazu zählt vor allem das Stadtentwicklungskonzept von Gräfenhainichen, der für Ferropolis zuständigen Kommune, das aus dem Bundeswettbewerb „Stadtumbau-Ost" im Jahr 2002 hervorgegangen war: „Stadt mit Neuer Energie". Darin wurde eine Strategie für die Stadt, einschließlich *Ferropolis*, entwickelt, die eine Energiewende avisierte. Vgl. Müller et al. 2013, 328.

72 ABRAXAS (2001): *Regionales Entwicklungskonzept (REK) Dübener Heide*, Lutherstadt Wittenberg/ Weimar (unveröffentlicht). An diesem REK hat der Autor mitgewirkt und dort erstmals den Vorschlag für einen „Regionalpark Mitteldeutschland" eingebracht. Die Erstveröffentlichung erfolgte beim UIA-Kongress 2002 in Berlin unter: Kegler 2002, 117–119. Siehe auch: Landkreis Wittenberg 2012.

73 Müller et al. 2013, 328.

74 Landkreis Wittenberg 2012.

75 „Kraftwerk auf dem Dach", in: Mitteldeutsche Zeitung, 13.07.2011.

76 Vgl. zu den Sachinformationen Kegler 2005, 48–50.

77 Zu den Partnern gehörten viele weitere Personen wie Harald Bodenschatz, Hardt-Walther Hämer oder Renate Kastorff-Viehmann.

78 Mikis Theodorakis – Rede anlässlich seines Konzertes zur Eröffnung von Ferropolis am 16. Juli 2000 (persönlicher Mitschnitt Kegler).

79 Mit einer der ersten E-Mails, die das Bauhaus Dessau erreichte, traf diese Reflexion zum Projekt ein (die Quelle lässt sich nicht mehr zurückverfolgen): Sachsse 1997, Internet-Kommentar.

80 Brock 1999, Frankfurter Rundschau vom 09.04.1999.

81 Vgl. dazu Uhlmann 1998a, 20–21 sowie Uhlmann 1998b, 21–24.

82 Ipsen 2000, 570–571.

83 Ipsen 2000, 572.

84 Günter 1999, 162. Die Idee der „Poetischen Orte" geht auf Tonino Guerra, den italienischen Filmautor, zurück. Roland Günter verfasste über dessen Langzeitprojekt in der Nähe von Rimini ein gleichnamiges Buch (Essen, 1998). Detlef Ipsen führte diese Idee weiter: Ipsen 2000, 570–573.

85 Universität Kassel 2020, Planungscamp – Ergebnisbericht (unveröffentlicht), 32, 41.

5 Zukünftige Handlungen resilienter Stadt-Land-Regionen: „Plan C"

„In dem Augenblick, in dem wir uns die Freiheit nehmen, das Ergebnis der Gewinnprüfung eines Buchhalters in den Wind zu schlagen, fangen wir an, unsere Zivilisation zu verändern."[1] Das befreiende Wort des Ökonomen John Maynard Keynes leitet dieses Schlusskapitel ein. Lernen heißt auch Ver-Lernen und Bisheriges anders zu sehen. Um planerische Entscheidungen für das Neukonzipieren stadtregionaler Entwicklungen treffen zu können, bedarf es auch eines Lösens von Wachstumsdogmen in der Politik. Darin werden „Revolt" und „Remember" im panarchischen System zusammengedacht. Darin liegt eine Handlungschance für die Zukunft. Hier setzt das Denken in Resilienzkriterien an. Es verfolgt nicht allein eine Erhöhung der Widerstandsfähigkeit bestimmter Infrastrukturen gegen kommende Störungen und Belastungen beziehungsweise Notstände. Es bezieht sich gleichermaßen auf die als emergent-adaptiv bezeichnete Planung.[2] So wichtig beides ist, so wenig wird ein bloß reaktiver Ansatz ausreichen, um die „Zivilisation zu verändern". Aber auch der „Irrtumsvorbehalt" in räumlichen Planungen muss hinterfragt werden, so sinnvoll, ja notwendig auch dieser bleibt.[3] Irrtümer – bezogen zum Beispiel auf den Klima- oder Demografiewandel – sind nicht mehr oder kaum noch korrigierbar, liegen doch deren Ursachen lange zurück. Wo öffnen sich Handlungsspielräume, planerische Grundlagen oder organisatorische Strukturen für eine räumliche Planung in Stadt und Land angesichts laufender Transformationen? Handelt es sich dabei um *den* Wendepunkt oder um einen zivilisatorischen „Wendeprozess" – und wie kann dieser im Sinne von gerechter Überlebensfähigkeit gestaltet werden?

Die mit dem Panarchie-Zyklus eingeführte Grundlage für das Resilienzverständnis auch auf der Ebene der Stadt-Region soll nun in einen Handlungsprozess integriert werden, der letztlich die Entscheidung für ein „Mehroder-Weniger" an Resilienz verortet, ohne dabei Entscheidungsoptionen im simplen „Dafür-Dagegen" zu ersticken. Diese Empfehlung für die Kommunalpolitik wurde vom IPCC unterbreitet.[4]

Die in diesem Modell des IPCC formulierte Bezugsgröße ist der Stress, dem sich die Gesellschaft ausgesetzt sieht – zumeist selbst verursacht. Der Verfügbarkeit von biophysikalischen Ressourcen steht der gesellschaftliche Stress gegenüber. Zwischen diesen „Schraubzwingen" liegen die

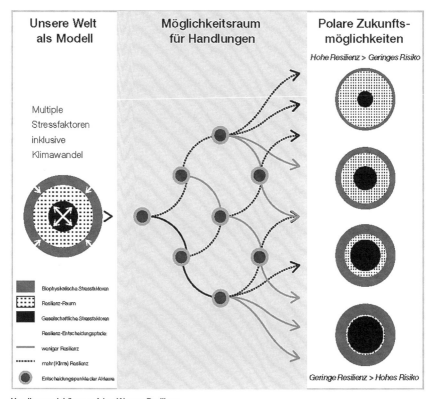

Unsere Welt als Modell

Multiple
Stressfaktoren
inklusive
Klimawandel

Biophysikalische Stressfaktoren

Resilienz-Raum

Gesellschaftliche Stressfaktoren

Resilienz-Entscheidungspfade:

weniger Resilienz

mehr (Klima) Resilienz

Entscheidungspunkte der Akteure

Möglichkeitsraum für Handlungen

Polare Zukunfts-möglichkeiten

Hohe Resilienz > Geringes Risiko

Geringe Resilienz > Hohes Risiko

Handlungsspielräume auf dem Weg zur Resilienz

Resilienzspielräume. Es gilt das Ziel, diese Räume der Resilienz groß genug zu halten, um Risiken zu minimieren. Dem schließt sich nun der kommunalpolitische Möglichkeitsraum der Handlungen an. Er ist gekennzeichnet durch eine Folge von Entscheidungspunkten, die – vereinfacht – je eine Entscheidung in Richtung Erhöhung oder Senkung von Resilienz oder Risiko bedeuten. An diesen Punkten sind komplexe Entscheidungen zu treffen, in welche die stadt-regionale Planung direkt involviert ist. Diese Punkte stellen aber ihrerseits Lernorte dar, an denen die Stadtgesellschaft in ihrer demokratischen Verfasstheit und mit einem hohen Maß an Ungewissheiten Entscheidungen treffen muss.[5]

Die Stressfaktoren lassen sich zum Beispiel an der demografischen Misere darstellen, die exemplarisch 2004 vom „Berlin-Institut"[6] umfassend herausgearbeitet wurde.[7] Dahinter verbirgt sich ein grundlegender Wandel in der Zukunftsvorstellung.

Die gesellschaftlichen Stressfaktoren stehen einer Zukunftsversessenheit mit immer gigantischeren Bauprojekten (Ressourcenverbräuchen) gegenüber. Ein Blick nach Asien kann hier lehrreich sein.[8]

Der Ratlosigkeit angesichts gewaltiger Herausforderungen gilt es nicht einfache Lösungen entgegenzusetzen, sondern eine Auseinandersetzung über die Handlungsmöglichkeiten anzuregen, die sich aus säkularen Veränderungen in der Gesellschaft und ihrer Umwelt ableiten lassen. Erstmals scheint die Gesellschaft zu ahnen, wohin sie bei den von ihr selbst heraufbeschworenen globalen Lageverschiebungen steuert – ein beachtlicher Erkenntnisfortschritt[9], der allerdings im Hinblick auf die Größenordnung der Herausforderungen entschiedenes Handeln erschwert. Insofern ist eine Art reflexiver Gelassenheit gefragt, die jedoch nicht mit Verantwortungslosigkeit zu verwechseln ist.[10] Nachdem grundsätzliche Erkenntnisse gereift sind, kann ohne lähmende Angst an ein grundsätzliches *Neudenken* von Planung an den im Modell gezeigten Entscheidungspunkten gegangen werden.

In diesem Sinne dürfte Resilienz zukünftig das *Caput („C")*, das Hauptstück der Planung werden. Dieser These folgend, spannt das diese Publikation beschließende Kapitel den Bogen zur stadtregionalen Resilienzplanung. Nachdem das erste Kapitel den Diskurs über Begrifflichkeiten und theoretische Positionen eröffnete und in den folgenden Kapiteln 2, 3 und 4 Lern- und Experimentalfelder exemplarisch identifiziert wurden, folgt nun ein gedanklicher Ausblick, der „*Plan C*".[11] Diese Planung bietet – einem Mosaik gleich – grundlegende Bausteine für eine resiliente Stadtregion an, wobei die Muster des Panarchie-Zyklus den Bezug darstellen, und erweitert die im Kapitel 1 umrissene „Dritte Generation" der Planung. Zugleich wird damit die Transformation der Planung selbst zum Gegenstand erhoben und mit dem Begriff Planungs*kunst* benannt.

Ein Entscheidungsmodell – Heuristik als Methode: Planungskunst

Resilienz bedarf einer Planungskultur, die sich zwischen den verschiedenen disziplinären Gebieten, aber auch zwischen Kunst, Lebensalltag, Politik, Wirtschaft und der steten Ungewissheit der nächsten Handlungsschritte bewegt. Für wissenschaftliche Gebiete mit einem vergleichbaren Anspruch wurde der sperrige Begriff der „disziplinären Interdisziplinarität in transdisziplinären Prozessen"[12] gefunden. Diesem „Modus-3-Wissenschaftstyp" würde eine Planungskultur entsprechen, die die gegenwärtig dominierende Planung für die *Soll-Transformation* neu positioniert. Die Diskussion um diese neue Planung, eine *Stadtentwicklungs-Planung 2.0*, hat seit geraumer Zeit begonnen.[13] Auch darauf fußt die Planung für eine resiliente Stadtregion. Eine solche Planung wirkt im Unvollkommenen, nimmt den Zufall an und kultiviert fachliches „Grenzgängertum" zwischen Wissenschaft, Technik und Kunst.[14] Heuristik, auch verstanden als Suche nach dem „Unvollendeten" und „Komplexen", ist ein Kern dieser Planungskultur.[15] Diese soll hier als Planungs*kunst* bezeichnet werden.

Wenn von „Plan A" gesprochen wird, dann im Sinne von Planungen im Wirkungskreis der *Ist-Transformation*. Zu diesem können Varianten oder Szenarien erarbeitet werden, die den Weg modifizieren. Vielleicht werden sogar andere Richtungen angepeilt: „Plan B" oder „Stadtentwicklungsplan 2.0". Sie folgen jedoch in der Regel Tendenzen, Megatrends oder lokal vorgezeichneten Pfaden der Entwicklung.[16] Wenn nun der *„Plan C" (Caput)* eingeführt wird, dann bewegt sich das Denken nicht nur in den Kategorien von Trend, Pfad oder Szenario, sondern im methodischen Kontext der Panarchie-Zyklen.

Ein *„Plan C"* setzt sich aus Bausteinen zusammen, einer Art „DANN", die auf Grundwerten basieren und nicht von akuten oder angenommenen Umsetzungs- oder Finalisierungszwängen getrieben sind. Diese Grundwerte und „DNA"-Bausteine zielen auf die strategische, also die *Soll-Transformation* als Zielkorridor und Näherungswert. Sie geben keine normativen Werte vor, sondern implizieren einen bestimmten Grad von Unschärfe.[17] Ihre Präzisierung erfahren sie einerseits im konkreten Planungsprozess und andererseits durch sich ergebende Spielräume, die die voranschreitende *Ist-Transformation* übrig lässt oder die in ihr erstritten werden müssen. Es gehört sicher zum Arsenal guter Planung, Alternativen parat zu haben. So ist „*Plan C*" nicht gemeint. Er nimmt weitergehende Perspektiven in den Blick und beschreitet methodisch Wege jenseits des einschlägigen Planungsalltags – ohne diesen zu ignorieren. Die Bestandteile von „*Plan C*" finden sich nicht im angestammten förmlichen Planungsinstrumentarium. Er enthält ein Angebot zum Wirken im ungewissen Zukunftsfeld.

Der Wandel des Planungssystems als Teil der „großen Transformation" bedarf eines Vorgehens, das selbst zum eingeübten Planungsprozess Distanz wahrt. „*Plan C*" tritt also als „Schattenplan" zur Diffusion in eine Planungskultur für die resiliente Stadtregion in Erscheinung. Er verleiht letztlich dem Bedürfnis und der Hoffnung von Menschen Ausdruck, „ihrer Sehnsucht nach sinnlicher Freude und ihrem Drang nach Selbsterkenntnis und Selbstbestimmung, kühnen Träumen und dämonischen Leidenschaften, ihren Vorstellungen vom Ende des Lebens, von irdischen Kräften und überirdischen Mächten, Jenseitshoffnungen und Jenseitsangst"[18] Raum zu geben. Wenn sich über derartige Motive die Tür zur Kunst öffnet, dann öffnen sich zugleich Zugänge zu einem „anderen" Verständnis von Planung. Die Grenzen verschwimmen zwischen Kunst und wissenschaftlicher Planung, wie sie sich, dargestellt im Kapitel 1, aus dem Übergang in die Phase der „dritten Generation" von räumlicher Planung ableitet. Ein „*Plan C*" überschreitet offensiv diese Grenze, ohne im engeren Sinne selbst zur Kunst zu werden. „Aneignung, Standortbindung, Unbeständigkeit, Akkumulation, Diskursivität, Hybridisierung – diese unterschiedlichen Strategien charakterisieren einen großen Teil der Kunst der Gegenwart und unterscheiden sie von ihren modernistischen Vorgängern."[19]

Gleicht nicht diese Einschätzung des Wandels der Kunst in den vergangenen zwei Dekaden dem Wandel in der Planung? Liegen hier nicht neue methodische Möglichkeiten, jene Erkenntnis- und Handlungschance zu ergreifen, die sich aus dem Betreten ungewissen Terrains eröffnet? Das Gedankenexperiment für eine neue Planungskultur findet darin einen fachdisziplinären Ausgangspunkt.[20] Planungs*kunst* bleibt dennoch ein Behelf, um die notwendigen

Transformationen im Fachgebiet der räumlichen Planung selbst auf einen (immer noch vorläufigen) Begriff zu bringen.

All diese Überlegungen lassen sich auf jene Entscheidungspunkte fokussieren, die im oben genannten IPCC-Modell dargestellt sind. An der Stelle kommt den „Remember"- und „Revolt"-Effekten eine wichtige Funktion zu. Es bedeutet für die jeweiligen Akteure, abzuschätzen oder zu ermitteln, an welchem Punkt im Resilienzzyklus sich die Planung (Politik) befindet und welche Entscheidungen zu treffen sind.[21]

Wertekanon – Grundlage einer Planungskunst

Da jene Entscheidungen nicht nur von einzelnen Faktoren bestimmt werden, sondern komplexeren Interessenlagen oder Wertvorstellungen unterliegen, bedarf es eines weiter gefassten Blickes auf Beweggründe für Richtungsentscheidungen. Demnach werden im ersten Abschnitt Diskussionslinien für einen Wertekanon in Form von Fragen und Positionen entwickelt – also keine einfachen normativen Setzungen –, die als inhaltlich-methodische Grundlagen für den zweiten, den Planungsteil fungieren.

„Enfoncé l'Europe"

Das alte Europa kann nicht einpacken, anders als dies im gern zitierten Ausspruch suggeriert wird.[22] Der demografische Wandel, die bisweilen aussichtslos erscheinende Finanzdauerkrise, die spürbaren Folgen des Klimawandels oder die schwindende Rolle Europas in der Weltpolitik – machen sie den ursprünglichen Ausspruch nachvollziehbar? Angesichts des vor 125 Jahren fertiggestellten Eiffelturms sollen diese Worte von einem Pariser Bürger stammen, der nach der Eröffnung des Turms pures Erstaunen zum Ausdruck brachte. Ein eigentlich unnützes Faszinosum war entstanden, zunächst befehdet, dann gepriesen und heute aus dem Pariser Stadtbild nicht mehr wegzudenken.

Symbol für Opulenz und Knappheit – Holz-Architektur (Hamburg)

Eine Opulenz an wissenschaftlich-technischem Können offenbart sich hier – ohne jeden unmittelbaren Nutzen –, heute als Wunder der Ingenieurskunst gepriesen. Welch ein Aufwand wird betrieben, um das zur Identität der Stadt, der französischen Nation und auch Europas gehörende Bauwerk zu erhalten! Bis heute ist der Turm identitätsstiftendes Monument eines Aufbruchs ins Zeitalter der Zweiten Industriellen Revolution, ein Musterbeispiel technischer Präzision und touristischen Erfolgs, aber auch Symbol einer großen Vergangenheit.[23] Was bleibt, ist ein einzigartiger kultureller Überschuss, eine begeisternde Opulenz. Ein fragwürdiger „Leuchtturm" unserer Tage hingegen, der höchste Bau der Welt, ist in der Wüste Dubais zu besichtigen, ein Investment-Projekt, dessen urbane Zukunft höchst ungewiss ist, trotz des unentwegt verbreiteten Optimismus, trotz des ungebrochenen Zustroms von Touristen aus aller Welt.[24] Bleibt die Frage, was sozial oder kulturell von Rang ist. Die Diskussionen um das Weltkulturerbe verdeutlichen die Problematik.[25] Die Wertschätzung zieht ihre Kraft aus dem profanen Versprechen, dass die internationale Wahrnehmung erhöht wird und der Tourismus die Finanzierung stützt. Ein vages Versprechen. Angesichts der bereits laufenden Veränderungen in allen Sektoren, die auch den Tourismus betreffen, kann die Orientierung auf den globalen Wettbewerb langfristig kaum allein Garant der Sicherung des kulturellen Erbes sein. Und so schließt sich die Frage an, welche kulturellen Wegbegleiter die Stadtgesellschaft in den strategischen Transformationsprozess als

Erbschaft mitnehmen will, um nicht nur auf Veränderungen besser reagieren zu können und widerstandsfähiger zu sein, sondern auch, um die Zukunft inhaltlich anziehend zu gestalten. Welche dieser – verantwortbaren – Wegbegleiter kann sich die Gesellschaft schaffen oder erhalten, um die Transformation aktiv und für die Gemeinschaft perspektivreich werden zu lassen? Welche Bedeutung kommt der Architektur auch als Bedeutungsträger für sozial-kulturelle und ökologische Opulenz bei?

„Dritte Industrielle Revolution" – ein Nachsatz

„Das Modell der sozialen und ökologischen Marktwirtschaft und das einer liberalen Marktwirtschaft sind wohl doch nicht zwei Varianten ein und derselben Grundidee, sondern zwei ganz unterschiedliche und miteinander unvereinbare Ansätze für ein Gesellschaftsmodell der Zukunft."[26] Mag der Ökonomiestreit die Debatten weiter befeuern und das Ringen um das Gesellschaftsmodell der Zukunft forcieren, mag der Streit darüber weiter geführt werden, ob nicht beide Modelle doch eines gemeinsam haben, nämlich die Orientierung am Wachstum – der Untergrund jedenfalls, auf dem diese Auseinandersetzungen laufen, wird brüchiger angesichts der Themen, die am Beginn des 21. Jahrhunderts deutlich hervortreten.[27] Oder gehören die beiden Modelle nicht auch bereits der Vergangenheit an? Frisst sich nicht auch der Neoliberalismus selbst auf, so wie es vermeintlich der Fordismus getan hat? Und tappt die sozial-ökologische Marktwirtschaft in ihre eigene Effizienzfalle? Wenn dies anzunehmen wäre, dann deutet die etwas saloppe Einschätzung darauf hin, dass das Jahrhundert der Latenz eingeläutet worden ist. Dabei verspricht Latenz nicht einfach einen unentschiedenen Schwebezustand, sondern eine höchst fragile Konstellation, die nach robusten Festpunkten sucht. Die Latenz des Zweifels über die ökonomische Zukunft der Gesellschaft schwingt darin mit. Die Gewissheiten, die noch sehr durch das Jahrhundert des Fordismus (mit Sozialstaatsdominanz, schematischer Funktionsteilung oder Massenkonsum) geprägt sind, schwinden. Ist das eine postmoderne Auflösung aller Bindungen und planerischen Ambitionen? Steckt dahinter lediglich die Neigung, sich um eine gesellschaftlich fundierte Analyse zu drücken und in der Resilienz einen scheinbaren Lösungsansatz zu postulieren? Letztlich geht es beiden oben genannten ökonomischen Modellen, so verschieden sie auch angelegt sein mögen, um Effizienzsteigerung. Das Modell der sozial-ökologischen Marktwirtschaft argumentiert mit der persönlichen Wohlfahrt (für alle) durch erzeugten Überschuss, der nachhaltig erbracht sein soll. Wettbewerb spielt dabei eine wichtige befördernde, aber nicht die alleinige Rolle. Hier setzen neoliberale Konzepte an und räumen dem Wettbewerb die entscheidende Funktion bei der Erzielung von Wohlfahrt ein. Beide Modelle weisen den Stadtregionen eine Funktion als Standorte im letztlich globalen Wettbewerb zu[28] – mit Gewinnern und Verlierern, die jeweils vor der Aufgabe stehen, sich im Konkurrenzkampf anzupassen, um auch zukünftig Gewinner zu bleiben oder um zu den Gewinnern zu zählen, sich also flexibel auf die jeweils veränderten Standortanforderungen des Weltmarktes einzustellen.[29] Ob die Megatrends des demografischen Wandels, der klimatischen Veränderung oder der Finanzmarktentwicklung den globalen Schemata der Stadtentwicklung ihren Stempel aufdrücken und unausweichlich ganz andere Prozesse die Entwicklung dominieren werden? Kann die Lernfähigkeit des Wirtschaftssystems hinreichen, um mit diesen fundamentalen Wandlungen zurechtzukommen? Der Ansatz einer „Dritten Industriellen Revolution" versucht dies mit der „Entropie-Zeche für das Industriezeitalter"[30] zu berücksichtigen und ein ökonomisches Strategieangebot zu unterbreiten. Es vermag den Blick zu öffnen. Resilienz setzt hier an.

Ein „abwesendes" Wachstum

Das gegenwärtige Planungssystem ist tief in der *Ist-Transformation* und ihrem vornehmlich linearen Wachstumsdenken gefangen. Eine Voraussetzung für ein Planungsdenken im Sinne von Resilienz ist der kritische Bezug zum Wachstum. Seit ihrer Entstehung als wissenschaftliche Disziplin hatte die Planung das Wachstum der industriell geprägten Städte zu antizipieren und damit – planerisch – zu kanalisieren.[31] Dies basierte auf dem Wachstum der industriellen Wirtschaft (gleich welcher politisch-ökonomischen Provenienz). Das Bevölkerungswachstum ging mit dieser Entwicklung einher und wurde zu einem ehernen Grundsatz für die Planung – bis das Schrumpfen der Bevölkerung in Deutschland seit etwa 2000[32] (erneut) zum Thema wurde. Nun trat der Rückbau auf die Agenda der Planung, doch das Wachstum blieb eine Bezugsgröße. Der Streit entbrannte darum, ob „growth" oder „de-growth" die einzuschlagenden Wege seien. Beides scheint nachvollziehbar – aus der jeweiligen Position. Doch ist das überhaupt die Frage? Könnte nicht, um dem niederländischen Ökonomen Jeroen van den Bergh zu folgen, auch ein „a-growth"[33] denkbar sein? Damit können ideologische Fallen von wohlstandsbasierter Wachstumskritik oder „Grenzen der Wachstumskritik"[34] umgangen werden und sich Blicke auf elementare Entwicklungsfragen öffnen. Das letzte Ziel der Ökonomie ist ein Erreichen von Wohlfahrt. Hier sei an die „Basisgüter" erinnert, die diese Wohlfahrt letztlich ausmachen.[35] Dass diese „Basisgüter" an Wachstum gekoppelt sein müssen, wird eher bestritten und ernsthaft problematisiert.[36] Es bleibt festzuhalten, dass die Frage des Wachstums, jenseits euphemistischer Plattheiten, durchaus nicht mit dem Ruf nach dessen Einstellung beantwortet werden kann.[37] Vielmehr wird aus anderer Perspektive darauf hingewiesen, dass die Wachstum gewohnten Länder (Städte und Regionen) „krisenentwöhnt" seien, was in Zukunft sehr kritisch werden kann.[38] Für die Resilienzdiskussion ist die Überlegung sinnvoll, vom Wachstumsgedanken Abschied zu nehmen. Damit wäre ein „neutraler" Boden für Argumentationen ohne Wachstums- oder Schrumpfungszwang in der Planung bereitet. So können vorgegebene Pfade für die Planung verlassen und Alternativen erkundet werden.

Ein verborgener Paradigmenwechsel

Der anhaltende Zweifel resultiert nicht nur aus einem Abschied von den gängigen Praktiken der fordistischen Ära, sondern auch von dem eingeleiteten Übergang in die postfordistische Zeit der „Dritten Industriellen Revolution".[39]

Dabei reift die Erkenntnis, dass der Umgang mit Unvorhersehbarem und Zufällen eine immer größere Bedeutung erhält. Erkenntnis- und planerisch
handlungsleitend wird die von der Systemtheorie bezeichnete „Ehrfurcht
vor der Ungewissheit".[40] Darin findet sich maßgeblich, so die hier vertretene
Hypothese, der Übergang in die „Dritte Generation von Planungsmodellen",
welcher sich durch einen „turn to content" auszeichnet, in welcher die „Alltagswelt" und die „Planungswelt" in ein Verhältnis treten, welches durch jene
Ungewissheiten (und Zufälle) wesentlich mitbestimmt wird.[41] Beide „Wel-
ten" sind natürlich durch die je gegebenen Rahmenbedingungen der sozio-
ökonomischen Verhältnisse, der politischen Bedingungen oder der natürlichen Gegebenheiten gebunden. Allgemeiner gesagt, machen die Menschen
„ihre eigene Geschichte, aber sie machen sie nicht aus freien Stücken, nicht
unter selbstgewählten, sondern unter unmittelbar vorgefundenen, gegebenen und überlieferten Umständen".[42] Diese sind in ihrer umfänglichen Komplexität und Zeitbedingtheit für die Planung ein nie vollständig erfassbarer
Gegenstand, der zudem nur vage vorhersehbar ist. Deswegen sucht die Planung nach handhabbaren Vereinfachungen. In den ersten beiden Generationen der Planung waren dies statische oder dynamische Modelle, also reduzierte, vereinfachte und hierarchisierte Abstraktionen der Wirklichkeit, die
generalisierte Ableitungen für konkrete Planungsaufgaben erlaubten. Dafür

stehen das Satellitenmodell oder das „Zentrale-Orte-Konzept". Diese wurden zunehmend durch kommunikative Prozesse (teilweise) ersetzt („Zweite Generation"). Auch dies stellt eine Reduktion der Wirklichkeit dar, die jene „Umstände" nur partiell abbilden oder beeinflussen kann. Eine lineare Ausweitung dieser reduktionistischen Ansätze kann kaum eine adäquatere Planung ermöglichen. Das heißt aber nicht, dass Planung gänzlich unmöglich sei. Vielmehr bedarf es eines Denkens in offenen Wahrscheinlichkeiten, gepaart mit der Suche nach planerischen Bezugspunkten.

Resilienz kann bei der Suche nach solchen Bezugspunkten Zugänge schaffen. So vermag sie mit neuen „Erzählungen" zu einem essenziellen Moment für Planung werden.[43] Dabei geht es nicht einfach um „gute Geschichten" und schon gar nicht um neue Gewissheiten, sondern um die Widersprüche, um Bedingtheiten, um den Umgang mit Störungen und Verlusten. Wenn Resilienz auf der Ebene der Langzeitstörung behandelt wird, dann wird nicht einfach die Frage der Wiederherstellung eines Zustandes nach einer „Störung" behandelt. Der Aufbau von „Haltepunkten", die in der Lage sind, über die materiell-physische Seite die psychologische, die emotionale, also individuelle, und auch die gesellschaftlich-kulturelle Dimension eines Umbaus im Zuge der dauernden, letztlich irreversiblen „Störung" zu betrachten, rückt in den Vordergrund.[44]

„Der Geschmack von Nachhaltigkeit"

Mit diesen Worten überschrieb der Wiener Philosoph Liessmann seinen Essay zum Jahrhundertthema Nachhaltigkeit: „Verteidigt wird dieses Konzept mit dem in zahlreichen Varianten vorgetragenen Hinweis darauf, dass wir in nahezu allen entscheidenden Fragen, die Lebensmöglichkeiten auf diesem Planeten betreffend, an äußerste Grenzen gestoßen sind – ob dies die vielzitierten Grenzen des Wachstums, die Grenzen der natürlichen Ressourcen, die Grenzen aggressiver Technologien, die Grenzen der Beherrschbarkeit ökologischer Katastrophen oder die Grenzen kurzfristig agierender Märkte sind. Trotz dieser Brisanz fehlt dem Begriff der Nachhaltigkeit [wie auch dem der Transformation HK], seinem Klang und seinem Geschmack, etwas von der Schärfe, die seine politische Realisierung eigentlich darstellt."[45] Genau darin liegen zugleich die Stärke wie die Schwäche des Begriffs. Er ist durch seine geringe Prägnanz für breite gesellschaftliche Kreise attraktiv geworden, und damit gewann auch der Inhalt der Nachhaltigkeit große Verbreitung. Andererseits liegt genau darin die Falle einer riskant werdenden Beliebigkeit ohne praktische Wirksamkeit. Eine solche hat hingegen der Neoliberalismus geschafft. Rund 75 Jahre nach dessen „Erfindung" ist ein globaler Siegeszug gelungen, der sich auch in den Städten niederschlägt, insbesondere mit Privatisierungen, Deregulierungen und Änderungen bei der sozialen Daseinsvorsorge.[46] Warum gelang das? Der Neoliberalismus agiert mit dem Begriff der Freiheit. Das ist ein starkes Zugpferd. Der „Geschmack von Freiheit" war auch ein fundamentales Anziehungs- und Entwicklungsmoment für die Stadt.[47] Zugleich schwingt aber auch der Fluch mit, den diese Freiheit mit sich bringt.[48] Doch ohne die Begeisterung breiter Schichten der Gesellschaft – oder mindestens deren Duldung – wären die grundlegenden Änderungen in der Stadtregion seit der Endphase der fordistischen Ära und dem Beginn der Durchsetzung neoliberaler Konzepte kaum möglich gewesen:

- die autogerechte Stadt: Traum von der grenzenlosen, individuellen Mobilität,
- der suburbane Sprawl: individuelles Wohnen im (vermeintlichen) Grünen,
- die vorgeblich unendliche Verfügbarkeit billiger (atomarer/fossiler) Energie,
- das Stadtvergnügen: Genuss und Festivalisierung als (schein)individuelle Qualität,
- der (Massen)Konsum: Kaufen als urbane Qualität – Lust/Rausch der Verschwendung,
- die Selbstdarstellung: die Stadtregion wird Bühne des Individuums, seiner Moden, seines Status und der Platzierung im Wettbewerb.

Die einst „große Geschichten" des Fortschritts und der Freiheit erzählenden Projekte und Programme, insbesondere die der autogerechten Stadt oder des

„Urban Renewing/Clearence" (Kahlschlagsanierungen zwischen 1950 und 1970), rangieren heute in der Liste der „Human Disasters"[49] gleich neben Katastrophen wie Bürgerkriegen, Stadtbränden oder Terrorismus. Welch ein kultureller Wandel in der Wahrnehmung von Fortschritt! Heute gilt dieser Fortschritt als dramatische Störung. Diese Merkmale ließen sich vielfältig ausdifferenzieren, ergänzen, deuten und auch kritisieren.[50]

Worauf könnte sich nun ein Ziel beziehen, das einen „Geschmack" von Nachhaltigkeit vermittelt, den das Modell des Neoliberalismus mit seiner Definition von marktgetriebener Freiheit hatte? Wenn eine sozial-ökologische Marktwirtschaft sich einem Nachhaltigkeitspostulat verpflichtet sieht, was hier angenommen werden soll, dann wäre sie eben nicht eine marktwirtschaftliche Spielart, sondern bedürfte eines „eigenen Geschmacks". Warum ließe sich nicht auch hier eine Umkehr der Argumentation versuchen?

Wenn davon ausgegangen werden kann, dass eine der methodischen Säulen der Nachhaltigkeit, die Effizienz, nicht ausreichen wird, um deren Ziele zu erreichen[51], wenn Suffizienz als „Bedarfssubstitution"[52] (vorerst) nur begrenzte Wirksamkeit hat und Konsistenz zwar als tendenzielles Prinzip einer Anpassung an Naturprozesse gilt, aber zumeist rein technisch ausgerichtet ist und die grundsätzlichen Fragen nach der „Kultur der Maßlosigkeit"[53] eher verdrängt als überwindet, dann wäre die Frage nach einem denkbaren „Brückenbildner" für die Zukunftsfähigkeit von Stadtregionen zu stellen – und zwar jenseits der tradierten Wachstumslogiken.

Ein entscheidendes Manko der Nachhaltigkeit bleibt: Sie begeistert nicht. Sie vermittelt keinen vordergründigen Gewinn an Freiheitsgraden. Hier aber läge ein Ansatz, um einen Zugang für eine Gestaltung von Zukunftsprozessen in Städten und Regionen zu erhalten. Der Schlüssel dafür läge, Luks zufolge, in der „Großzügigkeit als Gegenbild zur Effizienz"[54]. Jackson führt, von einer vergleichbaren kritischen Position ausgehend, dafür den Begriff des „alternativen Hedonismus" ein.[55] Diese Annahme gründet sich auf der Kritik an auf Effizienz und Wachstum ausgerichteten und den betriebswirtschaftlichen Logiken folgenden normativen „Setzungen" in der Gesellschaft. Die Bestimmung des Verhaltens in Wirtschaft, Stadt oder Lebensalltag nach Effizienzkriterien, Kosten-Nutzen-Rechnungen oder permanenter Optimierung offenbart Defizite, die sich als vergesellschaftete Folgeaufwendungen darstellen. Ein guter Teil der psychologischen Resilienzkommunikation zielt genau auf diese Schwachstelle der Effizienzgesellschaft und sucht, individuelle Abhilfe zu vermitteln. Dabei wird nicht der Weg verfolgt, die Entwicklung durch eine noch ausgefeiltere Effizienz einzuholen, sondern den Blick zu wenden und „immun" zu werden gegenüber diesem Trend.[56] Dennoch ändert dieses Vorgehen wenig an den Ursachen. Vielmehr lauert die Gefahr, dass die Kommunikation zur Resilienz zum Verbündeten des Effizienzrausches wird.

In Naturprozessen (und auch im Prozess der Stadtbildung) werden Überschüsse gebildet.[57] Sie dienen als mögliche Puffer, als einkalkulierte Sicherheitsreserven oder erscheinen (augenblicklich) schlicht überflüssig – unter dem Gesichtspunkt unmittelbarer Nützlichkeit. Sie können aber wichtig werden für mögliche Transformationen und sind in einem weiten Sinn effektiv.[58] Diese Kapazitäten evolutionärer Entwicklung sind elementar für den Aufbau resilienter Eigenschaften. Sie schließen, übertragen auf die Stadt, soziales, gebautes, natürliches oder finanzielles „Kapital" ein. Sie bilden, im Kontext mit den Prinzipien der Vielfalt, der Modularität, der ständigen Rückkopplungen, der Systemoffenheit oder der Redundanz und Reservebildung den Kern der allgemeinen Resilienz.[59] Diese Eigenschaften sind von drei Qualitäten abhängig:

- von der Fähigkeit der Überwindung von Verweigerungshaltungen gegenüber Transformationen *(Transformationsoffenheit),*
- von der realen Umsetzungsfähigkeit von Möglichkeiten im Transformationsprozess *(Alternativfähigkeit),*
- vom Anreichern von Kapazitäten zur Bewältigung von Transformationen über einen längeren Zeitraum *(Langzeitfähigkeit).*[60]

In diesen *„überschüssigen"* Kapazitäten müssen die Aspekte des „Geschmacks" ergründet werden. Es sollte ein sozial-kultureller (und nicht vordergründig nur materieller oder finanzieller) Gewinn aus der Transformation abzuleiten sein. Die Überwindung von Verweigerung[61] kann letztlich nicht erzwungen werden; oder nur aus der Not. Gestaltungsmöglichkeiten erwachsen wohl eher aus positiven Motiven denn aus Einsicht in Notwendiges. Die Bereitstellung von Kapazitäten sollte mehr sein, als nur einem „notwendigen Übel" zu folgen.

Mehr als eine Frage des Geschmacks: Resilienz und Opulenz

Ein Wechsel der Sicht auf die Resilienz führt zum Ersetzen von Effizienz durch den neuen Begriff der Opulenz. Überfluss, Prunk, Reichtum, Reichhaltigkeit, Luxus, Pomp, Üppigkeit, Großzügigkeit – so benennt der *Duden* die Synonyme für Opulenz.[62] Das klingt nicht gerade nachhaltig. Opulenz: Vom barocken Versailles bis zum mondänen Dubai reichen heute die Assoziationen. Orte der Opulenz haben eines gemeinsam: Sie faszinieren, wie die Tourismusindustrie glaubhaft nachweisen kann – bei aller Kritik, die sofort geäußert werden kann und muss. Sie sind per se nicht nachhaltig oder resilient. Im Gegenteil: Sie sind überflüssig.[63] Doch hier läge auch ein Schlüssel für eine Verknüpfung von Resilienz und Opulenz. Gerade sie könnte Spielräume für *Soll-Transformationen* öffnen.

Wie opulent muss ein System Stadtregion sein, damit es hinreichend resilient ist? Wie muss Opulenz resilient gebunden werden, damit sie nicht selbst zum redundanten Störfaktor für ein System wird, das seine Funktionen nicht mehr aufrechterhalten kann?

Opulenz wäre in zwei verschiedenen Dimensionen zu betrachten und für die Resilienzstrategie zu bewerten: Die eine beträfe die für die *allgemeine* Resilienz von Stadtregionen wichtigen Felder des Raumes, der Zeit und der Kultur. Ein *„üppiges"*, nicht auf Effizienz getrimmtes Raumangebot, das viele sozialkulturelle Spielräume (vom Stadtteil bis zur Region) bereithält, gehört ebenso dazu wie eine Kultur der Zeitgelassenheit. Eine Kultur des öffentlichen Lebens zwischen Ausgelassenheit und Selbstreflexion befördert den Resilienzaufbau einer Stadtregion.

Die andere Opulenz zielt auf die „inneren" Werte der Stadtgesellschaften, die, analog zum „alternativen Hedonismus", in „Selbstakzeptanz, Beziehung, Zugehörigkeit zu einer Gemeinschaft"[64] und Teilhabemöglichkeit aller liegen können, also in Bausteinen eines mit Verantwortung verbundenen Wohlstandes. Ein solcher würde den Weg zu einer nachhaltigen Stadtgesellschaft nicht verbauen, sondern mindestens offenhalten und böte Möglichkeiten, Kapazitäten für die Transformation nicht im unproduktiven Statuswettbewerb zwischen Städten zu verschleißen. Wäre Opulenz nicht im Sinne der *Demokratie* zu verstehen als Verknüpfung von Selbstverantwortung (Liberalismus) mit der Fürsorge für das Gemeinwesen (Republik)?[65] Das ist das Gegenteil von autoritärer Steuerung im Sinne einer *Retro-Resilienz*.

Die These, nach der große materielle Unterschiede, die sich auch in den Städten abbilden, eine für die gesellschaftliche Entwicklung stimulierende Wirkung entfalten, konnte durch eine OECD-Untersuchung widerlegt werden. Danach torpedieren gravierende soziale Unterschiede die Kohäsion der Stadtgesellschaft bis hin zu existenziellen Dimensionen.[66] Dabei geht es nicht um eine vollkommen egalitäre Stadt, wie sie etwa bei den frühen Utopisten („Utopia") beschrieben worden ist oder in Standardisierungen von Lebensräumen in fordistischen Städten aus dem 20. Jahrhundert ihren Niederschlag gefunden hatte – beides trug durchaus auch dystopische Züge.[67] Die Umwandlung von Unterschieden in Richtung Vielfalt ist entscheidend für eine resiliente Stadt. Erst dann kann eine verantwortungsbezogene Opulenz zum Tragen kommen. Das Maß dafür könnte sich aus dem „ökologischen Fußabdruck" ableiten oder auf einen reflektierten „Well-Being-Faktor" beziehen.[68] So gesehen, würde eine reflektierte Opulenz zum Bedingungsfaktor für eine resiliente Entwicklung werden.

Die Basisgüter – elementarer Bezug für resilientes Handeln

Die kritische Diskussion der jüngeren Vergangenheit lenkte den Blick auf die „Basisgüter" einer Gesellschaft, die deren Existenz gewährleisten und über die gesellschaftlich notwendigen Dienstleistungen hinausreichen.[69] Diese Zugänge greifen weit über vermeintlich ökonomische Kategorien hinaus und eröffnen gerade deswegen Bezüge zum Gegenstand urbaner Resilienz. Die Kriterien, die die Autoren Robert und Edward Skidelsky (ein Ökonom und ein Philosoph) anführen, um Basiskategorien zu definieren, lassen sich auch auf die konstitutiven Resilienzfaktoren anwenden.[70] Danach sind diese Kategorien universell, final, alleingestellt und unverzichtbar. Als „Basisgüter" oder grundlegende Bedürfnisse können diejenigen bezeichnet werden, die „das sine qua non einer anständigen Existenz sind und Priorität bei jeder Verteilung knapper Ressourcen haben müssen"[71]. Diese „Basisgüter" haben den Charakter des „Überpersönlichen"; sie sind nicht von moralischen Grundsätzen geprägt, wenngleich ihre Verletzung durchaus einem moralischen Verstoß gleichkommen kann. Die Idee der „Basisgüter" greift weiter als die nur funktional gedachten „gesellschaftlich notwendigen Dienstleistungen" (siehe Kapitel 3). So wohnt den hier zu benennenden „Basisgütern" ein weiterer Maßstab inne: die Begrenztheit von Raum und Ressourcen. Weiter ist es wichtig zu fragen, was die „anständige [nicht nur moralisch gemeinte HK] Existenz" ausmacht, also ein gutes Leben in den Grenzen eines „Genügenden", „Ausreichenden", aber nicht „Spärlichen". Zu Recht wird an dieser Stelle von den Autoren auf die Unschärfe bei der Bestimmung dieser „Basisgüter" verwiesen, was letztlich auch auf die Resilienz insgesamt zutreffen kann.[72] Nicht alle dieser „Basisgüter" haben auf den ersten Blick etwas mit dem Stadt-Land-Thema zu tun. Dennoch spielen sie für das Leben in Stadtregionen eine essenzielle Rolle. Sie müssen nicht nur in die Betrachtung zur Resilienz einbezogen werden, sondern leiten schließlich zu den Zielen planerischen Handelns über:

- *Gesundheit:* „alles, was nötig ist, um das Leben über eine vernünftige Dauer zu erhalten";
- *Sicherheit:* „Erwartung eines Menschen, dass sein Leben weiterhin mehr oder weniger seinen gewohnten Gang gehen wird ohne Störung […] oder Umbrüche";
- *Respekt:* „Jemandem […] zu zeigen, dass man seine Ansichten und Interessen für beachtenswert hält, für etwas, das man nicht ignorieren […] darf";
- *Persönlichkeit:* „Fähigkeit, einen Lebensplan zu entwerfen und umzusetzen";
- *Harmonie mit der Natur:* „dafür zu sorgen, dass die Städte nicht vollkommen entfremdet von ihrem ländlichen Umfeld sind";

- *Freundschaft:* mehr als Gemeinschaftsbildung und auf wechselseitiges, für „ein neues gemeinsames Wohl" gerichtetes Tun;
- *Muße:* „besondere Form der Tätigkeit nach ihrem eigenen Recht [...] um [ihrer HK] selbst willen" (im Unterschied zu gehetzter Erwerbsarbeit).[73]

Sind diese sieben „Basisgüter" eine Art neue Romantik oder Naivität? Sie regen zum Nachdenken über die konkreten Ziele gesellschaftlicher Handlungen an. Eigentlich keine Güter im ökonomischen Sinn, sind sie invariante Grundpfeiler, die für eine Selbsterneuerung unabdingbar erscheinen. Sie gewinnen bei der Bezugnahme auf die urbane Resilienz eine ganz eigene, jeweils zu bestimmende Qualität. Damit liegen Bezugsgrößen für die urbane Resilienz vor. Sie bedürften jedoch – als übergeordnete Schützgüter – der besonderen Wertschätzung. Ein herausragendes Gut, das im Grunde die oben genannten Kriterien als Basisgut vereint, ist das *Wohnen.* Seine gerechte Verfügbarkeit ist ein Schlüsselfaktor der Resilienz von Stadtregionen, stellt es doch ein elementares Gut dar, welches ein gutes Leben, ein Überleben möglich macht. Die Sicherung des Gebrauchswertes *Wohnung* – im Zusammenhang mit gesellschaftlich notwendigen Dienstleistungen – gehört zu den vordringlichen Aufgaben in der Resilienzagenda der gesellschaftlichen Akteure. Dies offenbart zugleich einen ökonomischen Grundwiderspruch, den zwischen *Tausch-* und *Gebrauchswert* der Wohnung, respektive des Bodens, auf dem die Wohnung errichtet ist. Wird die Wohnung ausschließlich zu einem Marktgut (Tauschwert), dann kann sie per se nicht zugleich als gemeinwohlorientiertes Gebrauchsgut fungieren.[74] Ihr Gebrauchswert kann letztlich nur in ihrer Vergesellschaftung (nicht simple Verstaatlichung) gesichert werden. Das heißt, die prinzipielle Verfügbarkeit des Gemeinwesens über Boden und Wohnung – in diversen Eigentumsformen und in modular angelegten sozialen Raumstrukturen – bildet einen Anker der Resilienz. Kommunales Eigentum an Boden und Wohnungen fungiert als ein Einstieg in urbane Resilienz.

Das ebenso zu den elementaren Gütern zählende *Wasser* gehört unabdingbar in den Kanon des für eine resiliente Entwicklung Notwenigen. Es spielt eine existenzielle Rolle und stellt, zusammen mit dem Boden, ein

Gemeingut ersten Ranges dar. Die Wertschätzung des Wassers ist eine Gemeinschaftsaufgabe.

Darüber hinaus zählt „Sicherheit" im engeren Sinne, definiert als Abwesenheit von Störungen, zu den grundlegenden Gütern. Das ist ein Schlüsselmoment, da im vorliegenden Buch von der Permanenz einer Störung in der Transformation von Stadt-Land-Regionen ausgegangen wird. Hier liegen große Konflikte zwischen Freiheit und Restriktion.

Auf der anderen Seite gehört *Gesundheit* zu den wichtigsten Voraussetzungen für ein gutes Leben. Die Region kann viel zu einem allgemein gesünderen Leben beitragen. Sie kann zwar nur bedingt die individuelle Gesundheit gewährleisten, kann aber den Schutz befördern, gerade angesichts zunehmender pandemischer Gefahren.

Diese drei Kernthemen, *Wohnen, Sicherheit* und *Gesundheit,* stehen ganz oben auf der Prioritätenliste der Resilienzplanung. Sie stellen permanente Herausforderungen dar und sind wiederum mit den anderen Basisgütern verzahnt. Ihre Resilienzwirkung kann sie jedoch nur entfalten, wenn sie in staatlichem (kommunale, regionale, nationale, europäische) und zivilgesellschaftlichem Zusammenwirken unter dem Primat des Gemeinwohls angegangen wird.

Stagnation oder Entwicklung

„Der Niedergang des Westens: Wie Institutionen verfallen und Ökonomien sterben" – so überschreibt der britische Historiker Ferguson seine Fundamentalkritik an den westlichen Gesellschaften, die dabei sind, ihren historischen Wettbewerbsvorsprung, den sie in 500 Jahren gegenüber der „restlichen" Welt errungen haben, zu verspielen.[75] Fergusons These zufolge adaptieren die „Anderen" (vorrangig die Regionen der südlichen und östlichen Hemisphäre) die Erfolgsrezepte des Westens, der selbst dabei ist, diese aufzugeben. Die von Ferguson benannten „Killeradaptionen" reichen von der Erfindung des „Wettbewerbs" über die „wissenschaftliche-technische Revolution", die „Rechtsstaatlichkeit", die „moderne Medizin", die „Konsumgesellschaft" bis zur „Arbeitsmoral".[76] Unbestritten liegen darin viele Erfolge des Westens[77], also Europas und Nordamerikas, in der Ersten und Zweiten Industriellen Revolution begründet – auf Kosten der „Anderen". Nun werden diese Eigenschaften exportiert oder eben adaptiert mit dem Ergebnis, dass nicht nur Erfolge übertragen werden, sondern auch all die sozialen, ökologischen und kulturellen Begleiterscheinungen, die im Westen lange schon kritisiert werden. Für die westlichen Zivilisationen wird, in Anlehnung an Adam Smith, die dunkle Vision eines „stationary state" heraufbeschworen.[78]

Gehört die „Resilient City" zu einem solchen stagnierenden Gebilde, weil sie keine Entwicklungskräfte entfaltet, sondern nur eine Rückkehr zu vormals geltenden Zuständen impliziert? Geht es überhaupt um eine Entscheidung zwischen Stillstand oder Entwicklung? Fergusons Bilanz ist hilfreich in der Hinsicht, dass sie zu grundlegenden Überlegungen in Bezug auf Raum, Zeit und gesellschaftliches Handeln veranlasst. Kann es sein, dass es gerade angezeigt ist, nicht mehr auf die bewährten Rezepte zu setzen, sondern auf das genaue Gegenteil und so neue Perspektiven zu ermöglichen? Der Einwand mag erlaubt sein, dass mit Resilienz ein erneuter Wettbewerbsvorteil durch den Westen erzielt werden kann. An dieser Stelle muss der Hinweis genügen, dass die Fähigkeit zu schnellerer und zukunftszugewandter Anpassung per se ein Vorteil ist. Und wenn sich diese Strategie nicht darin erschöpft, ökonomische Effizienz und Wettbewerbsvorteile zu erlangen, sondern wenn komplexer

Stabile Elemente von
Stadtkultur (Neukalen)

gedacht wird, dann kann daraus ein enormer gesellschaftlicher Impuls für *alle* erwachsen. Resilienz wirkt systemisch und nicht vordergründig, weswegen ihre Strategien und Instrumente auf gesellschaftliche „Tiefenwirkung" angelegt sind. Damit wiederum ermöglicht sie eine innere Konsolidierung von Stadtregionen als elementare Grundlage für Entwicklungsoptionen zwischen *Retro-* und *Forward*-Resilienz.

Hier kann an eine andere Kulturgeschichte Europas angeknüpft werden, als sie Ferguson beschwört. Zu ihr zählen die „europäische Stadt", respektive das „europäische Dorf", also das europäische Siedlungssystem und die mit diesem zusammenhängenden Kulturen der Kooperation, der reflexiven Wissenschaft und Kunst, kommunale Demokratie und öffentliche Planung, vielfältige „Well-Being"-Kultur, nachhaltig wirkende Opulenz in verschiedenen Bereichen der Kunst, der Kultur, des Gesundheits- oder Kurwesens, aber auch der Definition von Arbeit als „Eigenarbeit".[79] Eine so verstandene europäische Stadt-Kultur kann eine Plattform für die Resilienzerkundung und Wegbereitung zu neuer Nachhaltigkeit werden.[80]

Anmerkungen

1 John Maynard Keynes 1933, zitiert nach Skidelsky 2013, 295.

2 Wiechmann 2008, 27.

3 Jessen zitiert nach Siebel 2006, 204.

4 IPCC – Intergovernmental Panel on Climate Change (2014): Summery for policymakers, in: Climate Change 2014 – Impacts, Adaptation and Vulnerability. Part A: Global and Social Aspects. WG II, 5. Assessment Report of IPCC, Cambridge, New York, S. 28–29; siehe auch: https://www.de-ipcc.de/media/content/AR5-WGII_SPM.pdf, S. 29 (04.04.2021): „Handlungsspielraum und klimaresiliente Pfade. Unsere jetzige Welt wird bedroht durch zahlreiche Stressfaktoren, welche aus vielen verschiedenen Richtungen Einfluss auf die Resilienz nehmen; hier vereinfacht als biophysikalische und soziale Stressfaktoren dargestellt. Zu den Stressfaktoren gehören Klimawandel, Klimavariabilität, Änderung der Landnutzung, Schädigung von Ökosystemen, Armut und Ungleichheit sowie kulturelle Faktoren. Der dargestellte Handlungsspielraum […] bezieht sich auf Entscheidungszeitpunkte und Pfade, die zu einer Bandbreite möglicher Zukünfte […] mit unterschiedlichen Niveaus von Resilienz und Risiken führen. Im gesamten Handlungsspielraum führen Entscheidungspunkte zu Handeln oder unterlassenem Handeln und stellen gemeinsam den Prozess eines erfolgreichen oder gescheiterten Risikomanagements zum Klimawandel dar. Klimaresiliente Pfade innerhalb des Handlungsspielraums führen durch adaptives Lernen, Zunahme der wissenschaftlichen Erkenntnisse, effektive Anpassungs- und Minderungsmaßnahmen sowie anderer Handlungsmöglichkeiten zur Verringerung der Risiken zu einer resilienteren Welt. Pfade, welche die Resilienz verringern, können ungenügende Minderung, Fehlanpassung, Nicht-Lernen und fehlende Anwendung von Wissen sowie andere Maßnahmen, welche die Resilienz senken, beinhalten. Diese Pfade können irreversibel im Hinblick auf mögliche Zukünfte sein."

5 Masterlabor 2146 2015, 52–54.

6 Berlin-Institut 2004, 4–5.

7 Wiechmann 2008, 26 ff., Beckmann 2013, 5.

8 Blum, Neitzke 2009. Das Beispiel Dubai fungiert paradigmatisch für diese Art städtebaulicher Zukunftsversessenheit, die eigentlich eine Zukunftsvergessenheit ist.

9 Diamond 2006, 648.

10 Hodgkinson 2007, 27 sowie Kaltenbrunner 2009.

11 „Plan C" steht als Synonym für *Caput* (Hauptteil) und meint damit eine zentrale zukünftige Gewichtung von Resilienz, wohingegen Plan A das „Normale" und Plan B die „Notlösung" darstellen.

12 Schneidewind, Singer-Brodowski 2013, 123.

13 Kegler 2011, 49 ff., sowie Kuhn, Kegler 1993, 42–46. Die Diskussion um Planungskultur wird hier spezifiziert, reiht sich aber zugleich ein in das breite Spektrum der Debatten in den vergangenen beiden Dekaden – seit 1990. Dafür stehen vor allem die Beiträge „Planung neu denken" von Klaus Selle, der RWTH Aachen: http://www.planung-neu-denken.de/ (07.12.2013).

14 Auf „Überschneidungen" zwischen Wissenschaft und Kunst hat Feyerabend hingewiesen (1984, 78). Vgl. auch Kegler 1987, 109: Hier wird Stadtplanung als „wissenschaftlich-technische und künstlerische Disziplin" bezeichnet.

15 http://www.planung-neu-denken.de/images/stories/pnd/dokumente/1_2013/nsp_selle_stadtentwicklung_2.0.pdf, insbesondere 3 (07.12.2013) sowie Burckhardt 2013 (1982), 174 (Der kleinstmögliche Eingriff).

16 Horx 2011, 291 ff., Opaschowski 2009, 701 ff. Die Megatrend-Debatte, für die diese Autoren stellvertretend stehen, wird durchaus auch selbstkritisch gesehen. Weiterhin geben die Autoren Anregungen, Grenzen im weiteren Denken zu überschreiten und Trends nicht lediglich zu folgen.

17 Skidelsky 2013, 208.

18 Honour, Fleming 2007, 9.

19 Owens zitiert nach Honour, Fleming 2007, 778. Wenn hier die postmoderne Position herangezogen wird, dann wird damit die Moderne als solche attackiert, sondern die gesellschaftlichen Praktiken, wie sie letztlich auch in Gestalt der Folgen einer „Zweiten Moderne", also der „Zweiten Industriellen Revolution", globale Wirkung zeigten. Für eine Moderne, wie sie zum Ansatz der „Dritten Industriellen Revolution" passen würde, gelten derartige Charakteristika.

20 Die Hinwendung zur Grenzüberschreitung von Wissenschaft und Kunst ist mit dem hier vorgestellten Ansatz nicht erschöpft. Sie fungiert als methodischer Zugang, nicht als eine Beweisführung. Die

methodischen Vorschläge für eine „neue" Planung reichen von narrativen bis zu strategisch konzeptionellen Dimensionen. Sie gründen sich auch auf Erkundungen in Projekten am „Resilienz-Äquator".

21 Gunderson, Holling, Peterson 2002, 327.

22 Muscheler 2005, 206.

23 http://www.der-eiffelturm.de/Eiffelturm/Daten-und-Fakten.html (07.12.2013).

24 Tozzi 2009, 226–227.

25 http://www.spiegel.de/kultur/gesellschaft/unesco-entscheidung-dresdner-elbtal-verliert-weltkulturerbe-status-a-631956.html (21.11.2013).

26 Köhler 2008, 74.

27 Vgl. Emmott 2013, aber auch Jackson 2011 oder Miegel 2010.

28 Schätzl 2003, 25.

29 Hahne, Ahring 2011, 19.

30 Vgl. Kapitel 1 und Rifkin 2011, 34–35. Die Erste und Zweite Industrielle Revolution haben dieses „Erbe" hinterlassen, was in die Zukunft weiter wirkt. Deswegen kann nicht einfach von einer mechanischen Abfolge ökonomischer Systeme ausgegangen werden.

31 Kegler 1987, 93.

32 BMVBS 2002.

33 Zitiert nach Walker, Salt 2012, 161.

34 Hüther 2012, 12.

35 Skidelsky 2013, 208–225.

36 Maxton 2012, 38–40.

37 Skidelsky 2013, 181.

38 Miegel 2010, 27.

39 Blotevogel 2011, 188–189.

40 Peter Senge, zit. nach Briggs, Peat 2006, 309.

41 Roggendorf et al. 2011, 295–296.

42 Marx 1981, 308.

43 Vale, Campanella 2005, 341.

44 Vale, Campanella 2005, 340.

45 Liessmann 2012, 121.

46 Köhler 2008, 74.

47 Siebel 2004, 219.

48 Siebel 2004, 23.

49 Vale, Campanella 2005, 6.

50 Jackson 2012, 100 ff.

51 Jackson 2012, 107.

52 Paech 2005, 66.

53 Paech 2005, 57.

54 Luks 2013, 120. In diesem Zusammenhang sei auf die geistige Dimension im Nachhaltigkeitsdiskurs verwiesen, die Kurth 2010 einem neu gefassten Wachstumsbegriff zuordnete.

55 Jackson 2012, 154.

56 Heller 2013, 9.

57 Horx 2011, 307, Grundwald 2012, 93.

58 Walker, Salt 2012, 98–105.

59 Walker, Salt 2012, 105, Talen 2008, 33 ff.

60 Walker, Salt 2012, 105.

61 Siehe Kapitel 1 zu den entscheidenden Fragen nach Diamond.

62 http://www.duden.de (22.12.2013).

63 Blum, Neitzke 2009, Schindhelm 2009.

64 Jackson 2012, 155.

65 Münkler et al. 2019, 318.

66 Wilkinson, Pickert 2009 nach Jackson 2012, 160.

67 Morus 1516/2009, Flierl 2012.

68 Grunwald, Kopfmüller 2012, 90.

69 Skidelsky 2013, 204–225, sowie Leimeister, Peters 2012.

70 Skidelsky 2013, 204–206.

71 Skidelsky 2013, 207.

72 Skidelsky 2013, 208: „Bei Themen, die von Natur aus unscharf sind, ist ehrliche Unbestimmtheit besser als vorgespielte Präzision."

73 Zitate: Vgl. Skidelsky 2013, 208–225. Ähnlich argumentieren aber auch andere Autoren wie Miegel 2010, 247: „Eigentlicher, menschenspezifischer Wohlstand – das ist bewusst zu leben, die Sinne zu nutzen, Zeit für sich und andere zu haben, für Kinder [...], das ist Freude an der Natur, der Kunst, dem Schönen, dem Lernen, das sind menschengemäße Häuser und Städte, mit Straßen und Plätzen, die die Bewohner gerne aufsuchen, das ist ein intelligentes Verkehrssystem, das ist gelegentliche Stille, das ist sinnenfroher Genuss, das ist die Fähigkeit des Menschen, mit sich etwas anfangen zu können." Siehe auch: Zur Einordnung der Argumentation in aktuelle Prozesse der Transformation in Ostdeutschland: Kegler 2010, 35–51.

74 Harvey 2015, 31–35.

75 Ferguson 2013, 11.

76 Ferguson 2013, 11.

77 Winkler 2009, 61–64 sowie 75–78. Der Autor arbeitet die Bedeutung der Stadtbildung oder die Säkularisierung für die westliche Kultur heraus.

78 Ferguson 2013, 11.

79 Siebel 2004, 22 ff.

80 Sieverts 2012, 83.

6 Planungs*kunst* für eine resiliente Stadt-Land-Region

Handlungsspielräume für die Resilienz

Die hier entwickelten Vorschläge für eine Planungs*kunst* zielen innerhalb des planerischen Instrumentariums vornehmlich auf den informellen Bereich[1] und dabei auf den der strategischen Planung, ohne die Wirkung auf die rechtlich-förmliche Planung auszuklammern.[2] Ersteren zu stärken gegenüber den formellen Seiten der Bauleitplanung ist ein grundlegendes Anliegen, das nicht nur aus der Resilienzdebatte abzuleiten wäre. Im informellen Planungsbereich werden häufig Weichen gestellt. Hier entscheidet sich die Richtung der strategischen Transformation. Daraus leiten sich Konsequenzen für die rechtlich-formelle Seite der Stadt-, Regional- und Landesplanung und ihres Gegenstromprinzips ab. Die darin angelegten Rückkopplungsmöglichkeiten sind jedoch *hierarchisch* organisiert und wären *panarchisch* mit Zyklen, Skalen und „Remember"-/„Revolt"-Impulsen sowie Selbstorganisationsprinzipien neu zu denken. Dies kann bereits prognostiziert werden, wie Sieverts feststellte.[3] Bevor jedoch einzelne Instrumente einer resilienzorientierten Planung angewandt werden, müssen Richtungsentscheidungen getroffen werden. Das ist ein komplexer Vorgang, zumal in Demokratien. Dieses Finden von Richtungen hat etwas mit „Kunst" zu tun in dem Sinne, dass wissenschaftliche Erkenntnisse, Erfahrungen und Ungewissheiten, Wahrscheinlichkeiten und Irreversibilitäten, divergierende, interessengeleitete Zielvorstellungen und (moralische) Wünsche, Zwänge, die sich aus Stressfaktoren ergeben, und variierende Interessenkonstellationen miteinander in Übereinstimmung gebracht werden sollen und dabei eine möglichst konsistente Richtung erreicht werden soll. Das scheint unmöglich, insbesondere, wenn noch das Auftauchen der „Schwarzen Schwäne"[4], also das Unvorhersehbare, hinzukommt. Hier setzt Planung*kunst* an.

Wenn nun von *Kunst* im Zusammenhang mit Planung gesprochen wird, dann schwingen in dieser Wortwahl neben den eingangs erwähnten grundlegenden Korrespondenzen von Planung und Kunst mehrere Deutungen mit: So kann *Kunst* mit „Lebenskunst" (ars vivendi) assoziiert werden.[5] Planung agiert in diesem Sinne mit dem Anspruch, eine „andere (reflexive) Moderne" mit den Themen des Alltags in den Kommunen, der Suche nach einem angemessenen Leben und der disziplinären Transformation zusammenzubringen. Vielleicht mag *Kunst* hier nicht angemessen erscheinen, doch Diskussionen in der aktuellen Lebenskunstphilosophie lassen eine solche Hinwendung plausibel erscheinen.

Demgegenüber sollen Planungs*kunst* und „Stadtbaukunst"[6] unterschieden werden. Prozess und Resultat können gleichermaßen künstlerische (architektonische) Qualitäten beinhalten, sie müssen aber nicht identisch sein in ihrem Handlungsansatz, verschiedene fachliche Inhalte zusammenzuführen. Auch ein künstlerisch-gestalterischer Zugang zur Stadt gehört zur Planungs*kunst*.

Schließlich wird *Kunst* als primär nicht-wissenschaftliche Tätigkeit für die Kombination mit Planung in Betracht gezogen, da der Umgang mit den Ungewissheiten eine Erweiterung von planender Handlung ermöglichen kann. Dies betrifft die Befragung von Gewissheiten, das Öffnen von neuen Sichtweisen auf den jeweiligen Gegenstand, die Möglichkeit der Verfremdung und Intervention, die Einbeziehung von Menschen in die Planung – auf nicht direkt planbezogene Weise – oder eine Thematisierung von Widersprüchen und Zukunftsvorstellungen jenseits der wissenschaftlichen Zugänge. So geht es nicht darum, Lösungen durch *Kunst* zu erhalten, wie dies bei der „Stadtbaukunst" der Fall ist, sondern handlungsvorbereitend, inspirierend oder reflektierend die Planung zu beeinflussen.

Das erwähnte IPCC-Modell[7] zeigt die Spielräume für Gestaltungsmöglichkeiten innerhalb natürlicher und gesellschaftlich erzeugter Stressfaktoren. Dieser Spielraum lotet das Verhältnis – also die umgekehrt proportionale Relation – von Resilienz und Risiko aus. Es stellt sich zum Beispiel für die Städte an den jeweiligen Knotenpunkten die Frage nach Pfadentscheidungen in Richtung höherer Resilienz (und damit gemindertem Risiko) oder umgekehrt. Die jeweiligen Richtungsentscheidungen sind nicht zwangsläufig, sondern finden als Suche nach Optionen in Raum, Zeit und an bestimmten Schwellen der Stressentwicklungen statt. Für die an jenen Knotenpunkten zu treffenden komplexen Entscheidungen dient Planungs*kunst* als Handlungsverständnis. Sie justieren notwendige Planungsschritte beziehungsweise -methoden neu und können zum besseren Verständnis von Selbstorganisationsprozessen und Unvorhersehbarkeiten beitragen. Dabei werden die drei Zugänge zur „Kunst" (Lebenskunst, Stadtbaukunst und Kunst als spezifische Tätigkeit) integriert.

Befreit vom gedanklichen Korsett des Denkens in Wachstum und Großstrukturen sowie in finalen Lösungen aller Probleme, können nun Bausteine einer resilienzorientierten Stadt-Land-Planung als somit wissenschaftlich-künstlerische Disziplin erarbeitet werden. Die bestehende formale wie informelle Planung[8] soll sukzessive, aber fundamental, neu ausgerichtet werden. Resilienz vermag dafür Impulse zu setzen. Die nun zu entwickelnden ersten Resilienzbausteine korrespondieren mit den in der strategischen Planung in jüngerer Vergangenheit entwickelten Vorgehensweisen. Die methodischen Schritte Erkunden, Übersicht verschaffen, Lage beurteilen/analysieren und Reserven bilden lassen Brücken zur Resilienz im planerischen Denken erkennen.[9] Auf sie kann an dieser Stelle nur verwiesen werden.

Die vorgeschlagenen Bausteine („DNA") einer resilienzorientierten Planung sind auf fünf Ebenen angesiedelt: Sie beinhalten die Auseinandersetzung mit Geschichte(n) als essenzieller Grundlage, mit einem Planwerk, das sich über Raum, Zeit und Wandel und nicht über Funktionen und Gestalt definiert, mit den wesentlichen (nicht allen!) räumlichen Strukturen und sozial-kulturellen Relationen der Gesellschaft sowie mit einem Handlungsprogramm. Die Vorschläge legen ein Gewicht auf die *allgemeine und erworbene* Resilienz, da hier die langfristig größeren Herausforderungen zu erwarten sein dürften. Dabei muss bedacht werden, dass der Wandel von *erworbenen in konstitutive* Raumelemente zeitversetzt ist und die Grenzen zwischen *spezifischer und allgemeiner* Resilienz fließend sind.

Ein Ziel-Modell

Modelle besitzen eine heuristische Funktion: „Im Unterschied zu Theorien sind Modelle keine Versuche, ‚to actually explain reality', es handelt sich vielmehr um ‚partial, fictious constructions', die eine Sprache des ‚as if' und nicht des ‚what is' sprechen."[10] Sie vermögen Orientierungen für die Planung zu vermitteln, ohne als „Blaupause" zu fungieren. Als Modelle reduzieren sie die Wirklichkeit und können somit auch Irrtümer befördern; sie können aber auch Denkrichtungen eröffnen, die Komplexitäten und Unvorhersehbarkeiten berücksichtigen. Hier wäre auch der Bogen zur *Kunst* zu schlagen. Bilder und Analogien gehören auch dort zum Repertoire.

Anknüpfend an die „Red Queen"-Analogie aus dem ersten Kapitel, folgen nun historische Modelle für die Formulierung von Planungszielen für die resiliente Stadt.

Systemtheoretisch betrachtet, entstand ab etwa dem 11. Jahrhundert eine politische, ökonomische und räumliche Struktur, die ein stabiles, zugleich dynamisches Gleichgewicht herausbildete, mit relativ geringeren Aufwendungen, dies zu erhalten – im Gegensatz zum späten Römischen Reich mit einem relativ statischen Gleichgewicht, das ab einem bestimmten Zeitpunkt nicht zu halten war und kollabierte. Im Mittelalter bildeten sich in einem dissipativen Neuordnungsprozess Europas, der keineswegs konfliktfrei verlief und hier nicht verklärt werden soll, dezentrale, diverse und doch modularisierte räumlich-politische Strukturen heraus, welche wiederum das Entstehen einer Vielzahl von Städten ermöglichte. Sie bildeten die sozial-kulturelle Basis des Mittelalters, verbunden durch ein Netz von Handelswegen, gesichert von Herrschaftssitzen (Burgen) und ökonomisch getragen von einer auf Leibeigenschaft (nicht mehr Sklaverei) basierenden Landwirtschaft mit dörflichen Ankern. Bei der Anlage der Städte wurde auf römisches Wissen (antikes Wissen) zurückgegriffen. Darauf fußend, wurden in einem lernenden Prozess Städte mehr oder weniger planmäßig angelegt, befördert durch das „Mittelalterliche Wärmeoptimum", das etwa zwischen dem 11. und 14. Jahrhundert einen „Urbanisierungsschub" beflügelte.[11]

Diese Planungen waren nicht primär auf Wachstum der Städte ausgerichtet, wie das seit dem Industriezeitalter der Fall ist, sondern auf eine Art stabile „Ewigkeit". Bei Bedarf wurde eine neue Stadt gegründet, in der Regel entweder als Neustadt, die die Altstadt ergänzte, oder als gänzliche neue Anlage. Die Größe der Städte war letztlich auf Autarkie ausgerichtet – sie musste baubar und zu verteidigen sein, sie musste sich aus der Umgebung versorgen können, aber auch gegenüber Störungen aus Naturereignissen relativ sicher

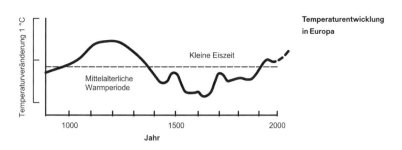

Temperaturveränderung 1 °C

Temperaturentwicklung in Europa

Kleine Eiszeit

Mittelalterliche Warmperiode

Jahr

1000   1500   2000

sein, und sie musste verwaltbar sein – mit einem Aufwand, der vorrangig aus der Region und nur zu einem geringeren Anteil aus dem Austausch mit anderen Regionen generiert wurde. Geplant wurden diese Städte nach geometrischen Prinzipien, die leicht kopierbar und umsetzbar waren, wohl ein Fachwissen voraussetzten, aber keinen endgültigen Plan benötigten, der in einem Zuge umgesetzt werden musste. Nach Abstecken der Fixpunkte der zukünftigen Stadt konnte diese „aufgefüllt" werden. Die Planungen basierten oft auf einem Regelwerk und waren modular angelegt (ohne dass dies so vorgesehen war).[12] Dies war Ausdruck einer „Stadtbaukunst", die jedoch nicht mit der Stadtbau-Kunst des 19. Jahrhunderts, sondern eher mit Ingenieurskunst vergleichbar war.[13] Dieses Regelwerk reifte und ließ Städte entstehen, die bis heute faszinieren, obwohl die Schöpfer seinerzeit nie diese fertige Stadt gesehen haben, wie wir sie heute schätzen. Diese abstrakten Prinzipien verhalfen der Stadt, jeweils eine optimale Größe und den entsprechenden Komplexitätsgrad zu finden, der über dem des Dorfes lag, aber in der Regel ein auskömmliches Leben ermöglichte. Dies waren keineswegs ideale Lebensbedingungen. Zudem setzt hier oft eine Verklärung des Mittelalterstädtebaus als „schön und organisch gewachsen" ein.

Die Städte boten ein sozial-kulturelles Surplus gegenüber dem ländlichen Leben, trieben die Spezialisierung voran, was wiederum ökonomische Impulse setzen konnte, vermochten Rückkopplungen und eine Vernetzung (siehe Hanse) in der arbeitsteiligen und räumlichen Entwicklung zu ermöglichen. Es entstand ein Städtesystem, das dynamisch und zugleich stabil war, kurz: Es war bis dahin resilient. Dies währte so lange, bis besondere Faktoren, die einsetzende „Kleine Eiszeit" oder die Pest, aber auch die Übernutzung der

Holzressourcen, etwa ab dem 14. Jahrhundert, den Stadtentwicklungsprozess jäh unterbrachen. Doch die urbane Opulenz, die übergroße Zahl an optimalen Städten, bot auch die Gewähr, dass Europa als urbaner Kontinent erhalten bleiben konnte.

Eine zweite Möglichkeit für ein historisches Ziel-Modell kann – jedenfalls ansatzweise – in den Werkssiedlungen aus der Zeit der Industriellen Revolution gesehen werden. Sie sind auch ein völlig neuer urbanistischer Typ zwischen Dorf und Stadt und weisen manche Eigenschaften auf, die oben beschrieben wurden, so die Begrenztheit, die relative Autarkie oder eine Modularität.[14] Wird die paternalistische sozial-räumliche Bindung an ein Werk verlassen, was im digital-ökologischen Zeitalter der „Dritten Industriellen Revolution" (DIR) denkbar wird, kann aus (ehem.) Werkssiedlungen eine Anregung für die Suche nach optimaler Größe und Modularität der zukünftigen Stadt abgeleitet werden.

Hier soll kein Plädoyer für *die* mittelalterliche Stadt oder *die* Werkssiedlung gehalten werden. Lediglich die Methode soll hier im Mittelpunkt stehen. Allein die Suche nach Anhaltspunkten für Planungen in Unkenntnis zukünftiger Entwicklung lässt Rückblicke produktiv werden, wenn sie nicht als Retro-Konzepte verstanden werden. Solche hier skizzierten Soll-Zielmodelle für die Zeit der DIR treffen auf ein Ist-Modell der gegenwärtigen Stadt, das hauptsächlich ein Kind des fossil-atomaren Zeitalters ist und sich als hyperkomplexes,

global abhängiges Wachstumsgebilde darstellt – in weiten Teilen das Gegenteil des oben beschriebenen. Basierend auf diesen – und möglichen weiteren –
räumlichen Zukunftsmodellen, soll nun der Prozess der Operationalisierung
von neuen Planungsprozessen für die resiliente Stadt verfolgt werden. Darin
fließen die drei oben skizzierten „Arten" der *Kunst* mit systemisch-wissen-
schaftlichem Vorgehen zusammen. Selbstverständlich handelt es sich nicht
um ein abgeschlossenes Planungssystem, sondern um ein methodisches Angebot, bestehend aus fünf Ebenen:

Ebene 1: Narrative Grundlagen: das Logbuch[15] der Selbstvergewisserung

Die Bedeutung von Narrativen für eine Resilienzstrategie hatten Campanella und Vale aus ihren Analysen urbaner Katastrophen deutlich gemacht
(siehe Kapitel 1). Sicher kann dies nur ein partieller Bezug sein, dennoch geben diese Erfahrungen essenzielle Hinweise auf die Bedeutung von erleb-
ter Geschichte, von emotionaler Verankerung mit Orten und den sich daran

knüpfenden Geschichten. Diese bleiben in vielen Aspekten individuell, aber auch politisch besetzt als „Erfolgsstorys" oder „Anklagen". Ihnen mehr Objektivität zu verleihen und sie auf diese Weise für den Aufbau kognitiver Resilienz-Kapazitäten zu nutzen, gehört zu den Herausforderungen, auf die Vale und Campanella bereits verwiesen haben.[16] Es handelt sich um ein *Logbuch* der Stadtresilienz, das es zu schreiben gilt, um Vorgänge zu rekapitulieren und die Kapazitäten zu identifizieren, die für die Bewältigung von Störungen aktiviert worden sind oder eben nicht zur Verfügung standen. Zu dieser laufenden, reflektierten Bestandsaufnahme gehören nicht nur technische, wirtschaftliche oder finanzielle Kapazitäten, sondern auch narrative, psychologische, ingenieurtechnisch-wissenschaftliche und künstlerische, besonders aber soziale Fähigkeiten und institutionelle Voraussetzungen.

Ein solches *Logbuch* wird insbesondere notwendig, wenn es sich um die Bewältigung von Langzeitstörungen handelt, deren konkrete Wirkungen erst langsam sichtbar werden. So gewinnt dieses Dokument strategische Bedeutung. Ein Logbuch hätte beispielsweise angesichts des sich anbahnenden demografischen Wandels viel früher Warnsignale senden können, die Anlass für rechtzeitige Adaptations- und Mitigationsmaßnahmen hätten geben können. Jetzt steht unter anderem das Anwachsen der Störungen durch die Folgen des Suburban Sprawl auf der Tagesordnung. Daraus leiten sich die folgenden Fragen ab: Wie sieht die Belegung der suburbanen Bereiche aus? Gibt es Anzeichen von Fluktuation oder anderen sozial-demografischen Verschiebungen? Treten infrastrukturelle Defizite auf? Wie gestaltet sich das Nachbarschaftsverhalten? Gibt es soziale Verschiebungen infolge steigender Energie- und Benzinpreise? Stehen bauliche Sanierungen an? Wie werden die Freiräume genutzt? Lässt sich eine Geschichte des suburbanen Gebietes schreiben? Kann von einer bestimmten kulturellen Bindung an einen bestimmten Ort gesprochen werden? Gab es Konfliktsituationen oder gar gravierende Störungen, die Anlass boten für gemeinschaftliches Handeln? Derartige Fragen finden in einem *Logbuch* Grundlagen für deren Beantwortung. Eine öffentliche Kommunikation über lokale/regionale Medien hilft, diese als Teil einer partizipativen Stadt- und Regionalplanung sowie Präventionspolitik zu nutzen.

Das *Logbuch* schreibt eine „andere" Geschichte der jeweiligen Stadt oder des Dorfes, die als Erfahrungsreservoir (*erworbene* Resilienz) angelegt wird. Es sollte als ein Buch der Stadtgesellschaft geschrieben werden – analog zu einer Internetenzyklopädie[17] und betreut von einer öffentlichen Instanz. Dieses sozial-kulturelle Reservoir, das die vorhandene Stadtgeschichtsliteratur einschließt, dient als allgemeine Grundlage für die planerischen Arbeiten und politischen Entscheidungen aus dem Blickwinkel der Resilienz.

Ebene 2: Planschichten

Ein Anker-Plan

Generell bilden Planschichten als verschiedene modularisierte Planwerke ein kognitives System erworbener Resilienz, enthalten aber Elemente konstitutiver Herkunft. Die hier vorgeschlagenen drei Planschichten (*Anker-Plan, Zeit-Pfade-Plan, lateraler Transformationsplan*) umreißen die räumliche, zeitliche und prozessuale Dimension.

In diesem Planwerk beziehungsweise Dokument sind die Raumelemente aufgeführt, die zur *konstitutiven* Resilienz zu rechnen wären. Sie bilden die in einem evolutionären Prozess gereiften räumlichen Festpunkte, zum Beispiel den Bestand an kommunalem Boden und Wohnungen, aber auch die notwendigen Infrastrukturen in der Stadtregion ab, also diejenigen, die eine Robustheit, aber auch Flexibilität in der Entwicklung bewiesen haben. Durch ihre Fähigkeit, „*überdauert*" zu haben, sind diese baulichen, naturnahen, sozialkulturellen oder technischen Elemente prädestiniert, als mögliche *Anker für die anstehende Soll-Transformation* zu fungieren. Sie müssen vor allem deswegen „*überlebt*" haben, weil sie von äußeren Quellen relativ unabhängig waren, einen bestimmten Identitätsgrad aufweisen und sich im Laufe der Zeit immer wieder erneuert haben beziehungsweise Anlass waren, Erneuerungen vorzunehmen.

Dem steht die Fragilität oder Empfindsamkeit anderer Elemente gegenüber. Sie deuten auf strategische Handlungsorte für die Transformation hin. Die Fragilität oder Empfindsamkeit räumlicher Strukturen kann nur bedingt gemessen werden. Sie wäre meist abzuleiten aus mangelnder Robustheit oder aus historischen Ereignissen. In ihr können aber potenziell robuste Strukturen verborgen sein. Insofern weist der *Anker*-Plan auch strategische Orte auf, an denen sich Transformationen ereignen können. Sie korrespondieren mit vulnerablen Orten, die für plötzliche Störungen anfällig sind.[18] Im *Anker*-Plan werden auch Annahmen getroffen und kommuniziert. Zugleich können sensible Orte Chancen und Gefahren für zukünftige Wandlungen bergen. Dazu gehören die Ränder von Orten.

Ein dritter Bestandteil des *Anker*-Plans ist das Verhältnis von Kompaktheit und Dezentralität, also – funktional wie räumlich gesehen – verdichtete Entdichtung. Diese Relation besitzt einen bestimmten Grad an Störunanfälligkeit (Resistenz), also eine Entwicklungstoleranz.[19] Dezentralität gewinnt eine stabilisierende Wirkung für das stadtregionale Gefüge aus den komplexen, modularisierten Einheiten, die beispielsweise als vielfältige Nachbarschaften unterschiedlichen Formats in Erscheinung treten.[20] Das in Mitteleuropa vorhandene Siedlungsnetz ist dafür eine gewachsene Grundlage mit enormem Beharrungsvermögen – trotz der Suburbanisierung und Gentrifizierung im 20. Jahrhundert.[21] Das raumplanerische System der „Zentralen Orte" sollte unter diesem Gesichtspunkt neu ausgerichtet werden. Da sich im derzeitigen „Zentrale-Orte-Konzept" trotz „aller Bestrebungen nach einer übergeordneten Rationalität der Schwerpunktsetzung andere, differenzierte Strukturen ausprägen", stellt sich ohnehin die Frage nach einer sinnvollen Anpassung an veränderte Gegebenheiten.[22] Die Raumordnung steht mit ihrem fachlichen Kern vor der Aufgabe ihrer grundlegenden Erneuerung – mit einer Neubestimmung von „Zentralen Orten" jenseits von Funktionshierarchien, Standortclustern und Versorgungsbeziehungen. In der panarchischen Skala ist das *Dorf* die kleinste, aber ebenso komplexe Einheit gleichberechtigt zu den größeren Orten. Der Resilienzbezug kann hier für eine neue Sicht auf „spatial planning oder spatial governance" sorgen.[23]

Diese räumlich-strukturelle Dimension eines *Anker*-Plans wird mit einer sozio-kulturellen Dimension verknüpft und von dieser überlagert. Die Orte und Räume kultureller Aktivitäten, Identitätsmomente wie Zeremonien, Prozessionen, Feste, Schaustellungen, aber auch Orte von Sühne, Opfern,

Katastrophen gehören in einen solchen Plan. Sie ergeben Momente des
Erinnerns, aber auch der Erneuerung, die durch Überlagerungen zu planerischen Handlungen oder auch zur Sicherung von Gewordenem führen
können.

Insgesamt können derartige Pläne nur in einem öffentlichen und reflexiv angelegten Austausch entstehen. Hier können nicht nur die relevanten Akteure
über ein „Ja oder Nein" befinden. Hier wird sich eine dem lateralen Lernen[24]
entsprechende Weiterentwicklung demokratischer Entscheidungsprozesse
der Stadtgesellschaft bewähren, die nicht allein von Mehrheiten (zumal temporär zustande kommenden) geprägt sein kann, aber auch nicht jeweils aktuellen Stimmungen folgt. Vielmehr nähern sich demokratische Findungspro-
zesse den gemeinschaftlichen, wechselwirkenden Erfahrungstransfers. Das
ist keine romantisierende Wiedergeburt diskursiver Planung, sondern die Integration von Alltagswelten in die Planungsdemokratie jenseits vorgegebe-
ner Verfahren.[25]

Ein Zeit-Pfade-Plan

Mit diesem Plan wird eine Zeitbetrachtung vorgenommen. Planwerke
sind zeitlich meist eindimensional oder linear. Um Störungen und Selbst-
erneuerungen (Pfade) in der kommunalen Entwicklung planerisch zu erfassen, bedarf es einer Raum-Zeit-Staffel von Transformationen, die mit

entsprechenden elektronischen Plandarstellungen (z.B. GIS-Basis) realisierbar wären. In einem solchen Plan wird den für den jeweiligen Ort nachweisbaren Entwicklungspfaden der Städte nachgegangen. Es werden Kontinuitäten, aber auch Brüche, Endpunkte oder Geburtsstellen für neue Pfade räumlicher oder funktionaler Entwicklung ausgewiesen. Die sich ergebenden und örtlich abbildbaren komplexen Sequenzen auf derartigen Pfaden – systemtheoretisch als *Trajektorien*, also „Prozesseinheiten des Wandels"[26], bezeichnet – dienen als Orientierungspunkte der Transformationen. „Multi-Level-Governance" sowie „Transition Management" mit Trägern, Netzwerken oder Schlüsselakteuren bilden die jeweiligen Arenen und Organisationsformen. In ihnen kommen akkumulierte Erfahrungen der zurückgelegten Wege zum Tragen, die in den weiteren Planungsprozess eingespeist werden.[27] So formieren sich in einem „chaotischen" Prozess Pfade (Bahnen) für eine Transformation.

Stabilität und Flexibilität der verschiedenen Elemente werden also auf der Zeitschiene verknüpft. Sie bilden die Anpassungsfähigkeit (Adaptation) an wechselnde Umstände im Verlauf der stadtregionalen Entwicklung ab und lassen Rückschlüsse auf Basisstrukturen *(Anker)* zu. So stehen flexible, „elastische" Infra- und Kommunikationsstrukturen starren Formen gegenüber. Die Relation zwischen beiden macht die Resilienzfähigkeit im Zeitablauf deutlich. Zudem können sich herausbildende Puffer (Flächen, Infrastrukturen, Ressourcenreservate oder kulturelle Besonderheiten) aufgezeigt werden. Beide – Stabilität und Flexibilität – ermöglichen eine langfristige und vorausschauende Vorsorge, nicht nur im Fall einer Krisenkonfrontation. Damit bildet ein solcher Plan die *erworbene*, materiell-räumliche (sozial-kulturelle) Resilienz ab.

Ein laterales Transformationsprogramm

Ein Transformationsprogramm orientiert nicht auf die Planung eines Prozesses zum Umbau einer Stadtregion. Es zielt auf die Gewinnung von Fähigkeiten zur Transformation, vorrangig auf Resilienzerwerb. Hier spielen nun die Eigenschaften der *Trajektorien* (Prozesseinheiten/Module der Transformation) eine Rolle, die nicht nur „top-down" noch „bottom-up" eingespeist werden. Dazu gehören die Konstellation der Akteure, deren jeweilige Absichten, die räumlichen Einheiten, auf die sich die Wandlungsabsichten beziehen, aber auch die Fähigkeiten zur Selbststeuerung von Prozessen (siehe Kapitel 3). Sie weisen Korrespondenzen zur Theorie über „relationale Räume" auf und finden darin ihren soziologischen Bezug.[28] Es sei an dieser Stelle besonders darauf verwiesen, dass die jeweiligen gesellschaftlichen Bedingungen für die Herausbildung räumlich-sozialer Konstellationen nicht nur nicht ausgeblendet werden dürfen, sondern unmittelbar reflektiert werden müssen. Es besteht ansonsten die Gefahr, dass die Transformation ohne gesellschaftliche Relevanz bleibt. Wenn die Faktoren analysiert werden, die sich als bestimmend für die Transformation gezeigt haben, dann gilt es, die „verborgenen" Zusammenhänge ebenso zu beleuchten.

Die zu erwerbende Resilienz erlangt also ihre Qualität durch die Erkenntnis- und Aktionsfähigkeiten der Akteure (ganz unterschiedlicher Ebenen) sowie durch die Flexibilität der Institutionen und deren Zusammenwirken – letztlich durch laterale, quer zu Hierarchien verlaufende (Lern-)Vorgänge.[29] Ihre besondere Wirkung für den Aufbau resilienter Strukturen gewinnen sie dabei aus der Prozessredundanz und einer bestimmten Vielfalt: „Während redundante Systeme zur Funktionsstabilität und Sicherung von Ressourcen im Falle einer Veränderung beitragen, muss auch ein mannigfaltiges Angebot vorhanden sein, damit keine Orientierungslosigkeit und ein Manko von Identität entstehen können. Eine Vielfalt in den unterschiedlichsten Bereichen wie Geschäftszweigen, Arten, Nachrichtenquellen, Vernetzungen, Menschen mit unterschiedlichen Fähigkeiten, Institutionen etc. ermöglichen eine schnelle Reaktion und Anpassungsfähigkeit."[30] Dazu zählen auch Offenheit, Durchlässigkeit und Toleranz. Diese Eigenschaften können nicht nur in Plänen abgebildet werden. Sie bedürfen bestimmter Programme und Handlungsbausteine, die periodisch zu prüfen und anzupassen sind. Die Zusammenführung der Erkenntnisse zum Erwerb von Resilienz erfolgt in einem sozial-kulturellen, demokratischen Lernprogramm.[31]

Zur Gewinnung von Indikatoren für das Erwerben von Resilienz und damit für dieses Programm können folgende erste Fragen dienen:

- Wird in Systemkapazitäten und modularen Strukturen gedacht?

- Erfolgt ein bewusster Umgang mit Unsicherheiten?
- Werden Fehlertoleranzen und Fehlerfreundlichkeit eingeräumt?
- Wird eine Erhöhung von Diversität, Varianz und Redundanz angestrebt?
- Wird die Schaffung von Pufferkapazitäten verfolgt?
- Werden Rückkopplungsmechanismen gesucht?
- Kommt es zur aktiven Beförderung eines Verlernens von zu überwindenden Qualitäten?[32]

Ebene 3: Raumelemente

Zu städtebaulichen Strukturen

Die europäische Stadt, das heißt das Siedlungssystem in Europa, hat sich über einen epochalen Zeitraum als enorm stabil und anpassungsfähig gegenüber gravierenden Störungen erwiesen.[33] Es kann davon gesprochen werden, dass dieses System in all seinen verschiedenartigen Ausprägungen, seiner opulenten Vielgestaltigkeit und funktionalen Diversität potenziell resilient ist. Aus historischer Distanz hat sich hier in einem evolutionären Vorgang gesellschaftlicher Auseinandersetzung ein grundsätzlich lebensfähiges und lebenswertes Raumgefüge herausgebildet. Damit soll keineswegs Euphemismus gepredigt und Bedrohungen, wie etwa den durch Suburbanisierung erzeugten, ausgewichen werden. Die Probleme der Segregation beispielsweise sind gravierend genug, doch liegt es im Ermessen der jeweiligen Gesellschaften, durch Zielsetzungen, Umverteilungen oder Kapazitätsbildungen nach Lösungen zu suchen. Das überkommene Raumsystem bildet in seiner Gänze den Bezug. Auf das folgende, fast invariante Struktursystem kann zurückgegriffen werden. Es setzt sich aus acht Raumelementen[34] im Bestand zusammen:

- (historisches) Zentrum/Innenstadt als komplexer Kern,
- Quartiere der Arbeit/Areale des sozialen Wohnungsbaus als Module,
- Infrastruktur- und Gewerbe- sowie Handelsgebiete als ergänzende Module,
- Stadtbrachen als Potenzialräume,

- Grünareale als opulente Pufferräume,
- suburbane Stadt-Landschaften als Transformationsräume,
- Werkssiedlungen oder Dörfer als (kleinste) Skale für optimale Module,
- Region als vernetztes Grundmuster der resilienten Stadt.

All diese Elemente werden durch die Bodenverfügbarkeit und die notwendigen Infrastrukturen verknüpft. Sie eint, dass sie über Jahrhunderte hinweg im Wesentlichen (nicht vollständig, aber strukturbestimmend) als private, gemeinschaftliche, öffentliche oder staatliche Güter verfügbar waren beziehungsweise entwickelt und betrieben sowie reguliert wurden. Das hat sie zu konstitutiven Größen für die Resilienz gemacht. Ihre rein marktgetriebene (neoliberale) Verwertung, so ist zu vermuten, würde resilienzmindernd wirken. Somit ist die gemeinwohlorientierte Verfügbarkeit von Boden ein bedeutsamer Bestandteil des Anker-Plans, neben anderen Basisgütern.

Die Eigenheiten dieser Raumelemente lassen sich zusammenfassen: „Es geht um Stadträume, die baulich und städtebaulich, funktional und sozial eine bestimmte Prägung haben und klar in dieser Prägung wahrgenommen werden. Wichtig ist die städtebauliche Perspektive. Es geht um Stadträume, nicht um Einzel-Probleme der Stadt – etwa Verkehr, Wohnen, Integration [...]"[35], sondern um grundlegende Strukturen.

Nicht nur, dass dieses Raumsystem bis heute in Spuren oder Schichten ablesbar und (wenigstens teilweise) funktionstüchtig geblieben ist. Es wurde auch zu verschiedenen Zeiten in der Geschichte reaktiviert, zerstört und wieder ins öffentliche Bewusstsein zurückgerufen.[36] Diese Reaktivierungskapazität („Remember") der Stadt (Gleiches gilt analog für das Dorf und den ländlichen Raum) wirft nun die Frage nach der konkreten städtebaulichen und stadtgesellschaftlichen (einschließlich der politischen und wirtschaftlichen) Substanz auf, die es – neben der immateriellen Kapazität der Geschichte – planerisch und strategisch zu erfassen gilt. Diese Substanz ist nicht per se resilient, bildet aber die Grundlage für die Erfassung, weil sich auf verschiedenen zeitlichen Ebenen die für resiliente Möglichkeiten zu taxierenden „Abdrücke" der Geschichte in der Stadt abbilden lassen:

1. Die vorindustrielle Stadt

Hier lassen sich im Wesentlichen drei starke Strukturen hervorheben:

- das Raumsystem der historischen Kernstadt mit dem Gründungsschema und der Parzellenaufteilung und der Differenzierung öffentlicher funktionaler Räume;
- Ausfallstraßen (Radialen) als Diffusionsräume zwischen Stadt und Land und zugleich beständige Elemente im raumachsialen System der Stadtregion[37];
- das Siedlungssystem mit einem netzartigen Zuschnitt, aber auch mit Konzentrationen an anthropogen geformten naturräumlichen Gegebenheiten wie Flussläufen, Küstenzonen, Bodenqualitäten oder Bodenschätzen.

Diese Strukturen haben sich zwar in der Vergangenheit als weitgehend stabil und erneuerungsfähig erwiesen, müssen aber in Zukunft neu bedacht werden, besonders im Gefolge der klimatischen Veränderungen.[38] Gerade dieser Herausforderungen wegen dürfte dieses System zukünftig die Grundlage für die Ausrichtung an resilienten Kriterien sein. Das schließt die Frage eines möglichen Rückzugs aus bisherigen Räumen nicht aus.

2. Die industrielle Stadt um 1910

Eine Analyse der Stadtentwicklung und der planerischen Auseinandersetzung mit dieser am Beginn des 20. Jahrhunderts hat gezeigt, dass sich sechs strategische Themenfelder ausmachen lassen, die prägend wirken und die sich konzeptionell wie (wenigstens teilweise) in gebauter Form herausdestillieren lassen:

- eine erneuerte Bedeutung des Stadtzentrums durch Anpassung der Raumstrukturen;
- Suburbanisierung am Stadtrand;
- Dezentralisierung der Stadt in Form von lebensfähigen Trabanten;
- Durchgrünung der Stadt;
- Mobilitätsstrukturen für die Stadtregion und für die überregionale Vernetzung mit der Eisenbahn als Grundstruktur[39];
- Werkssiedlungen als gänzlich neuem Typ zwischen Dorf und Stadt.

3. Die industrielle Stadt an der Schwelle zur „Dritten Industriellen Revolution"

Wenn die gleiche Analyse für die Gegenwart angestellt wird, dann schälen sich sechs Themenfelder heraus, die als „Schlüsselräume" für eine urbane Raumresilienz angesehen werden können:

- eine neue Stadtmitte, die die beiden ersten Ebenen zu integrieren sucht;
- die Wohnbereiche der Arbeiterschaft aus der Zeit der „Zweiten Industriellen Revolution", die neue Bedeutung erlangen;
- die Brachen und Hinterlassenschaften industrieller Strukturen aus der gleichen Industrialisierungszeit;
- die Wohnareale aus der fordistischen Ära des Städtebaus;
- die suburbanen Randbereiche der Städte und Dörfer;
- die Stadtregion als verflochtene Gesamtstruktur in einer industriell überformten Landschaft.[40]

Es muss aber noch weiter in die Zukunft geschaut werden. Im Zuge des Klimawandels kann die Frage nach einem gänzlichen neuen Verständnis des Besiedlungssystems aufkommen. Die Vorbereitung auf die Schaffung neuer Siedlungsräume, die nach Resilienzgesichtspunkten anzulegen wären, bedeutet auch, die bisher gemachten Erfahrungen grundlegend neu zu denken. Bisherige Siedlungsgebiete werden vielleicht durch den Anstieg des Meeresspiegels nicht mehr zur Verfügung stehen. Insofern müssen parallel Überlegungen angestellt werden, wie ein neues Raumgebilde zu konzipieren wäre, das nicht den Status quo perpetuiert, sondern aus den Erkenntnissen vergangener Epochen Neues konzipiert.[41] Dies beträfe auch den Architektur- und Bausektor, der weitgehend betonorientiert ist. Eine Abkehr von dieser energie- und ressourcenzehrenden Art zu bauen ist ebenso überfällig, wie die Hinwendung zu einem holzbasierten Städtebau.[42] Diese bedeutet jedoch eine Planung in Reproduktionszyklen anzulegen, welche die Verfügbarkeiten von Holz beinhalten, Langzeitnutzungen und Reparaturfähigkeit ermöglichen sowie den Bau und Umbau in langsameren Prozessen ablaufen zu lassen.

Allein diese Sammlung von Strukturelementen lässt ein Bild der wesentlichen Konstanten für die Ausprägung resilienter Charakteristika einer Region entstehen. Darauf gründet sich dann die notwendige Differenzierung.

Auf die „Nuancen" kommt es an

Bereiche „extremer Empfindlichkeit" – systemtheoretisch als „Nuancen" bezeichnet[43] – bilden für eine Transformation der Städte und Regionen sensible Zonen. In ihnen werden Transformationen im Frühstadium erkennbar, und hier lassen sich Tendenzen ausmachen, die für zukünftige Entwicklungen besondere Bedeutung erlangen können. Aus Überlagerungen der Befunde urbanistischer Erkundungen und deren verallgemeinerten Bewertungen können exemplarisch folgende Areale zum Aufbau oder zur Stärkung von Resilienz ausgemacht werden:

· die Stadt-Umland-Radialen;
· die suburbanen (inneren/äußeren) Ränder;
· die Ortskern-Räume;
· die dezentralen Raum- und Handlungsstrukturen;
· die Flächen besonderer biotischer und sensitiver Qualitäten;
· die Siedlungsnetze, insbesondere an Flussläufen beziehungsweise in Flusseinzugsgebieten.

Diese Orte können zugleich vulnerabel sein. „Nuancen" sind hier produktive Empfindlichkeiten von Orten „im Grenzbereich zwischen Chaos und Ordnung"[44]. Sie weisen nicht schlechthin Störanfälligkeit auf, sondern umfassen Bereiche, die in besonderer Weise Kreativität befördern können. Entscheidend ist, dass es Menschen oder Institutionen gibt, die diese Nuancen erkennen, als potenziell resiliente Orte deuten und entsprechende Strategien entwickeln. Die Kommunen und lokale Initiativen sind hier gefragt, sich diesbezüglicher Strategien anzunehmen.

Eine Resilienzbestimmung – „4-R"-Kriterien

Obgleich Infrastrukturen nicht speziell im Vordergrund dieser Publikation stehen, haben sie natürlich enorme Bedeutung für die Planung. Ihnen wird gerade in jüngster Zeit verstärkt Aufmerksamkeit zuteil.[45] Deswegen soll mit einem analytischen Werkzeug auf sie eingegangen werden, um die Anwendung von Kriterien für eine resiliente Infrastrukturentwicklung zu befördern. Die Anschlussfähigkeit der Infrastrukturbewertung an andere Instrumente

einer resilienzorientierten räumlichen Planung, die in diesem Kapitel diskutiert werden, erfolgt über Kerngrößen:

„Die Resilienz eines Infrastruktursektors hängt insgesamt ab von

- einer guten Auslegung des Systems und der Netze, die notwendige Resistance, Reliabilität und Redundanz gewährleistet,
- und von einer organisatorischen Struktur, die die Fähigkeiten und Kapazitäten zur Verfügung stellt, die schnelle Reaktionen auf Störfälle und
die Wiederherstellung der Funktionsfähigkeit der Systeme ermöglicht."[46]

Dieser Einschätzung folgend zeigt sich, dass die Bewertung von Infrastrukturen nicht nur nach Analyseverfahren, wie den „Key Seven"[47] oder Kosten-
Nutzen-Analysen sowie nach ökonomischen Wettbewerbsmaßstäben, wie sie
bei einer SWOT-Analyse (Stärken-Schwächen-Chancen-Risiken-Analyse) angelegt werden, erfolgen kann, sondern auch anderen Eigenschaften genügen
muss. Es geht bei der Resilienzbetrachtung also nicht darum, „Probleme zu-
erst" zu behandeln, sondern Eigenschaften zu ergründen, die den Systemen
der Infrastruktur innewohnen beziehungsweise innewohnen sollen.[48] Der
Vorschlag gründet sich auf den systemtheoretischen Zugang, wie er für die
Resilienz notwendig ist. So wird hier, anknüpfend an Robert Lukesch (2010),
die „4-R-Analyse"[49] vorgeschlagen, wobei die „R-Kriterien" für eine Ist- und
eine Planbewertung stehen, eine Kombination aus der Vulnerabilitäts- und
Funktionsfähigkeitsbetrachtung. Diese Analyse zielt zumeist auf die spezielle
Resilienz und wird jeweils nach Schwellenwerten differenziert. Zugleich dienen die „R-Kriterien" auch als *Zielgrößen*, zudem über die Infrastruktur hinausgehend, für beabsichtigte Vorhaben.

Die „4-R" bedeuten:

- *Widerstandsfähigkeit (Resistance):* Der Fokus liegt hier auf dem unmittelbaren Schutz von Anlagen; das Ziel ist die Vermeidung von Schäden
und negativen Folgen der Unterbrechung der Infrastrukturversorgung.
Die Wirkung eines solchen Ansatzes kann eingeschränkt sein, wenn
Schutzmaßnahmen sich nur auf Ereignisse oder Störungen beziehen,
mit denen bereits in der Vergangenheit Erfahrungen gemacht wurden.
Ob Schutzmaßnahmen allein ausreichen, hängt jeweils davon ab, ob das

gewählte Sicherheitsniveau angemessen ist. Die potenziellen Gefahren sind dann hoch, wenn Resistenz die einzige Komponente einer resilienten Strategie ist.

- *Vertrauenswürdigkeit (Reliability):* Diese Komponente befasst sich mit der Frage, wie Infrastruktursysteme verlässlich gestaltet werden können, sodass sie unter ganz unterschiedlichen Umweltbedingungen funktionieren und somit Schäden durch etwaige Störungen vermieden werden können. Reliability-Strategien konzentrieren sich auf die Mobilisierung von Ressourcen als Reaktionen auf Ereignisse innerhalb einer gewissen Erfahrungsbandbreite. Treten Störungen auf, die außerhalb dieses Korridors liegen, sind Infrastruktursysteme oft nur unzureichend auf mögliche Schadensereignisse vorbereitet. In der Regel können jedoch die durch Eingriffe und die Mobilisierung von Ressourcen verursachten Schäden unter einem bestimmten Niveau gehalten werden, sodass die Funktionsfähigkeit der Systeme nach einer gewissen Zeit verlässlich wieder erreicht werden kann.

- *Redundanz (Redundancy):* Diese bezieht sich auf die Auslegung und die Kapazitäten eines Netzwerks oder eines Systems. Die Verfügbarkeit von Back-up-Einrichtungen und Reservekapazitäten erlaubt im Fall von Eingriffen in das System die Verlagerung des Betriebs auf andere Systemkomponenten und damit die Weiterführung der Anlagen. In einigen Sektoren kann der Umstieg auf Reservekapazitäten schnell und ohne Auswirkungen auf die Funktionsfähigkeit des Systems erfolgen, in anderen Sektoren erfolgt die Umstellung zeitlich verzögert und beeinträchtigt die Leistungsfähigkeit des Systems.

- Die *Reaktionsschnelligkeit (Response and Recovery)* verfolgt das Ziel einer schnellen und effektiven Reaktion auf Störungen, um eine schnelle Erholung von den Schäden zu erreichen. Die Effektivität dieser Strategie hängt ab von der (Unternehmens-)Kultur, den (unternehmerischen/kommunalen) Kapazitäten, der Anpassung von Infrastrukturen an den Klimawandel oder von der Gründlichkeit, mit der schon im Vorfeld von Schadensereignissen entsprechende Schritte geplant und erprobt werden.

Mithilfe einer Matrix können die einzelnen Komponenten der „4-R-Analyse" in qualitativer und quantitativer Hinsicht bewertet werden. In der Gesamtschau können dann Verknüpfungen zur allgemeinen Resilienz getroffen werden. Schließlich stehen nicht nur der Erhalt oder die Wiederherstellung der Funktionstüchtigkeit zur Debatte, sondern generell der Beitrag zur Transformation. Somit besteht die Aufgabe darin, mit einer solchen Infrastrukturbetrachtung auch deren Transformierbarkeit zu ergründen.

Die Bewertung zum Beispiel von gewerblichen Infrastrukturen kann nicht nur nach Analyseverfahren wie den „Key Seven"[50] oder Kosten-Nutzen-Analysen sowie nach ökonomischen Wettbewerbsmaßstäben, wie sie bei einer SWOT-Analyse (Stärken-Schwächen-Chancen-Risiken-Analyse) angelegt werden, erfolgen. Bei der Resilienz-Betrachtung geht es darum, Eigenschaften zu ergründen, die über die kurzfristige Marktfunktionalität hinausreichen und längerfristig wirksam werden können.[51] Ein „4-R-Konzept" kombiniert Vulnerabilitäts- und Funktionsfähigkeitsbetrachtungen. Diese hängt vor allem von drei Eigenschaften ab, welche übergreifender Maßstab für die „4-R-Analyse" sind:

- Überwinden der Änderungsverweigerung für eine nachhaltige Orientierung,
- Eröffnung von Varianten für einen Änderung in diesem Sinne,
- Anlegen von Kapazitäten für eine Transformation.[52]

Diese „*4-R*"-Basiskriterien für die Bewertung von Resilienzzuständen oder Zieleigenschaften sind natürlich relativ, das heißt, es können kaum alle Kriterien vollständig erfüllt werden. Zudem sind sie mindestens durch vier weitere Kriterien zu erweitern, die gerade für die Planung von Bedeutung sind:

- *Opulenz* (Überschuss an Reserven und verschiedenen Kapazitäten),
- *Diversität* (Vielfalt und Unterschiedlichkeit von verfügbaren Elementen),
- *Modularität* (System von vernetzten, in sich funktionierenden Einheiten),
- *Elastizität* (Lern- und Toleranzfähigkeit eines Systems).

Ebene 4: Lebensstil und Flächen

Die Welt wird kleiner, wenn der *ökologische Fußabdruck* als Maßstab herangezogen wird. Der Ressourcenverbrauch der Erdbevölkerung übersteigt – im Durchschnitt – die Biokapazität der Erde. Demnach muss die Erde bilanziell „kleiner" werden. Ein globales Schrumpfen hat begonnen, da mit vier globalen Hektar (gha) – wie in Deutschland – die Inanspruchnahme der natürlichen Ressourcen fast doppelt so hoch ist wie zur Verfügung stehen (2 gha).[53] Auch in den demografisch schrumpfenden Regionen der nördlichen Hemisphäre wächst dieser Wert. Der Fußabdruck dient als normative Orientierung für eine Resilienzbetrachtung, die auf Kapazitäten aufbaut, welche für die elementare Versorgung unabdingbar sind. Dazu zählen Flächen sowie insbesondere die Biokapazität.[54]

Wenn also der Lebensstil die Inanspruchnahme von begrenzten Kapazitäten strapaziert, setzt eine Resilienzstrategie nicht bei einer Änderung dieses Stils an (was trotzdem sinnvoll ist), sondern bei einer Selbsterneuerung und Sicherung derartiger flächenbezogener (Bio)Kapazitäten. Gepaart mit einer Reduzierung des Ressourcenverbrauchs bei Energie, Ernährung, Wasser oder räumlichen Entfernungen (bedingt durch Dezentralitäten) erhöhen sich die Chancen für eine kommunale Daseinssicherung.[55] Darin drückt sich das Verhältnis von *Autarkie und Austausch* aus. Es wird zu einer wesentlichen planerischen Komponente in der Gestaltung der resilienten Stadtregion, einer Neuausrichtung der Raumordnung entlang dem Primat der je verfügbaren, reproduktiven Kapazitäten:

„Um nicht auf Ressourcen auf globaler Ebene angewiesen und von globalen Einflüssen abhängig zu sein, ist eine Selbstgenügsamkeit und Selbständigkeit von Städten und Dörfern bedeutsam. Eine reine Selbstbezogenheit wäre jedoch fatal, durch fehlenden Austausch können Bedrohungen leicht übersehen und im Fall einer Krise Hilfe durch andere nicht gewährleistet werden. [...] Das Augenmerk liegt nicht primär auf der Globalisierungsdynamik, sondern auf den mehrfach funktional verflochtenen Umlandbeziehungen der Gemeinden [ein internationaler Austausch ist damit nicht ausgeschlossen, aber der Austausch wesentlicher Güter und Dienstleistungen ist auf die Region bezogen HK]."[56]

Die Magdeburger Börde auf die Welterbeliste!

Der Lebensstil hängt zu einem erheblichen Maße von Gemeingütern ab. Dazu gehören nichtreproduzierbare Güter, die eine Basisversorgung ermöglichen. Die oberen Erdschichten, also die nutzbaren Böden sind mehr als nur Anbauflächen für landwirtschaftliche Produkte. Sie haben grundlegende Bedeutung für ein funktionierendes Ökosystem (lokal wie global), aber auch für die Landschaftskultur und für die Erholung. Die „Magdeburger Börde", ein Raum, der sich in einem Bogen von Hannover und Magdeburg im Norden bis in das Thüringer Becken erstreckt, gehört zu den Landstrichen mit der höchsten Bodengüte in Deutschland.[57] Sie verfügt über Werte, die auch im internationalen Maßstab zu den höchsten zählen. Es handelt sich um ein ökologisches und kulturelles Gut von herausragender Bedeutung, mithin um einen Faktor, der für die Resilienz wesentlich ist. Obgleich die meisten dieser Flächen in privater Hand sind, handelt es sich bei diesem Gemeingut nicht ausschließlich um ein „Produkt", das privaten Nutzungsrechten unterliegt. Zudem fällt es nicht unmittelbar in den Zuständigkeitsbereich nur einer Kommune oder eines Landes. Dieser hochwertige Boden hat einen übergreifenden Stellenwert. Ihn langfristig für die Reproduktionsfähigkeit zu sichern, gehört zu den strategischen Aufgaben. Also ergibt sich die Herausforderung, einen solchen Reproduktionsprozess zu sichern. Die landesplanerischen Grundsätze sprechen dem Boden einen hohen ökologischen Stellenwert zu und bezeichnen die Böden als „Archiv der Natur- und Kulturgeschichte".[58]

Die Regionalplanung in der betreffenden Region hebt die Magdeburger Börde mit der Klassifikation „Vorranggebiet für Landwirtschaft"[59] als besonderes landwirtschaftliches Nutzungsgebiet heraus. Jedoch kann auf diese Weise der überregionalen und komplexen Bedeutung nur bedingt Rechnung getragen werden. Die juristische Grundlage für eine Sicherung des „Archivs" ist formal mit der Regionalplanung gegeben, sie dürfte im Zweifelsfall aber zumeist vordergründigen wirtschaftlichen Nutzungsansprüchen nachgeordnet werden. Demzufolge müssen zwei Komponenten in Rechnung gestellt werden, die – jenseits unmittelbarer Funktionalitäten – für die allgemeine Resilienz wichtig sind: der Bedeutungsgrad und die Schutzmöglichkeit.

„Conservation is about managing change."[60] Diese Feststellung prägt die be-
deutendste Anstrengung der Weltgemeinschaft, Gemeingüter zu bewahren:
die UNESCO-Welterbeliste. Eines der wenigen Beispiele landwirtschaftlichen
Wirkens, die den Weg auf diese Liste gefunden haben, sind die Reisterrassen
im Nordosten der Philippinen.[61] Die 2000 Jahre alten Anlagen repräsentieren ein dynamisches Gleichgewicht am Rande von Kipppunkten zwischen
Mensch und Natur. Für die „Magdeburger Börde" könnte dies analog gelten.[62]
Insofern würde diese Region es rechtfertigen, exemplarische Wertschätzung
als ein Modell zu erfahren, das für mehr als zwei Jahrhunderte die Nutzung
der Naturressourcen durch den Menschen in einem Gebiet mit besonderer
Bodengüte prägte und (noch) nicht übernutzt wurde.

Über diesen kulturellen Wert hinaus verfügt die „Magdeburger Börde" als
eines der Gebiete mit der höchsten Bodenqualität weltweit über einen besonderen Zukunftswert.[63] Dieser steht im Kontrast zu den Verlusten an wertvol-
len Böden, die durch die Industrialisierung, den Lebensstil und den damit
zusammenhängenden Klimawandlungen einhergehen.[64] Solche Gebiete
der Erde, wie sie die „Magdeburger Börde" darstellt, repräsentieren ein „gemeinsames Gut" der Menschheit, das die Ernährung sichert, zugleich aber
auch ökologische Effekte mit weitergehender Wirkung besitzt (Beitrag zur
Artenvielfalt oder Klimaschutz): „Damit verbunden befassen sich die klassischen Anwendungsgebiete [des Welterbes HK] im Vorgriff auf künftige

Entwicklungen bereits mit ökologischen Gesichtspunkten."[65] Insofern wäre eine Behandlung der „Magdeburger Börde" als ein exemplarischer Fall für einen „Schatz der Menschheit" im Zusammenspiel von kulturhistorischem Erbe und Zukunftssicherung gerechtfertigt.

Wie aber wäre ein solches Unterfangen zu bewerkstelligen? Derzeit besitzt die Landesplanung nur begrenzte Möglichkeiten, ein Gemeingut solcher Dimension zu schützen. Sie hat konkrete Flächennutzungsansprüche zu ordnen. Übergeordneten „Ansprüchen" kann sie nur bedingt genügen. Andererseits ist die Fläche ein entscheidendes Gut für die räumliche Realisierung von individuellem und gemeinschaftlichem Bedarf. Dieser Zwiespalt muss in einer „überwölbenden" Kategorie aufgehoben werden. Boden, insbesondere von solcher Qualität wie in der Magdeburger Börde, ist letztlich ein „Schatz der Menschheit" zwischen Naturdenkmal und Kulturgut.[66] Ihn auf die Welterbeliste zu setzen, entspräche zwar dessen Rang, wäre jedoch gegenwärtig wohl nur eine theoretische Möglichkeit. Ein Instrumentarium zu entwickeln, um strategische Güter kooperativ und als Reservoir für die Resilienz zu sichern, ist daher langfristig unverzichtbar.

Der planerische Ansatz für den Umgang mit dem „ökologischen Fußabdruck", der komplementär zu einem Schutzstatus verfolgt wird, soll ein Flächenbilanzmodell sein, das sich am globalen Maßstab orientiert. Der Wandel der Lebensstile bezüglich der Haushaltsgrößen und die Diversifizierung von Lebensstilen spielen sich stärker in Städten ab. Hier sind die Möglichkeiten begrenzt, den globalen „Fußabdruck" zu senken. Der ländliche Raum hingegen verliert an Bevölkerung (wird also „größer"), während insbesondere die Städte bilanziell „kleiner" werden.[67] Wie kann also ein Austausch innerhalb einer definierten Körperschaft (Kommune, Region oder Land) angelegt werden, um regionale Defizite und Überschüsse in den Grenzen eines global vertretbaren „Fußabdrucks" auszugleichen?

Ein Bilanzausgleich kann über das Management (Flächentausch) oder über Verrechnungen (Flächenhandel nach Kontingenten und entlang von Grenzen biokapazitärer Verfügbarkeiten) erfolgen.[68] Dem Verrechnungsmodell liegt der Versuch des globalen CO_2-Handels zugrunde, während ein Flächenhandel seine Wirksamkeit dadurch gewinnt, dass er nur auf eine begrenzte

Fläche angewendet werden darf, dass also nicht global getauscht werden kann und Spekulationen damit ausgeschlossen werden. Der Vorschlag unter Berücksichtigung der Resilienz bezieht den globalen Richtwert des „Fußabdrucks" mit ein, gibt also ein qualitatives Maß in den Bilanzhandel ein, das nach der Güte der Flächen in Bezug auf die Reproduktionsfähigkeit (Biokapazität) gewichtet wird. Sie bedarf wirksamer internationaler Regeln, die ein „Land Grabbing" verhindern.[69] Dann kann eine flächenbezogene Resilienz der Stadt-Land-Region systematisch befördert werden. Sie wird zentrale Bedeutung für die Spielräume zukünftiger Transformationen erlangen, da sich letztlich alle Tätigkeiten im allgemeinen Übergang zur Ära der Knappheit an Gemeingütern definieren.

Ebene 5: Handlungen zwischen „Hawaii 2.0" und internationaler Resilienzpolitik

Grundlage des Handelns ist die Erkenntnis, dass Resilienz keine Mode ist, sondern eine Notwendigkeit – bei allen Risiken, die im Kapitel 1 erörtert worden sind. Die globalen wie lokalen Herausforderungen drängen zu einem Programm, das die operationalen Grundlagen für eine Resilienz der Stadtregion erprobt und in die Praxis überführt. Dafür sind gleich mehrere Schritte notwendig. Sie reichen von der Bereitstellung von Kapazitäten für die Durchführung angewandter Forschungen und für die Kommunikation der Resultate, von der Implementierung eines Planungsverständnisses im Sinne der Resilienz bis zu einer übergreifenden Resilienzpolitik.[70]

Ein derartiges Programm kann hier nur knapp skizziert werden. Es bedarf gleichermaßen eines breiten Diskurses und zielgerichteter Initialhandlungen. Deswegen werden Vorschläge angeboten, die in zwei Richtungen zielen: zum einen fünf Schwerpunkte einer Resilienzstrategie und zum anderen die diesbezüglichen institutionellen Grundlagen. Sie bilden zusammen ein erstes Programm in Forschung, Vermittlung und kommunaler Anwendung. Die einzelnen Programmbausteine bedürfen aber nicht nur der Ausarbeitung, Ergänzung und Weiterentwicklung, sie brauchen auch Initiatoren, die eine Umsetzung betreiben. Erste Anzeichen dafür stimmen zuversichtlich.[71]

Fünf Schwerpunkte

Alles hatte 1958 mit den bekannten psychologischen Langzeitforschungen auf der hawaiianischen Insel Kauai begonnen.[72] Diese Untersuchung führte zu wesentlichen Erkenntnissen über die Resilienz. In gleicher Weise sollen Langzeitstudien für eine stadtregionale Resilienz starten, denn eine Langzeitforschung mit ausdrücklichem Praxisbezug ermöglicht genaue strategische Aussagen zur Planung und deren realitätsnaher Umsetzung. Derartige Langzeituntersuchungen bilden zugleich einen Beitrag zum Aufbau von stabilen Grundlagen in Forschung und Lehre und können als Referenzvorhaben für diverse Untersuchungen sowie für Projekte dienen. Wenn also Resilienz zukünftig einen bedeutenderen Stellenwert für Kommunen und Regionen haben wird, dann sind gezielte, systematische und komparative Untersuchungen unumgänglich. Daran schließen sich fünf abgeleitete Programmpunkte an, die den Bogen bis zu einem politischen Impuls spannen:

A. „Hawaii 2.0" – Netzwerk von Langzeitexperimentalorten
- Aufbau eines systematischen Programms zur Kooperation und zum fachlichen Austausch in Resilienzfragen zwischen Forschungseinrichtungen, Verbänden sowie mit kommunalen und regionalen Partnern;
- Gründung eines Verbundes von Modellorten, die in Langzeituntersuchungen und Experimenten Grundlagen für stadtregionale Resilienz erproben mit dem Ziel, Beiträge zur Gestaltung der *Soll-Transformation* zu liefern, die übertragbar sind;
- die exemplarisch in den Kapiteln 3 und 4 vorgestellten Orte wären exemplarisch prädestiniert dafür, jedoch sollte ein systematisches, weitgespanntes Netz für die Resilienzstrategie erarbeitet werden, in das die Forschungsorte eingebunden sind;
- Herstellen europäischer (und internationaler) Partnerschaften zwischen Risiko- und Resilienzorten und forschenden Einrichtungen.

B. Auf- und Ausbau intermediärer Forschergemeinschaften, Verstärkung eines Austausches der Forschungsresultate:
- das Schlüsselnetzwerk „Nachhaltige Wissenschaft" ausbauen;

- internationale Kooperation (beispielsweise mit dem „Stockholm-Resilience-Centre" oder einem „Resilience-City"-Programm) etablieren;
- transdisziplinär angelegte konkrete Forschungsprojekte entwickeln;
- planungstheoretische und planungshistorische Forschungen ausbauen, um Fragen der Planungs*kunst* und der strategischen Transformation zu untersuchen und für die Anwendung zu erschließen.

C. Forschendes Lernen für Resilienz:
- offene Lehrlaboratorien in Studiengängen der Raumdisziplinen etablieren;
- den Austausch von Studierenden zwischen unterschiedlichen Disziplinen – auch mit Bezügen zur Kunst – in Forschungsteams und „Reallaboren" herstellen;
- Fortbildungsangebote in den Akademien und Verbänden anbieten und systematisch ausbauen;
- Etablierung von „Reallaboren" als Experimentalorte im „Grenzbereich" von Kommunalpolitik, Wissenschaft, Kunst und Bürgermitwirkung;
- Erkenntnisse aus praktischen Erfahrungen mit gravierenden Störungen aufbereiten und vermitteln.

D. Stiftung für Resilienz als Basis:
- Gründung einer gemeinnützigen Stiftung zur Förderung von Programmen für die stadtregionale Resilienz;
- Stiftung eines Resilienzpreises als Motor zur Popularisierung von Resilienzstrategien;
- Vergabe von Stipendien für die Erforschung und den Austausch auf dem Gebiet der Resilienz.

E. Resilienzpolitik:
- Aufbau eines politisch getragenen Programms für eine „strategische Transformation", deren Kern eine Resilienzstrategie ist; die vorhandene nationale Nachhaltigkeitsstrategie sollte hinsichtlich der Resilienzpassfähigkeit überprüft und überarbeitet sowie internationalisiert werden.

- Ein derartiges Programm darf die aktuellen politischen und ökonomischen Interessenkonstellationen als gesellschaftlichen Hintergrund nicht ausblenden, darf aber auch nicht darauf reduziert werden.
- Kommunale und regionale Strategien zur Resilienz sollten die Klimaschutz- und Demografiekonzepte erweitern.
- Inhaltliche Neujustierung des „Zentrale-Orte-Systems" als Basis einer internationalen, räumlichen Resilienzstrategie durch Orientierung auf Biokapazitäten und stabile Raumelemente als Bezugsgröße.
- Erweiterung des Spektrums bereits erprobter Instrumente für „Revolt"-Impulse wie Internationale Bauausstellungen, Modellstädte (Regionen) oder Experimentalvorhaben (vgl. Ferropolis oder ökologisches Bauen) sowie Kunst-Interventionen – im Sinne einer Resilienzorientierung und Verstetigung in der Planungspraxis.[73]

All diese Aspekte bedürfen weiterer Erörterung und Ausarbeitung. Sie münden letztlich in dem, was die Forschung mit „Transition Management und dezentraler Kontextsteuerung"[74] für die Praxis und für die Wissenschaft oder als „disziplinierte Interdisziplinarität in transdisziplinären Prozessen"[75] bezeichnet – nicht mehr und nicht weniger als die Kombination von zwei miteinander zu verflechtenden Strukturen:
Erforderlich ist die koordinierende und steuernde Hand einer *Körperschaft* (Kommune), die im Verbund mit dezentral organisierten Partnerschaften und einer resilienzorientierten Planung die stadtregionale Transformation bewerkstelligt. Der dafür notwendige kulturelle Rahmen kann jedoch nicht nur aus der Perspektive der jeweiligen Gemeinschaft gewonnen werden. Ein spannungsreicher Dialog zwischen „Schutzgut der Menschheit" und lokaler Anpassung steht modellhaft für die notwendige Debatte der Stadtgesellschaft um langfristige Existenzsicherung. Andererseits bedarf es auch der Weiterentwicklung von übergreifenden Kriterien der Schutzgüterausweisung, wie sie mit der UNESCO-Welterbeliste prototypisch angelegt ist.
Wie in der transitorischen *Wissenschaft* und *Kunst* geht es nicht um eine mechanische Ablösung aller bisherigen Methoden und Instrumente der stadtregionalen Planung, sondern vor allem um deren Erweiterung beziehungsweise

Neupositionierung. Sie fließen in das Konzept der Resilienz als Teil der gesellschaftlichen Produktion/Organisation von urbanem und ruralem Raum ein. So ist Resilienz auch als Reaktion auf die verabsolutierte Globalisierung zu verstehen: Enträumlichung wirtschaftlichen Handelns bei gleichzeitiger Machtlosigkeit des räumlich gebundenen politischen Handelns. Sie ist eine Bewältigungsstrategie, die sich in einer dauerhaften, lokal verortbaren Struktur äußert.

Resilienz teilt das *Glokalisierungsparadox* mit Bewegungen wie der „Creative-City-Bewegung".[76] Konzeptionell geht Resilienz jedoch weiter. Sie bedeutet nicht nur Reaktion, Interpretation oder Anregung. Sie vermag transformative Stadtkonzepte vorauszudenken und Stadtregionen auf den Umbau zu orientieren. Resilienz eröffnet Möglichkeiten, Planung mit Zielen zu versehen, die über den Inkrementalismus und das Nachbessern hinausgehen, ohne die einfachen Utopien vergangener Planungsparadigmen wiederauferstehen zu lassen. Eine „resilienzorientierte Planung" entsteht im sozialen Diskurs und integriert die Selbstreflexion.

Resilienzforum

Für eine Neuausrichtung stadtregionaler Politik für eine umfassende, resilienzbasierte *Transformation* der Gesellschaft bedarf es weitergehender Institutionalisierungen. Hierbei können die Erfahrungen von Stadt- oder Regionalforen, aber auch von Organisationen wie der „Transition Town"-Bewegung, der kongenialen Nachfolgerin der „Agenda 21"-Gruppen, der „Bürgerräte", der „Runden Tische" und vieler anderer Bewegungen weltweit Pate stehen.[77] In den 1990er-Jahren hatten Stadtforen in vielen Städten Deutschlands Konjunktur. So bildeten sich auch in Regionen diese informellen Plattformen: „Kommunale und interkommunale Foren haben die Aufgabe, städtische Planungsprobleme kommentierend zu begleiten, Anstöße für die Verwaltung zu geben und Ansprechpartner für die Verwaltung in Planungsfragen zu sein."[78] Diese Foren sind temporäre Zusammenschlüsse von Vertretern verschiedener Institutionen, Unternehmen, der Zivilgesellschaft, der Verwaltungen sowie der

Politik. Sie waren aus dem Bedürfnis nach einer Mitwirkung an grundlegenden Entscheidungen in der Stadt- und Regionalentwicklung entstanden. Diese Foren haben wichtige Weichenstellungen erörtert und auch investive Maßnahmen der öffentlichen Hand vorbereitet. Im ländlichen Raum sind es vor allem die Leader-Aktionsgruppen, die eine vergleichbare Rolle spielen.[79] All die hier umrissenen partizipativen und kommunalorientierten Kommunikationsformen bilden eine Basis für die kommunikative Kultur stadtregionaler Resilienzpolitik. Bewegungen unterschiedlicher Formate und Ausrichtungen, die zum Teil auch widersprüchliche oder gar „Retro"-Ziele verfolgen. Sie bergen in ihrer Gesamtheit dennoch den Nährboden für die Selbstorganisation der Gesellschaft und ihrer Transformation.

Mit ihrem breit gefächerten Teilnehmerkreis, ihrer Offenheit, ihrer öffentlichen Wirkungsmöglichkeit und ihrer versammelten Wissens- und Erfahrungskapazität sind sie eine Plattform für den Austausch in Resilienzfragen. Hier sollten sich auch Institutionen, Gremien, Ressortvertreter, Interessierte und Betroffene zusammenfinden, die der Betreuung der Gemeingüter verpflichtet sind. Dazu zählen auch Institutionen wie Rettungsdienste, Hilfsorganisationen, der Katastrophen- und Hochwasserschutz, das Technische Hilfswerk oder die Feuerwehr, aber auch die Land- und Forstwirtschaft, die Wasserversorgung und die Kommunalverwaltungen. Ihre Kenntnisse und gesammelten Erfahrungen bei der Katastrophenbekämpfung, bei der Prävention und bei kommunikativen Maßnahmen gerade aus der jüngeren Vergangenheit sind unverzichtbar. Damit kann die notwendige Integration von Resilienz in Entscheidungs- und Umsetzungsprozesse auf Gemeinwesenebenen (Stadt bis Europa) jedoch noch nicht adäquat erreicht werden. Es bedarf eines weiter gefassten Blickes, wie ihn Ulrike Guérot mit dem Vorschlag der „Republik Europa" unterbreitet hat.[80] Darin wird die republikanische Idee für ein regional basiertes Europa mit entsprechenden neuen Gremien unterbreitet. Daran kann angeschlossen werden.

Resilienzforen ersetzen weder Verwaltungen noch demokratisch gewählte Repräsentanten und Gremien. Mit ihnen wird eine *„zweite Kammer"* der Gemeinwesen eingeführt. Die *„erste Kammer"* umfasst in dieser Lesart die existierenden politischen Strukturen der Legislative, Judikative und Exekutive.

Sie basieren auf demokratischer Legitimation und Rechtsstaatlichkeit. Eine „zweite Kammer" würde diese durch eine nach dem *Zufallsprinzip* ermittelte und dauerhaft angelegte Instanz (mit wechselnden Angehörigen) erweitern, wie sie bislang zum Beispiel in „Charrettes" oder „Planungszellen" erprobt wurden.[81] Dieses Gremium wird, die Erfahrungen bisheriger Foren aufgreifend, durch per Los ermittelte Repräsentanten der Zivilgesellschaft sowie aus der Bürgerschaft gebildet.[82] Die Akteure wirken zeitlich begrenzt und hätten legitimiertes Vorschlags-, aber auch – resilienzbezogenes – *Vetorecht*. Damit haben sie weiterreichende Möglichkeiten der Einflussnahme als es mit der „Konsultative" denkbar wäre, so wichtig dieser Ansatz ist.[83] Die „zweite Kammer" wird dauerhaft finanziell als Institution gesichert und mit zyklisch wechselnden Personen besetzt. Diese führen das besagte *Logbuch* und setzen Impulse zur Resilienzorientierung – im Sinne des „Remember" und „Revolt". Ein Resilienzmanager leitet das operative Geschäft, analog zu Quartiers- oder Regionalmanagern. Diese Form des Forums wird durch Basisbewegungen begleitet, inspiriert und auch kontrolliert. Die Arbeit ist grundsätzlich öffentlich.

Die Ziele, Grundlagen und Arbeitsweisen für die *Resilienzforen* bilden die zur Planungs*kunst* unterbreiteten Anregungen. Sie dienen letztlich der Ausprägung der Resilienzbereitschaft für die Transformation der Gesellschaft.

Die Initiative für Foren kann von unterschiedlichen Akteuren ausgehen: Kommunen, Landkreisen, Fördergesellschaften, Kammern, Bürgerinitiativen oder Unternehmen.[84] Ihnen käme auch die Funktion einer Schnittstelle zwischen forschenden und anwendenden Institutionen sowie lokalen Initiativen zu. Letztlich aber müssen die Positionen, die in den Foren erarbeitet werden, durch gewählte politische Gremien umgesetzt werden. Foren gehören grundsätzlich in den Kontext einer auf „diskursive Transformation"[85] ausgerichteten Bildung von demokratischen Allianzen jenseits tradierter politischer Lager. Restrisiken werden bleiben, und ein Scheitern kann nie ausgeschlossen werden. Doch kann mit diesen Foren die Wahrscheinlichkeit der Selbsterneuerung im Sinne der Panarchie erhöht werden.

Resilienz ist nicht einfach „herstellbar". Sie bedarf der Handlungsimpulse („Revolt"), der Reflexion („Remember") und eines politisch-organisatorischen Rahmens für Übereinkünfte und das Schaffen von Handlungsfähigkeit. Diese entstehen lernend im Diskurs und können die Transformation zu einer öffentlichen Angelegenheit der stadtregionalen Gesellschaft werden lassen.[86]

Ein Fazit

„Eine entscheidende Zukunftsorientierung [nach dem Risikomanagement und der Vulnerabilitätsbetrachtung HK] hat im Grunde nur der dritte Ansatz: die Erhöhung der gesellschaftlichen Resilienz. In einem sozialökologischen Zustand, der von sich aus widerstandsfähig gegen Störungen ist, wird eine genaue Prognose künftiger Entwicklungen nicht benötigt."[87]

Die Störungen, vor denen die Gesellschaft steht oder inmitten welcher sie sich bereits befindet, scheinen bisweilen erdrückend. Die erste Antwort besteht in dem Versuch, durch Analysen Gefahrenpotenziale zu ermitteln, um angemessen reagieren zu können. Das ist wegen der hohen Unbestimmtheitsgrade nur begrenzt möglich. Aber selbst wenn die antizipierten Entwicklungen nicht in dem erwarteten oder befürchteten Maß eintreten, kann eine Stärkung der Resilienz sicherlich nicht schaden – jedenfalls in dem überschaubaren Rahmen. Indem die Resilienzfrage aufgeworfen wird, hat die Gesellschaft begonnen, sich mit Störungen systemisch und konstruktiv zu beschäftigen. Dies ist selbst ein Ausdruck von Anpassung und darüber hinaus ein Grund zur Zuversicht. Die Frage aber, ob die Zeit genügt, ob die Kräfte ausreichen, ob das Ausmaß der Probleme und Möglichkeiten treffend genug eingeschätzt wird, kann nicht mit Gewissheit beantwortet werden. Doch die Debatte um Resilienz und praktische Versuche zu deren Implementierung, wie zum Beispiel der Aufbau von Resilienzforen, sind unerlässlich. Resilienz bietet die Chance, die notwendige Freiheit im Umgang mit der Zukunft zu erhalten.

Anmerkungen

1 Baugesetzbuch 2005, XXIX. In der Einführung zum Baugesetzbuch wird unterschieden zwischen „informellen städtebaulichen Planungen", wozu städtebauliche Entwicklungspläne oder Rahmenpläne gehören, und den formellen Planungen, also der festsetzenden Bauleitplanung. Diese ist eine „Pflichtaufgabe der Gemeinde", wohingegen die informellen Planungen der „internen Entscheidungsvorbereitung" dienen. Sie „sind bei der Aufstellung von Bauleitplänen im Rahmen der Abwägung zu berücksichtigen". Der Begriff des „Informellen" ist zu unterscheiden von dem Verständnis „informeller Siedlungen", die auch als Slums bezeichnet werden. Siehe: Ilberg 2009, 16 ff.

2 Scholl 2005, 1122–1129.

3 Sieverts 2012, 83.

4 Taleb 2014.

5 http://www.lebenskunstphilosophie.de/ (08.12.2013): „Das Signum der Moderne ist die fehlende Lebenskunst, denn dazu hat es ihr zu sehr an Muße gefehlt. Aber nicht Larmoyanz ist hier am Platz, sondern die Arbeit an einer Philosophie der Lebenskunst – für eine Kultur, die nicht etwa die der ‚Postmoderne', sondern die einer anderen Moderne wäre. Diese Philosophie wird die Aufgabe haben, den romantischen Impuls der Moderne – die Suche nach der Intensität der Existenz – zusammenzuspannen mit der pragmatischen Fragestellung, wie der Existenz Form verliehen werden kann, um die Intensität, wenn sie erfahren wird, lebbar zu machen, und nicht ins Nichts abzustürzen, wenn sie ausbleibt oder nicht andauert. Der romantische Impuls ist existentiell, um die immer neue Frage nach dem wahren Leben zum kritischen Korrektiv gegenüber dem wirklich gelebten Leben zu machen. Die pragmatische Orientierung ist unverzichtbar, um bei der Frage nach dem wahren Leben stehen zu bleiben und von der bloßen Fragestellung schon alles zu erwarten." Vgl. auch: Schmid (2013): *Dem Leben Sinn geben. Von der Lebenskunst im Umgang mit Anderen und der Welt*, Berlin oder: Schmid (2008): *Auf der Suche nach einer neuen Lebenskunst – Die Frage nach dem Grund und die Neubegründung der Ethik bei Foucault*, Frankfurt/Main.

6 http://www.stadtbaukunst.tu-dortmund.de/cms/ de/institut/index/ (08.12.2013): „Das Institut für Stadtbaukunst an der Technischen Universität Dortmund widmet sich der Erforschung und Lehre der Kunst des Städtebaus. Unter dieser Kunst wird zweierlei verstanden: zum einen wird der künstlerische Charakter des Städtebaus betont, die ästhetisch-gestalterische Seite der Stadt. Zum anderen wird damit die Kunst gemeint, im Städtebau unterschiedliche Aspekte wie soziale, ökonomische, politische, ökologische, technische und kulturelle Anforderungen in der Gestaltgebung der Stadt zusammenzubringen. Diese Kunst, ein multidisziplinäres Verständnis der Stadt in der Stadtgestalt zusammenzuführen, ging mit den reduktionistischen Auffassungen einer funktionalistischen, soziologischen oder verkehrstechnischen Stadtplanung weitgehend verloren, prägte aber den jungen Urbanismus des frühen 20. Jahrhunderts, der dafür den Begriff der Stadtbaukunst verwendete. Daran knüpft das Institut für Stadtbaukunst an."

7 Vgl. IPCC 2014, 28–29.

8 Baugesetzbuch 2005, XXIX.

9 Scholl 2005, 1127–1128.

10 Simon 2016, 89.

11 Geßner 2020, 65–69, 76–77, sowie Behringer 2016, 104, 110–111.

12 Köster, Link 2019, 32–38, 47.

13 Geßner 2020, 91.

14 Kegler, Fischer 2019, 81–90.

15 Hoffmann-Axthelm 1996, 241. Der Flächennutzungsplan sollte, so der Autor, als eine Art „Tagebuch" geführt werden, der von „Fall zu Fall" angepasst werden kann. Tagebuch im Sinne von „Logbuch" greift den Fortschreibungsgedanken auf und verbindet ihn mit Nachrichten, Analysen und Geschichten zu Ereignissen.

16 Vale, Campanella 2005, 339–341.

17 Vergleichbar mit WIKIPEDIA.

18 Christmann et al. 2012, 23.

19 Beckmann 2013, 13.

20 Talen 2008, 61 ff. sowie 112. Die Autorin entwirft eine modellhafte Strategie für stabile Nachbarschaften, die auf Verknüpfungen, auf Mischungen und auf Sicherheit basieren.

21 Siebel 2004, 41.

22 Blotevogel 2002, 194.

23 Blotevogel, Schelhaas 2011, 189. Die hier geforderte Erneuerung bezieht Resilienz noch nicht ein.

24 Rifkin 2011, 261.

25 Selle 2013, 13.

26 Fichter 2013, 227 sowie 107. Vgl. auch IPCC-Modell 2014.

27 Fichter 2013, 83–86.

28 Harvey 2006, 119 ff., Schroer 2009, 361, oder Arnold 2001, 103–105, sowie Bürk 2006, 73 ff.

29 Rifkin 2011, 259.

30 Randgruppe 2011, 44.

31 Masterlabor 2015, 52.

32 Fichter 2013, 196–199, Walker, Salt 2012, 193–195.

33 Siebel 2004, 13 und insbesondere 41: „Die bestehenden gebauten Strukturen weisen eine erstaunliche Beharrungskraft auf." Zu den Schichten der Stadt und der Bedeutung für Identität und Zukunftshoffnung: 42–44.

34 Bodenschatz et al. 2010a, 24, Bodenschatz 2010b, 5–7, Think Berlin 2011, 7–9, sowie speziell zu suburbanen Strukturen Simmons 2014, 156–157.

35 Bodenschatz 2010b, 5. Dies gilt prinzipiell auch für landschaftliche Räume.

36 Siebel 2004, 43.

37 Bodenschatz 2011, 7.

38 Brinke 2011, 5–6.

39 Bodenschatz et al. 2010a, 24.

40 Küster 2010, 353 ff., Bodenschatz et al. 2010, 24, Bodenschatz 2010b, 5–7, Bodenschatz, Kegler 2010a, 5–7.

41 Kegler, Fischer 2019, 207. Dafür wurde hier der Begriff „Klimatopia" eingeführt.

42 https://www.umweltbundesamt.de/themen/bauhaus-der-erde-initiative-fuer-eine-bauwende (24.04.2021).

43 Briggs, Peat 2006, 298–299.

44 Briggs, Peat 2006, 299.

45 Sonderbeilage des Markt-1-Verlages in Kooperation mit dem Zeitverlag/Hg. (2013): *Infrastruktur – Ein Zustandsbericht*, Essen. Hier unterbreitet die Kommission „Nachhaltige Verkehrsinfrastruktur" der Bundesrepublik Deutschland dringende Appelle zur Finanzierung des Ausbaus der Infrastruktur als Garant der Wettbewerbsfähigkeit Deutschlands (4–5, 10–11). Resilienz spielt dabei keine Rolle. Vielmehr deuten die Vorschläge auf eine teilweise Verstärkung der *Ist-Transformation* hin. Demgegenüber widmet sich in besonderer Weise die Deutsche Akademie für Technikwissenschaften diesem Thema, z. B. bezogen auf Energiesysteme oder kritische Infrastrukturen: „Risiko und Resilienz", vgl. Renn 2017, 13, sowie acatec Hg. 2017, 13. Zum Thema Energie, Krise und Resilienz: Erker, Stangl, Stoeglehner 2017 (Part I und II).

46 Scheele, Oberdörffer 2011, 16–17.

47 ARL 2011, 298–299. Die „Key Seven" sind: *Problembestimmung, Problemmodifizierung, Belastbarkeitsprüfung, Ursachenprüfung, Maßnahmengenerierung, Definieren von Schlüsselbegriffen, Identifizieren von Suchräumen für Planungsansätze.* Zur allgemeinen Übersicht zu den Verfahren: ARL 2005, 100 (Nutzwertanalysen, Risikoanalysen, Raumempfindlichkeitsuntersuchung, verbal-argumentative Bewertung, Bilanzierung) sowie zu SWOT: https://www.projektmagazin.de/glossarterm/swot-analyse (02.10.2013).

48 ARL 2011, 299–301.

49 Vgl. Scheele, Oberdörffer 2011, 16–17, sowie Lukesch et al. 2010, 31–32. Der Begriff einer „4-R-Analyse" stammt vom Autor dieses Buches.

50 ARL 2011, S. 298–299. Die „Key Seven" sind: *Problembestimmung, Problemmodifizierung, Belastbarkeitsprüfung, Ursachenprüfung, Maßnahmengenerierung, Definieren von Schlüsselbegriffen, Identifizieren von Suchräumen für Planungsansätze.* Zur allgemeinen Übersicht zu den Verfahren: ARL 2005, 100 (Nutzwertanalysen, Risikoanalysen, Raumempfindlichkeitsuntersuchung, verbal-argumentative Bewertung, Bilanzierung) sowie zu SWOT: https://www.projektmagazin.de/glossarterm/swot-analyse (02.11.2013).

51 ARL 2011, S. 299–301.

52 Walker, Salt 2012, 105.

53 Walker, Salt 2006, 3, global footprint network GFN 2006, 3, http://www.footprint-deutschland.de, http://www.nachhaltigkeit.info (02.10.2013).

54 http://www.footprintnetwork.org (02.10.2013) sowie kritisch dazu: Narodoslawski, Stoeglehner 2010, 365.

55 Scheer 2010, 161. Hermann Scheer unterbreitet ein Plädoyer für die „dezentrale Strukturierung der Energieversorgung" und bindet diese ein in eine gesamtgesellschaftliche Perspektive. Vorbereitend dazu auch: Scheer 2005, Energieautonomie.

56 Randgruppe 2011, 44. Diese Aussagen stellen kumulierte Erkenntnisse aus einem breiten Spektrum der Literatur zum ökologischen Fußabdruck sowie von eigenen Modelluntersuchungen in Thüringen dar.

57 http://www.bgr.bund.de/DE/Gemeinsames/Oeffentlichkeitsarbeit/Pressemitteilungen/BGR/bgr-131111_Agritechnica_Karte_Bodenguete.html (07.12.2013) sowie: Gürtler 2010, 40–41.

58 Landesentwicklungsplan (LEP) Sachsen-Anhalt 2010, 80–83, insbesondere die Grundsätze G

109–113. Dabei wird auf das Bodenschutzgesetz, § 8, des Landes Bezug genommen. Die Reduzierung der Flächeninanspruchnahme wird im Grundsatz 103 gefordert. Die konkreten Ausweisungen der Flächennutzung obliegen der jeweiligen Regionalplanung, also letztlich den Gebietskörperschaften.

59 http://www.regionmagdeburg.de/media/custom/493_503_1.PDF?1150456265 (21.12.2013): Regionaler Entwicklungsplan Region Magdeburg (Kartografische Darstellung), Beschluss der Regionalversammlung vom 17.05.2006.

60 ICOMOS/Hg. 2003, 229. Vgl. auch Pfeifle 2010, 1.

61 http://whc.unesco.org/en/list/722/ (21.12.2013) sowie: Veser 2000, 287: „Die vier Reisterrassen im Nordosten der philippinischen Hauptinsel Luzon gehören zu den Beispielen eines harmonischen Zusammenspiels zwischen der Gestaltungskraft der Natur und der des Menschen. Hier orientiert sich die Bodenbearbeitung bis heute an den uralten Traditionen. Jede dieser Terrassen wird ergänzt durch ein Dorf, einen heiligen Hain und Wälder, die das Anbaugebiet schützen. Für die Bewässerung sorgt ein seit altersher bewährtes Leitungssystem."

62 Müller 1989, 45 ff. Die Magdeburger Börde wird hier aus agrarhistorischer Sicht als eine – auch im internationalen Maßstab gesehen – Beispielregion betrachtet, die durch den Zuckerrübenanbau maßgeblich industrielle Entwicklungen auslöste und nach industriellen Methoden betrieben wurde.

63 Natürlich gibt es weltweit vergleichbare Areale mit ähnlicher Bodengüte, wie sie mit den Lössgebieten in Europa, Asien oder in Nordamerika anzutreffen sind. Vgl. auch: http://www2.klett.de/sixcms/list.php?page=infothek_artikel&extra=TERRA-Online (21.12.2013).

64 http://www.rp-online.de/panorama/wissen/wuesten-verschlingen-milliarden-aid-1.3311584 (21.12.2013): „Einen alarmierenden weltweiten Verlust an Bodenqualität beklagen die Vereinten Nationen. Die weltweiten Wüsten wüchsen jährlich um die dreifache Fläche der Schweiz. Durch die Verschlechterung der Bodenqualität verliere die Weltgemeinschaft jedes Jahr rund fünf Prozent des globalen landwirtschaftlichen Bruttoinlandsprodukts." Vgl. auch: http://www.compliancemagazin.de/plaintext/gesetzestandards/eueuropa/europaeische-kommission/europaeische-kommission5070611.html (21.12.2013).

65 Pfeifle 2010, 17.

66 Veser et al. 2000.

67 Gerstengarbe, Welzer 2013, 166–167.

68 Haaf et al. 2010, 59–60. Die Modelluntersuchung zur Bilanzierung von Flächeninanspruchnahme bezog sich auf Dörfer und kleine Gemeinden in Thüringen. Zum Forschungshintergrund siehe http://www.refina-info.de/ (09.12.2013): „Der Förderschwerpunkt ‚Forschung für die Reduzierung der Flächeninanspruchnahme und ein nachhaltiges Flächenmanagement (REFINA)' des Bundesministeriums für Bildung und Forschung ist Teil der Nationalen Nachhaltigkeitsstrategie der Bundesregierung. Im Mittelpunkt dieser Strategie steht ein effizienter Umgang mit Grund und Boden. Die Ziele hierfür sind die Reduktion der derzeitigen täglichen Inanspruchnahme von Boden für neue Siedlungs- und Verkehrsflächen auf 30 Hektar pro Tag sowie eine vorrangige Innenentwicklung (Verhältnis von Innen- zu Außenentwicklung = 3:1) bis zum Jahr 2020 mittels Flächenmanagement und eine Vision eines Flächenkreislaufs durch Flächenrecycling." http://www.nabu.de/themen/siedlungsentwicklung/innovation/02944.html (09.12.2013): „Handelbare Flächenkontingente – hoffnungsvolles Instrument zur Beendigung des Landschaftsverbrauchs [...]. Dazu zählt auch der Vorschlag, handelbare Flächenkontingente einzuführen. Die Anzahl ausgegebener Kontingente würde gewährleisten, dass ein zuvor verbindlich festgesetztes Mengenziel auch tatsächlich, und zwar marktgerecht, erreicht wird. Gebietskörperschaften mit Expansionsabsichten müssten demnach für zusätzlichen Landschaftsverbrauch zunächst Kontingente von anderen Kommunen und Regionen erwerben." Siehe auch: Kriese 2005, 297–306.

69 Senft 2020, 46–47.

70 Siehe auch Ziehl 2020, 46–49.

71 Beispiele dafür entstanden im Rahmen von Modellprojekten (vgl. Fichter 2013) oder Nachhaltigkeitszentrum Thüringen: http://www.nhz-th.de/material/archiv/details/?tx_t3seminars_pi1[event]=41sowie lokal: im LEADER-Programm http://www.leader-saalfeld-rudolstadt.de/projekte/ (09.12.2013). Die Nennung ist lediglich exemplarisch und nicht vollständig. Siehe auch zum Thema Flächenhandel: Kegler, Köstermenke 2017, 43–45.

72 Berndt 2013, 65. „Hawaii 2.0" bezieht sich auf die psychologische Langzeitstudie (siehe Kapitel 1 und 2) und überträgt diesen Forschungsansatz auf die

Stadtplanung, um durch vergleichende und über längere Zeiträume angelegte Untersuchungen die empirische Basis für Resilienzstrategien zu schaffen.

Die Notwendigkeit von weiteren empirischen Analysen in der ökonomischen Resilienzforschung unterstreicht auch Peter Jakubowski in seiner Übersichtsarbeit *Resilienz als neues Leitbild gesellschaftlicher Entwicklung?* 2013b. Der Autor leitet diese Forderung aus einer breit angelegten Reflexion zur Resilienz ab.

73 Back 2021, 6, sowie Kegler 2015, 22.

74 Fichter 2013, 111.

75 Schneidewind, Singer-Brodowski 2013, 123.

76 Vgl. Schroer 2009, 354 ff., sowie Wehrheim 2013, 141 ff., Kemper 2013, 7 ff., http://onlinelibrary.wiley.com/doi/10.1111/1467-8306.9303011/pdf, 5 (08.07.2013), Naumann 2013, 205–208, oder Peck 2005, 740 ff. Hier werden Überblicke zu den Diskussionen um verschiedene urbane Praxen und Theorien gegeben, die sich mit den Transformationen („Spatial Turn") im städtischen Raum auseinandersetzen.

77 Schneidewind, Singer-Brodowski 2013, 73, https://www.mehr-demokratie.de/themen/direkte-demokratie-und-buergerraete/ (24.04.2021) oder Durth 2015/1990, 45: Hier wird auf die produktiven Erfahrungen mit „Runden Tischen" aus der sog. „Wende" der DDR um 1990 referiert.

78 Fürst, Scholles 2004, 363–367. Hier wird das elementare Spektrum an kommunalen und regionalen Foren kurz umrissen und mit weiteren Formen der Partizipation verbunden. Daran kann für die Resilienzthematik angeknüpft werden. Ein aktuelles Beispiel ist das Berliner Stadtforum, das bereits Anfang der 1990er-Jahre entstanden war und neu etabliert wurde, oder ein Regionalforum, das auch mit Unterstützung der IHK in Mitteldeutschland entstanden war: http://www.stadtentwicklung.berlin.de/planen/stadtforum/index.shtml oder http://www.pressebox.de/inaktiv/industrie-und-handelskammer-halle-dessau/Regionalforum-fuer-ganzheitliche-Kommunikationskampagne/boxid/22978 (07.12.2013).

79 http://www.netzwerk-laendlicher-raum.de/regionen/leader/bag-lag/ (07.12.2013).

80 Guérot 2018, 160–161.

81 Edlinger, Potyka 1989, 138–139, sowie https://www.planungszelle.de/ und https://www.innovations.harvard.edu/charrettes-101-dynamic-planning-community-change (04.04.2021)

82 Vgl. dazu auch Münkler et al. 2019, 319.

83 Nanz, Leggewie 2018. Mit der „Konsultative" wird eine Institutionalisierung des Bürgerwillens jenseits der etablierten Gremien angestrebt, die eine erweiterte Kompetenz in die demokratischen Entscheidungsprozesse einbringt.

84 Vgl. auch Scholze 2013, 8–10.

85 http://www.denkwerk-demokratie.de/wp-content/uploads/2012/08/DD_Werkbericht_1.pdf (02.02.2014), insbes. 98 ff.

86 Fichter 2013, 20.

87 Gerstengarbe, Welzer 2013, 270.

Epilog

Kann mit der Resilienz auch auf das „Falsche" gesetzt werden? Durch Erhalt und Erneuerung bestimmter Strukturen könnte das langfristige Ziel einer Nachhaltigkeit erst recht unerreichbar und Resilienz zu einem Risikofaktor werden. Diese Möglichkeit gehört zum Kalkül der Planungs*kunst*. Ein öffentlicher Diskurs, eine Kultur der Respondenz, vermag „Falsches" bloßzulegen und Korrekturen demokratisch zu veranlassen, auch wenn es eine Illusion bleibt, alle Risiken eliminieren zu können. Sich ihrer bewusst zu werden, muss Bestandteil einer Kultur der lernenden Stadt sein. Diese Kultur dürfte beim Aufbruch in das 21. Jahrhundert hilfreich sein, in eine Welt ganz anderer Ordnung, die vielleicht noch längst nicht vorstellbar ist.[1]

Die Suche nach einer solchen Welt verhilft zu Einsichten in neue Strategien und zukünftige Schritte, die mehr verkörpern sollen, als das Überleben zu sichern. Die dabei erkennbaren Unwägbarkeiten stellen eine stadtregionale Planung bisheriger Provenienz infrage, was zu Resignation, Ignoranz oder selbstvergessenem Aktionismus verleiten kann. Andererseits öffnen sich – so die Hoffnung – vielleicht Möglichkeiten für gesellschaftliche Neuorientierungen.

Wenn eine Erkenntnis an die zukünftigen Planerinnen und Planer vermittelt werden kann, dann jene, dass die hier vorgelegten „Handreichungen" noch nicht genügen. Sie verstehen sich lediglich als Anstoß für eine weitergehende Suche, ja sogar für die Überwindung des erreichten Erkenntnisstandes als ein Ausdruck von „Zukunftswillen"[2]. Die dem Buch zugrunde liegenden Annahmen können womöglich bereits durch die laufenden Transformationen überholt worden sein, ohne dass die Hinwendung zur Resilienz damit obsolet wird. Diese fördert transformatives Denken in der Stadtplanung – als Fachgebiet und als gesellschaftliche Aufgabe.[3] Das heißt, Planung ist nicht nur „neu zu denken" – sie ist zu re-formulieren, will sie eine stabilisierende und orientierende Rolle bei der existenziellen Gratwanderung der Gesellschaft spielen. Darin stecken auch neue Möglichkeiten.

Kassel: documenta-Projekt
„Vertikaler Erdkilometer"
(Walter de Maria, 1977)

Anmerkungen

1   Prigogine 1985, 95, 104.
2   Münkler et al. 2019, 413.
3   Wallace 2020, 15.

Literatur

ABRAXAS (2001): *Regionales Entwicklungskonzept (REK) Dübener Heide*, Lutherstadt Wittenberg/Weimar (unveröffentlicht)

acatec Akademie der Technikwissenschaften/Hg. (2017): *Das Energiesystem resilient gestalten – Maßnahmen für eine gesicherte Versorgung*, München

Akademie für Raumforschung und Landesplanung ARL/Hg. (2011): *Grundriss der Raumordnung und Raumentwicklung*, Hannover

Architekten- und Ingenieurverein zu Berlin-Brandenburg e. V. AIV/Hg. (2020): *Unvollendete Metropole – Internationaler Wettbewerb Berlin-Brandenburg 2070 – Bd. 2*, Berlin

Albers, G., Wékel, J. (2008): *Stadtplanung*, Darmstadt

Altner, G., Frambach, L., Gottwald, F.-T., Schneider, M. (2005): *Leben inmitten von Leben – Die Aktualität der Ethik Albert Schweitzers*, Stuttgart

Altrock, U., Aring, J., Hahne, U., Reuther, I. (2011): *Gewinnen, Verlieren, Transformieren – Europäische Stadtregionen in Bewegung*, Berlin

Altrock, U. (2013): *Nachhaltige Stadtentwicklung – Mythos, Leitbild, Handlungsorientierung*, in: *Planerin*, 6/13, S. 15–17

Angrick, M. (2013): *Ressourcenschutz – Bausteine für eine große Transformation*, Marburg

Arbeitskreis Stadterneuerung an deutschsprachigen Hochschulen/Hg. (2012): *Jahrbuch Stadterneuerung 2012*, Berlin

Arendt, H. (2018): *Die Freiheit, frei zu sein*, München

Aring, J. (2010): *Großräumige Verantwortungsgemeinschaften*, Meckenheim (siehe: http://bfag-aring.de/pdf-dokumente/Aring_2010_Verantwortungsgemeinschaften.pdf)

Arnold, H. (2001): „Raumsoziologie (Rezension zu Martina Löw)", in: *georgraphische revue*, 2/2001, 103–105

August, V. (2021): *Technologisches Regieren*, Bielefeld

Back, L. (2021): „Krise und Resilienz", in: *Deutsches Architektenblatt*, 02/21, S. 3–6

Baecker, D. (2011): *Organisation und Störung*, Berlin

Ballast, D. K. (1995): *The Denver Chronicle – From the Golden Past to a Mile-High-Future*, Denver

Bardi, U. (2013): *Der geplünderte Planet – Die Zukunft der Menschheit im Zeitalter schwindender Ressourcen*, München

Bardi, U. (2017): *Der Seneca-Effekt. Warum Systeme kollabieren und wie wir damit umgehen können*, München

Bauer, T. (2018): *Die Vereindeutigung der Welt*, Stuttgart

Bauhaus-Universität Weimar/Hg. (2006): *Vergegenständlichte Geschichte – Perspektiven einer janusköpfigen Stadt*, Weimar

Bauman, Z. (2017): *Retrotopia*, Berlin

Beck, U. (1991): *Politik in der Risikogesellschaft*, Frankfurt/Main

Beck, U. (1994): „Die Stadt in der Gewißheit des Umbruchs", in: *Deutsches Architektenblatt*, Nr. 9, S. 1315–1317

Beck, U. (2011): „Die Kernenergie ist ein Weltexperiment", in: *Berliner Zeitung* vom 14. März 2011

Becker et al. (1992): *Architekturführer*, Mülheim an der Ruhr

Beckmann, K. J./Hg. (2013): *Jetzt auch noch resilient? Anforderungen an die Krisenfestigkeit der Städte*, DiFU-Impulse Bd. 4/2013, Berlin

Behringer; W. (2016): *Kulturgeschichte des Klimas*, München

Berkeland Seim, L. (2013): „China struggles with growing urbanisation"; Al-Jazeera, 01.01.2013; verfügbar unter: http://www.aljazeera.com/indepth/features/2012/12/20121223142623649526.html

Berlin Institut für Bevölkerung und Entwicklung (2004): *Deutschland 2020 – Die demographische Zukunft der Nation*, Berlin

Berlin Institut für Bevölkerung und Entwicklung (2009): *Demographischer Wandel – Ein Politikvorschlag unter besonderer Berücksichtigung der Neuen Länder*, Berlin

Berndt, C. (2013): *Resilienz – Das Geheimnis der psychischen Widerstandskraft*, München

Betker, F. (1992): *Ökologische Stadterneuerung – Ein neues Leitbild der Stadtentwicklung?* Aachen

Bier, N. (2010): *Der Aufbau von Resilienz – neue Möglichkeiten für die urbane Katastrophenvorsorge? Analyse ausgewählter Projektbeispiele von NGOs*, Diplomarbeit, TU Wien

Binswanger, H. C. (2006): *Die Wachstumsspirale. Geld, Energie und Imagination in der Dynamik des Marktprozesses*, Marburg

Birkmann, J. (2008): „Globaler Umweltwandel, Vulnerabilität und Desaster-Resilienz – Erweiterung der raumplanerischen Perspektiven (Global Change, Vulnerability and Disaster Resilience – Advancement of the Perspective of Spatial Planning)", in:

Raumforschung und Raumordnung. vol. 66 (1),
S. 5–22

Blotevogel, H./Hg. (2002): *Fortentwicklung des Zentrale-Orte-Konzepts*, Hannover

Blotevogel, H., Schelhaas, B. (2011): „Geschichte der Raumordnung", in: Akademie für Raumforschung und Landesplanung/Hg.: *Grundriss der Raumordnung und Raumentwicklung*, Hannover, S. 75–201

Blum, E., Neitzke, P./Hg. (2009): *Dubai – Stadt aus dem Nichts*, Basel

Bodenschatz, H. (1987): *Platz frei für das Neue Berlin – Geschichte der Stadterneuerung*, Berlin

Bodenschatz, H. (1990/91): „Wissenschaftsschwerpunkt Stadterneuerung an der TU Berlin: Konzeption und Zwischenbilanz eines notwendigen Projektes", in: Arbeitskreis Stadterneuerung an deutschsprachigen Hochschulen und Institut für Stadt- und Regionalplanung der Technischen Universität Berlin/Hg.: *Jahrbuch Stadterneuerung* 1990/91, Berlin, S. 43–67

Bodenschatz, H., Geisenhof, J. (1991): „Plädoyer für eine kulturelle Stadterneuerung", in: *Die alte Stadt* 3/91, S. 241ff.

Bodenschatz, H., Engstfeld, H.-J., Seifert, C. (1995): *Berlin – auf der Suche nach dem verlorenen Zentrum*, Berlin

Bodenschatz, H. (2003): „Stadtumbau – Begriffe und Perspektiven", in: Boeckl, M./Hg.: *Stadtumbau/Urban Conversion*, Wien, New York. S. 10–24

Bodenschatz, H., Kegler, H. (2005): „Stadtumbau", in: ARL – Akademie für Raumordnung und Landesplanung/Hg.: *Handwörterbuch der Raumordnung*, Hannover, S. 1092–1096

Bodenschatz, H., Gräwe, C., Kegler, H., Nägelke, H.-D., Sonne, W./Hg. (2010a): *Stadtvisionen 1910 I 2010*, Berlin, S. 16–27

Bodenschatz, H. (2010b): „Schlüsselräume des Städtebaus", in: *Planerin*, 6/10, S. 5–7

Bodenschatz, H., Kegler, H. (2010a): „Allgemeine Städtebau-Ausstellung in Berlin 1910", in: *Planerin*, 2/10, S. 5–7

Bodenschatz, H., Kegler, H. (2010b): „Stadtvisionen 1910 I 2010: Berlin Paris London Chicago 100 Jahre ‚Allgemeine Städtebau-Ausstellung in Berlin'", in: Altrock, U. et al.: *Jahrbuch Stadterneuerung 2010*, Berlin, S. 35–46

Bodenschatz, H. (2011): „Von der Flächensanierung zum Stadtumbau", in: *Planerin*, 6/11, S. 5–7

Böhme, G. (1992): *Natürlich Natur. Über Natur im Zeitalter ihrer technischen Reproduzierbarkeit*, Frankfurt/Main

Böhme, G. (1997): „Gärten und Wüsten, Naturverschönerung und Naturzerstörung", in: *Die Gartenkunst*, Heft 2/97, S. 235–238

Bölling, L., Sieverts, T. (2004): *Mitten am Rand*, Wuppertal

Borgert, S. (2013): *Resilienz im Projektmanagement – Bitte Anschnallen, Turbulenzen! Erfolgskonzepte adaptiver Projekte*, Wiesbaden

Brake, K., Dangschat, J., Herfert, G./Hg. (2001): *Suburbanisierung in Deutschland – aktuelle Tendenzen*, Opladen

Brandt, A./Hg. (1991): *Das EXPO Projekt*, Hannover

Brichetti, K. (2009): *Die Paradoxie des postmodernen Historismus*, Berlin

Briggs, J., Peat, D. (2006): *Die Entdeckung des Chaos*, München

Brinke, W. T. (2011): „Europa ist anfällig für die Zukunft – Die Auswirkungen des Klimawandels auf die Wasserproblematik", in: *Planerin* 3/11, S. 5–6

Brock, B. (1999): „Gott und Müll", in: *Frankfurter Rundschau* vom 9. April 1999

Brokow-Loga, A., Eckhardt, F. (2021): *Stadtpolitik für alle – Städte zwischen Pandemie und Transformation*, Heidelberg

Brown, L. R. (2007): *Plan B 2.0 – Mobilmachung zur Rettung der Zivilisation*, Berlin

Brunetta, G., Caldarice, O., Tollin, N., Rosas-Casals, M., Morato, J./Ed. (2019): *Urban Resilience for Risk and Adaptation Governance*, Cham

Brückner, H., Kegler, H. (1998): „Industrielles Gartenreich und EXPO 2000 in Sachsen-Anhalt", in: *TOPOS*, 23/98, S. 69–74

Bürk, T. (2006): *Raumtheoretische Positionen in angloamerikanischen und deutschsprachigen sozial- und kulturwissenschaftlichen Publikationen seit 1997*, Berlin

Bundesamt für Bauwesen und Raumordnung (BBR)/Hg. (2004): *Suburbia*, Bonn

Bundesinstitut für Bau-, Stadt- und Raumforschung (BBSR)/Hg. (2018): *Stresstest Stadt – wie resilient sind unsere Städte?* Bonn

Bundeskanzleramt/Hg. (1979): „Richtlinien für die Vergabe von Förderungsmitteln aus der Sonderaktion des Bundeskanzleramtes zur Stärkung entwicklungsschwacher ländlicher Räume in Berggebiete Österreichs", in: *Raumplanung für Österreich*, 1/79, Wien

Bundesministerium für Verkehr, Bau und Stadtentwicklung (BMVBS)/Hg. (2007): *Nationale Stadtentwicklungspolitik*, Berlin

Bundesministerium für Verkehr, Bau und Stadtentwicklung (BMVBS)/Hg. (2011): *Regionalstrategie Daseinsvorsorge*, Berlin

Bundesministerium für Verkehr, Bau und Stadtentwicklung (BMVBS)/Hg. (2011): *Weißbuch Innenstadt*, Berlin

Burckhardt, L. (2013/1982): *Der kleinstmögliche Eingriff*, Berlin

Burmeister, K., Rodenhäuser, B. (2016): *Stadt als System*, München

Caldarice, O., Brunetta, G., Tollin, N. (2018): „The Challenge of Urban Resilience: Operationalization", in: Brunetta, G., Caldarice, O., Tollin, N., Rosas-Casals, M., Morato, J./Ed.: *Urban Resilience for Risk and Adaptation Governance*, Cham, S. 2–6

Calthorpe, P., Fulton, W. (2001): *The Regional City*, Washington, Covelo, London

Carrier, M. (2006): *Wissenschaftstheorie*, Hamburg

Carroll, L. (2015/1871): *Alice hinter den Spiegeln*, München

Chirbes, R. (2014): *Am Ufer*, München

Christ, W. (2013): „Neues Leben in L. A.", in: *Deutsches Architektenblatt*, 8/13, S. 18–21

Christmann, G., Ibert, O., Kilper, H., Moss, T. (2011): *Vulnerabilität und Resilienz in sozio-räumlicher Perspektive. Begriffliche Klärungen und theoretischer Rahmen*, Erkner (Working Paper/Leibniz-Institut für Regionalentwicklung und Strukturplanung 44)

Christmann, G., Ibert, O., Kilper, H., Moss, T. (2012): *Vulnerability and Resilience from a Socio-Spatial Perspective – Towards a Theoretical Framework*, Erkner

Condon, P. M. (2008): *Design Charrettes for Sustainable Communities*, Washington, Covelo, London

Correa, J. (2008): *Self-Sufficient Urbanism – A vision of contraction for the non-distant future*, Morrisville

Cuadra, M. (2019): *Träume und Räume einer Revolution*, Kassel

Dahm, D., Scherhorn, G. (2008): *Urbane Subsistenz. Die zweite Quelle des Wohlstands*, München

Daly, H. E. (1999): *Wirtschaft jenseits von Wachstum. Die Volkswirtschaftslehre nachhaltiger Entwicklung*, Salzburg, München

Dally, O., Maischberger, M., Schneider, P. J., Scholl, A. (2009): *Zeiträume – Milet in Kaiserzeit und Spätantike*, Regensburg

Davis, M. (2010): „Wer wird die Arche bauen? Das Gebot zur Utopie im Zeitalter der Katastrophen", in: *ARCH+*, 196/197, Januar 2010 („Post-Oil-City"), S. 28–33

Davoudi, S. (2012): „Resilience – a bridging concept or a dead end?" In: *Planning Theory and Practice*, 13, 2, S. 299–307, Newcastle, http://dx.doi.org/10.1080/1 4649357.2012.677124

Deutscher Genossenschafts- und Raiffeisenverband e. V. (DGRV) (2013): *Energiegenossenschaften. Ergebnisse der Umfrage des DGRV und seiner Mitgliedsverbände*. Frühjahr 2013, Berlin

Delfante, C. (1999): *Architekturgeschichte der Stadt*, Darmstadt

Deutsche Akademie für Städtebau und Landesplanung (DASL)/Hg. (2013): *3. Hochschultag der nationalen Stadtentwicklungspolitik – „Weiter Blick und langer Atem"*, Berlin

Deutscher Taschenbuch Verlag/Hg. (2005): *Baugesetzbuch*, München

Deborah, M. G. (2013): *Place-Framing as Place-Making: Constituting a Neighborhood for Organizing and Activism*, http://onlinelibrary.wiley.com/ doi/10.1111/1467-8306.9303011/pdf, 5 (08.07.2013)

Diamond, J. (2006): *Kollaps – Warum Gesellschaften überleben oder untergehen*, Frankfurt/Main

Die Welt (2009): „Generation Stehaufmännchen", 23. Juli 2009, S. 7

Dietl, T. (2010): *Das suburbanisierte Dorf – Studie zur Transformation eines Dorfes durch Wohnsuburbanisierung*, Masterarbeit, Bauhaus-Universität Weimar

Dietz, B., Schulze, W., Weber, W./Hg. (1990): *Universität und Politik – Festschrift zum 25jährigen Bestehen der Ruhr-Universität Bochum*, Bochum

Diller, C. (2010): „Zwanzig Jahre Raumordnung im vereinigten Ostdeutschland: Vom Ziehkind zum Innovator", in: Altrock, A., Hunig, S., Kuder, T., Nuissl, H./ Hg.: *Zwanzig Jahre Planung seit der Wiedervereinigung*, Berlin, S. 167–211

Droege, P./Hg. (2009): *100 % Renewable: Autonomy in Action*, London

Duany, A., Plater-Zyberk, E., Speck, J. (2000): *Suburban Nation – The Rise of Sprawl and the Decline of the American Dream*, New York

Durth, W. (2015/1990): „Zwischen den Zeiten – Städte in der DDR", in: Wékel, J./Hg.: *Stadtentwicklung in der DDR und Umgang mit ihrem städtebaulichen Erbe seit 1990*, Berlin, S. 41–48

Düwel, J., Gutschow, N. (2019): *Ordnung und Gestalt – Geschichte und Theorie des Städtebaus in Deutschland 1922 bis 1975*, Berlin

Edlinger, R., Potyka, H. (1989): *Bürgerbeteiligung und Planungsrealität*, Wien

Eisold, N. (2000): *Das Dessau-Wörlitzer Gartenreich*, Rostock

Emmott, S. (2013): *Zehn Milliarden*, Berlin

Enders, J. C., Remig, M. (2013): *Perspektiven nachhaltiger Entwicklung – Theorien am Scheideweg*, Marburg

Erisman, J. (2015): „Put people at the centre of global risk management", in: *Nature*, 519, 12. März 2015, S. 151–153

Erker, S., Stangl, R., Stoeglehner, G. (2017): „Resilience in the light of energy crises, Part I: A framework to conceptualise regional energy resilience", in: *Journal of Cleaner Production*, 164, S. 420–433

Erker, S., Stangl, R., Stoeglehner, G. (2017): „Resilience in the light of energy crises, Part II: Application of the regional energy resilience assessment", in: *Journal of Cleaner Production*, 164, S. 495–507

Farr, D. (2008): *Sustainable Urbanism – Urban Design with Nature*, New Jersey

Fehl, G. (1990): „Fordismus und Städtebau um 1930: ‚Auflösung' oder ‚Auflockerung' der Großstadt?" in: *Wissenschaftliche Zeitschrift der Hochschule für Architektur und Bauwesen* (Bauhaus-Universität) Weimar, 1, 2, 3, S. 61–66

Fehl, G. (1995): „Kleinstadt, Steildach, Volksgemeinschaft – zum ‚reaktionären Modernismus'" in *Bau- und Stadtbaukunst*, BWF Braunschweig, Wiesbaden

Ferguson, N. (2013): „Wir löschen unseren Erfolg", in: *Die Zeit* vom 8. Mai 2013, S. 11

Feyerabend, P. (1977): „Unterwegs zu einer dadaistischen Erkenntnistheorie", in: Duerr, H. P./Hg.: *Unter dem Pflaster liegt der Strand*, Berlin, S. 9–88

Feyerabend, P. (1984): *Wissenschaft als Kunst*, Frankfurt/Main.

Fezer, J., Schmitz, M. (2006): „Lucius Burckhardt: Wer plant die Planung?" In: Selle, K. Zalas, L./Hg.: *Zur räumlichen Entwicklung beitragen*, Dortmund, S. 225–234

Fichtner, K., Gleich, A. v., Pfriem, R., Siebenhüner, B. – Projektkonsortium nordwest2050/Hg. (2010): *Theoretische Grundlagen für erfolgreiche Klimaanpassungsstrategien*, Bremen/Oldenburg

Fischer-Kowalski, M., Mayer, A., Schaffartzik, A. (2011): „Zur sozialmetabolistischen Transformation von Gesellschaft und Soziologie", in: Groß, M./Hg.: *Handbuch Umweltsoziologie*, Wiesbaden, S. 97–121

Flierl, T. (2013): *Gebauter Stalinismus*, Berlin (unveröffentlicht)

Florida, R. (2002): *The Rise of the Creative Class*, New York

Florida, R. (2005): *Cities and the Creative Class*, New York, London

Folke, C. (2006): „Resilience: The emergence of a perspective for social-ecological system analyses", in: *Global Environmental Change*, 16, S. 253–267

Frantz, D., Collins, C. (1999): *Celebration U.S.A.*, New York

Freistaat Sachsen/Staatsministerium für Umwelt und Landwirtschaft (2008): *Sachsen im Klimawandel – Eine Analyse*, Dresden

Freyberg, T. v. (2011): „Resilienz – mehr als ein problematisches Modewort?" In: Zander, M./Hg.: *Handbuch der Resilienzförderung*, Wiesbaden, S. 219–239

Fulton, W. (2005): „After the Unrest: Ten Years of Rebuilding Los Angeles following the Trauma of 1992", S. 310–311, in: Vale, L., Campanella, T./Ed. (2005): *The Resilient City*, New York, S. 299–311

Fürst, D. (2006): „Entwicklung und Stand des Steuerungsverständnisses in der Regionalplanung", in: Selle, K. Zalas, L./Hg.: *Zur räumlichen Entwicklung beitragen*, Dortmund, S. 117–128

Fürst, D., Scholles, F./Hg. (2004): *Handbuch Theorien + Methoden der Raum- und Umweltplanung*, Dortmund

Gadamer, H.-G. (1972): *Wahrheit und Methode. Grundzüge einer philosophischen Hermeneutik*, Tübingen

Ganser, K., Sieverts, T. (1993): „Vom Aufbaustab Speer bis zur Internationalen Bauausstellung Emscher Park und darüber hinaus", in: *DISP* 115, Zürich, S. 31–37

Ganser, K. (1995): *Entwurf für ein EXPO-Konzept Sachsen-Anhalt* (unveröffentlicht)

Ganser, K. (1998): „Die IBA Fürst-Pückler-Land: Kultivieren statt Sanieren", in: Bauhaus Dessau/Hg.: *Jahrbuch des Bergbaufolgelandschaften*, Dessau, S. 96–98

Gerste, R. (2018): *Wie das Wetter Geschichte macht*, Stuttgart

Gerstengabe, F.-W., Welzer, H./Hg. (2013): *Zwei Grad mehr in Deutschland – Wie der Klimawandel unseren Alltag verändern wird*, Frankfurt/Main

Geßner, K. (2020): *Die Vermessung des Kosmos*, Wien

Gothe, D., Hahne, U. (2005): *Regionale Wertschöpfung durch Holzcluster. Gezeigt an Best-Practice-Beispielen regionaler Holz-Cluster aus den Bereichen Holzenergie, Holzhaus- und Holzmöbelbau.* Wald-Arbeitspapier Nr. 14, Freiburg

Grabher, G. (1994): *Lob der Verschwendung. Redundanz in der Regionalentwicklung*, Berlin

Grabow, B., Uttke, A. (2010): „Leitbilder nachhaltiger Stadtentwicklung – Von der Lokalen Agenda zur Nachhaltigkeit als strategischem Rahmen", in: *Planerin*, 6, S. 22–25

Greiving, S., Lucas, R., Fekkak, M., Schinkel, J., Winterfeld, U. v. (2016): *Resiliente Stadt – Zukunftsstadt*, Wuppertal (Forschungsbericht)

Grigat, F. (2010): „Albert Schweitzers ethisches Korrektiv", in: Schmundt, H., Vee, M., Westphal, H./Hg.: *Mekkas der Moderne – Pilgerstätten der Wissensgesellschaft*, Köln, Weimar, Wien, S. 136–141

Grober, U. (2010): *Die Entdeckung der Nachhaltigkeit – Kulturgeschichte eines Begriffes*, München

Grunwald, A., Kopfmüller, J. (2012): *Nachhaltigkeit*, Frankfurt/Main

Guérot, U. (2018): „Die politische Utopie einer europäischen Republik", in: Leser, I., Schwarz, J./Hg.: *utopisch – dystopisch – Visionen einer „idealen" Gesellschaft*, Wiesbaden, S. 151–163

Günther, G., Huschke, W., Steiner, W. (1998): *Weimar – Lexikon zur Stadtgeschichte*, Weimar

Günter, R. (1998): *Poetische Orte*, Essen

Günter, J., Günter, R. (1999): „*Sprechende Straßen*" in Eisenheim, Essen

Gunderson L., Holling, C. (2002): Resilience and adaptive cycles, in: Gunderson L., Holling C./Ed.: *Panarchy – Understanding transformations in human and natural systems*, Washington, S. 25–62

Gunderson, L., Holling, C., Peterson, G. (2002): „Surprises and Sustainability: Cycles of Renewal in the Everglades", in: Gunderson L., Holling C./Ed.: Panarchy – *Understanding transformations in human and natural systems*, Washington, S. 315–332

Haaf, A. et al. (2010): „Quadratisch – Nachhaltig – Gut – Ein globaler Maßstab für die Landschaft", in: *Planerin*, 6/10, S. 59–60 (Randgruppe)

Hahn, E. (1983): „Ökologischer Stadtumbau: Idealistischer Zukunftstraum oder Notwendigkeit", in: Kennedy, M./Hg.: *Öko-Stadt,* Frankfurt/Main, Bd. 2, S. 129–136

Hahne, U. (2012): „Umbau mit Verstand – kommunale Wirtschaftsförderung für eine nachhaltige Entwicklung", in: Eichenlaub, A., Pristl, T./Hg.: *Umbau mit Bestand – Nachhaltige Anpassungsstrategien für Bauten, Räume und Strukturen.* Schriftenreihe des Fachbereichs Architektur/Stadtplanung/Landschaftsplanung der Universität Kassel, Bd. 3, Berlin, S. 265–286

Hahne, U., Stielike, J. M. (2013): „Gleichwertigkeit der Lebensverhältnisse. Zum Wandel der Normierung räumlicher Gerechtigkeit in der Bundesrepublik Deutschland und der Europäischen Union", in: *Ethik und Gesellschaft – Ökumenische* Zeitschrift für Sozialethik 1/2013: *Der ,spatial turn' der sozialen Gerechtigkeit*, unter: http://www.ethik-und-gesellschaft.de/mm/EuG-1-2013_Hahne-Stielike.pdf (27.12.2013)

Hahne, U. (2013a): „Regionale Nachhaltigkeit – die neuen Chancen der ländlichen Entwicklung", in: Bundesamt für Naturschutz (BfN)/Hg.: *Natur und Landschaft* 88/2, S. 69–74

Hahne, U. (2013b): „Resilienz – neue Anforderungen an die Regionalentwicklung", in: Agrarsoziale Gesellschaft/Hg.: *Ländlicher Raum*, 64/03, Göttingen, S. 31–33

Hahne, U., Kegler, H./Hg. (2016): *Resilienz – Stadt und Region – Reallabore der resilienzorientierten Transformation*, Bern

Hamann, A., Zea-Schmidt, C. (2013): *Die große Transformation*, Berlin

Hamilton, C. (2010): *Requiem for a Species – why we resist the truth about climate change*, New York

Hammitzsch, H. (1988): „Dreihundert Tonnen Ästhetik", in: *Form + Zweck* 1, S. 34–36

Harvey, D. (2006): „Space as a key word", in: Harvey, D.: *Space of global Capitalism – Towards a Theory of uneven Geographical*, London, New York, S. 119–148

Harvey, D. (2015): *Siebzehn Widersprüche und das Ende des Kapitalismus*, Berlin

Hayakawa, K., Mukonoki, H. (2021): *Impacts of Covid-19 on Global Value Chains. The Developing Economies*, doi: 10.1111/deve.12275

Hayden, D. (2003): *Building Suburbia, Green Fields and Urban Growth 1820–2000*, New York

Heinberg, R. (2008): *Öl-Ende – Die Zukunft der industrialisierten Welt ohne Öl*, München

Helfrich, S., Heinrich-Böll-Stiftung/Hg. (2012): *Commons. Für eine neue Politik jenseits von Markt und Staat*, Bielefeld

Heller, J. (2013): *Resilienz – 7 Schlüssel für mehr innere Stärke*, München

Henkel, G. (2012): *Das Dorf, Landleben in Deutschland – Gestern und Heute*, Stuttgart

Hise, G. (1997): *Magnetic Los Angeles – Planning the Twentieth-Century Metropolis*, Baltimore, London

Hiß, C. (2012): „Wertschöpfung durch Wertschätzung. Die Regionalwert AG – ein innovatives Netzwerk vom Acker bis auf den Teller", in: *Der kritische Agrarbericht* 2012, Konstanz/Hamm, S. 94–99

Hodgkinson, T. (2007): *Die Kunst, frei zu sein*, Berlin

Hoffacker, H. W. (1989): *Entstehung der Raumplanung, konservative Gesellschaftsreform und das Ruhrgebiet 1918 – 1933*, Essen

Hoffmann-Axthelm, D. (1993): *Die dritte Stadt*, Frankfurt/Main

Hoffmann-Axthelm, D. (1996): *Anleitung zum Stadtumbau*, Frankfurt/Main, New York

Holden, M., Robinson, J., Sheppard, S. (2016): „From Resilience to Transformation via a Regenerative Sustainability Development Path", in: Yamagata, Y., Maruyama, H./Ed. (2016): *Urban Resilience – A Transformative Approach*, Cham, S. 295–319

Holler, W., Knebel, K. (2011): Goethes Wohnhaus, Weimar

Holling, C. (1973): *Resilience and stability of ecological systems*, Annual Review of Ecological Systems 4, S. 1–23

Holling, C. (2007): *What is resilience?* Videobeitrag: Stockholm Resilience Center am 18. Dezember 2007 http://www.stockholmresilience.org/seminarandevents/seminarandeventsvideos/buzzhollingfatheroftheresiliencetheory

Holzer, L. (1996): *Stadtland USA – Die Kulturlandschaft des American Way of Life*, Gotha

Hopkins, R. (2009): T*he Transition Handbook – From oil dependency to local resilience*, Totnes

Horx, M. (2011): *Das Megatrendprinzip – Wie die Welt von morgen entsteht*, München

Hüther, G. (2013): *Kommunale Intelligenz – Potenzialentfaltung in Städten und Gemeinden*, Hamburg

Hüther, M. (2012): „Die Grenzen der Wachstumspolitik", in: *Frankfurter Allgemeine Zeitung* vom 28. September 2012, Nr. 277, S. 12

Hutter, G. (2005): „Strategische Flexibilität der Stadtentwicklungsplanung", in: Neumann, I./Hg.: *Szenarioplanung in Städten und Regionen*, Dresden, S. 50–63

ICOMOS/Hg. (2003): *Heritage at Risk, ICOMOS World Report 2002/2003 on Monuments and Sites in Danger*, Altenburg

Ilberg, A. (2009): *Einflußfaktoren auf Wachstum und Morphologie informeller Siedlungen*, Dissertation, TU Dresden

IPCC (2014): „Summary for policymakers", in: *Climate Change – Impacts, Adaptation, and Vulnerability. Part A: Global and Social Aspects*. WG II, 5. Assessment Report of the IPCC, Cambridge, New York

Ipsen, D. (2000): „Poetische Orte und regionale Entwicklung", in: Bundesamt für Bauwesen und Raumordnung (BBR): *Die neue Konjunktur von Region und Regionalisierung, Informationen zur Raumentwicklung* 9/10.2000, Bonn, S. 567–574

Jackson, T. (2011): *Wohlstand ohne Wachstum – Leben und Wirtschaften in einer endlichen Welt*, München

Jahn, T., Bergmann, M., Keil, F. (2012): „Transdisciplinarity: Between Mainstreaming and Marginalization", in: *Ecological Economics*, 79, S. 1–10

Jakubowski, P. (2013): „Resilienz – eine zusätzliche Denkfigur für gute Stadtentwicklung", in: Bundesinstitut für Bau-, Stadt- und Raumforschung (BBSR)/Hg.: *Resilienz, Informationen zur Raumentwicklung* 4.2013, Stuttgart, S. 371–378

Jakubowski, P., Kaltenbrunner, R. (2013): „Resilienz – oder: Die Zukunft wird ungemütlich", in: Bundesinstitut für Bau-, Stadt- und Raumforschung (BBSR)/Hg.: *Resilienz, Informationen zur Raumentwicklung* 4.2013, Stuttgart, S. 279–286

Jakubowski, P., Lackmann, G., Zahrt, M. (2013): „Zur Resilienz regionaler Arbeitsmärkte – theoretische Überlegungen und empirische Befunde", in: Bundesinstitut für Bau-, Stadt- und Raumforschung (BBSR)/Hg.: *Resilienz, Informationen zur Raumentwicklung* 4.2013, Stuttgart, S. 351–370

Jakubowski, P. (2013b): „Resilienz als neues Leitbild gesellschaftlicher Entwicklung?" in: *Das weite Feld der Ökonomik: von der Wirtschaftsforschung und Wirtschaftspolitik bis zur Politischen Ökonomie und Wirtschaftspolitik*, Stuttgart, S. 37–55

Jakubowski, P. (2016): „Resiliente Stadtentwicklung – Modellvorhaben können helfen", in: Hahne, U., Kegler, H./Hg.: *Resilienz – Stadt und Region – Reallabore der resilienzorientierten Transformation*, Bern, S. 147–165

Jansen, P. G. (2012): *Integriertes Innenstadtkonzept*, Mülheim an der Ruhr

Jessen, J., Reuter, W. (2006): „Lernende Praxis – Erfahrung als Ressource – planungstheoretische Konsequenzen", in: Selle, K. Zalas, L./Hg.: *Zur räumlichen Entwicklung beitragen*, Dortmund, S. 42–56

Jochimsen, R. (1991): „Technologiepolitik in Nordrhein-Westfalen – ein Beitrag zum zukunftsorientierten Strukturwandel im Ruhrgebiet", S. 66–74, in: Sieverts, T./Hg.: *IBA Emscher Park – Zukunftswerkstatt für Industrieregionen*, Köln

Joffe, J. (2013): „Wende in der Weltwirtschaft – China: Entzaubert"; *Die Zeit* vom 18. Juli 2013; verfügbar unter: http://www.zeit.de/2013/30/china-weltwirtschaft-wirtschaftskrise

John-Cage-Orgel-Stiftung/Hg. (o. J./2004): *ORGAN2/ASLSP – John-Cage-Kunst-Projekt*, Halberstadt

Jonas, C. (2009): *Die Stadt und ihr Grundriss – Zu Form und Geschichte der deutschen Stadt nach Entfestigung und Eisenbahnanschluss*, Tübingen, Berlin

Kaltenbrunner, R. (2009): „1+1=3", *Süddeutsche Zeitung* vom, 14./15. März 2009, S. V2/1

Kaltenbrunner, R. (2013): „Mobilisierung gesellschaftlicher Bewegungsenergien – Von der Nachhaltigkeit zur Resilienz – und retour?" in: Bundesinstitut für Bau-, Stadt- und Raumforschung (BBSR)/Hg.: *Resilienz, Informationen zur Raumentwicklung* 4.2013, Stuttgart, S. 287–295

Kammerbauer, M. (2013): *Planning urban disaster recovery – Spatial, institutional and social aspects of urban disaster recovery in the U.S.A. – New Orleans after Hurrican Katrina*, Weimar

Karlenzig, W. (2010): *The Death of Sprawl – Designing Urban Resilience for the Twenty-First-Century Resource and Climate Crises*, Santa Rosa

Katalyse-Technikergruppe (1982): *Ruhrgebiet – Krise als Konzept, Untersuchungen zu Situation und Zukunft eines industriellen Lebensraumes*, Bochum

Kegler, H. (1987): *Die Herausbildung der wissenschaftlichen Disziplin Stadtplanung: ein Beitrag zur Wissenschaftsgeschichte*; Schriftenreihe der HAB Weimar Nr. 5, Dissertation, Weimar

Kegler, H. (1999): „Das Industrielle Gartenreich", in: Höber, A., Ganser, K./Hg.: *Industriekultur*, Essen, S. 82–89

Kegler, H. (1999): „Ferropolis – Grenzstadt der Moderne", in: Stiftung Bauhaus Dessau/Hg.: *Industrielles Gartenreich 2*, Dessau, S. 114–118

Kegler, H. (2002): „Ressource Region: Regionalpark Mitteldeutschland", in: UIA Berlin 2002 e. V./Hg.: *Ressource Architektur*, Basel, S. 117–119

Kegler, H. (2005): *Ferropolis – die Stadt aus Eisen*, Dessau/Gräfenhainichen

Kegler, H. (2006): „Experiment & Alltag: Der Beitrag zur EXPO 2000", in: *Planerin*, 2/06, S. 15–16

Kegler, H. (2006): „Planen ohne Plan", in: Selle, K., Zalas, L./Hg.: *Planung neu denken – Praxis der Stadt- und Regionalplanung*, Dortmund, S. 487–500

Kegler, H. (2008a): „Städtebau und seine energetischen Determinanten", in: Becker, A., Jung, K., Schmal, P./Hg.: *New Urbanity – Die europäische Stadt im 21. Jahrhundert*, Frankfurt/Main, S. 59–63

Kegler, H. (2008b): „Ein Karren für alle. Das Planungsverfahren Charrette – zu Deutsch Karren – integriert Laien und Experten", in: *Deutsches Architektenblatt*, 2/08, S. 21–23

Kegler, H. (2009): „Neue Pläne für altes Eisen – Regionale Entwicklung zwischen gestern und heute – das Beispiel Ferropolis", in: Möhring, C./Hg.: *Phönix auf Asche*, Tharandt, S. 106–115

Kegler, H. (2010): „Landschaftspark Thüringen – ein planungshistorischer Diskurs". In: Welch Guerra, M./Hg.: *Kulturlandschaft Thüringen*, Weimar, S. 262–283

Kegler, H. (2010): „Gewonnene Planlosigkeit", in: Altrock, U., Huning, S., Kuder, T., Nuissl, H./Hg.: *Zwanzig Jahre Planung seit der Wiedervereinigung*, Berlin, S. 35–51

Kegler, H. (2011): „Los Angeles – Wiedergeburt des Stadtzentrums", in: Think Berlin/Hg.: *Berlin hat mehr verdient!* Berlin, S. 13–14

Kegler, H. (2011): *Spiel-Räume – demokratisch basierte Landesplanung in Mitteldeutschland zwischen 1923 und 1932 sowie 1990 und 2000: Ein Beitrag zur Geschichte und Theorie strategischer, nicht-linearer Planung*, Habilitation, Bauhaus-Universität Weimar

Kegler, H. (2015): *Landesplanung Mitteldeutschland*, Hannover

Kegler, H. (2015): „Resilienz – neuer Maßstab für Gestaltung und Planen", in: *Garten+Landschaft*, 3/2015, 18–22

Kegler, H. (2016): „Eine Schwelle im Anthropozän: Vom Wachstum zur Resilienz", in: Hahne, U., Kegler, H. (2016): *Resilienz – Stadt und Region – Reallabore der resilienzorientierten Transformation*, Bern, S. 19–60

Kegler, H., Köstermenke, C. (2017): „Fläche als ‚Kampfplatz' oder Zukunftsareal – Globaler Footprint gegen neue Verschwendung", in: *Planerin*, 3/17, S. 43–45

Kegler, H., Fischer, T. (2019): *Utopia – Eine Welt von morgen im Spiegel utopischer Versuche*, Bern

Kegler, H. (2019a): „Schweitzer als backup", in: Weber, E. (Hg.): *Warum Albert Schweitzer heute? Jahrbuch 2019 für die Freunde von Albert Schweitzer*, Frankfurt/Main, S. 90–93

Kegler, H. (2019b): „Vom Industriellen Gartenreich lernen", in: Wirtschaftsfördergesellschaft Anhalt-Bitterfeld, Dessau, Wittenberg/Hg.: *Industrielles Gartenreich: Bauhaus – Wende – Perspektiven*, Dessau, S. 224–227

Kegler, H. (2020a): „Raum-Entropie der Schönheit. Abuja und die drei hybriden Schönheiten der Hauptstadt Nigerias", in: Altrock, U., Huning, S./Hg.: *Wege zur schönen Stadt, Planungsrundschau 25*, Berlin, S. 275–303

Kegler, H. (2020b): „Experiment Stadterneuerung – Ohne Greifswald kein Halberstadt – ein perspektivischer Rückblick", in: *Planerin*, 4–20, S. 56–57

Keil, R. (2010): „Globale Suburbanisierung: Die Herausforderung der Verstädterung im 21. Jahrhundert", in: *dérive Zeitschrift für Stadtforschung No 40/41, Understandig Stadtforschung*, S. 6–10

Kelbraugh, D. (2002): *Repairing the American Metropolis*, Seattle, London

Kemper, J., Vogelpohl, A. (2013): „Zur Konzeption Kritischer Stadtforschung. Ansätze jenseits einer Eigenlogik der Städte", in: *Sub\urban. Zeitschrift für Kritische Stadtforschung*, 1, S. 7–30

Kennedy, M., Lietaer, B. A. (2004): *Regionalwährungen. Neue Wege zu nachhaltigem Wohlstand*, München

Kersten, J. (2014): *Das Anthropozän-Konzept – Kontrakt, Komposition, Konflikt*, Baden-Baden

Kilper, H., Janotta, M., Kunert, S., Priebs, A., Troeger-Weiß, G. (2017): *Resilienz als Strategie in Raumentwicklung und Raumordnung – Empfehlungen des Beirats für Raumentwicklung*, Berlin (Gutachten)

Klingholz, R. (2014a): *Sklaven des Wachstums – Die Geschichte einer Befreiung*, Frankfurt/Main, New York

Klingholz, R. (2014b): „Absage an den Untergang", in: *Die Zeit* vom 6. Februar 2014, S. 33–35

Knigge, V. (2010): „Was bliebe von Weimar, buchstabierte man es jenseits der Formeln des Pathos?" in: *Thüringer Landeszeitung TLZ* vom 14. Oktober 2010, S. 5

Köhler, W. (2008): „Die Mission des Liberalismus", in: *Die Zeit*, 7. August 2008, S. 74

Köster, G., Link, C. (2019): *Faszination Stadt – Die Urbanisierung Europas im Mittelalter und das Magdeburger Recht*, Magdeburg

Korrek, N., Ulbricht, J. H., Wolf, C. (2001): *Das Gauforum in Weimar – Ein Erbe des Dritten Reiches*, Weimar

Knodt, R. (1994): *Ästhetische Korrespondenzen*, Berlin

Kostof, S. (1993): *Die Anatomie der Stadt – Geschichte städtischer Strukturen*, Frankfurt/Main, New York

Kostof, S. (2007): *The City Shaped – Urban Patterns and Meanings Through History*, New York, Boston, London

Kretschmer, W. (1999): *Geschichte der Weltausstellungen*, Frankfurt/Main, New York

Kriese, U. (2005): „Handhabbare Flächenfestsetzungskontingente – Anforderungen an ein Mittel zur Beendigung des Landschaftsverbrauchs", in: *Informationen zur Raumentwicklung*, 4/2005, Bonn, S. 297–306

Kuhlicke, C. (2018): „Resiliente Stadt", in: Rink, D., Haase, A./Hg.: *Handbuch Stadtkonzepte*, Opladen, Toronto, S. 359–380

Kultur im Ringlokschuppen e. V./Hg. (2011): *Informationsbroschüre Schlimm City*, Mülheim an der Ruhr

Kuhn, T. S. (1962/1976): *Die Struktur wissenschaftlicher Revolutionen*, Frankfurt/Main.

Kundak, S. (2011): *Cascading and unprecedented effects of disasters in urban systems*, Istanbul

Kunstler, J. H. (2005): *The Long Emergency*, New York

Kuratorium Stadtkultur Halberstadt e. V./Hg. (2010): *20 Jahre Kuratorium Stadtkultur Halberstadt e. V. 1990–2010*, Halberstadt (www.kuratoriumstadtkultur.de)

Kuratorium der EXPO 2000/Hg. (1995): *Das Land Sachsen-Anhalt – Korrespondenzstandort EXPO 2000: Die Region Bitterfeld, Dessau, Wittenberg als Reformlandschaft des 21. Jahrhunderts*, Magdeburg (unveröffentlicht)

Kurt, H., Wagner, B./Hg. (2002): *Kultur – Kunst – Nachhaltigkeit*, Essen

Kurt, H. (2010): *Wachsen! Über das Geistige in der Nachhaltigkeit*, Stuttgart

Küster, H. J. (2010): *Geschichte der Landschaft in Mitteleuropa*, München

Küster, H. J., Hoppe, A. (2010): *Das Gartenreich Dessau-Wörlitz – Landschaft und Geschichte*, München

Läpple, D. (2013): „Zum Wandel gesellschaftlicher Raum-Zeit-Muster", in: Durth, W./Hg.: *Stadt Bauen 4*, Berlin, S. 16–23

Lampugnani, V. (2010): „Wie die Geschichte der Stadt zur Neugründung der Disziplin Städtebau beitragen kann", in: Bodenschatz, H., Gräwe, C., Kegler, H., Nägelke, H.-D., Sonne, W./Hg.: *Stadtvisionen 1910 I 2010*, Berlin, S. 446–449

Landesregierung Sachsen-Anhalt (2011): *Verordnung über den Landesentwicklungsplan (LEP) des Landes Sachsen-Anhalt 2010* vom 16.02.2011, Magdeburg

Landkreis Wittenberg/Hg. (2012): *Vision Anhalt 2025*, Lutherstadt Wittenberg

Landkreis Börde/Hg. (2014): *Fokus Resilienz: Standorte an einem Europäischen Korridor*, Haldensleben

Lang, T. (2012): „How do cities and regions adapt to socioeconomic crisis? Towards an institutional approach to urban and regional resilience", in: *Raumforschung und Raumordnung*, 70, S. 285–292

Laris, S./Hg. (2004): *Los Angeles Downtown News*, Los Angeles

Latour, B. (1996): „On Actor-Network Theory. A few Clarifications", in: *Soziale Welt* 47/4, S. 369–382

Latour, B. (2010): *Eine neue Soziologie für eine neue Gesellschaft*, Frankfurt/Main.

Laughlin, R. B. (2012): *Der Letzte macht das Licht aus – Die Zukunft der Energie*, München

Leborgne, D., Lipietz, A. (1990): „Neue Technologien, neue Regulationsweisen: einige räumliche Implikationen", in: Borst, R. et al./Hg.: *Das neue Gesicht der Städte*, Basel

Lei, Z. (2013): „Door opens on better homes for poor"; *China Daily* vom 27. Juni 2013; verfügbar unter: http://www.chinadaily.com.cn/business/2013-06/27/content_16667053.htm

Leimeister, J. M., Peters, C. (2012): *Gesellschaftlich notwendige Dienstleistungen – soziale Innovationen denken lernen*, unter: www.fes.de/wiso

Lewis, S., Maslin, M. (2015): „Defining the Anthropocene", in: *Nature*, 519, 12 March 2015, S. 171–180

Lichtenberger, E. (2011): *Die Stadt*, Darmstadt

Liessmann, K. P. (2012): *Lob der Grenze – Kritik der politischen Unterscheidungskraft*, Wien

Lippert, H.-G. (2010): „Titan und Gitterwürfel", in: *Publik Forum*, 13, 9. 2010, S. 40–42

Loomis, A., Ohland, G. (2005): *Los Angeles: Building the Polycentric Region*, Los Angeles

Lukesch, R., Payer, H., Winkler-Rieder, W. (2010): *Wie gehen Regionen mit Krisen um? Eine explorative Studie über die Resilienz von Regionen*. Im Auftrag des Bundeskanzleramtes von ÖAR Regionalberatung GmbH in Fehring, Wien

Maruyama, H. (2016): „Taxonomy and General Strategies for Resilience", in: Yamagata, Y., Maruyama, H./Ed. (2016): *Urban Resilience – A Transformative Approach*, Cham, S. 3–21

Marx, K. (1981/1852): „Der achtzehnte Brumaire des Louis Bonaparte", in: Marx, K., Engels, F.: *Ausgewählte Werke in sechs Bänden*, Berlin, S. 298–417

Masterlabor 2146 (2015): „Demokratie auf der Schulbank – Lernen für die Planungs-Ungewissheit", in: *Planerin*, 4/15, S. 52–54

Masterlabor 2146 (2016): „Resilienztest – mehr als nur Plan B", in: *Planerin*, 3/16, S. 45–46

Masterlabor 2146 (2017): „Übermorgen ohne Gestern", in: *Planerin*, 6/17, S. 39–40

Masterlabor 2146 (2019): „Mehrdeutige Planung – Neu-Bauhaus und die ambige Stadt", in: *Planerin*, 6/19, S. 45–46

Maxton, G. (2012): *Die Wachstumslüge*, München

McKinsey Global Institute (2009): „Preparing for China's urban billion"; McKinsey Global Institute (Februar 2009); verfügbar unter: http://www.mckinsey.com/insights/urbanization/preparing_for_urban_billion_in_china

Meadows, D. (1992): *Die neuen Grenzen des Wachstums*, Stuttgart

Meadows, D. H. (2010): *Die Grenzen des Denkens*, München

Meyers Lexikonredaktion/Hg. (1994): *Meyers Neues Lexikon – Heuristik*, Leipzig, Wien, Zürich, Bd. 4, S. 368

Miegel, M. (2010): *EXIT Wohlstand ohne Wachstum*, Berlin

Milbert, A. (2013): „Vom Konzept der Nachhaltigkeit zum System der regionalen Nachhaltigkeit", in: Bundesinstitut für Bau-, Stadt- und Raumforschung (BBSR)/Hg.: *Region als System – Theorien und Ansätze für die Regionalentwicklung, Informationen zur Raumentwicklung*, 1.2013, Stuttgart, S. 37–50

Ministerium für Wissenschaft, Forschung und Kunst Baden-Württemberg/Hg. (2013): *Wissenschaft für Nachhaltigkeit, Bericht der Expertengruppe*, Stuttgart

Mitscherlich, A., (1965): *Die Unwirtlichkeit unserer Städte*, Berlin

Morus, T. (1516/2009): *Utopia*, Köln

Müller, H.-H. (1989): „Landwirtschaft und industrielle Revolution – am Beispiel der Magdeburger Börde", in: Pierenkemper, T./Hg.: *Landwirtschaft und industrielle Entwicklung – zur ökonomischen Bedeutung von Bauernbefreiung, Agrarreform und Agrarrevolution*, Wiesbaden, S. 45–57

Müller-Wolff, S. (2007): *Ein Landschaftsgarten im Ilmtal*, Köln, Weimar, Wien

Müller, B. (2002): „Regionale Entwicklung durch Ent-
wicklungsplanung und Strukturpolitik", zitiert nach:
Diller, C. (2010): „Zwanzig Jahre Raumordnung im
vereinigten Ostdeutschland: Vom Ziehkind zum
Innovator", in: Altrock, U., Huning, S., Kuder, T.,
Nuissl, H./Hg.: *Zwanzig Jahre Planung im vereinigten Deutschland*, Berlin, S. 185

Müller, B. (2011): „Urban and Regional Resilience – A New
Catchword or a Consistent Concept for Research
and Practice? Remarks Concerning the International
Debate and the German Discussion", in: Müller, B./
Ed.: *Urban Regional Resilience: How Do Cities and
Regions Deal with Change?* Berlin, Heidelberg
(*German Annual of Spatial Research and Policy*,
2010), S. 1–13

Müller, A., Porsche, L., Schön, K. P. (2012): „Auf dem Weg
zur CO_2-freien Stadt – was wir von der Welt lernen
können und was die Welt von uns wissen mag", in:
Bundesinstitut für Bau-, Stadt- und Raumforschung
(BBSR)/Hg.: *Die CO_2-freie Stadt – Wunsch und
Wirklichkeit, Informationen zur Raumentwicklung*,
5/6.2012, Stuttgart, S. 321–337

Müller, C./Hg. (2012): *Urban Gardening. Über die Rückkehr der Gärten in die Stadt*, München

Münkler, H., Münkler, M. (2019): *Abschied vom Abstieg*,
Berlin

Muscheler, U. (2005): *Die Nutzlosigkeit des Eiffelturms*,
München

Nanz, P., Leggewie, C. (2018): *Die Konsultative*, Berlin

Narodoslawski, M., Stoeglehner. G. (2010): „Planning
for Local and Regional Energy Strategies with the
Ecological Footprint", in: *Journal of Environmental
Policy & Planning,* Vol. 12, No. 4, December 2010,
S. 363–379

Naumann, M. (2013): „Die Krise Verstehen. Rezension zu:
Felix Wiegand, David Harveys Urbane Politische
Ökonomie'", in: *Sub/urban. Zeitschrift für Kritische
Stadtforschung*, 1, S. 205–208

Nefiodow, L. (2006): *Der Sechste Kondratieff*, Sankt
Augustin

Negt, O. (1991): „Weltausstellung 2000: Industriemesse
oder ein Haus Salomonis?", in: Brandt, A., Jüttner,
W., Weil, S./Hg.: *Weltausstellung und Stadtzukunft – Das EXPO-Projekt*, Hannover, S. 25–38

Neumann, I. (2005): „Strategische Szenarioplanung
von Städten und Regionen zwischen Wissens-
generierung und Orakeln", in: Neumann, I./Hg.:
Szenarioplanung in Städten und Regionen, Dresden,
S. 13–35

Newman, P., Beatley, T., Boyer, H. (2009): *Resilient
Cities, Responding to Peak Oil and Climate Change*,
Washington, Covelo, London

Noam, G. (1997): „Clinical developmental psychology – To-
ward developmentally differentiated intervention", in:
Damon, W., Sigel, J., Renninger K. A./Ed.: *Handbook
of child psychology*, New York, S. 585–634

Normandin, J.-M., Therrien, M.-C., Pelling, M., Paterson, S.
(2019): „The definition of Urban Resilience: A Trans-
formation Path Towards Collaborative Urban Risk
Governance", in: Brunetta, G., Caldarice, O., Tollin,
N., Rosas-Casals, M., Morato, J./Ed. (2019): *Urban
Resilience for Risk and Adaptation Governance*,
Cham, S. 9–25

Nowak, M. A., Highfield, R. (2013): *Kooperative Intelligenz. Das Erfolgsgeheimnis der Evolution*, München

Nowotny, H., Scott, P., Gibbons, M. (2014): *Wissenschaft
neu denken – Wissen und Öffentlichkeit in einem
Zeitalter der Ungewissheit*, Weilerswist

O'Donoghue, D./Ed. (2014): *Urban Transformations:
Centres, Peripheries and Systems*, Surrey

Oerter, R., v. Hagen, C., Röper, G., Noam, G. (2011):
Klinische Entwicklungspsychologie, Basel

Olsberg, K., Ruby, C., Marquardt, U. (2007): *2057 Unser
Leben in der Zukunft*, Berlin

Opaschowski, H. W. (2009): *Deutschland 2030 – Wie wir
in Zukunft leben*, Gütersloh

Orde, H. v. (2018): „Perspektiven auf Resilienz", in: *Tele-
vizion 31/2018/1*, S. 12–15

Orlov, D. (2020): *Die Lehre vom Kollaps*, Solothurn

Paech, N. (2005): „Nachhaltigkeit zwischen ökologischer
Konsistenz und Dematerialisierung: Hat sich die
Wachstumsfrage erledigt?" in: *Natur und Kultur* 6/1,
S. 52–72

Passuth, K. (1982): *Moholy-Nagy*, Dresden

Pestel-Institut (2010): *Regionale Krisenfestigkeit*,
Hannover

Peck, J. (2005): „Struggling with the Creative Class",
in: *International Journal of Urban and Regional
Research* 29, 4, S. 740–770

Peterson, J. (2003): *The Birth of City Planning in the
United States, 1840–1917*, Baltimore, London

Pfeifle, F. (2010): *UNESCO-Weltkulturerbe – Vom globalen
Völkerrecht zur lokalen Infrastrukturplanung*, Köln

Piccinato, G. (1983): *Städtebau in Deutschland 1871–1914:
Genese einer wissenschaftlichen Disziplin*, Braunschweig, Wiesbaden

Plöger, J., Lang, T. (2013): „Resilienz als Krisenfestigkeit:
Zur Anpassung von Bremen und Leipzig an den

wirtschaftlichen Strukturwandel", in: Bundesinstitut für Bau-, Stadt- und Raumforschung (BBSR)/Hg.: *Resilienz, Informationen zur Raumentwicklung 2013*, Stuttgart, S. 325–335

Polanyi, K. (2019/1944): *The Great Transformation*, Berlin

Preuß, S. (2020): „Vier-Tage-Woche auf dem Vormarsch". *Frankfurter Allgemeine Zeitung*, 20.08.2020, S. 15

Priebs, A. (2013): *Raumordnung in Deutschland*, Braunschweig

Priebs, A. (2019): *Die Stadtregion*, Stuttgart

Prigogine, I. (1985): *Vom Sein zum Werden*, München

Projekt Ruhr GmbH/Hg. (2005): *Masterplan Emscher Landschaftspark 2010*, Essen

Prossek, A. et al. (2009): *Atlas der Metropole Ruhr*, Essen

PU Miao (1989): „The Essence of Tradition – Thirteen Characteristics of Chinese Traditional Architecture", in: *Architect* (China Architecture and Building Press, Vol. 36), 1989

Raith, D., Deimling, D., Ungericht, B., Wenzel, E. (2017): *Regionale Resilienz – Zukunftsfähig Wohlstand schaffen*, Marburg

Randgruppe (2011): „Wieder ein Modewort – Resilienz", in: *Planerin*, 5/11, S. 43–44

Randgruppe (2012): „Resilienz: Ablegen von alten Kaimauern – Auf dem Wege zu einer neuen IBA", in: *Planerin*, 3/12, S. 49–50

Randgruppe (2013): „Es wird anders – eine urbanistische Erkundung", in: *Planerin*, 3/13, S. 63–64

Rasmussen, C. (2012): „Participative design & planning in contemporary urban projects"; The Project Library – Aalborg Universitet; verfügbar unter: http://projekter.aau.dk/projekter/files/65227327/ParticipativeDesign_Planning.pdf

Reinert, E. S. (2013): „Primitivization of the EU Periphery: The Loss of Relevant Knowledge", in: Bundesinstitut für Bau-, Stadt- und Raumforschung (BBSR)/Hg.: *Region als System – Theorien und Ansätze für die Regionalentwicklung, Informationen zur Raumentwicklung*, 1.2013, Stuttgart, S. 25–35

Reichel, A. (2013): „Das Ende des Wirtschaftwachstums, wie wir es kennen: Betriebswirtschaftliche Perspektiven auf die Postwachstumsökonomie", in: http://www.academia.edu/2766187/Das_Ende_des_Wirtschaftwachstums_wie_wir_es_kennen_Betriebswirtschaftliche_Perspektiven_auf_die_Postwachstumsokonomie

Renn, O./Hg. (2017): *Das Energiesystem resilient gestalten – Analyse*, München

Rifkin, J. (2000): *Access. Das Verschwinden des Eigentums. Warum wir weniger besitzen und mehr ausgeben werden*, Frankfurt/Main, New York

Rifkin, J. (2003): *Das Ende der Arbeit – und ihre Zukunft*, Frankfurt/Main.

Rifkin, J. (2011): *Die Dritte Industrielle Revolution – Die Zukunft der Wirtschaft nach dem Atomzeitalter*, Frankfurt/Main.

Ripp, M. (2013): „Krisen: Chancen für die Altstadt? Zur Rolle des gebauten Kulturerbes als urbaner Resilienzfaktor", in: *Forum Stadt. Vierteljahreszeitschrift für Stadtgeschichte, Stadtsoziologie, Denkmalpflege und Stadtentwicklung*, 2, Stuttgart, S. 149–161

Robischon, T. (2013): „Stadtumbau als Begriff und politisches Denkmuster", in: Deutsche Akademie für Städtebau und Landesplanung (DASL)/Hg.: *Neue Polarisierung von Stadt und Land? Diskurs über veränderte Zentralitäten und künftige Aufgabenteilungen (Almanach 2012/2013)*, Berlin, S. 431–444

Roggendorf, W., Scholl, B., Scholles, F., Schönwandt, W., Singer, R. (2011): „Methoden der Raumplanung", in: Akademie für Raumforschung und Landesplanung ARL/Hg.: *Grundriss der Raumordnung und Raumentwicklung*, Hannover, S. 281–377

Rosa, H. (2012): *Weltbeziehungen im Zeitalter der Beschleunigung*, Berlin

Roost, F. (1998): „Walt Disneys ‚Celebration'", in: *Die Alte Stadt*, 4/98, S. 318–334

Rycken, M. (1993): „Halberstadt in Sachsen-Anhalt. Konzepte und Wirklichkeit beim Wiederaufbau des innerstädtischen Geschäftszentrums", in: Nipper, J., Nutz, M. (Hrsg.): *Kriegszerstörung und Wiederaufbau deutscher Städte. Geographische Studien zu Schadensausmaß und Bevölkerungsschutz im Zweiten Weltkrieg, zu Wiederaufbauideen und Aufbaurealität*, Köln, S. 193–204.

Sack, M. (1999): *Siebzig Kilometer Hoffnung – Die IBA Emscher Park*, Stuttgart

Sassen, S. (2020): „Die Stadt – ein Gemeingut?" In: Mayer, K., Ritter, K., Fitz, A./Hg.: *Boden für alle*, Zürich, S. 84–93

Sastry, S. (1999): *Nonlinear Systems – Analysis, Stability, and Control*, New York

Schätzl, L. (2003): *Wirtschaftsgeografie 1 Theorie*, Paderborn, München, Wien

Scheele, U., Oberdörffer, J. (2011): *Transformation der Energiewirtschaft: Zur Raumrelevanz von Klimaschutz und Klimaanpassung (Werkstattbericht)*, Oldenburg

Scheer, H. (2005): *Energieautonomie*, München

Scheer, H. (2010): *Der Energethische Imperativ – 100 % jetzt: Wie der vollständige Wechsel zu erneuerbaren Energien zu realisieren ist*, München

Schimpf, L. (2012): *Die Rolle des öffentlichen Raumes für die soziale Kapazität einer resilienten Stadt*, Masterarbeit, Beuth-Hochschule Berlin

Schindhelm, M. (2009): *Dubai Speed – Eine Erfahrung*, München

Schmid, W. (2008): *Auf der Suche nach einer neuen Lebenskunst – Die Frage nach dem Grund und die Neubegründung der Ethik bei Foucault*, Frankfurt/Main.

Schmid, W. (2013): *Dem Leben Sinn geben – Von der Lebenskunst im Umgang mit Anderen und der Welt*, Berlin

Schmidt, C. (2020): *Landschaftliche Resilienz – Grundlagen, Fallbeispiele, Praxisempfehlungen*, Berlin

Schneider, W., Lindenberger, U./Hg. (2012): *Entwicklungspsychologie*, Basel

Schneidewind, U., Singer-Brodowski, M. (2013): *Transformative Wissenschaft, Klimawandel im deutschen Wissenschafts- und Hochschulsystem*, München

Schnur, O. (2013): „Resiliente Quartiersentwicklung? Eine Annäherung über das Panarchie-Modell adaptiver Zyklen", in: Bundesinstitut für Bau-, Stadt- und Raumforschung (BBSR)/Hg.: *Resilienz, Informationen zur Raumentwicklung*, 4.2013, Stuttgart, S. 337–350

Schönfeld, H. (2020): *Urban Transformation Design*, Basel

Scholl, B. (2005): „Strategische Planung", in: ARL – Akademie für Raumordnung und Landesplanung/Hg.: *Handwörterbuch der Raumordnung*, Hannover, S. 1122–1129

Scholze, J. (2013): „Europäische Struktur- und Kohäsionspolitik – Die Ausgestaltung ab 2014", in: *Planerin*, 2/13, S. 8–10

Schorlemmer, F. (2009): *Albert Schweitzer – Genie der Menschlichkeit*, Berlin

Schrader, H., Wiegandt, C. (2011): „Los Angeles – Die Revitalisierung der Downtown", in: *Planerin*, 3/11, S. 64–65

Schroer, M. (2009): „Soziologie", in: Günzel, S./Hg.: *Raumwissenschaften*, Frankfurt/Main, S. 354–369

Schröder, T. (2009): „Raumumordnung", in: Links, C., Volke, K./Hg.: *Zukunft erfinden*, Berlin, S. 130–136

Schütt, D. (2013): „Katastrophen, Krisen und städtische Resilienz: Blicke in die Stadtgeschichte", in:

Bundesinstitut für Bau-, Stadt- und Raumforschung (BBSR)/Hg.: *Resilienz, Informationen zur Raumentwicklung*, 4.2013, Stuttgart, S. 297–308

Schubert, D. (2020): „Zum Mythos und Leitbild der ,europäischen Stadt' – und zu notwendigen Klärungen", in: *Planerin*, 6/20, S. 35–36

Schwab, D. (2013): *Sustainable Urbanism as natural Urbanism: Learning from Radical Ecopsychology*, Masterarbeit, TU Berlin

Selle, K. (2013): „Noch eine Legende: Stadtplanung geht alle an ...", in: *Planerin*, 6/2013, S. 11–14

Senft, G. (2020): „Freies Volk auf freiem Grund"? Das Bodeneigentum – Problemgeschichte und Theorieentwicklung, in: Mayer, K., Ritter, K., Fitz, A./Hg.: *Boden für alle*, Zürich, S. 24–49

Siebel, W. (2004): „Die Europäische Stadt – Einleitung", in: Siebel, W./Hg.: *Die europäische Stadt*, Frankfurt/Main, S. 11–50

Siebel, W. (2006): „Wandel, Rationalität und Dilemmata der Planung", in: Selle, K., Zalas, L./Hg.: *Zur räumlichen Entwicklung beitragen*, Dortmund, S. 195–209

Siebrecht, A./Hg. (2003): *Halberstadt – Vom Bischofssitz zur Hansestadt*, Halberstadt

Sieverts, T. (2001): *Zwischenstadt*, Basel (3. Auflage)

Sieverts, T. (2011): „Beyond Institutions? Versuch einer Positionsbestimmung der Stadtplanung", in: *polis – Magazin für Urban Development*, 02/2011, S. 6–12

Sieverts, T. (2012): „Resilienz – Zur Neuorientierung von Planen und Bauen", in: *DISP The Planning Review* 46, Nr. 1, S. 83–88

Sieverts, T. (2013a): „Am Beginn einer Stadtentwicklungsepoche der Resilienz? Folgen für Architektur, Städtebau und Politik", in: Wüstenrot Stiftung/Hg.: *Nachdenken über Städtebau – Bausteine für eine Interpretation im 21. Jahrhundert*, Berlin, S. 153–167

Sieverts, T. (2013b): „Am Beginn einer Stadtentwicklungsepoche der Resilienz?" in: Deutsche Akademie für Städtebau und Landesplanung/Hg.: *Weiter Blick und langer Atem – 3. Hochschultag der Nationalen Stadtentwicklungspolitik – Ergebnisbericht*, Berlin, S. 19–25

Sieverts, T. (2013c): „Am Beginn einer Stadtentwicklungsepoche der Resilienz? Folgen für Architektur, Städtebau und Politik", in: Bundesinstitut für Bau-, Stadt- und Raumforschung (BBSR)/Hg.: *Resilienz, Informationen zur Raumentwicklung*, 4.2013, Stuttgart, S. 315–323

Simon, K. H. (2013): „Systemtheoretische Modelle in der sozial-ökologischen Forschung", in: Bundesinstitut für Bau-, Stadt- und Raumforschung (BBSR)/Hg.:

Region als System – Theorien und Ansätze für die Regionalentwicklung, Informationen zur Raumentwicklung, 1.2013, Stuttgart, S. 13–23

Simon, K. H. (2016): „Sozial-ökologische Forschung und nicht-triviale Systemtransformation", in: Hahne, U., Kegler, H./Hg. (2016): Resilienz – Stadt und Region – Reallabore der resilienzorientierten Transformation, Bern, S. 81–97

Simmons, J. (2014): „Power Nodes: Downtowns in the Periphery?" in: O'Donoghue, D./Ed.: Urban Transformations: Centres, Peripheries and Systems, Surrey, S. 143–159

Skidelsky, R., Skidelsky E. (2013): Wie viel ist genug? Vom Wachstumswahn zu einer Ökonomie des guten Lebens, München

Smith, L. C. (2010): Die Welt im Jahr 2050 – Die Zukunft unserer Zivilisation, München

Sonderbeilage des Markt-1-Verlages in Kooperation mit dem Zeitverlag/Hg. (2013): Infrastruktur – Ein Zustandsbericht, Essen

Southern California Association of Governments (2004): Compass-Plan – Growth Vision Report, Los Angeles

Stadt Bochum/Hg. (2004): Cityradialen Bochum – zur Diskussion: Kurzdokumentation der Rahmenplanung, Bochum

Stadt Bochum/Hg. (2007): Bundesgartenschau Bochum 2015 – Bewerbung/Machbarkeitsstudie, Bochum (unveröffentlicht)

Stadt Bochum/Hg. (2010): Charette – Bochum Havkenscheid – Urbanes Wohnen am grünen Rand, Bochum

Stadt Halberstadt/Hg. (1998): Das Modell Halberstadt. Aus alten Wurzeln zu neuem Leben, Quedlinburg

Stadt Mülheim an der Ruhr/Hg. (2012): Mülheim an der Ruhr – 15 Jahre Umwelt, Planen, Bauen, Mülheim an der Ruhr

Stimpel, R. (2007): „Nachhaltigkeit und das störrische Volk", in: Deutsches Architektenblatt, 05/07, S. 18–19

Stocker, F. (2013): „Die Angst vor Chinas endlosem Absturz", Die Welt vom 24. Juli 2013; verfügbar unter: http://www.welt.de/wirtschaft/article118340525/Die-Angst-vor-Chinas-endlosem-Absturz.html

Stöglehner, G. (2019): Grundlagen der Raumplanung 1, Wien

Stockholm Resilience Centre (2007): Annual Report, Stockholm

Süddeutsche Zeitung/Verlagsbeilage Real Estate (2011): Innenstädte. Was nach den Kaufhäusern kommt, München

Sukhdev, P. (2013): Corporation 2020. Warum wir Wirtschaft neu denken müssen, München

Sutcliffe, A. (1980): „Vorstadtplanung im Vergleich mit anderen Ländern – Die geplante Wanderung an die Peripherie um die Jahrhundertwende", in: Stadtbauwelt 65, S. 48–53

Tainter, J. (1988): The Collapse of Complex Societies, New York

Taleb, N. (2014): Antifragilität – Anleitung für eine Welt, die wir nicht verstehen, München

Taleb, N. (2014): Der Schwarze Schwan – Konsequenzen aus der Krise, München

Talen, E. (2008): Design for Diversity – Exploring Socially Mixed Neighborhoods, Burlington

Tan, X. (2013): „China's Urban Billion: Why does it matter?" The City Fix vom 25. Juli 2013, verfügbar unter: http://thecityfix.com/blog/chinas-urban-billion-why-does-it-matter-urbanization-china-xiaomei-tan/

The Integral Urban House (1974): Self Reliant Living in the City – Sim Van der Ryn, Farallones Institute, Helga and Bill Olkowski, San Francisco

The Labor/Community Strategy Center, o. J.: Restructuring Los Angeles from the Bottom Up, Los Angeles

The New York Times (2013): „In China, a Staggering Migration", verfügbar unter: http://www.nytimes.com/video/2013/06/15/world/asia/100000002279849/in-china-a-staggering-migration.html

Ther, P. (2019): Das andere Ende der Geschichte – Über die Große Transformation, Berlin

Tubbesing, M. (2020): „Mehr als die Suche nach einem Plan: Der Wettbewerb Groß-Berlin und seine Folgen für die international Planungskultur", in: Bodenschatz, H., Kegler, H./Hg.: Planungskultur und Stadtentwicklung, Berlin, S. 28–57

Uhlmann, G. (1998a): „Zwischen Wüsten und Oasen", in: deutsche bauzeitung, 7/98, S. 20–21

Uhlmann, G., (1998b): „Giganten der Vergangenheit, Ferropolis: Mythos aus einer fernen Industrieregion", in: Kultur & Technik, S. 21–24

Umweltkontor (1997): Windpark Zschornewitz, Hückelhoven (unveröffentlicht)

Universität Kassel/Hg. (2020): Planungscamp Ferropolis – Ergebnisbericht, Kassel (unveröffentlicht)

United Nations Secretary-General's High-level Panel on Global Sustainability (2012): Resilient People, Resilient Planet: A future worth choosing, New York, United Nations

Universität Rio de Janeiro/Prourb (2011): *Internationales Seminar zu Vernetzung und Resilienz: Projektstrategien für die Metropole*, Rio de Janeiro

Usbeck, H. (2001): „Die Thüringer Städtereihe", in: Brake, K., Dangschat, J., Herfert, G./Hg.: *Suburbanisierung in Deutschland*, Opladen, S. 201–210

Vale, L., Campanella, T./Ed. (2005): The Resilient City, New York

Van der Vaart, G. (2017): *Arts & Resilience in a Rural Community. The value of arts-based community activities in resilience-building in Pingjum*, northern Netherlands. Dissertation, Groningen

Veser, T. et al. (2000): *Schätze der Menschheit – Kulturdenkmäler und Naturparadiese unter dem Schutz der UNESCO Welterbekonvention*, München

Vogt, M., Schneider, M. (2016): „Zauberwort Resilienz. Analysen zum interdisziplinären Gehalt eines schillernden Begriffs", in: *Münchener Theologische Zeitschrift: MThZ*, Vol. 67, No. 3, S. 180–194

Voppel, G. (1990): *Die Industrialisierung der Erde*, Stuttgart

Wackernagel, M., Rees, W. (1997): *Unser ökologischer Fußabdruck. Wie der Mensch Einfluss auf die Umwelt nimmt*, Basel

Wagner, J. V./Hg. (1993): *Wandel einer Stadt – Bochum seit 1945*, Bochum

Walker, B., Salt, D. (2006): *Resilient Thinking – Sustaining Ecosystems and People in a Changing World*, Washington, Covelo, London

Walker, B., Salt, D. (2012): *Resilience Practice – Building Capacity to Absorb Disturbance and Maintain Function*, Washington, Covelo, London

Wallace, D. (2020): *Das hier ist Wasser*, New York

Walter, H.-H. (2006): *Der salzige Jungbrunnen – Geschichte der deutschen Soleheilbäder*, Freiberg

WBGU Wissenschaftlicher Beitrat der Bundesregierung Globale Umweltveränderungen/Hg. (2011): *Welt im Wandel. Gesellschaftsvertrag für eine Große Transformation*, Berlin

WBGU Wissenschaftlicher Beitrat der Bundesregierung Globale Umweltveränderungen/Hg. (2016): *Der Umzug der Menschheit: Die transformative Kraft der Städte*, Berlin

Wehberg, H., Weisbach, R. (1991): *Wunden – Braunkohlebrachen zwischen Wörlitz und Bitterfeld*, Braunschweig, Dessau

Weltkommission für Umwelt und Entwicklung/Hg. (1988): *Unsere gemeinsame Zukunft* (DDR-Ausgabe des Brundtland-Berichtes), Berlin

Weiliang, Z. (2021): *Resiliente Doppelstädte während der COVID-19-Pandemie*, Kassel (unveröffentlicht)

Weimar 1999 – Kulturstadt Europas GmbH/Hg. (1998): *Weimar 1999, Kulturstadt Europas* (Katalog), Weimar

Wejchert, K. (1978): *Elemente der städtebaulichen Komposition*, Berlin

Wiechmann, T. (2005): „Die Planung des Unplanbaren?" in: Neumann, I./Hg.: *Szenarioplanung in Städten und Regionen*, Dresden, S. 36–49

Wiechmann, T. (2008): *Planung und Adaption*, Dortmund

Wilson, W. H. (1994): *The City Beautiful Movement*, Baltimore, London

Winkler, H. A. (2009): *Geschichte des Westens*, München

Wolf, C. (1987): *Störfall – Nachrichten eines Tages*, Berlin, Weimar

Wolfram, M., Vogel, R. (2012): „Governance and design of urban infostructures – Analysing key socio-technical systems for the vulnerability and resilience of cities", in: *Raumforschung und Raumordnung*, 70, 4.2012, S. 323–336

Wolfrum, E. (2017): *Welt im Zwiespalt – Eine andere Geschichte des 20. Jahrhunderts*, Stuttgart

Wolfrum, S. (2008): „Stadtbaukunst I Architektur der Stadt", in: Wolfrum, S., Nerdinger, W./Hg.: *Multiple City – Stadtkonzepte 1908–2008*, Berlin, S. 112–117

Yamagata, Y., Maruyama, H./Ed. (2016): *Urban Resilience – A Transformative Approach*, Cham

Zander, M./Hg. (2011): *Handbuch der Resilienzförderung*, Wiesbaden

ZEW (Zentrum für Europäische Wirtschaftsforschung) (2020): „Unternehmen wollen auch nach der Krise an Homeoffice festhalten." Pressemitteilung vom 06.08.2020. www.zew.de/PM729

Ziehl, M. (2020): *Koproduktion urbaner Resilienz*, Berlin

Zibell, B. (2003): *Zur Zukunft des Raumes – Perspektiven für Stadt – Region – Kultur – Landschaft*, Frankfurt/Main.

Zlonicky, P. (2013): „Planungsmythen – wie eine große Erzählung …", in: *Planerin* 6/13, S. 7–10

Zohlen, G. (2008): „Architektur und Rekonstruktion in Deutschland: Versuch, einer gesellschaftlichen Stimmungslage das Argument zu entwinden", in: Deutsches Architekturmuseum/Hg.: *New Urbanity – Die europäische Stadt im 21. Jahrhundert*, S. 41–50, Frankfurt/Main.

Zolli, A., Healy, A. M. (2012): *Resilience – Why Things bounce Back*, London

Internetquellen

http://100resilientcities.rockefellerfoundation.org/

http://bfag-aring.de/pdf-dokumente/Aring_2010_Verantwortungsgemeinschaften.pdf

http://clivehamilton.com/books/requiem-for-a-species/

http://de.wikipedia.org/wiki/Charrette-Verfahren

http://dp.expo2000.de/weltweiteprojekte/wp02-7.html

http://enrd.ec.europa.eu/leader/

http://enrd.ec.europa.eu/themes/clld/

http://idw-online.de/pages/de/news565214

http://oearat.web06.vss.kapper.net/wp-content/uploads/Endbericht-Resilienz-140310.pdf

http://projekter.aau.dk/projekter/files/65227327/ParticipativeDesign_Planning.pdf

http://reclaimistanbul.com/2013/01/21/legal-transformation-of-the-urban-frontier/

http://reclaimistanbul.com/tag/urban-transformation/

http://shop.arl-net.de/media/direct/pdf/e-paper_der_arl_nr10.pdf

http://thecityfix.com/blog/chinas-urban-billion-why-does-it-matter-urbanization-china-xiaomei-tan/

http://whc.unesco.org/en/list/722/

http://wirtschaftslexikon.gabler.de/Archiv/255105/resilienz-v4.html

http://wupperinst.org/unsere-forschung/forschung-fuer-den-wandel/

http://www.academia.edu/2766187/Das_Ende_des_Wirtschaftwachstums_wie_wir_es_kennen_Betriebswirtschaftliche_Perspektiven_auf_die_Postwachstumsokonomie

http://www.academyofurbanism.org.uk/brixton/

http://www.academyofurbanism.org.uk/freiburg-charter/

http://www.academyofurbanism.org.uk/lisbon-2/

http://www.aesop-acspdublin2013.com/

http://www.amazon.de/s/ref=nb_sb_ss_i_0_9?__mk_de_DE=%C3%85M%C3%85%C5%BD%C3%95%C3%91&url=search-alias%3Dstripbooks&field-keywords=resilienz&prefix=Resilienz%2Cstripbooks%2C104

http://www.bbr.bund.de/BBSR/DE/FP/ExWoSt/Forschungsfelder/2011/InnovationenInnenstaedte/06_Modellvorhaben.html

http://www.bbr.bund.de/BBSR/DE/FP/ExWoSt/Forschungsfelder/2011/InnovationenInnenstaedte/01_Start.html?nn=430172

http://www.bgr.bund.de/DE/Gemeinsames/Oeffentlichkeitsarbeit/Pressemitteilungen/BGR/bgr-131111_Agritechnica_Karte_Bodenguete.html

http://www.bioregio-holz-knuell.de/

http://www.bmu.de/fileadmin/Daten_BMU/Pools/Broschueren/Aktionsplan_Anpassung_de_bf.pdf

http://www.bne-hochschulnetzwerk.de

http://www.bochum.de/C125708500379A31/CurrentBaseLink/W27JXH4H300BOLDDE#par25

http://www.bochum.de/C125708500379A31/vwContentByKey/W27JXH4H300BOLDDE

http://www.bochum.de/C125708500379A31/vwContentByKey/W27JXHJN354BOLDDE#par2

http://www.bochum.de/C125708500379A31/vwContentByKey/W292UFE6404BOCMDE/nav/6Y8C-FR912BOLD

http://www.braunkohlenstrasse.de/bks-home.php

http://www.bruno-latour.fr/sites/default/files/P-67%20ACTOR-NETWORK.pdf

http://www.charrette.de/page/index.html

http://www.charretteinstitute.org/

http://www.chinadaily.com.cn/business/2013-06/27/content_16667053.htm

http://www.chinaplanning.org/conf/index.php/iacp_7th/7thIACP_shanghai

http://www.compassblueprint.org

http://www.compassblueprint.org/about/challenge

http://www.compassblueprint.org/opportunityareas

http://www.compliancemagazin.de/plaintext/gesetzestandards/eueuropa/europaeische-kommission/europaeische-kommission5070611.html

http://www.denkwerk-demokratie.de/wp-content/uploads/2012/08/DD_Werkbericht_1.pdf

http://www.der-eiffelturm.de/Eiffelturm/Daten-und-Fakten.html

http://www.derive.at/index.php?p_case=2&id_cont=1214&issue_No=54

http://www.derive.at/index.php?p_case=2&id_cont=1214&issue_No=54

http://www.derwesten.de/staedte/bochum/pestel-institut-attestiert-bochum-schlechte-krisenfestigkeit-id4300976.html

http://www.derwesten.de/wirtschaft/nokia-opel-thyssen-krupp-was-bleibt-bochum-id6307119.html

http://www.dr-kegler.de/forschung.html

http://www.dr-kegler.de/projekte.html

http://www.duden.de/rechtschreibung/Resilienz

http://www.duden.de/rechtschreibung/Resistenz

http://www.ehs.unu.edu/

http://www.fema.gov/what-mitigation

http://www.ferropolis.de/service/geschichte.html

http://www.ferropolis.de/service/presseinformationen.
html

http://www.footprint-deutschland.de

http://www.footprintnetwork.org

http://www.gdi.ch/media/medienmitteilungen/GDI-Tren-
dradar_1.09_Medienmitteilung.pdf

http://www.gefilde.de/ashome/vorlesungen/gzmadi/
heuristik_problemloesen/heuristik_problemloesen.
html

http://www.gegenblende.de/19-
2013/++co++000aa52a-5bdc-11e2-959d-
52540066f352

http://www.grameencreativelab.com/

http://www.greenmusicinitiative.de/2012/05/zukunfts-
werkstatt-ferropolis/

http://www.halberstadt.de/de/ueber_die_stadtge-
schichte.html

http://www.halberstadt.de/media/pdf/kultur/stadtchro-
nik/1990_98.pdf

http://www.iass-potsdam.de/de/forschen-fur-die-nach-
haltigkeit-vom-wissen-zur-tat

http://www.iba-see2010.de/de/index.html

http://www.iba-see2010.de/de/verstehen.html

http://www.iba-thueringen.de

http://www.iclei.org/en/details/article/resilient-ci-
ties-2010-1st-world-congress-on-cities-and-
adaptation-to-climate-change.html

http://www.idrc.info/pages_new.php/IDRC-Da-
vos-2012/831/1/

http://www.itu.edu.tr/en/

http://www.jadaliyya.com/pages/index/15693/towards-
the-end-of-a-dream-the-erdogan-gulen-fallo

http://www.kohle-dampf-licht.de/

http://www.leader-saalfeld-rudolstadt.de/projekte/

http://www.learning-theories.com/actor-network-
theory-ant.html

http://www.lebenskunstphilosophie.de/

http://www.lmbv.de/tl_files/LMBV/Publikationen/Publi-
kationen%20Zentrale/Publikationen%20Diverse/
LMBV_Buch_Zwischenbilanz.pdf

http://www.mckinsey.com/insights/urbanization/prepa-
ring_for_urban_billion_in_china

http://www.muelheim-ruhr.de/cms/ideenworkshop_
untere_schlossstrasse_i_-_charrette.html

http://www.muelheim-ruhr.de/cms/innovationen_fuer_
die_innenstadt_-_modellvorhaben_muelheim1.html

http://www.nabu.de/themen/siedlungsentwicklung/in-
novation/02944.html

http://www.nachhaltigewissenschaft.blog.
de/2011/07/03/verbund-nachhaltige-wissenschaft-
nawis-netzwerk-staerkung-nachhaltigkeitswissen-
schaften-wissenschaftssystem-11415503/

http://www.nachhaltigkeit.info/artikel/1_3_c_integrati-
ves_nachhaltigkeitsmodell_1541.htm

http://www.nachhaltigkeit.info/artikel/kologischer_fuss-
abdruck_733.htm

http://www.netzeundnetzwerke.de/node/47

http://www.netzwerk-cuba.de/2020/11/nach-dem-
sturm-das-land-das-wir-uns-schuldig-sind/

http://www.netzwerk-laendlicher-raum.de/regionen/
leader/bag-lag/

http://www.nhz-th.de/material/archiv/details/?tx_t3se-
minars_pi1[event]=41

http://www.nhz-th.de/material/archiv/details/?tx_t3se-
minars_pi1[event]=41

http://www.nytimes.com/video/2013/06/15/world/
asia/100000002279849/in-china-a-staggering-
migration.htm

http://www.nzz.ch/aktuell/feuilleton/uebersicht/das-
langsamste-orgelkonzert-der-welt-1.18219603

http://www.nzz.ch/aktuell/newsticker/japan-senkt-kli-
maziele---scharfe-kritik-von-umweltschuet-
zern-1.18186302 (19.11.2013)

http://www.onbunkerhill.org/taxonomy/term/75

http://www.openideo.com/open/how-might-we-im-
prove-health-care-through-social-business-in-low-
income-communities/brief.html

http://www.pestel-institut.de/sites/aktuelles.html

http://www.planung-neu-denken.de/

http://www.planung-neu-denken.de/images/stories/
pnd/dokumente/1_2013/nsp_selle_stadtentwi-
cklung_2.0.pdf

http://www.politik-forum.eu/viewtopic.
php?f=4&t=21961

http://www.postcarbonreader.com

http://www.pressebox.de/inaktiv/industrie-und-han-
delskammer-halle-dessau/Regionalforum-fuer-
ganzheitliche-Kommunikationskampagne/bo-
xid/22978

http://www.refina-info.de/

http://www.regionale-daseinsvorsorge.de

http://www.regionmagdeburg.de/media/cus-
tom/493_503_1.PDF?1150456265

http://www.rp-online.de/panorama/wissen/wuesten-
verschlingen-milliarden-aid-1.3311584

http://www.ruhrtriennale.de/de/ruhrtriennale/geschichte/

http://www.runder-tisch-wittenberg.de/demografischer-wandel/region-anhalt/

http://www.sagepub.com/upm-data/5222_Ritzer__Entries_beginning_with_A__%5B1%5D.pdf

http://www.scag.ca.gov/

http://www.scag.ca.gov/rcp/index.htm

http://www.scag.ca.gov/sb375/index.htm

http://www.schauspielhausbochum.de/spielplan/das-detroit-projekt/

http://www.schauspielhausbochum.de/spielplan/das-detroit-projekt/stadtgespraech-1-bochum-detroit/447/

http://www.seespiegel.de/html/archiv/Artikel/Nummer25/0607_006.htm

http://www.spiegel.de/kultur/gesellschaft/unesco-entscheidung-dresdner-elbtal-verliert-weltkulturerbe-status-a-631956.html

http://www.stadtbaukunst.tu-dortmund.de/cms/de/Aktuell/

http://www.stadtentwicklung.berlin.de/planen/stadtforum/index.shtml

http://www.stockholmresilience.org/21/research/research-themes/urban-social-ecological-systems/theme-projects-and-networks/the-super-project.htm

http://www.stockholmresilience.org/download/18.416c425f13e06f977b118b

http://www.stockholmresilience.org/research/research-themes/urbansocialecologicalsystems.4.5686ae-2012c08a47fb580004254.html

http://www.stockholmresilience.org/seminarandevents/seminarandeventsvideos/buzzhollingfatherofthe-resiliencetheory.html

http://www.tlz.de/web/zgt/kultur/detail/-/specific/Bauhaus-Museum-fuer-Weimar-Klassik-Praesident-Seemann-im-Gespraech-1105164560

http://www.tlz.de/web/zgt/kultur/detail/-/specific/Bauhaus-Museum-Weimar-Der-Erfolg-haengt-vom-Mies-Effekt-ab-230995176

http://www.urbandesignaustralia.com.au/2009%20abstracts.pdf

http://www.urbaner-metabolismus.de/kurokawa.html

http://www.volksstimme.de/nachrichten/lokal/wolmirstedt/bilder_aus_wolmirstedt/535021_Krisenfestigkeit-Institut-sieht-den-Landkreis-im-Mittelfeld.html

http://www.volksstimme.de/nachrichten/lokal/zerbst/984209_Vision-Anhalt-2025-in-Koethen-vorgestellt.html

http://www.welt.de/wirtschaft/article118340525/Die-Angst-vor-Chinas-endlosem-Absturz.html

http://www.werteindex.de/blog/ist-resilienz-die-neue-nachhaltigkeit/

http://www.world-nuclear.org/info/Safety-and-Security/Safety-of-Plants/Fukushima-Accident/

http://www.wu-wien.ac.at/usr/h96b/h9608493/arbeit2.html

http://www.zeit.de/2012/18/Erdbebenforschung-Istanbul

http://www.zeit.de/2013/30/china-weltwirtschaft-wirtschaftskrise

https://de.nachrichten.yahoo.com/schweden-offen-deutschland-dicht-todeszahlen-112919876.html

https://leibniz-irs.de/forschung/forschungsthemen/konzeptionelle-zugaenge-zu-krise-und-resilienz

https://resilient305.com/

https://resilient305.com/wp-content/uploads/2019/05/Full-Strategy-2.pdf

https://resilient305.com/wp-content/uploads/2019/05/Full-Strategy-2.pdf

https://resilient305.com/yearoneupdate/

https://resilientcitiesnetwork.org/

https://sdgs.un.org/goals/goal11

https://www.bbsr.bund.de/BBSR/DE/veroeffentlichungen/sonderveroeffentlichungen/2018/stressteststadt.html

https://www.climate.gov/news-features/understanding-climate/climate-change-global-sea-level

https://www.deutschlandfunk.de/kollabierende-systeme-was-imperien-und-lawinen-gemeinsam.1310.de.html?dram:article_id=401335

https://www.dw.com/de/deutschland-und-die-fl%C3%BCchtlinge-wie-2015-das-land-ver%C3%A4nderte/a-47459712

https://www.facebook.com/stockholmresilience/info

https://www.innovations.harvard.edu/charrettes-101-dynamic-planning-community-change

https://www.leibniz-gemeinschaft.de/institute/leibniz-institute-alle-listen/leibniz-institut-fuer-raumbezogene-sozialforschung.html

https://www.mehr-demokratie.de/themen/direkte-demokratie-und-buergerraete/

https://www.merkur.de/welt/corona-schweden-news-zahlen-vergleich-deutschland-tote-herdenimmunitaet-tegnell-kritik-sonderweg-zr-13756884.html

https://www.miamidade.gov/global/economy/resilience/resilient305.page

https://www.miamiherald.com/news/local/community/miami-dade/miami-beach/article41141856.html

https://www.nationale-stadtentwicklungspolitik.de/NSPWeb/DE/Initiative/Leipzig-Charta/Neue-Leipzig-Charta-2020/neue-leipzig-charta-2020_node.html

https://www.nhc.noaa.gov/text/MIATWSAT.shtml

https://www.noaa.gov/

https://www.pik-potsdam.de/de/institut/abteilungen/klimaresilienz

https://www.pik-potsdam.de/members/johanro/homepage

https://www.planungszelle.de/

https://www.projektmagazin.de/glossarterm/swot-analyse

https://www.rockefellerfoundation.org/100-resilient-cities/

https://www.rockefellerfoundation.org/report/100-resilient-cities/

https://www.spiegel.de/wissenschaft/mensch/miami-beach-palmen-sollen-aus-dem-stadtbild-verschwinden-a-9327e888-59b3-45ba-8c9d-fa11fc560650

https://www.tagesspiegel.de/themen/reportage/flucht-in-der-karibik-die-ersten-inseln-versinken-im-meer/24164818.html#:~:text=Insgesamt%20hat%20sich%20der%20Meeresspiegel,warnte%20UN%2DGeneralsekret%C3%A4r%20Ant%C3%B3nio%20Guterres.

https://www.umweltbundesamt.de/themen/bauhaus-der-erde-initiative-fuer-eine-bauwende

https://www.uni-kassel.de/fb06/fachgebiete/stadt-und-regionalplanung/stadterneuerung-und-planungstheorie/lehre/exkursionen/asl-exkursion-miami-kuba.html

https://www.wis-potsdam.de/de/institute/institut-transformative-nachhaltigkeitsforschung-iass

https://www.wiwo.de/politik/ausland/kuba-wirtschaften-und-leben-auf-kuba/21086546-3.html

www.fes.de/wiso

Abbildungsverzeichnis

Change 2014 – Impacts, Adaptation and Vulnerabi-
lity. Part A: Global and Social Aspects. WG II, 5. As-
sessment Report of IPCC, Cambridge, New York,
S. 28–29; Grafik: Christin Schmitt
Symbol für Opulenz und Knappheit – Holz-Architektur
(Hamburg); Foto: Harald Kegler
Renaturierung des Abwasserflusses Emscher (Dortmund,
Phoenix-See); Foto: Harald Kegler
Wasserlandschaft der Elbaue bei Wörlitz; Foto: Harald
Kegler
Stabile Elemente von Stadtkultur (Neukalen); Foto:
Harald Kegler

6 Planungskunst für eine resiliente Stadt-Land-Region
Temperaturentwicklung in Europa, Quelle: Behringer, W.
(2016): Kulturgeschichte des Klimas, München,
S. 10; Grafik: Ilka Viehmann
Erkundung von historischen Stadtprinzipien (Frey-
burg/U.); Foto: Johann Taillebois (magda-map.de)
Werkssiedlung – Siedlungstyp zwischen Stadt und Land
(Piesteritz bei Wittenberg); Foto: Harald Kegler
Modul in Raumgrenzen – nichthierarchische Netzwerk-
struktur (Gieseritz); Foto: Harald Kegler
Magdeburger Börde – Bodengut der Menschheit; Foto:
Harald Kegler

Epilog
Kassel – documenta-Projekt Vertikaler Erdkilometer
(Walter de Maria, 1977); Foto: Harald Kegler

.